一个成功的形象,展现给人们的是自信、尊严和实力。礼仪就像一面镜子,能够照出一个人的修养与才智。好口才是一种终生受用的特殊技能,是能让我们享用一辈子的财富。

打开成功之门的金钥匙　提升个人能力的智慧书

你的形象
价值百万

你的礼仪
价值百万

你的口才
价值百万

文心　凡禹◎编著

立信会计出版社
LIXIN ACCOUNTING PUBLISHING HOUSE

图书在版编目（CIP）数据

你的形象价值百万 你的礼仪价值百万 你的口才价值百万 / 文心，凡禹编著. —上海：立信会计出版社，2012.1

（超值金版）

ISBN 978-7-5429-3180-1

Ⅰ.①你… Ⅱ.①文… ②凡… Ⅲ.①个人—形象—设计—通俗读物 ②礼仪—通俗读物 ③口才学—通俗读物 Ⅳ.①B834.3-49 ②K891.26-49 ③H019-49

中国版本图书馆CIP数据核字（2011）第260184号

策划编辑　蔡伟莉
责任编辑　蔡伟莉　张利勇
封面设计　久品轩

你的形象价值百万　你的礼仪价值百万　你的口才价值百万

出版发行	立信会计出版社
地　　址	上海市中山西路2230号　邮政编码　200235
电　　话	（021）64411389　传　真　（021）64411325
网　　址	www.lixinaph.com　电子邮箱　lxaph@sh163.net
网上书店	www.shlx.net　电　话　（021）64411071
经　　销	各地新华书店
印　　刷	廊坊市华北石油华星印务有限公司
开　　本	787毫米×1092毫米　1/16
印　　张	26.25
字　　数	462千字
版　　次	2012年1月第1版
印　　次	2015年4月第8次
书　　号	ISBN 978-7-5429-3180-1/B
定　　价	29.00元

如有印订差错，请与本社联系调换

前　　言

我们认识一个人往往是从他的形象开始的。形象是一个人的标签，是一个人外在特征和内在表现的完美组合。社会上的人们每时每刻都在根据你的服饰、发型、手势、声调、语言等自我表达方式在判断着你，对你的形象作出评价。无论你愿意与否，你都在留给别人一个关于你各方面的形象，这个形象在工作中影响着你的升迁，在市场上影响着你的交易，在生活中影响着你的人际关系，它无时无刻不在影响着你的声誉和前程，最终影响着你的幸福感。

一个成功的形象，展现给人们的是自信、尊严和实力。个人形象是昂贵的，有的时候它价值连城。一个成功的形象不仅仅反映在别人的视觉效果中，同时也能唤起你内在沉积的优良素质，通过你的衣着、沟通等让你表现出一个成功者的魅力。

如果你穿错了衣服，系错了领带，如果你头皮屑满天飞，如果你的指甲里沾满了泥垢……没有人会告诉你到底哪里出了问题，别人只会在心里给你下一个定义——这个人做事不严谨，拖拖拉拉，你在别人心目中的形象会一落千丈。

形象是你事业成功的助推器，成功的形象为你事业的成功起着催化促进的作用，而失败的形象则破坏或阻挡你事业的顺利发展。对于追求成功的人士来说，创立一个可信任、有竞争力、积极向上、有时代感的形象，可以使自己在群体中快速获取公众的信任，从而脱颖而出。

人无礼则不立，事无礼则不成。礼仪就像一面镜子，能够照出一个人的修养与才智。简约清新的妆容，端庄典雅的服饰，大方自然的仪态，优雅自信的言行，不仅给他人带来视觉上的美感，传达了个人对他人的尊重，也体现了个人的聪明智慧与职场专业水准，为你营造良好的人际交往圈。

现代社会随着人际交往的日益频繁，礼仪越来越引起人们的关注。礼仪修养已成为个人文明程度的标志，成为人与人之间沟通的桥梁，其力量和价值都是无可比拟的。礼仪涉及一个人的穿着打扮、举手投足，体现一个人的精神面貌，事关全局，如果一个人置文明礼貌于不顾，自以为是，我行我素，小到可能影响个人的自身形象，大到足以影响单位和国家民族的整体形象，一个不注重礼仪的人是很难立足于社会的。学习礼仪，运用礼仪是修身、处世、齐家、立业的根本。

无论你从事何种行业，无论你身居什么职位，也无论你是男人还是女人，无论你是年轻还是年老，你都必须重视礼仪。礼仪不仅是你成功的潜在资本，还是你一生的无价财富，它能够让你在复杂的人际关系中游刃有余、尽显风采，让你在成功路上事半功倍、胜券在握。

口才是推动一个人走向成功的关键能力。美国人类行为科学研究者汤姆士指出："说话的能力是成名的捷径，它往往能使人显赫，能言善辩的人，被人尊敬，受人爱戴，得人拥护；它使一个人的才学充分拓展，熠熠生辉，事半功倍，业绩卓著。"西方另一位哲人也说过："世间有一种成就可以使人很快完成伟业，并获得世人的认识，那就是讲话令人喜悦的能力。"口才是现代成功人士必备的基本素质，思维敏捷、能言善辩是事业成功的保证。人与人之间的竞争是智力的竞争，也是口才的竞争。口才决定了我们的价值，决定了我们的成败。

口才的价值，不论是在人际交往中，还是在我们的日常生活里；不论是影响别人，还是成就自己，都是特别关键的。生意场上有"金口玉言，利益攸关"之说；工作场合有"一语定乾坤"之说；生活中有"一言既出，驷马难追"之说。拥有好口才，你就能在错综复杂的人际关系中左右逢源，就能在激烈的社会竞争中脱颖而出，就能在斗智斗勇的谈判桌上出奇制胜，就能在布满障碍的推销中无往不胜，就能在针锋相对的辩论席上雄辩如虹，就能在生活中挥洒自如。

好口才就是成功的敲门砖。好口才会让我们的生活、工作、事业如虎添翼，锦上添花。好口才是一种终生受用的特殊技能，是能让我们享用一辈子的财富。

本书深刻地点明了形象、礼仪、口才在人生中的巨大价值和重要作用，深入浅出地阐述了形象、礼仪、口才的基本原理和法则，指出了提升自我形象、修炼优雅礼仪、练就卓越口才的基本途径和方法，从交际到生活、从求职到工作、从说话到办事、从推销到谈判、从庆典到宴会、从会议到辩论，等等，视野广阔，范围广泛，针对性强，实用性大。其旨意在于引领读者登堂入室，迈入形象、礼仪、口才的最高殿堂，掌握成就卓越人生的三大法宝，提升你的个人形象，增强个人魅力，少走弯路，打破困难局面，提前进入成功之途。

好形象，好机遇；好礼仪，好人缘；好口才，好前程。形象卓尔不群，礼仪谦恭优雅，口才舌灿莲花，机遇垂青于勇于突破自我、提升自我、完善自我的不懈追求成功的人，谁拥有出色的形象、洒脱的礼仪、杰出的口才，谁就掌握了打开成功之门的金钥匙，谁就拥有了成功的先机。与形象同行，与礼仪同行，与口才同行，与成功同行，成为社会竞争大舞台上最后的赢家！

目录

上篇　你的形象价值百万

第1章　形象意味着一切，形象能改变一切 ········ 2
好形象是成功的资本 ········ 2
成功的形象由你自己决定 ········ 3
这个世界是属于有自信的人的 ········ 4
要让自己看起来像个成功者 ········ 6
打造完美形象，抓住成功机会 ········ 7
良好的形象为你的事业推波助澜 ········ 8

第2章　这是个第一印象的时代 ········ 10
首因效应：第一印象往往很难改变 ········ 10
一两分钟就能决定你的输赢 ········ 11
第一印象会彻底出卖你 ········ 12
第一印象永远只有一次 ········ 13
给别人最好的视觉效应 ········ 14
职业形象从第一印象开始 ········ 15
六步打造良好第一印象 ········ 16
心理测试：你给人的第一印象如何 ········ 17

第3章　你展示给世人的是怎样的一张脸 ········ 19
好形象从头开始：从头开始做形象 ········ 19
红花还须绿叶配：发型与脸型 ········ 20
上下呼应得其妙：发型与穿着身材 ········ 22
两汪深潭荡碧波：眼睛是心灵的窗口 ········ 23
闪烁之间言辞深：眉毛也会说话 ········ 24
芙蓉如脸柳如眉：脸型与眉型 ········ 26
丹凤朝阳云追月：眼型与眉型 ········ 27

目录

  无限风光在孤峰：鼻子的表情 ……………………… 28
  寸草之地勤修理：男士的胡须修饰 ………………… 29
  眼取其神唇取色：女士的唇型描画 ………………… 30

第4章 佛要金装人要衣装，服装就是你的名片 ………… 33
  形象穿出来，风度妆起来 …………………………… 33
  按原则着装，按规格穿衣 …………………………… 34
  什么马配什么鞍，什么人着什么衣 ………………… 35
  商务着装的TPO原则 ………………………………… 36
  五颜六色，你最钟情哪一色 ………………………… 38
  选好西装，人生潇洒走一回 ………………………… 39
  规范着装：西装可不是随便穿的 …………………… 41
  西装巧搭配，效果不一般 …………………………… 42
  领带是男人的个性宣言 ……………………………… 45
  精挑细选一件合身的衬衣 …………………………… 47
  穿衣任我行：休闲装的穿着 ………………………… 48
  三分衣服七分鞋：鞋袜的穿着 ……………………… 49
  衣服要合体而着：女性体型与着装 ………………… 50
  摇曳多姿：女性着裙装的艺术 ……………………… 51
  雍容华贵：女性着旗袍的艺术 ……………………… 52

第5章 饰品为你增值，更让你的形象流光溢彩 ………… 54
  小饰品让男人形象大放异彩 ………………………… 54
  皮带——男人腰间的一张"脸" …………………… 55
  手表——男人实力的体现 …………………………… 56
  男女选戴帽子二三事 ………………………………… 58
  男女选戴手套二三事 ………………………………… 59
  男女选戴围巾二三事 ………………………………… 60
  男女选戴眼镜二三事 ………………………………… 61
  男女选用提包二三事 ………………………………… 61
  女士项链的挑选和佩戴 ……………………………… 62
  女士耳环的挑选和佩戴 ……………………………… 64

女士戒指的挑选和佩戴 ················· 65
女士手镯与手链的选择与佩戴 ············· 66

第6章　向世界展示你最有吸引力的身姿 ········· 67
最有吸引力的走姿——行如风 ············· 67
最有吸引力的站姿——站如松 ············· 69
最有吸引力的坐姿——坐如钟 ············· 71
手势"打"出吸引力——手势的力量 ·········· 72
举手投足发散吸引力——行为举止的美观 ······· 74

第7章　魔鬼藏在细节中，形象常毁于小节中 ······· 77
保持仪表的整洁大方 ················· 77
注意身体细节的修饰 ················· 78
男人也要让自己清爽 ················· 79
穿衣时要避讳的细节 ················· 81

第8章　魅力强形象高，品位让你的形象更上一层楼 ··· 83
宽容是成功者必备的美德 ··············· 83
宽容多一点，魅力多一点 ··············· 84
打造诚信的光环：形象无信不立 ··········· 86
谦恭谨慎更能体现你的涵养 ·············· 87
建立形象三大品牌：真、善、美 ··········· 89
积极表现自我，秀出你的好形象 ··········· 90
珍惜你的名声，就是珍惜你的形象 ·········· 92
好学不倦，知识能够积淀形象的底蕴 ········· 93
由内而外塑造出类拔萃的气质 ············· 94
崇尚完善主义但不做完美主义者 ··········· 96

第9章　心情好形象靓，乐观让你的形象大放光彩 ···· 99
热情大方让你的形象深入人心 ············· 99
做个乐天派，塑造自己快乐的画像 ·········· 101
知足常乐，获得人生深度的乐趣 ··········· 102

目录

  乐观面对自己，乐观面对一切 …………………………… 104
  热情洋溢的人，生活阳光明媚 …………………………… 105

第10章　形象由你决定，脱胎换骨塑造健康的形象 …… 107
  炫耀是针刺，让你的形象伤痕累累 ……………………… 107
  虚荣是面具，让你的形象华而不实 ……………………… 109
  抱怨是绊石，让你的形象一落千丈 ……………………… 110
  猜疑是腐蚀剂，让你的形象瑕疵百出 …………………… 113
  懒散是鸦片，让你的形象威风扫地 ……………………… 114
  有了健康的身体，才能有健康的形象 …………………… 116
  近朱者赤近墨者黑，洁身自好慎交往 …………………… 117

中篇　你的礼仪价值百万

第11章　礼仪是成功人生的通行证 ……………………… 120
  潇洒人生，礼仪当先——结缘礼仪 …………………… 120
  礼仪是人际交往不可或缺的润滑剂 ……………………… 122
  礼仪可能帮助你赢得好人缘、好人脉 …………………… 123
  礼仪有助你实现事业成功，开创辉煌 …………………… 124
  遵从礼仪5项原则，做个彬彬有礼的人 ………………… 126

第12章　社交与生活礼仪——礼仪之光照亮你的人生 …… 129
  打造社交场上魅力型男 …………………………………… 129
  女人，只因可爱而美丽 …………………………………… 130
  遵守信用是礼仪的重要准则 ……………………………… 131
  在握手中彰显你的优雅风范 ……………………………… 132
  馈赠的礼节——礼轻情意重 …………………………… 135
  礼物代表你的心——送礼要出自真心 ………………… 135
  好礼知时节——馈赠礼品要掌握时机 ………………… 136
  看对人送对礼——馈赠礼品要选择对象 ……………… 137

心照不宣——平等辈分之间如何赠送礼品 …………… 138

各取所需——不同辈分之间如何赠送礼品 …………… 139

却之不恭——真诚地接受别人赠送的礼品 …………… 140

幽幽花香情意浓：送花的礼节 …………………………… 141

终身之约：订婚的礼仪 …………………………………… 142

喜结连理：结婚的礼仪 …………………………………… 142

百年好合：向新人奉送最美好的祝福 …………………… 143

歌颂生命：庆祝诞辰的礼仪 ……………………………… 145

寿比南山：儿女们那深情的祝寿礼 ……………………… 146

开个创意生日Party：祝你生日快乐 ……………………… 148

亲上加亲：探望亲友的礼仪 ……………………………… 150

健康平安：探望病人的礼节 ……………………………… 151

第13章 庆典展会礼仪——礼仪"俏佳人"，装点此"江山" ………………………………………………………… 153

精彩亮相：开业典礼的原则和程序 ……………………… 153

策划与筹备：来场完美的庆典活动 ……………………… 154

来宾入场：感受庆典的热情氛围 ………………………… 155

庆典开幕：给来宾一个难忘的记忆 ……………………… 156

出席庆典应遵守的七个礼仪 ……………………………… 158

商务剪彩中的礼仪细则 …………………………………… 159

商务交接仪式的准备 ……………………………………… 161

商务交接仪式五部曲 ……………………………………… 164

在交接仪式上表现得体 …………………………………… 165

商务签字的仪式细则 ……………………………………… 166

涉外签字仪式礼仪细则 …………………………………… 167

商务展览会礼仪细则 ……………………………………… 168

第14章 舞会和文艺演出礼仪——轻歌曼舞时分飘洒礼仪的芬芳 ……………………………………………………… 171

准备举办舞会，准备参加舞会 …………………………… 171

目录

落落大方地向你的舞伴发出邀请 ……………………………… 173
不失风度地谢绝对方的邀舞 …………………………………… 174
翩翩起舞，舞出你的风采来 …………………………………… 174
天衣无缝地脱身舞会尴尬 ……………………………………… 175
观看文艺演出时做个文雅的观众 ……………………………… 176

第15章 职场办公礼仪——获取成功职业生涯的入场券 …… 178
职业礼仪是你职业之路的黄金护照 …………………………… 178
面试时莫因礼仪与机会失之交臂 ……………………………… 180
职场新人修好办公礼仪第一课 ………………………………… 182
把握礼仪与你的上司和平共处 ………………………………… 182
把握礼仪与你的同事友好往来 ………………………………… 183
办公室人员举止要符合礼仪规范 ……………………………… 184
助理如何应对不速之客的造访 ………………………………… 186
布置整理办公室要运用哪些礼仪 ……………………………… 187

第16章 现代通讯礼仪——两个人的世界里让你的魅力飞扬 … 189
打电话的礼仪规范 ……………………………………………… 189
接电话的礼仪规范 ……………………………………………… 190
转接电话的礼仪规范 …………………………………………… 192
接电话的礼仪禁忌 ……………………………………………… 193
电子邮件的礼仪规范 …………………………………………… 194
手机使用的礼仪规范 …………………………………………… 196
通信回信的礼仪规范 …………………………………………… 198

第17章 商务活动礼仪——在财富的河流上搭建金钱流动
的桥梁 ……………………………………………………… 201
向对方发出正式的邀请 ………………………………………… 201
礼貌地回答对方的邀约 ………………………………………… 202
你是对方想象中的拜访者吗 …………………………………… 203
与对方面谈之前要注意什么 …………………………………… 204

拜访中一言一行都要注意·················205
全方位接待来访者三步骤···············207
接待服务礼节和言行举止示范···········208
高效商务谈判的七个重要原则···········209
营造成功谈判气氛的艺术···············211
谈判中要有礼有利地让步···············212
谈判过程中商讨与辩论的尺度···········213

第18章 宴会餐饮礼仪——简单的吃喝中深藏着为人处世的学问·············215

赴宴和入席之前的礼仪事项·············215
宴会桌次和座位的礼仪事项·············216
客人抵达和离去的礼仪事项·············217
席间开宴要注意的礼仪事项·············218
安排菜单的礼仪事项···················219
家庭宴会的礼仪事项···················221
商业中餐的礼仪事项···················222
西式宴会的礼仪事项···················223
西餐的进餐礼仪事项···················224
西餐餐具的礼仪事项···················226
喝酒劝酒的礼仪事项···················227
饮茶须知的礼仪事项···················228
饮咖啡时的礼仪事项···················229

第19章 公共活动礼仪——每个人都是社会文明形象的代言人·············230

公共活动场所：你是公众的形象代言人···230
公共服务场所：小空间蕴藏大礼仪·······232
户外活动区：让礼仪像阳光一样温暖·····234
文化场所：做个有品位有内涵的人·······235
行路的礼节：让礼仪之花一路盛开·······236

目录

交通出行：做个文明礼貌的带头人 ………………………… 237
给出门在外游客的几点礼仪忠告 ………………………… 238
旅行中住店餐饮的若干礼仪细节 ………………………… 239
不要触犯了公共活动的礼仪禁忌 ………………………… 240
出国游把良好的礼仪展现给世界 ………………………… 242

下篇　你的口才价值百万

第20章　口才决定命运，口才决定成败 …………………… 246
语言是人类力量的统帅 ……………………………………… 246
语言是一个人综合素质的体现 …………………………… 247
好的口才代表着一种实力 ………………………………… 248
会说话，成就一生的财富 ………………………………… 250
会说话是成功的基石 ……………………………………… 251
你的世界由你的口才来建造 ……………………………… 253

第21章　绝妙的口才像动听的乐曲，少不了修辞 ………… 255
绝妙口才的比喻技巧 ……………………………………… 255
绝妙口才的象征技巧 ……………………………………… 257
绝妙口才的夸张技巧 ……………………………………… 258
绝妙口才的引用技巧 ……………………………………… 259
绝妙口才的排比技巧 ……………………………………… 260
绝妙口才的比拟技巧 ……………………………………… 261

绝妙口才的借代技巧 ……………………………………… 262
绝妙口才的对照技巧 ……………………………………… 263
绝妙口才的双关技巧 ……………………………………… 264
绝妙口才的反问技巧 ……………………………………… 265

第22章　打动人心的魅力口才技巧 ………………………… 267
赞美赞得他心花怒放 ……………………………………… 267

会说话的人都是懂幽默的人 ……………………………………268
说话含蓄让人回味无穷 ………………………………………270
说服一个人要循序渐进 ………………………………………273
以情动人，情真言亦真 ………………………………………274
给别人留下说话的机会 ………………………………………276
征服人心的口才黄金定律 ……………………………………279
学会巧妙委婉地拒绝他人 ……………………………………280
说"不"不要打破禁忌 ………………………………………283
说话有分寸，进可攻退可守 …………………………………285

第23章 遇到不同场合、不同人物如何展示口才 ……………286

好口才能够切合说话的语境 …………………………………286
好口才能够适应说话的时境 …………………………………287
好口才能够懂得灵活地变通 …………………………………288
好口才能够换个位置来表达 …………………………………289
好口才能够察言观色巧说话 …………………………………290
好口才能够在什么场合说什么 ………………………………291
好口才能在特定场合说好话 …………………………………293

第24章 处变不惊，神奇的口才化解尴尬困境 ………………296

移花接木的应变口才 …………………………………………296
以谬制谬的应变口才 …………………………………………298
巧用谐音的应变口才 …………………………………………300
出其不意的应变口才 …………………………………………301
一语双关的应变口才 …………………………………………302
另辟蹊径的应变口才 …………………………………………304
引石攻玉的应变口才 …………………………………………305
虚张声势的应变口才 …………………………………………307

第25章 好口才令你成为一个处处受欢迎的人 ………………309

用口才广结天下朋友 …………………………………………309
初次见面与对方接近 …………………………………………310

目录

怎样提高交谈的效率 ……………………………… 312
活跃交谈气氛的绝招 ……………………………… 314
交谈中糅合"太极拳" ……………………………… 316
知己知彼，言出有方 ……………………………… 318
投其所好，说中心坎 ……………………………… 319
交际口才表达的八大忌讳 ………………………… 321
交际中十种不宜说的话 …………………………… 323

第26章 有口才好办事——说好难说的话，办好难办的事 … 325

会说话天下没有难办的事 ………………………… 325
没话找话借题搭讪把事办成 ……………………… 326
对症下药各个击破事半功倍 ……………………… 327
软磨硬泡促成事业 ………………………………… 328
强取豪夺、口气凌厉，"事"在必得 ……………… 329
办事交谈要避免的七大忌讳 ……………………… 330

第27章 用你的口才开辟你的锦绣前程 …………………… 333

用你的口才推销你的才华 ………………………… 333
能说会道在面试中出奇制胜 ……………………… 334
不会说话你很难与上司相处 ……………………… 337
威望一半靠品行，一半靠口才 …………………… 338

这样说才能叩开下属的心扉 ……………………… 340
优秀的员工是你激励出来的 ……………………… 341
批评有方法，让下属心服口服 …………………… 344
费尽口舌之功，化干戈为玉帛 …………………… 345
会议好不好在于你说得好不好 …………………… 346
游刃有余驾驭各种会议局面 ……………………… 348

第28章 巧舌如簧——辩论会上用口才驳倒所有对手 …… 351

打好基本功，提高论辩力 ………………………… 351
先确立论点，站稳脚跟，再据理力争 …………… 353
稳操胜券的十大辩论技法 ………………………… 354

打出反驳的炮弹，让对方无还口之力 …………………… 356
　　步步逼问，层层推进，问倒对方 …………………………… 357
　　让对方露出破绽，让诡辩不攻自破 ………………………… 358
　　重视细节，把握局面，克敌制胜 …………………………… 360

第29章　口若悬河演讲中，用口才掀起如雷般的掌声 ……… 362
　　台上一分钟，台下十年功 …………………………………… 362
　　演讲的形象决定演讲效果 …………………………………… 364
　　演讲要力求通俗易懂 ………………………………………… 366
　　演讲要力求生动形象 ………………………………………… 368
　　演讲要力求简洁有力 ………………………………………… 371
　　演讲要力求以情动人 ………………………………………… 371
　　演讲中要懂得应变与控场 …………………………………… 374

第30章　口才舌灿莲花——谈判中用口才打败对手凯旋而归 … 376
　　赢得谈判的第一局 …………………………………………… 376
　　谈判中陈述的技巧 …………………………………………… 377
　　谈判中提问的技巧 …………………………………………… 379
　　谈判中应答的技巧 …………………………………………… 380
　　谈判攻防口才三十六技 ……………………………………… 382
　　谈判语言要规避七大忌 ……………………………………… 384

第31章　铁嘴铜牙——用口才打开顾客紧闭的钱包 ………… 388
　　如何练出推销的铁嘴 ………………………………………… 388
　　冠军推销员的口才技巧 ……………………………………… 389
　　要让客户喜欢跟你说话 ……………………………………… 390
　　永远不要和顾客争吵 ………………………………………… 392
　　用倾听打开你的销售之门 …………………………………… 393
　　让客户自己说服自己购买 …………………………………… 394
　　将客户的兴趣转化为购买欲望 ……………………………… 395
　　使用语言技巧处理客户异议 ………………………………… 396
　　促使客户作出最后的购买决定 ……………………………… 397

上　篇

你的形象价值百万

形象展现你的学识、修养、气质和品位，决定着你在他人心里的印象和在社会上的声誉，影响着你的人生机遇、发展前途、事业成败、社会地位等。

一个懂得并能展示自己形象魅力的人，会更容易得到他人的信任，更容易获得他人的欣赏，会比一般人获得更多的机遇。交际、求职、工作、会议、商务谈判中，无一不需要良好的形象，个人形象的好坏直接影响个人事业的成功与否。在这个极为注重个人形象的时代，形象变得比任何历史时期都重要，谁不注重自己的形象，谁就得不到别人的注目，谁就要失败。

好形象价值百万，是人生奋斗的资本，能够提升你的竞争优势，能够让你获得更多的机遇。塑造好形象，人生更精彩；拥有好形象，天下任你行；守护好形象，成功每一天。

第1章

形象意味着一切，形象能改变一切

好形象是成功的资本

一位华裔投资商曾对人说："我怎么也不能相信那个穿着旅游鞋、牛仔裤，头发如同干草，说话结结巴巴的小子会向我要500万美金的投资，他的形象和个人素养都不能让我信服他是一个懂得如何处理商务的领导人。"

形象是事业成功的助推器，整洁的外表为你事业的成功起着推波助澜的作用，邋遢的外表则会破坏或阻挡你事业的顺利发展。对于企业领导者和管理者来说，良好的形象能使自己掌控追随者的心理，为自己创立一个高大的形象以确立自己稳固的位置。对于那些追求成功的人来说，创立一个可信任、有竞争力、积极向上、有时代感的形象，可以使自己在群体中快速获取公众的信任，从而脱颖而出。

身在职场中的女性，如果你的上司、客户都是男性，要吸引他们的注意，除了具备丰富的专业知识和优良的工作能力外，合适时尚的穿着也是必不可少的。一旦你的外表、你的穿着打扮给他们留下深刻而良好的印象，有利你的许多机会就会接踵而至。否则，形象将成为你成功路上的绊脚石。

卡特当选总统时的性格和形象作为农场主再合适不过了，但作为一个对世界影响极大的超级大国——美国的总统，再保持这种形象就有点不合时宜。

遗憾的是卡特当了总统之后，对自己的形象没有做任何的调整。结果舆论方面开始发难了：他是否拥有作为美国总统所要具备的形象气质呢？在其后的执政生涯中他屡屡被对手或是并非恶意的人们诟病，还经常有人因为他的形象不佳对他讥嘲，一些媒体甚至由此别有用心地怀疑他的政治能力和智慧。如果卡特努力改变自己的形象来适应新的变化，或许他能塑造一个更好的总统形象留在人们的记忆当中。

成功的形象由你自己决定

一个成功的形象，展示给人们的是自信、尊严、力量、能力，它不仅仅反映在别人的视觉效果中，它也是一种外在辅助工具，它让你对自己的言行有了更高的要求，能立刻唤起你内在沉积的优良素质，通过你的穿着、微笑、目光接触、握手，言谈，让你浑身都散发着一个成功者的魅力。

有这样一个故事，有一天，大哲学家亚里士多德参加宴会，他穿了一件普普通通的衣服出席，主人不知道他是谁，反应十分冷淡。

于是，亚里士多德马上出去，换了一件崭新的皮大衣，重新回到了宴会上。主人的态度马上发生了变化，变得十分殷勤，他邀请的客人们也纷纷起来向亚里士多德敬酒。

只见亚里士多德迅速脱下穿着的大衣，拎在手里说："喝酒吧，亲爱的大衣兄弟！"许多人都奇怪地看着他，亚里士多德说："你们不了解，我的大衣兄弟可是十分清楚，所有的礼节都是冲着它来的，它才是今天的客人。"

生活中，一个人的人际关系与形象有多大关系，似乎没有人能说得清。但是有一点是人们都必须承认的，即谁拥有更多的朋友、拥有良好的人际关系，谁的形象就具有更大的魅力，谁获得成功的机会就更多。同一件事情，为什么有的人能圆满、得体地完成，有的人使出浑身解数，还是于事无补？这里虽有一些偶然的因素，但主观上在于人们是否喜欢你，愿意帮助你，并与你合作。人们往往乐意积极主动、倾其全力去帮助那些值得帮助的人。当然，这跟他们成功的形象不无关系。成功的形象就像股市投资者眼中的绩优股一样。

其实，这个世界上并没有丑陋的形象，如果有，那必定是设计失败的形象。

人的形象除了外在形象，更重要的是内在形象，通过内在形象的修炼能大大弥补外在形象的缺憾，让整体形象焕发光彩。

美国闻名遐迩的马可法官天生就是一个畸形儿——歪鼻子，兔唇，三角眼，头骨变形以致前额鼓起一个大包，驼背，还是个拐子。开始，他很自卑，后来尝试着去帮助别人，并渐渐地被人们所接受。而且，人们的微笑和鼓励增加了他的信心，他摈弃自卑、自轻，以新的形象、新的方式开始大步地走向自己的人生之路。他不但像正常人一样娶妻生子，还努力奋斗，成为他所在州的法官，并因执法公正廉洁广受人民拥戴。在他逝世以后，人们自发聚集起来悼念他，几天不散。今天，他已成为人们心中光明之神的化身。

不要挑剔自己的长相，不要对美限定固定的标准。不管父母生你什么样，你都要活出自我来，并且"使自己从内心来改变外貌"。

曾经横扫欧洲大陆的拿破仑，身高只有1.62米，可他却在数年时间内建立了一个庞大的资本主义帝国。列宁也只有1.64米的身高，却开创了一个伟大的时代。

这些出色的政治家，凭借自己的智慧，弥补自身形象的不足，运用出色的才能，开辟了世界新纪元，让世人为之骄傲。

这个世界是属于有自信的人的

有人说："这个世界是属于有自信的人的！自信的形象带给人的是无穷的价值。"

在任何情况下，我们必须学会"了解自己、肯定自己"，进而"改进自己"！事实上，肯定自己就是自信，这是生命中最重要的部分，若是少了它，生命就会"瘫痪"。

自信是获得成功至关重要的因素。你不必妄自尊大、言行莽撞——无声的自信同样能给人留下深刻的印象。如果你自己表现得不自信，那么其他人也不会对你有信心。不管怎样，你应该明白自己在做什么，这样别人才能理解你的做法。你会看到人们总是愿意信赖那些信心十足的人，他们有时甚至说不清为什么信赖这些人。

鉴于自信的形象对一个人的职业生涯有着巨大的作用，一些国际知名企业都很重视员工的自信。他们认为：对自己足够了解、充分自信，有这样一副好形象才能更好地发挥优势，从而获得成功。

摩托罗拉公司就曾鼓励员工充分自信。在摩托罗拉，人的自信和尊严来源于：做好实质性的工作，不断向成功努力，有充分的培训并能胜任工作，在公司有明确的个人前途，创造无偏见的工作环境。主管定期与员工就这些问题进行探讨，使员工在工作中做得更好、更加自信。可口可乐公司也强调员工应该充分了解自己，发现自己的独特优势，对自己有信心。

自信能够促进你的事业，自信的人能够做得更好。下面是一些能够提高你的自信的方法：

1. **尽量挑前面的位子坐**

在各种聚会或会议中，大多数人都愿意坐在后边、不太显眼的位置，避免被注意或点名叫到，而这样做的深层原因就是由于缺乏信心。实际上，坐在前面能够建立信心。因此，无论是在各种聚会或会议中，你都要尽量往前坐。

2. **自我暗示**

每天睡前想一想今天有哪件事是值得骄傲的，哪怕很小的事。早上起来先对自己暗示几次："我相信自己，我非常棒！"或者，每天早上临出门前，对着镜中的自己大声说："我能行！"这样，久而久之就会建立起自信心。

3. **当众发表自己的见解**

在会议中或者公共场合，很多人不愿意当众发表自己的见解。其实，这是一种不自信的表现。我们应每次都要主动发言。评论、建议或提问都可以，不要等到最后才发言。不要担心自己会显得很愚蠢，因为总会有人同意你的见解。

4. **每天都能保持甜美的笑容**

每天都能保持甜美的笑容。没有信心的人，经常眼神呆滞，愁眉苦脸，而信心满满的人，则眼睛总是闪闪发亮满面春风。笑是快乐的表现，笑能使人产生信心和力量。因此，就让我们多笑一笑吧。

5. **说话时去正视别人**

说话时正视别人等于告诉他：我很诚实，而且光明磊落。要让你的眼睛为你工作，就是要让你的眼神专注别人，这不但能给你信心，也能为你赢得别人的信任。

6. **要昂首挺胸**

成功的人，得意的人，获得胜利的人总是昂首挺胸、意气风发。昂首挺胸是富有力量的表现，是自信的表现。因此，无论我们是得意还是失意，我们都要昂首挺胸。

其实，只要你有足够的自信，全世界的人都会认为你是最美的。摩拉斯形象公司的贝蒂·斯迪芬女士一直强调"只有心妆才能超凡"。说的就是外在的得体、恰到好处，重视的是心理素质的自我完善，包括为人处世的各个方面。爱默生也说过："人无所谓伟大或渺小，任何一个人都会由自己来主宰并且走向成功，任何一个人都有大于自身的力量，这就是你自己。"树立自信的形象吧，让它引领你上路。

要让自己看起来像个成功者

为了取得成功，你必须在脑中"看"到你正在取得成功的形象。在脑中显现你充满自信地投身一项困难的挑战的形象。这种积极的自我形象反复在脑中浮现，就会成为潜意识的一部分，从而引导你走向成功。

在人们的意识中，具备成功形象的人大都是已经成功的人。因此，"看起来像个成功者"能够让你感受成功者的自信；激励你走向成功，像成功者那样行动作为。

我国东北一位制药企业老总，在20世纪70年代末上大学时，就有着强烈的"领导意识"。他认为伟人具有散发着魅力的外形和举止。于是他开始模仿我国某位伟人的举止和仪态，通过练习腹腔发声，他把自己原本并没有权威感的脆弱音质改为具有磁性魅力的浑厚的男低音。在1995年他又有了国际领导人的新意识，他请了形象设计师，为自己设计具有国际标准的世界巨商的形象。他完全接受国际化的商业形象理念，不论是西装还是休闲服，他只穿能够体现一个领导宏伟气派的高质量、有品位的服装，他还不放过每一个细节。如今，无论在外观、口音、思想意识上，他都更像一位来自华尔街的金融家。

看起来像个成功人士，不仅仅是指外表、谈吐和举止都要像成功者，而且要有许多特质，这些特质是看不见摸不着的，但它却是成功的根本。

要想让自己看起来像一个成功者，就要表现出成功者的特质。成功者的内心中燃烧的火焰，驱使他们不断努力，追求成功。拥有成功者特质的人，在不断实现自己理想的进程中，也广泛地赢得了世人的欢迎和瞩目。一般来说，成功者的特质有下面几种。

1. 清楚的价值观

看看那些真正的成功人士，他们虽然职业不同，但却有共同的道德根基，知道为人本分和当仁不让。所以要想成功，就得明白自己的价值观，这是极为重要的关键。

2. 乐观向上的精神

一个能够在一切事情不顺利时仍然微笑的人，比一个遇到困难就怨天尤人的人，更具有胜利的条件。

3. 精力充沛

缺乏活力、步履蹒跚的人想进入卓越之林，几乎是不可能的。精力充沛的人，时刻都有各种各样的机会，忙得他们分身乏术。

4. 热情奔放

成功者一直有一个理由，一个值得付出、激起兴趣、且长据心头的目标，驱使他们去实行、去追求成长和更上一层楼。这个目标给予他们开动成功列车所需的动力，使他们释放出真正的潜能——这就是热情。

5. 超凡的凝聚力

差不多所有的成功者都有一种凝聚众人的超凡能力，这种能力可能把不同背景、不同信仰的一群人纠合在一起，建立共识，统一行动，这样才能保证事业成功。

6. 善于沟通

能带动我们生活和工作的人，都是能与他人沟通的大师。他们具有传递见解、请求、消息的能力，并熟稔此等能力，所以能成为伟大的政治家、企业家等。

7. 要有策略

策略就是组合各种才能的计划，有策略才能使事情按部就班地完成。

打造完美形象，抓住成功机会

无论你认为从外表衡量人是多么肤浅和愚蠢，但社会上的人们每时每刻都在根据你的服饰、发型、手势、声调、语言等外在形象在判断着你。无论你愿意与否，你都在留给别人一个关于你形象的印象，这个印象在工作中影响着你的升迁，在商业上影响着你的交易，在生活中影响着你的人际关系和恋爱，它无时无刻不在影响着你的自尊和自信，最终影响着你的幸福感。

如果渴望升迁，你就需要展示出自己成功的形象。工作效率、能力、可靠性及勤奋是获得提升的重要条件，但并不是仅有这些条件，你就能在职场中胜出。忽略了对整体形象的塑造，既得不到上司的关注，也得不到同事的承认。只有展示出一个与期待的职位相符的形象，展现出一个可信、有潜力、值得信任的形象，你才能有更大的发展空间，上司和同事才能相信你适合更高的位置。

作为一名员工，除了在语言上要注意之外。在服饰上，一个好的员工也不需要老板吩咐，他就会穿着妥当。因为好的员工知道自己的形象就是公司的形象，代表着公司。着装的第一个规则是整齐顺眼，也就是清清爽爽。整天坐在办公室的职员，或接触顾客的营业人员，要是穿着脏兮兮的衬衫、皱巴巴的裤子，一副精神散漫的模样，谁都不会对他产生好印象。以这种"不修边幅"的样子跟谁谈话，谁都要心存戒备，吃亏的总是你自己。

假设有两个部属，才华相等，效率也在伯仲之间。如果只能提升一个人，老板最后通常会依他们平时的仪表给他的印象来取舍。

我们应该怎样检验自己的穿着、形象呢？

检验自己的穿着是否恰当最简单的方法就是：当你站在镜子前面，第一眼看到的就是你的脸，衣服的颜色和款式都是应该突出和强化你的脸的。如果第一眼看到的是你的鞋子或头发，那你就一定打扮得不对了。

然后，从头到脚审视一番，例如，脸、头发是否干净整洁，衣服是否整齐挺直。而且还要检查你的服装颜色、图案与你的肤色身材是否协调，服装的款式是否适宜，因为这不仅仅是把一套亮丽的衣服穿在身上就完事了，还要考虑这衣服的色彩、款式是不是适合你的身材、皮肤和职业，以及你将要去的场所。

良好的形象为你的事业推波助澜

世界著名的伦敦商学院的"风险基金投资"课程曾请了英国著名的风险基金经理来讲授风险基金是如何选择投资项目的，他在讲到投资者对项目的评估时说："我们实际上是在对人进行投资。一个一流的人才，可以把一个三流的项目做成一流，而一个三流的人才可以把一个一流的项目做得不入流。"他们对人的评估只能通过短暂的接触，这时外在形象及交流的能力就是产生良好印象的最重要的因素。出色的形象会帮助你在商务交流中少走弯路，减少不必要的挫折。

仔细观察一下就会发现，近几年比尔·盖茨穿西装出现的次数越来越多，而一身随便的休闲装或是一身工作服再配上那个大眼镜的形象已很难见到了。所以，有人说比尔·盖茨已经成熟了。

其实，比尔·盖茨也非常注重自己的形象，他曾经请专家对自己的形象进行设计、包装与宣传。比如，1991年，他将要在拉斯维加斯发表演讲，但是，演讲并不是比尔·盖茨的长项。为了使自己以更好的形象出场，使自己的演讲产生巨大的影响与传播力，比尔·盖茨专门请来了演讲博士杰里·韦斯曼为自己的演讲作指导。比尔·盖茨演讲时，熟悉比尔·盖茨的人都非常吃惊：比尔·盖茨一改往日懒散随意的形象，穿了一套昂贵的黑西服。他那尖锐的嗓音虽然无法改变，但丝毫没有影响到他的演讲。结果，这场主题为"信息在你的指尖上"的演讲传遍全美，获得了巨大的成功，而比尔·盖茨的形象魅力值也迅速得到提升。

英国历史上第一位女首相撒切尔夫人，是一位对别人的衣着毫不关心，却对自己的衣着非常在意的人物。她对自己的化妆、服饰等都非常讲究。在她身上，没有一般女人的珠光宝气和雍容华贵，只有淡雅、朴素和整洁。少女时代的她就十分注重自己的衣着，但并不标新立异、哗众取宠，而是朴素大方、干净整洁。从大学开始，她受雇于本迪斯公司，她那时的衣着给人一种老成的感觉，因而公司的人称她为"玛格丽特大婶"。每个星期五下午，她去参加政治活动时，都戴老式小帽，穿黑色礼服，脚蹬老式皮鞋，腋下夹着一只手提包，显得持重老练，虽然有人笑话她打扮土气，但她却有自己独到的见解：这样的打扮能在政治活动中取得别人的信任，建立起威信。她的衣服从不打皱，让人觉得井井有条是她一贯的作风。从服饰方面注意自己的仪表形象，对玛格丽特事业的成功的确起到了一定的作用。

第 2 章

这是个第一印象的时代

首因效应：第一印象往往很难改变

首因，是指首次认知客体而在脑中留下的"第一印象"。首因效应，是指个体在社会认知过程中，通过"第一印象"最先输入的信息对客体以后的认知产生的影响作用。在心理学中，首因效应也叫"第一印象"效应。

实验心理学研究表明，外界信息输入大脑时的顺序，在决定认知效果的作用上是不容忽视的。最先输入的信息作用最大，最后输入的信息也起较大作用。大脑处理信息的这种特点是形成首因效应的内在原因。

首因效应本质上是一种优先效应，当不同的信息结合在一起的时候，人们总是倾向于重视前面的信息。即使人们同样重视了后面的信息，也会认为后面的信息是非本质的、偶然的，人们习惯于按照前面的信息解释后面的信息，即使后面的信息与前面的信息不一致，也会屈从于前面的信息，以形成整体一致的印象。

1946年，心理学家阿希以大学生为研究对象做过一个实验。他让两组大学生评定对一个人的总的印象。对第一组大学生，他告诉这个人的特点是"聪慧、勤奋、冲动、爱批评人、固执、妒忌"。很显然，这六个特征的排列顺序是从肯定到否定。对第二组大学生，阿希所用的仍然是这六个特征，但排列顺序正好相反，是从否定到肯定。研究结果发现，大学生对被评价者所形成的印象高度受到特征呈现顺序的影响。先接受了肯定信息的第一组大学生，对被评价者的印象远远优于先接受了否定信息的第二组。这意味着，最初印象有着高度的稳定性，后继信息甚至不能使其发生根本性的改变。

首因效应就是说人们根据最初获得的信息所形成的印象不易改变，甚至会左右对后来获得的新信息的解释。在日常交往过程中，尤其是与别人的初次交往时，一定要注意给别人留下良好的印象。

首因效应在人际交往中对人的影响较大，是交际心理中较重要的名词。人与人第一次交往中给人留下的印象，在对方的头脑中形成并占据着主导地位，这种效应即为首因效应。我们常说的"给人留下一个好印象"，一般就是指的第一印象，这里就存在着首因效应的作用。在交友、招聘、求职等社交活动中，我们可以利用这种效应，展示给人一种极好的形象，为以后的交流奠定基础。

当然，这在社交活动中只是一种暂时的行为，更深层次的交往还需要您的硬件完备。这就需要你加强谈吐、举止、修养、礼节等各方面的素质，不然则会导致另外一种效应的负面影响，那就是近因效应。要做到这一点，首先，要注重仪表风度，一般情况下人们都愿意同衣着干净整齐、落落大方的人接触和交往。其次，要注意言谈举止，言辞幽默，侃侃而谈，不卑不亢，举止优雅，定会给人留下难以忘怀的印象。首因效应在人们的交往中起着非常微妙的作用，只要能准确地把握它，就能给自己的事业营造良好的人际关系氛围。

一两分钟就能决定你的输赢

在与陌生人交往的过程中，所得到的有关对方的最初印象称为第一印象。第一印象主要是根据对方的表情、姿态、身体、仪表和服饰等形成的印象。虽然第一印象留给别人的印象很短暂，但它经常会给你的生活带来深远的影响。

第一印象在日常生活中是很普遍的，这种初次获得的印象往往是今后交往的依据。

通常，一个人留给别人的第一印象是很难被改变的。之所以第一印象很难被改变，是因为人们在认知过程的开始阶段的印象会一直存在，并会影响后期的印象判断。举个生活中常见的例子你就很容易明白了。如果第一印象好的人获得了成功，那么通常会被人认为是有能力；如果第一印象不好的人获得了成功，则会被认为是耍了什么手段才达到目的的。

心理学家研究发现，人们的第一印象形成是非常短暂的，有人认为是见面的前40秒，有人甚至认为是前3秒，在一眨眼的工夫，人们就已经对你盖棺定论了。有时就是这几秒钟会决定一个人的命运。因为在生活节奏紧张的现代社会，很少有人会愿意花更多时间去深入了解、洞察一个留给他不美好第一印象的人。大部分人与人交往办事都依赖于第一印象的信息，而这个第一印象的形成对于日后的发展起着非常大的作用。毫不夸张地说，第一印象就是效率，就是经济效益。它比第二、第三次的印象和日后的了解更重要。第一印象的好与坏几乎可以决定人们是否能够继续交往。

美国勃依斯公司总裁海罗德说："大部分人没有时间去了解你，所以他们对你的第一印象是非常重要的。如果你给人的第一印象好，你才有可能开始第二步，如果你留下一个不良的第一印象，很多情况下，我们会相信第一印象基本上准确无误。对于寻求商机的人，一个糟糕的第一印象，就失去潜在的合作机会，这种案例数不胜数。你必须花费更多的时间才能够抹去糟糕的第一印象。"尽管有时第一印象并不完全准确，但是正如中国的俗语"先入为主"，第一印象的建立如同在一张白纸上用墨水笔写字，写下了就难以再抹去。不管人们愿意与否，第一印象总会在以后的决策时，在人的感觉和理性的分析中占据主导作用。

人们总是习惯于对第一印象的信任，而忽视后来的表现。尽管我们理直气壮地讲："不要以书的封面来判断其内容。"但是不可否认，绝大多数的人都在这么做，包括我们自己。别人在根据我们的外表和举动判断我们所包含的内容；我们也通过观察别人的外表，包括长相、身材、服装、言语、声调、动作等来判断他们。

我们是如何进行这样的判断呢？美国心理学家奥伯特·麦拉比安发现人的印象形成是这样分配的：55%取决于你的外表，包括服装、个人面貌、体形、发色等；38%是如何自我表现，包括你的语气、语调、手势、站姿、动作、坐姿等等；只有7%才是你所讲的真正内容。

心理学家还发现，当我们走进一个陌生的环境，人们靠直觉对你进行至少10条总结：你的经济条件、教育背景、社会背景、你的精明老练度、你的可信度、婚姻与否、家庭出身背景、成功的可能性、年龄、艺术修养等等。常听人讲："一看他就知道他是一个什么样的人"，这就是第一印象。这所谓"一看"，无非只有几秒钟的时间，而这几秒钟就可以让人们判断你的生活历史，预期你的未来发展。

第一印象会彻底出卖你

人们常常说了解一个人很难，可总是用几秒钟去判断一个人——第一印象。能否根据第一印象决定一个人的为人呢？心理学家认为，用第一印象了解一个人很准。

当克林顿遇到希拉里，他们相互留下的第一印象意义非凡，影响了美国历史的进程：在耶鲁大学的法学图书馆，他们初次相遇，目光都被对方吸引住了，无法移开。

最后希拉里打破了沉默，走到克林顿前面说："如果你继续盯着我，我也一直盯着你，我们就算是认识了。我叫希拉里·罗德姆。你叫什么名字？"克林顿说，他连自己叫什么名字都不记得了。

我们对别人的第一印象，是在头脑中留下了一张从头到脚的快照，这张快照常常捕捉到一些重要的真实信息。某企业在一项研究中，让没有从事过招聘的经理观看20~32秒长度的求职者视频，然后对这些求职者进行判断。让人惊讶的是，评价结果非常接近那些专业的面试官跟每个求职者详谈了20分钟之后的判断结果。

第一印象是一个整体印象，这个整体印象包括：整洁的仪表、甜美的嗓音、灿烂的笑容、名贵的手表、被汗液沾湿的握手、耸起的肩膀等。以微笑为例，人们可以在30米之外觉察到另一个人的微笑。微笑让我们知道对方会积极地接纳自己，因此很难不回报对方以微笑。就在我们报以一笑的时候，大脑快照的快门早已关闭。原来，3秒钟就足以对新相识是什么人下结论了。

美国塔夫茨大学心理学教授纳里尼·安巴迪称，人类进化出能快速判定陌生人是好是坏的能力，这对生存至关重要。这些体验由大脑负责处理感觉、在进化先后上属于"原始"的部分产生，因此初次相遇会产生情感上的冲击。有时，你一见面就对一名汽车推销员产生了不信任感，或者对于一个可能成为自己室友的人产生亲切感，是因为我们祖先在弱肉强食的自然界中进化，对这些表面信息的解读能力不断发展的结果。

一个人的喜怒哀乐等情绪会通过其脸色表现出来，只要留心观察一个人的面部表情，就可以知道他的情绪状态了。以愤怒为例：当某人怒火中烧时，他的嘴唇收窄——这是很难装出来的。如果这个人的情绪不是装出来的，看一眼就够，花更多的时间来看并不会获得更多的信息——只要这些情绪在脸上持续时间超过1秒。

第一印象在人的社会活动中起着重大的作用，但常常被忽视。如果你不想丢失任何成功的机会，别忘记第一印象的作用。记住，人们普遍喜欢那些穿着得体，为人热情、友好、宽厚、祥和的人，而厌恶那些衣衫褴褛，表现得缺乏修养、尖刻、好战、征服欲望强烈、自私自利的人。

第一印象永远只有一次

也许你还不知道，你只有3秒钟的时间给别人留下自己的第一印象。你会认为这不公平，你想别人应该认识真实的你。这也许不公平，但却是不可改变的事实。根据西方学者雅伯特·马伯蓝比教授研究出的"7／38／55"定律，旁人对你的观感，只有7%取决于你谈话的真正内容；而有38%在于辅助表达这些话的方法，也就是口气、手势等；却有高达55%是决定于你的外表，可见外表是内在与外界沟通的桥梁。

1962年，在英国伦敦一次贵族举办的豪华宴会上，一名中年男子出尽了风头，他优雅的举止、迷人的言谈，不但令在场的所有女士都对他倾心，而且所有男士也都对他抱着极大的兴趣和好感。人们私下里纷纷相互打听，都想认识他，并和他成为朋友，而那位男子，在这次宴会上也收获颇丰，不仅签下了40多单生意，还找到了他的终身伴侣。这名男子就是英国著名的房地产新秀柯马·伊鲁斯。

他凭借自己优秀的形象，征服了整个伦敦的上流社会，随后，金钱和好运向他滚滚涌来。

其实在12年前，柯马·伊鲁斯就来过伦敦，并出席了一个由商会举办的小型聚会。

那时的柯马·伊鲁斯还是个小人物，经营着一家小水泥厂，整天勤奋地忙来忙去，根本无暇顾及自己的形象。为了扩大生意，他千方百计弄到了一张商行聚会的邀请信，可一进入聚会大厅，立即意识到自己走错了地方。大厅装饰得金碧辉煌，男士们个个西装革履、彬彬有礼，女士们也是华衣锦服、温文尔雅，柯马·伊鲁斯低头看看自己，一身沾满油腻的工作服，大胶鞋，乱糟糟的头发，简直像个乞丐。这时几位女士过来，故意将酒泼在他的身上，并趾高气扬地扔下些小费。侍者过来询问他，让他讲明身份，可是没人相信，而他拉一个认识他的人作证时，那个人竟不承认认识他，还说他是路边的鞋匠，于是他被请了出去。

遭到冷遇之后，柯马·伊鲁斯开始反省自己为什么会受到如此对待。自然，凭他的头脑，一下子就想明白了。

不久，他回到家乡参加了一个礼仪培训班，并高薪聘请了私人形象顾问。

不要成天只知道忙于工作，而忽视了自身良好形象的营造。良好的形象可以在事业上助你一臂之力，使你的终日劳碌结出丰硕的果实。如果不注意自己的形象，那么很有可能你的事业将毁于你的形象。这绝不是危言耸听！

给别人最好的视觉效应

好形象是你的宝贵资源，它令你在追求成功的道路上如虎添翼，在人群中凸显出高贵的自我。特别注意：好形象有三分源自外表，七分源自内心。内在形象是通过言谈举止等外在行为表现出来的，它是一种最高尚的美，包括一个人的道德品质、精神境界、思想意识和志趣情感等。如果你把内在的自我、言谈举止同经过修饰的容貌和外形综合在一起，你将发现你的整体形象一定会比天生的样子更富有魅力。

如果你对自己的设计感到不满意的话，不妨请别人帮你设计一下。事实上，所有大企业家和政坛上的政治家、舞台上的艺术家一样，他们的言行举止都是设计出来的。

> 日本著名企业家松下幸之助，在日记中曾记录了这样一件事：一次，他去理发，理发师十分尖锐地批评他的仪容："您是公司的代表，却这样不注重仪容，别人会怎么想？连您都这么邋遢，您公司的产品还会好吗？"理发师建议，为了公司的形象，松下应每次到东京来理发。松下听了理发师的话，觉得很有道理，以后就非常重视自己的仪容了，并要求松下所有的员工都这样做。

公司领导者或员工在各类社交活动中所展现出的形象，很容易使公众联想到他们所在公司的整体形象，以及他们的产品质量如何。而他们所展现的这种形象又有助于企业发展壮大。

一位美国企业家坦然承认："如果你认识昨天的我，那么你就会说今天的我与昨天简直判若两人。因为我现在的一举一动都经过了精心的设计。如果说我们的企业设计有什么标志性的作品的话，那首先就是我。"

另一位日本企业家也说："我在走向经理岗位之前，公司对我进行了精心的形象设计与培训。因为我要代表一个企业，我必须抛弃原来大众所不认同的东西，比方说一些有个性的习惯。我为此跟形象专家们练习了三个多月。"

通过精心的设计与练习，丑小鸭也会变成白天鹅。但是提升形象不仅要把外表装饰得很体面，重要的是借外在表现内涵。而内涵的提升就需要一个长期不断的修炼过程。你必须从自己本身的条件出发，尽最大的努力，充分发挥自己的特质。外在条件永远是你的助手，只有你才是你自己形象的真正主人。

虽然你天生算不上漂亮，但是你仍然要保持整洁，塑造良好形象，比如整洁的外貌、得体的衣饰等。

职业形象从第一印象开始

不同职业和地位的人都有适合各自的形象定位，这是社会赋予每个人的责任和义务。正确的形象表达可以彰显出从业者的专业性和权威性，所以塑造出适合自己职业和地位的形象是非常重要的。这是关系到事业和前途的关键所在。

某大型医院有一位年轻的外科专家，用一个词来形容他——"白衣酷哥"。像他那样穿着时髦、举止倜傥的医生并不多见，当然也是很难得到患者直接认可的，他甚至不容易被人用"医生"来称呼，只凭第一印象，人们往往不认为他是医生。有一次在门诊时，被他诊治过的一名年轻患者竟然这样问他："叔叔，谢谢您关心我，请问医生什么时候来呀？"这令他十分尴尬。

求医时主治医师精神饱满的表情、值得信赖的话语和整洁得体的穿着，会给患者一种医生可以治愈自己疾病的信心和力量，从而患者会安心、镇静地配合治疗，这为战胜病魔创造了良好的条件。这种心理作用其实跟医生的医术无关，而是一种内在的潜力。相反，如果患者眼睛里看到的是疲倦的表情、无力的声音和不合身份的穿戴，患者会不情愿、不放心把自己的身体交付给这样的医生去治疗，当然治疗效果就可想而知了。

现代社会，职场男女的着装与追求时尚流行又是一次碰撞与磨合。如果你所从事的职业与时尚有关，或者就是引领时尚潮流的，那么打扮入时、前卫倒也无可厚非，如果穿得保守老套就会让人生厌。如果你所从事的职业与时尚没有直接关系，或者根本就无任何关联，而你却恣意张扬，一副摩登的样子，结果就会引起领导与同事的不满，甚至被"炒鱿鱼"也不无可能。

现代人，尤其是年轻人都有一种表现的欲望，喜欢追逐新潮。似乎不赶潮流就不足以在社会上立足。于是，除了衣物、首饰之外，更多了许多现代化的通讯设备，其中以手机最具代表性，有人闲着的时候，喜欢拿出手机发短信、打电话，以成为"拇指一族"为荣。日常生活中，人际沟通是必要的，但是千万不能把这种所谓时尚带到工作或面试中来。否则，就会引起别人的厌恶，工作没有起色，领导训谈的机会增多，甚至被迫离开公司。当然，如果在面试中，99.9%的可能是，你不在被录取的范围之内。

因此，身在职场中的男女，应时刻保持自己良好的职业形象，留给第一次与你见面的人无可挑剔的第一印象。

六步打造良好第一印象

怎样才能给人良好的第一印象呢？从根本上说，它离不开提高自己的文明程度和修养水平，离不开经常的心理锻炼。心理学家提出下面几条建议：

1. 显露自信和朝气蓬勃的精神面貌

自信是人们对自己才干、能力、知识素质、性格修养,以及健康状况、相貌等的一种自我认同和自我肯定。心理学家指出,一个人要是走路时步履坚定,与人交谈时谈吐得体,说话时双目有神,目光正视对方,善用眼神交流,就会给人自信、可靠、积极向上的感觉。

2. 衣着仪表得体

有些人习惯于不修边幅。这本来属于个人私事,不过在一个新环境里,别人对你还不完全了解,过分随便有可能引起误解,产生不良的第一印象。美国有学者发现,职业形象较好的人,其工作初期的薪金比不大注意形象的人要高出8%~20%。当然,衣着仪表得体并不是非要用名牌服饰包装自己,更不是过分地修饰,因为这样反而给人一种油头粉面和轻浮浅薄的印象。

3. 言行举止讲究文明礼貌

比如,注意语言表达简明扼要,不乱用词语;别人讲话时,不随便打断;不追问自己不必知道或别人不想回答的事情,这会给别人恶劣的印象。

4. 讲信用,守时间

凡是应允的事,要努力办到。自己觉得办不好的事情,即使不便当面拒绝,讲话也要留有余地。为了讨好别人,明明办不到的事情也包揽下来,只会弄巧成拙,最终引起别人不满。讲信用还包括遵守时间,无论赴约、开会,都不要迟到。否则,也会给人做事不讲信用的感觉。

5. 待人不卑不亢

不亢,就是不骄傲自大。不卑,就是不卑躬屈膝,不做出讨好、巴结别人的姿态。前者会引起别人反感,后者则有损自己人格。尤其在参加面试时,更不宜因为渴望得到这份工作而表现出谄媚主考人的样子。

6. 与对方同步化

调整你的身体姿势和语音语调,使之适应新朋友,因为人们都会被和自己相似的人所吸引。当你以对方的速度来说话时,他们自然会有反应。当新朋友点头或摇头的时候,你也学着做,立刻就能建立和睦的关系。

心理测试:你给人的第一印象如何

每个人的性格中都有显性的成分,让人一眼就可以看出你的性格,以下这个测试就是进入你的潜意识,看看你给人的第一印象会是什么?

如果以下五种状况都是你心里的秘密,你最不希望让情人知道的是哪一个?

A．你有亿万财富。

B．你是变性人。

C．你得了癌症。

D．你有特殊癖好。

E．你以前的情史。

选A：你给人的第一印象是——你是一个古板的人。标准上下班打卡的乖乖牌公务人员就是你。这类型的人老实善良,在生活中比较保守拘谨,给人的第一印象就是保守。

选B：你给人的第一印象是——你是一个花痴、色胚。从眼神到举手投足都让人觉得你在放电发骚。这类型的人自信心很强,自然会放电吸引人,年轻时放电还不错,可是上了年纪还继续放电就会让人家觉得不正经。

选C：你给人的第一印象是——你是一个怪人。你很难接近,不知道你脑子里都在想什么。这类型的人具有艺术家的性格,跟人相处的时候会让人产生距离感,使别人想要知道他在想什么,不过,这样的人有艺术家气质。

选D：你给人的第一印象是——你是一个极普通的人。别人觉得你在人群中不显眼,平凡没特色。这类型的人自由自在,他认为自由自在生活是他所向往的,容易跟大家打成一片,让人觉得他很随和,像是路人甲乙丙丁。

选E：你给人的第一印象是——你是新好男人或新好女人。你的条件非常优越,人气旺,非常抢手。这种类型的人有完美主义性格的倾向,当他一出场会表现他最完美的形象,因此给人的第一印象就非常好。

第 3 章

你展示给世人的是怎样的一张脸

好形象从头开始：从头开始做形象

发型，即头发的整体造型。美丽的头发是展示良好交际形象的前提。发型在你的形象中是一种独特的语言，它更能直观地体现你的身份、年龄、个性、气质等特征。一个适合你的漂亮发型将会为你增添无限魅力，相反，不论男女，如果你的面容、服饰都很美，一个不合适的发型就会使你顿失光彩，但是发型必须与化妆、服饰及场合相协调。

一个人的发型是他仪表美的一部分，头发整洁、发型大方是个人礼仪对发型美的最基本要求。整洁大方的发型易给人留下神清气爽的印象，而披头散发则会给人以委靡不振的感觉。发型美是构成社会生活美的一部分。随着人类审美能力的不断提高，对发型美的要求也就越来越多样化、艺术化。一般来说，发型本身是无所谓美丑的，只有一个人所选的发型与自己的脸型、肤色、体形相匹配，与自己的气质、职业、身份相吻合时方能显现出真正的美。决定发型美的许多因素是人无法随意改变的，但通过对不同发型的选择，可以充分展现自己美的部分而让别人忽视自己的缺陷，从而起到扬长避短的作用。

修饰仪容应当"从头做起"。选择发型，除个人偏好可适当兼顾外，最重要的是要考虑个人条件和所处的场所。商界对头发的长度大都有明确限制：女士头发不宜过肩部，必要时应盘发、束发；男士不宜留鬓角、发帘，头发的长度最好不要长于 7 厘米，即大致不触及衬衫领口。而剃光头，则男女都不合适。个人条件，包括发质、脸型、身高、胖瘦、年纪、着装、配饰、性格等，都将影响到发型的选择。

要想更好地修饰发型，还要了解一些关于头发的基本知识。

根据头发的性质，可分为干性、中性和油性3类。头发的粗细可分为粗发、一般发、细发3种。头发的形状有直发、波状发和卷发。

日常我们应该怎样护发呢？

（1）在洗头前，用梳子梳开头发。

（2）在抹洗发水之前，应先将头发全部弄湿，以免缠在一起。

（3）选用不含酒精的洗发水。

（4）洗发水和护发素分开使用。

（5）每次洗头时用指尖按摩头皮，手指上下移动。

（6）尽量不用电吹风，用时吹到八九成干即可。

（7）避免洗头后用毛巾用力伤害头发。

（8）定期做头发滋养护理。

（9）如果你的头发无光或颜色变浅，你应多吃含有碘质和钙质的食物，如海带。

（10）如果你有掉发现象，你应该多吃菠菜、瘦肉、水果、花生等。

另外还要注意的是，每天整理头发最好在家里完成，不要把这项工作留到大庭广众之下。如果在众人面前突然发现你的头屑落到衣服上或感觉你的头发有些散乱时，那么赶紧找一个最近的洗手间把它们收拾好，千万不要当众拍打头皮屑，那样会让你精心修饰的形象瞬间黯然。

俗话说：从头开始！头部位于身体的最上方，居高临下，占据十分有利的地理位置，因此也是最引人注目的地方。当你和别人近距离接触时，头发就有可能变成你的"闪光点"。但是这个"闪光点"究竟该闪什么样的光，那就要看你的妙手了。

红花还须绿叶配：发型与脸型

发型要与服装、身材、脸型、身份、年龄等和谐地搭配起来，才能产生良好的效果，其中脸型很重要。什么样的脸型配什么样的发型，是极其讲究的。

1. 小巧脸型

对于小巧脸型，在发型设计上要使脸与整个头部、颈部连接起来，而不是让人单单看到一张脸。脸融汇在头颅中，无形中就有了整体的感觉。有了整体的和谐，就无所谓脸的大小了。要收拢头发，除去刘海儿，紧缩成形，在脑后下垂，以扩大脸部开面，使头颅成球形，小巧而结实。加上小巧精致的辫发，脸就显得十分得体。

2. 四方形脸

对于这种脸型，发型处理上需对下颌两侧锐挺的线条进行柔化处理，使发型切角成圆，发式的外轮廓应圆套方，用下垂的头发挡住两侧起角的额廓。顶发应蓬松高耸，额前两鬓角用刘海儿遮盖，线条要明朗，使脸显长。腮处以圆弧形发式紧贴，有削弱下颌方正的显圆作用。头发侧分，不宜太偏。两侧发型必须收紧，呈弧形紧贴两腮，使头发遮挡耳轮廓的上半部渐向后鬓，呈椭圆形。另外，这种脸型适于烫发，波浪要大，避免头发平直，以用圆润的线条减弱对脸部方正直线条的视觉印象。发型要求上边放松，下边收紧，头发稍短，显出颈部较长。剪短发的女士也可梳理出挡住额廓的款式，头顶部分比较厚，后部则薄，看起来好像是一顶小帽子。后部的头发斜向前，包裹住额部。

3. 长方形脸

对于这种脸型，发型应当顶部低，适当遮额，两侧松而圆，线条柔和，使脸型开阔，以优雅活泼的发式来缓解因长脸而形成的严肃感。周围下部头发，包括后面的头发，均宜用曲线、弧形线来实现。长脸型的女性宜选择短而宽的发型，如童花式、翻翘式短发或娃娃头均适宜。这种脸型的人不宜留直线型的长发，避免头发往后梳，使发型与脸型脱节，更显露出长脸的特征。

4. 圆形脸

对于这种脸型，发式宜长不宜宽，可蓄直线形长发，留至肩膀上或下巴的平等线上。额前不要梳浓刘海儿，顶部头发应梳得松散高耸，两侧头发避免隆起，收紧服帖，波浪不宜过平，带斜波纹为好。不宜剪短发，因头发剪短，易使两侧头发鼓起，脸型会显得更圆。若烫发，可利用波浪式，波浪深些、宽些，修剪成椭圆形轮廓，层次参差，使脸型呈漂亮的鹅蛋形，也可把头发拢到后边挽成球形，能增添线条美，很适合圆脸大眼睛的女士。

5. 三角形脸

对于这种脸型，头顶部分的头发宜具有松蓬感，而两侧的头发则要紧贴着脸部，线条柔和，能改变三角形的感觉。可烫成花瓣式发型，顶部由花瓣形纹样组成，较为蓬松，可以弥补头部较尖的缺陷。若是上宽下尖的倒三角形脸，发型应该顶部紧，两侧蓬松。这种脸型，适宜留双花式等长发。由于脸颊至下巴成一斜线，因此，必须注意头发的长度。若发长及耳，应强调脸颊的倾斜感。这种脸型的人不要留短发与发髻。

6. 菱形脸

对于这种脸型，设计发型要注意增加前额的宽度和饱满度，使整体造型呈椭圆形。它以烫成丝丝卷发最为美观，前额有几缕花丝轻垂，耳后卷发与顶部发式块面相互呼应，菱形脸的缺陷就可以弥补。如果梳理直发，前发自顶部开始剪成刘海儿，将前额盖住，耳后束发，有婷婷之姿，或者将刘海儿侧吹，亮出额角，整体发势向下垂直，显得隽秀潇洒。

7. 椭圆脸型

对于椭圆脸型，任何发式与它配合，都能达到美容效果。但若采取中分头路，左右均衡、顶部略蓬松的发式，会更贴切，以显示脸型之美。

8. "由"字型脸

应选择宜表现额角宽度的发型，而中长发型较好，可使顶部的头发梳得松软蓬松些，两颊侧的头发宜向外蓬出以遮住腮，在人的视觉上减弱腮部的宽阔感。

9. 心形脸（瓜子形）

切忌前额留刘海儿，需用蓬松鬈曲的短发把双颊最宽的部分遮掩起来，以此来弥补不足之处。

在选择自己的发型时，能恰到好处地表现出独特个性，并能增添魅力才是适合的。不能一味地追求时尚或过分拘泥于年龄、脸型、体态。不管发型或发色怎样，有光泽的健康头发才是无价之宝。

上下呼应得其妙：发型与穿着身材

发型不仅要与脸型甚至气质相协调，还要与服装的穿着相协调。如穿旗袍就需要配以中国式大发髻，尤以大发髻中的海螺髻为佳，其造型含蓄，既具有古代佳人的美态，又有现代女性的风姿；或以盘龙髻，则行纹清新，块面均匀，线条优美，起伏得当，颇具古典风韵。若以长发披肩与旗袍相比就会显得不协调。又如夹克衫配穿牛仔裤，则需配以超短蓬松轻盈的现代发型，或随其自然的长披肩发，以表现洒脱和自如。而穿连衣裙的发型应强调妩媚绰约的阴柔之美。

另外，发型还要注意与人的身材相协调，不同的身材要搭配不同的发型。

1. 高瘦身材者

这种身材是比较理想的身材，但容易产生眉目不清的感觉，或是缺乏丰满感，在选择发型时，应尽量弥补这些不足。这种身材的人适合留长发，但是要适当增加些发型的装饰性。如若梳卷曲的波浪式发型，对于高瘦身材更有一定的协调作用。又如身材修长的女性，如梳侧披发或束长发，则显得亭亭玉立，倍增娇美。但高瘦身材者不宜盘高发髻，或将头发削剪得太短，以免给人一种更加瘦长的感觉。

2. 高大身材者

对于此类身材人的发型，在设计上应努力追求大方、健康、洒脱，减少大而粗的印象。一般留简单的短发为好，切忌花样复杂。烫发时，不应卷小卷，以免造成与高大身材的不协调。但对直长发、长波浪、束发、盘发、中短发式也可酌情运用，切忌发型花样繁复、造作。

3. 矮小身材者

身材短小，给人以小巧玲珑的印象，适宜留短发或盘发，并可以根据自己的喜爱，将发式做得精巧、别致些，追求优美、秀丽，不宜留长发或粗犷、蓬松的发型，那样会使身材显得更矮。可利用盘发增加高度，而且还会因为露出脖子可以使身材显得高些，设计发型更应强调丰满与魅力，从整体比例上，应注意长度印象的建立，而且要在如何使头发秀气、精致上下工夫。

4. 较胖身材者

身材矮胖的人要尽可能弥补自身的缺点，适宜梳淡雅舒展、轻盈俏丽的妇式发型。在发型的设计上要强调整体发势向上，将两侧束紧，使脖子亮出，使人产生错误视觉，也可选用有层次的短发、前额翻翘式等发型。不宜留长波浪、长直发。

另外，选择发型还要注意颈部的特点。颈部长的人适合稍长的、波浪大的发型；颈部短的人要把头发从颈部向后梳，把后面的头发梳得完整一些，让颈部暴露出来，使颈部显得长些。如果你的上身比下身长，或上下身等长，发式可选择长发以遮盖其上身；如肩宽臀窄，就应选择披肩发或下部头发蓬松的发式，以发盖肩，分散肩部宽大的视角。

两汪深潭荡碧波：眼睛是心灵的窗口

人们常说，眼睛是心灵的窗口，通过一个人的眼睛，可以看出此刻他在想什么。常见有人怀疑对方说谎话时，对对方说："看着我的眼睛！"此时若对方没说假话，就会迎着对方的目光看过去，反之就会目光躲闪或干脆眼观别处，不予以回答。因为一个人的眼睛不能掩盖心里的邪恶念头，心胸纯正，眼神就清澈、明亮；心胸不正，眼睛就昏暗，有邪光。可见，从一个人的眼睛，可以清清楚楚地分辨出一个人的品质优劣，心术正邪。

孟子曾经指出，观察一个人的善恶，再没有比观察他的眼睛更好的了。因为眼睛不能掩盖一个人的丑恶。心正，眼睛则明亮；不正，眼睛则昏暗。听一个人说话时，注意观察他的眼睛，这个人的善恶还能往哪里隐藏呢？

具体来说，眼光能反映人的内在：

（1）目光炯然，表明这是个有胆识的正直的人。

（2）目光飘忽不定，表示这是个三心二意或拿不定主意，抑或紧张不安的人。

（3）目光忽明忽暗，说明他是个工于心计的人，如果此时他正在与人谈话则表明他已经听得不耐烦了。

（4）目光呆滞黯淡，说明这是个没有斗志而索然无味的人。

（5）眼睛闪闪发光，表明对方精神焕发，是个有精力的人。

（6）不敢正视或总是回避别人的视线，表明此人内心紧张不安或言不由衷，有所隐藏。

（7）主动与人交换视线的人，说明他心地坦率。

（8）在人们发怒或激动的时候，眨眼的频率就会加快。有时频繁而又急速的反应总是和内疚或恐惧的情感有关，眨眼也常被作为一种掩饰的手段。

（9）两眼似睡非睡，似醒非醒，这是一种老谋深算的神情；目光总是像惊鹿一样惶惶不安，表示深谋图巧又怕别人窥见他的内心世界。

（10）两眼安详沉稳，是内心沉稳有主见；两目敏锐犀利，生机勃勃是有朝气。

（11）目光有如流动的水，虽然澄清却游移不定，常见于奸人。

（12）眼神清亮如水，或清澈明澄，表示此人清纯、清朗、端庄、豁达、开明。

（13）眼神浊如污水，或昏暗、驳杂不纯，表示粗鲁、愚笨、庸俗、猥琐、鄙陋。

（14）如果谈话时，对方完全不看你，便可视为他对你不感兴趣或无亲近感。

因此，你在加强自己内在修养的同时，还应学会用眼神来表达自己的独特气质和展示自己的魅力。

闪烁之间言辞深：眉毛也会说话

眉毛的功用不仅是保护眼睛，它还能传递人心理行为的信息。人们的心情变化了，眉毛的形状也会跟着改变。我们应该了解相关知识，多加运用。眉毛的变化大致有五种表现。

1. 闪动

眉毛闪动，是指眉毛先上扬，然后瞬间下降，像流星划过天际，动作敏捷。眉毛闪动的动作，是全世界人类通用的表示欢迎的信号，是一种友善的行为。当两位久别重逢的老朋友相见的一刹那，往往会出现这种动作，并常会伴随着扬头和微笑，但是在握手、亲吻和拥抱等密切接触的时候则很少出现。

眉毛闪动除了作为欢迎的信号外，如果出现在对话里，则表示加强语气。每当说话者要强调某一个词语时，眉毛就会很自然地扬起并瞬间落下。

2. 皱眉

皱眉的情形包括防护性和侵略性两种。防护性的皱眉只是保护眼睛免受外来的伤害，但是光皱眉还不行，还需要将眼睛下面的面颊往上挤，眼睛仍睁开注意外界动静。这种上下挤压的形式，是面临外界攻击、突遇强光照射、强烈情绪反应时典型的退避反应。至于侵略性的皱眉，仍是出于防御，是担心自己侵略性的情绪会激起对方的反击，与自卫有关。真正侵略性眼光应该是瞪眼直视、毫不皱眉的。最常见的皱眉，往往被理解为厌烦、反感、不同意等情形。

3. 斜挑

斜挑是两条眉毛中的一条向下降低，一条向上扬起，这种无声语言，较多在成年人脸上看到。眉毛斜挑所传达的信息介于扬眉与皱眉之间，半边脸显得激悦，半边脸显得恐惧。扬起的那条眉毛就像提出了一个问号，反映了眉毛斜挑者那种狐疑的心理。

4. 耸眉

耸眉指眉毛先扬起，停留片刻，然后再下降。耸眉与眉毛闪动的区别就在那片刻的停留。耸眉还经常伴随着嘴角迅速而短暂地往下一撇，此时脸的其他部位没有任何动作。耸眉所牵动的嘴形是忧伤的，有时它表示的是一种不愉快的惊奇，有时它表示的是一种无可奈何的模样。此外，人们在热烈的谈话时，会做一些小动作来强调他所说的话，当他讲到重要处时，也会不断地耸眉。

5. 扬眉

当人的某种冤仇得到伸张时，人们常用"扬眉吐气"来形容这时的心情。眉毛扬起时，会略向外分开，造成眉间皮肤的伸展，使短而垂直的皱纹拉平，同时整个前额的皮肤挤紧向上，形成水平方向的长条皱纹。

一个眉毛高挑的人，也是想逃离庸俗世事的人，并被认为是自炫高深的傲慢表现，而被称为"高眉毛"。当一个人双眉上扬时，表示非常欣喜或极度惊讶，单眉上扬时，表示对别人所说的话、做的事不理解、有疑问。当我们面临某种恐惧的事件时，可以用皱眉来保护眼睛，也可以用扬眉来扩大视野，两者都对我们有利，但我们只能选择其一。一般的反应是：面临威胁时，牺牲扩大视野的好处，皱眉以保护眼睛；危机减弱时，则会牺牲对眼睛的保护，扬眉以看清周围的环境。

芙蓉如脸柳如眉：脸型与眉型

"芙蓉如脸柳如眉"，古人认为美人的眉毛应似柳叶。现代人的审美眼光尽管与古人不同，但对眉毛型态的重视，仍一如往昔。因此有人说，使眼睛美丽的第一步，就是眉毛的形状。眉毛可以使眼睛显明，表现面貌的个性。

1. 长方脸型的眉

为弥补过长的脸，需要在面部有一道横向线。以静止线为基础，横着化妆成水平形，即眉头稍离开眼角些，眉型不要太明显，要自然弯下，眉尾不可有弯角或翘起，眉梢略向下，以减少脸部的长度而显得平满些。此种脸型选择新月型比较理想，由此产生的视错觉，会使脸型显宽。画眉时要稍粗些，细了使人显老。

2. 方脸型的眉

适宜修饰成线条柔和圆润的眉型，可着意将眉峰修弯，眉型拉长，眉梢可略向外延伸，以扩展脸型的上半部，减弱脸下半部的方型感。

3. 圆脸型的眉

要使脸显得长些，应竖向发展，即眉头起点稍低，与眼角保持垂直，眉要向斜上方发展，可描成上升眉，眉的粗细以粗为宜，细了会增加圆脸的醒目感。当超越眼尾时，则自然垂下，不宜过长，画成柔和的弧形，以取得和谐的感觉。切忌不能画直线眉，以免使脸型变得更短，破坏美感。理想的是选择剑形眉作为修饰标准，使脸型有长度感。

4. 椭圆形脸的眉

此种脸型和眉毛最容易搭配，这种脸型又称鹅蛋脸，是女性最佳脸型之一，我国自古都以椭圆形的脸型为美。这样的脸型可以按照自己喜爱和理想的眉毛位置来画。一般画成眉毛与眼睛平行即可，若配以柳叶眉或新月眉则效果更佳，有古典的味道。

5. "由"字脸型的眉型

适宜的眉型的画法应当是眉峰的位置略向下移，眉型适当向脸廓外缘延长些，保持一定的弧度，而且眉毛尽量画得有立体感与层次感。

6. "甲"字脸型的眉型

与"由"字型脸的眉型正相反，眉毛的修饰不应过分强调棱角，应画成自然柔和的圆弧型，眉峰可略偏向内侧，眉梢应为淡色，且长短要适中。这可使"甲"字型脸在人的视觉上减弱上大下小的感觉，显得匀称和谐。

丹凤朝阳云追月：眼型与眉型

眉毛的造型、生长方向、色泽深浅对眼睛的美观会产生影响，特别是女性，理想的眉毛是粗细与眼型相配，故应以眼型为模板描画自己的眉型，以达到妆容整体协调的效果。

自古以来人们就十分重视眉与眼的搭配，早在西汉时期就有描眉画眼的记载。颦笑愠怒都可从眉眼上表现出来。人们常以"眉开眼笑"、"横眉竖目"等含有眼和眉的成语来表达不同的面部表情。可见，眉眼是表达感情的重要途径。不仅如此，眉毛的颜色与形态，也影响着人的整体相貌。人们通常以"浓眉大眼"来表示男子俊美，以"娥眉细眼"来表示女子的漂亮。正是为了追求这种美，人们才注意眼睛与画眉的关系。

例如一双丹凤眼，则眉毛宜平直，眉梢稍向上挑，切忌不要画成下斜眉。如果为掩饰下倾的眼，应画成眉尾稍向下斜，眉峰弯成自然弧度的眉型，可以想象如果把眉型画成上挑的，会增加眼睛与眉毛之间的距离，使眼睛显得更加下斜；如果眼睛又大又黑，则眉毛不应过细过淡；如果眼睛细小，一定不能画一双浓黑粗大的眉毛，否则会给人不协调的感觉。

还有，眉妆的选择还要根据眼睛的妆容，如若眼妆浅淡，眉妆也应细淡；如若眼妆明亮、色彩艳丽，眉毛就不应太淡，否则会给人轻重不一、缓急失调的不和谐感。总之，眉毛与眼睛的化妆相一致，才能取得最好的化妆效果。

在人的面部美容化妆时，画眉是不易掌握的，懂得一定的步骤和技巧，才能有好的效果，不然会起相反的作用。

基本的画眉技巧和步骤如下所述。

（1）清洁。先用眉刷轻刷双眉，将眉毛表面的皮屑或化妆品残留清除。使双眉保持自然，然后用温水浸湿的棉签或使用热毛巾将双眉盖住，以使眉毛及周围的皮肤松弛，将多余的散眉毛拔除，为画眉做好准备。

（2）选择。画眉之前，要先根据自己的脸型和眼睛选出适合自己的眉型，画眉前在自己心中先有一个大致轮廓，然后再描画。

（3）画眉。先从眉头开始，根据眉毛的自然生长方向描画，从底边斜着向上画，顺着眉腰往眉峰画去，画到眉峰处时，则要从上向下画，直画到眉梢处再逐渐减淡、消失。

（4）注意。画眉时下笔要轻，笔道要均匀，不要一头重一头轻，上下眉道的方向接得要自然柔和，特别是眉毛最深处，要一根一根地画，力求画出和真眉毛同样粗细、同样方向的线条，以真实、自然地体现出立体感、生动感。画眉是为了使不甚完美的眉变得与眼相配，显得完美些，但完美的同时不应失真，如若画的痕迹太浓，让人看出是画的眉，则失去了美感。

（5）收尾。用眉笔画完之后，还要用眉刷将眉笔画的眉毛按照画的方向整齐地轻刷一次，使眉毛的笔道变得圆滑一些，与真眉毛柔和地结成一体。

无限风光在孤峰：鼻子的表情

鼻子动作轻微，但也能反映人的心理变化，就是说，鼻子也有"表情"。在谈话中人的鼻子稍微胀大时，多半表示得意或不满，或情感有所抑制。鼻头冒出汗珠时，表示对方心理焦躁或紧张。鼻子的颜色整个泛白，显示对方的心情一定是畏缩不前。鼻孔朝着对方，表示藐视对方，轻视别人。鼻子坚挺的人性格坚强，决定的事情一定要做到。摸着鼻子沉思，说明对方正在思考办法，希望有个权宜之计解决眼前的问题。

有位研究身体语言的学者，为了弄清鼻子的"表情"问题，专门作了一次观察"鼻语"的旅行。他在车站观察，在码头观察，到机场观察。他奔波了一个星期，观察了一个星期。由此得出两点结论：

第一，旅途是身体语言最丰富的表现区域。因为各个地区、各个年龄、各种性别、各种性格的人汇集在一起，而且都是陌生人，语言交流很少，但心理活动又很多。所以，大量的心态都流露于身体语言。

第二，人的鼻子是会动的。因此，鼻子是无声语言的器官。当有异味和香味刺激时，鼻孔会有明显的收缩动作，严重时，整个鼻体会微微地颤动，接下来往往就出现"打喷嚏"的现象。他认为，这些"动作"都是在传递信息，此外，据他观察，凡是高鼻梁的人，多少都有某种优越感，表现出"挺着鼻梁"的傲慢态度。他说，在旅途中，与这类"挺着鼻梁"的人打交道，比跟低鼻梁的人打交道要难一些。

根据一位日本籍整形医生的临床经验："某人一旦接受了隆鼻手术，以往本来属于内向性格者，常会摇身一变而为倔犟之人。"

在一本小说中，有一段关于鼻子动作的描写。书中的男主角看到一位漂亮的小姐，为了显示他与众不同的吸烟法，他向空中吐着烟圈，然后烟圈飘向那位小姐。小姐没说什么，只是伸手捂了一下鼻子。男主角便问道："你讨厌烟味吗？"那位小姐没有应答他，继续捂着鼻子。

其实，用手捂鼻子的身体语言已经表达出了她的讨厌情绪，遗憾的是，那位吸烟者竟没看出来，反而去问一个不该问的问题。这样做自然要遭冷遇。

另外，有的研究资料主张把用手捏鼻子的动作归为鼻子的身体语言，而不是手的身体语言。再就是，若某人仰着脸，用鼻孔而不是用眼睛"看"人，这跟用手捂着鼻子一样，是要表达反感情绪。

在旅途中，碰到有这些姿势的人，尽量少打交道。譬如：请他人帮助做某件事情之时，倘若对方做出用手摸鼻子的样子，或是用鼻孔对着你"看"，这应该视为他接受请求的可能性不大，或者说是拒绝的表示。

因此，跟自己讨厌的人不得不交谈时，如果想尽快结束无谓的话题，不妨用手接二连三地摸鼻子。另外，用手摸鼻子的行为，如果加上身体前屈的动作，则由该处表现出来的感觉也会有所不同。

寸草之地勤修理：男士的胡须修饰

男士要经常剃胡须，以保持面部清洁卫生，容光焕发。至于留上唇须或鬓角的人，也应当经常刮脸，修剪胡须，平时每两天剃一次即可。若是赴宴、参加舞会或与女友约会，则须在临行前再剃一次，这样显得既整洁又精神。剃须虽然人人都会，但仍需注意操作程序及方法是否正确得当。

1. **清洁皮肤**

剃须前，应先用中性肥皂洗净面部。因剃刀对皮肤会产生刺激，或轻微地碰伤皮肤，污物会引起皮肤感染。

2. **软化胡须**

洗净脸后，再用热毛巾焐胡须，或将软化胡须膏涂于胡须上，使胡须软化。过一会儿再涂上剃须膏或皂液，以利于刀锋对胡须的切割和减轻对皮肤的刺激。

剃须膏是男子剃须的专用品，有泡沫型和非泡沫型两种。有的还可自动发热。剃须膏使用方法比较简单，先用温水将胡须部位拍湿后，再挤少量剃须膏均匀地涂抹在胡须上，待泡沫出现或稍等片刻后，即可开始刮须。

3. **正确剃刮**

剃须时应紧绷皮肤，以减少剃刀在皮肤上运行时的阻力，并可防止碰破皮肤。尤其年纪大或者瘦弱的人，皮肤易起褶皱，更应绷紧皮肤，使之保持弹性和一定的支撑力。剃须的顺序是：从左至右，从上到下，先顺毛孔剃刮，再逆毛孔剃刮，最后再顺刮一次就可基本剃净。注意不要东刮一刀西刮一刀，毫无章法地乱剃。剃刮完毕，用热毛巾把泡沫擦净或用温水洗净后，应检查一下还有没有胡楂儿。

4. 剃后保养

剃须后应注意皮肤保养，因为剃刮胡须时，对皮肤有一定的刺激，并且易使皮脂膜受损，为了在新皮脂膜再生之前保护好皮肤，应在剃须后用热毛巾再敷上几分钟，然后可选用诸如须后膏、须后水、须后蜜、护肤脂或润肤霜之类外搽，这样可形成保护膜，使皮肤少受外界刺激。

5. 胡须修剪与保养

对于蓄须者，修剪胡须时可用一把细齿小木梳和一把弯头小剪，先将胡须梳顺，然后再剪掉翘起的胡子和长于胡型的胡子，使修剪后的胡须保持整齐挺括的外形。上唇胡须的下缘要齐整，否则会影响面容美观。

如果要改变胡子的形象，可用小剪刀将不需要的部分仔细地修剪掉，不要一下子剪得太多，以免失手而影响胡型。

胡须的保养首先要清洁，每天应认真地清洗胡须，以免尘埃及脏物污染胡须和其根基部的皮肤。洗完后可涂少量的滋润剂，以保持胡须的柔软和光泽。

胡须是男子用以表现自己气质、个性和独特风度的一种标志，也会对脸形产生一定的影响。下面几条原则，供蓄须的男士参考：

下巴尖的脸形，不适宜留山羊胡。因为山羊胡的造型会使下巴显得更尖。如果可能的话，留络腮胡可使尖下巴变得不明显。

如果仅留上唇胡须，则胡须型不宜太宽，因为宽上唇胡与尖下巴容易形成较强对比，而使下巴显得更尖。

鼻底与上唇之间的距离短（即人中短）者，不宜留上唇胡。因为上唇胡有使横向加宽的感觉，而使人中显得更短。嘴型小的人，胡须可适当宽些，利用宽阔的胡须来掩饰小嘴的不足。额部窄小、下颌宽大的人，可用络腮胡须遮盖下颌角，使脸形协调。

眼取其神唇取色：女士的唇型描画

俗话说"眼取其神，唇取其色"，作为面部最灵活部分的唇，其唇色最能展现女性的风采。光滑红润的唇会给人一种青春的美感；娇艳欲滴给人一种狂野的性感美；

颜色柔美的朱唇，最能突出女性的温柔。而唇膏在这里就起到了举足轻重的作用。

1. 确定唇型

在进行唇部化妆之前，先要对着镜子找到自己的最佳唇型，然后考虑脸型、五官的比例结构是否适合，并找出需要改变和调整的部位，制订一个明晰的方案，不要盲目模仿和盲目改画理想唇型，适合自己的才是最好的。

唇型线条若锋利明快，呈现直线美，显示敏锐及干练；柔和圆润富有曲线美，给人温柔、纯净等印象；小巧的唇型，会显得聪敏秀美；而厚实柔美的曲线唇型，会使人感到直率、热情和妖媚。

唇型线一般有以下三种画法。

（1）1/2型。嘴唇山形最高峰处恰在口角和中心线的中间，其特点是上下唇线轮廓匀称饱满，口部动静兼宜，美观别致，是一种理想的唇型。

（2）1/3型。呈山形，起伏深。此类唇型给人以感情丰富的感觉，它以唇线的最高点为特点，即这种嘴型的最高点在唇中到外嘴角的末端距离的1/3处。

（3）3/2型。上唇的山形高峰在唇中央到口角2/3处，有时有缓和优美的微笑感，有时又有高傲感。使用这种唇型，要注意不要太强调嘴唇的山形峰，否则会产生唇型不正之感。

另外，选择唇型要配合不同的脸型，还要考虑比例关系，如宽且长的脸型不宜画短而薄的唇型，窄而瘦的脸型不宜画色彩浓重的唇型。

2. 上唇膏

嘴唇的清洁、干净很重要，要注意，如果唇上有旧唇色的痕迹或其他脏物，会影响唇膏的色泽，一定要先用纸巾擦净；如果嘴唇不干燥，则不容易上妆。准备工作做完后，就是画唇线。画好唇型后就可以涂唇膏了。

涂唇膏的要领是先从上唇的两侧向唇中涂，再从下唇的两侧向唇中涂，由外缘逐步涂向内侧，直到全部涂满。涂唇膏时，抹上第一层后用面巾纸轻轻按压一下，吸去浮色，再涂上第二层唇膏，这样唇红就会保留的时间长些。溢出唇型外的唇膏，要用纸巾等小心擦去，勿影响已画好的唇线。有理想的、完美的唇型是每个人都希望的，如果能掌握好画唇的技巧，就可以利用唇膏来矫正唇的形状，使人的眼睛有视觉上的误差，就能达到造就一副有魅力的唇型的效果。方法如下所述。

（1）小唇变大。可使下唇嘴角周界略微扩展，颜色和上唇同色调，要注意扩展出的部分唇红可涂得浓些。

（2）大唇变小。先用粉底色掩盖唇廓，然后再用唇线笔勾画出小于原唇型的轮廓，再在唇型内涂满明亮的唇红，注意上唇曲线不要太明显。

（3）厚唇变薄。在唇型外部，用粉底色或掩盖色把多余的部分盖去，然后用唇笔按轮廓形状在内侧勾画，并涂满唇红，唇红的选色要深一些为好。

（4）薄唇变厚。用唇笔在唇轮廓外部 1～1.5 毫米处平行描画轮廓，用较深的唇红涂于周围。

（5）上下曲形的修正。上曲形是把唇角提高约 5 毫米，唇色到中间部位稍深，下唇角比上唇角颜色稍淡些；下曲形则相反。

（6）唇色过暗。可选用鲜红、橙红等有亮度的颜色，也适用年龄较大而唇色鲜艳富有青春气息的人，只需用较淡的自然唇色，如粉红色等。

第4章
佛要金装人要衣装，服装就是你的名片

形象穿出来，风度妆起来

服装是一个人必不可少的修饰，合适的服装能展现出一个人的风度。那么怎样在着装上展现自己的风度呢？下边几个方面值得认真参考。

1. 与体型协调

在公共场合或者私人场合，服饰的选择要与穿戴者的体型相协调，做到扬长避短、隐丑显美。人有高有矮，即使高矮有时相同，但体型却是千差万别的，有的胖，有的瘦；有的腰细，有的臀宽；有的手长，有的腿短。因此，如果能根据体型，配以不同的着装，就可以弥补缺陷，扬长避短，展现出自己独特的风度。

高个子一般属较理想的体型，需要选择线条流畅的服装。做到"两不宜"和"两避免"，即不宜用垂直的线条，不宜做高卷的发型和戴高帽子；避免窄小、紧身的衣服，避免使用黑色、暗色。要从腰间将颜色组合打破，用明色或对比色的腰带切开。

身材矮小是一种不太匀称的身材，因此，要避免使用水平线的衣服，可用垂直线，如用长线条或长衣服来增加身高。如果用宽大、粗笨的衣服，则会使人显得更加矮小。身材矮小的人适宜穿着造型简单、色彩明快、小花型图案的服装。

体瘦的人要避免穿过长、紧身、窄小的款式。不宜用垂直线，应在颈部、腰部增加水平线，以此增加宽度，便于弥补瘦型的缺陷。很瘦的人穿黑衣服不太合适，在颜色的搭配上，多用浅色也可以使身影加宽。

身体正正方方，也是一种不太理想的体型。使用流畅、柔和、流线型的款式可以改变这种呆板、四平八稳的身材。而且服装不宜贴身和宽大，颜色要求浅淡，切忌艳装。

2. 与自身的身份、年龄协调

每个人在社会中都扮演着不同的角色，其穿着应该根据自身的身份作一定的规范。如果在家中你是一个家长或一个家庭主妇。可你在单位里，面对的却是你的同事和上司或者是你的下属，在这样的环境里，你就不能无所顾忌，随心所欲了。

不同的年龄、不同的性别穿着也有不同。小孩多穿花色服装，年轻人喜欢时髦服饰，老人则爱穿淡色衣服。

3. 与环境和季节协调

服饰的选择尤其要注意不同的活动场合，出席重要的典礼，应该穿礼服。假如你要出席婚礼，服装的颜色就可鲜亮；若参加丧礼，则以凝重为宜。如果待在家中，可以穿简单的便服。倘若有客人来，也还是应该穿着得体一些。去野外旅游，则不宜西装革履。

衣服除了起着保暖和凉爽的作用外，不同的季节也应该有与之相适应的服饰。如春季宜穿驼色、浅灰、中浅色的服装；夏装色调以淡雅为宜；冬天色调以咖啡、藏青、深褐等偏深色为宜。

4. 与个人的肤色协调

社交活动中的人们，都希望自身的服饰漂亮，给他人以美的享受，所以千方百计地追求服饰美。为了达到美化的目的，服饰的穿戴要注意扬长避短。我们在选择服饰的时候，不仅要考虑服饰的颜色、质地、款式，还要充分结合个人的肤色来着装。

中国人是黄种人，不宜选择与肤色相近或颜色较深暗的衣服，如土黄、棕黄、深黄、蓝紫等，因为它们使得"黄"人更"黄"。通常适宜穿暖色调的衣服，如红、粉红、米色及深棕色等。但黄种人中皮肤白净者，则无论何种深色或浅色的服装都适宜。皮肤黝黑者，适合穿暗色衣服，如浅灰、藏青等，最忌穿纯白色衣服。中国人对人体的审美观不同于黑色人种，中国人喜爱洁白、红润、有光泽的肤色，追求的基调是"白"；黑种人喜爱肤色的黝黑油润，追求的基调是"黑"。所以，非洲人大都喜爱白色服饰，就是为了突出他们皮肤色泽的"黑色美"，而中国人如果以白突出黑就无美可言了。

按原则着装，按规格穿衣

服装是一种无声的语言，如何着装可从一个侧面真实地传递出一个人的修养、性格、气质、爱好与追求。要使着装后的个人形象富有神韵和魅力，应遵循以下原则。

1. 整体性原则

正确的着装，能使形体、容貌等形成一个和谐的整体美。服饰的整体美的构成因素是多方面的，包括人的形体、内在气质、服装饰物的款式、色彩、质地、加工技巧乃至着装的环境等等。正如培根所说，"美不在部分而在整体"，孤立地看一个事物的各个部分可能不美，但就整体看却可能显得很美。

着装的整体美是由服饰的内在美与外在美构成的。外在美指人的形体及服饰的外在表现；内在美指人的内在精神、气质、修养及服装本身所具有的"气韵"。

2. 个性化原则

着装的个性化原则不单指通常意义上的个人的性格，还包括一个人的年龄、身材、气质、爱好、职业等因素在外表上的反映所构成的个人的特点。有的人穿上崭新的服装，觉得浑身不自在，变得傻愣呆板，就因为这衣服不是他的个性表达，乃是外加的"壳"。

各式服装有自己的风格和内涵，理解服装应如同理解自身一样，就能找到适合自己穿的衣服。只有个性化的着装，才能与自己的个性和谐一致，才能烘托个性、展示个性，保持自我以别于他人。只有当服饰与个性协调时，才能更好地发挥其效应，塑造出自己的最佳形象和礼仪风貌。

3. 符合"社会角色"原则

人们的社会生活是多方面的、多层次的，在不同的社交场合，扮演不同的社会角色。在社会活动中，人们的仪表、言行必须符合他的身份、地位、社会角色，才能被人理解、被人接受。人们对商务人员的期望形象是：热情有礼，衣装整洁，洒脱端庄，精明练达，富有责任心。如果一个颇有实力的实业大亨，蓬头垢面，衣衫褴褛，出现在众人面前，就很难让人相信他的经济实力。因此，利用得体的着装，可以满足他人对自己社会角色的期待，促成社交的成功。

什么马配什么鞍，什么人着什么衣

在人们的传统意识中，一个人穿着白大褂就容易被当成救死扶伤的医生，穿着法官服就会被联想成既有丰富学识又高高在上的司法权威。最普遍的情形是，一个身着运动服的人总是会使人感觉到青春和活力，而各种制服和民族服装无不被人们联想到某种特殊的形象气质。

日本管理学家齐藤竹之助认为，人与人初次交往，90%的印象来自服装。英国前首相丘吉尔也认为，服装是最好的名片。在社会交往日益频繁的今天，人们越来越重视自己的着装，力求在某些特殊的场合因得体的服装而获得某种交际优惠。

不合时宜的着装，会留给别人不好的印象：这个人层次、品位肯定不高。如果是这样，那就离失败不远了。

职业装的特点是简洁、大方。因为职业装是你经常穿的衣服，面料应该比较结实。职业装的色彩应该采用中性色调或暖色调，不可夸张。职业装的面料也应该富有质感，例如羊毛、涤纶、精梳棉等。

现在对职业装的要求已经不那么严格了，但是有些规定还是要特别注意的。你不应该戴闪光的珠宝，也不要穿暴露、性感紧身的衣服，这样不但容易引人侧目，而且容易引起误会，同时，也不能穿太休闲的和太艳丽的衣服。

职业着装可分为办公服和特殊职业服。

办公服适合于机关、公司、学校的工作人员，诸如科员、记者、律师、教师等工作时的穿着，男士的普通西装也属于此类。

办公服，有一定的严肃性和庄重感，色彩不能过分华丽、耀眼，不能过分强调装饰、点缀。

特殊职业服，是因某种职业的需要而特制的服装。这种服装一般成为某个职业的标志，如警察、法官、检察官、税务官、海关关员、工商管理人员、城市管理人员、军人、铁路员工的制服等，穿着这些服装有严格规定，一般是在履行职务时才穿，不得随意穿着和外借。

职业着装还有体育运动服、空中小姐服、劳动工作服等。此外，许多酒家、大饭店、大型企业也有自己规定的职业服，校服应算是该类服装的特例。职业服主要是突出其职业特点，体现团体风貌，易于识别。一些单位自己规定的职业服装，一定要注意其社会影响，要有自身的职业特征，切忌款式模仿他人，以致不伦不类。

商务着装的TPO原则

如何按照礼仪要求恰当地选择好自己应穿应戴的衣物饰品呢？就商务工作者而言，总的要求就是要严格遵行国际通行的TPO［Time（时间）、Place（地点）、Occasion（场合），这三点称之为TPO］原则。TPO原则，即着装与时间、地点、场合内容相协调的原则。

1. 时间原则

时间原则包含三层含义：一是指一天中时间的变化；二是指一年四季的不同；三是指时代间的差异。

日间是工作时间，着装要根据自己的工作性质的特点，总体上以庄重大方为原则。如果安排有社交活动或公关活动，则应以典雅端庄为基本着装格调。晚间可能被宴请、听音乐会、看演出、赴舞会等社交活动，由于空间的相对缩小和人们的心理作用，往往对晚间活动的服饰比白天活动时的服饰给予更多的关注与重视。因此，晚间着装要讲究一些，礼仪要求也要严格一些。晚间着装以晚礼服为宜，以形成典雅大方的礼仪形象。西方国家有一条明文规定：人们去歌剧院观看歌剧一类的演出时，男士一律着深色晚礼服，女士着装也要端庄雅致，以裙装为宜，否则不准入场。这一规定旨在强调社交场合的文明与礼仪，同时也体现着尊重他人、营造优美环境与氛围的西方社会文化。

另外，一年四季不同气候条件的变化对着装的心理和生理也会产生影响，着装时应做到冬暖夏凉、春秋适宜。夏天的服饰应以简洁、凉爽、轻柔为原则，切忌拖沓累赘，给自己与他人造成不必要的烦恼和负担。冬天的服饰则应以保暖、轻快、简练为原则，穿着单薄会使人看起来唇乌面青、缩肩佝背；而着装过厚，又会显得臃肿不堪、形体欠佳。春夏两季着装的自由度相对来讲要大一些，但仍应注意总体上宜以轻巧灵便、薄厚适宜为着装原则。此外，服饰还应顺应时代的潮流和节奏，过分落伍或过分新奇都会令人侧目。

2. 地点原则

地点原则，即环境原则。不同的环境需要与之相协调的服饰，以获得视觉与心理上的和谐感。在豪华的铺着地毯的谈判大厅与陈旧简陋的会客室里，穿着同一套服装得到的心理效应截然不同。与环境不相协调的服装，甚至会给人以身份与穿着不符的感觉或华而不实、呆板怪异的感觉等，这些都有损于商务人员的形象。避免它的最好办法是"入乡随俗"，穿着与环境地点相适合的服装。比如职业女性在衣着穿戴上不能太华丽，肉色蕾丝上衣、丝绒高开衩长裙，会使人怀疑其工作能力，同时也会遭到同性的嫉妒和异性的骚扰。同样，对于一个刚离开校门参加工作年轻职员来说，太清纯、太学生味的装扮也只会让自己显得幼稚、脆弱，让人怀疑其肩上能否挑得起重担；而太前卫的办公室着装只会让人觉得散漫、怪诞、缺乏合作精神。

当一个客户走进高雅洁净的办公环境，白领女性的穿戴会影响他对这家公司信誉的印象。因此，在夏天，下列衣裳和饰物等不该上班穿戴：

低胸、露背、露腹、敞口无袖上衣或透明衣裳；

- 一身牛仔或运动服装；

　裸露一半大腿的超短裙；

　黑网眼或花图案丝袜、露趾的凉鞋；

　浓艳眼影、假睫毛、猩红指甲油，1米外可刺激人打喷嚏的香水；

　廉价首饰、金脚链。

3. 场合原则

场合原则是指服装要与穿着场合的气氛相协调，和从事的职业相匹配，如参加签字仪式或重要典礼等活动。要想让自己显得庄重、大方，表现出诚意或教养，着一套便装或打扮得过于花枝招展都不适宜，不能达到预期目的；只有穿着合体的，质地、款式都庄重大方的套装才合适。

商务人员在不同场合的着装，关键是要让服饰与时间、地点及仪式内容相符。如能按照TPO原则，便可给人庄重、大方、高雅、整洁的好印象，同时也是对宾客或主人的礼貌与尊重。

五颜六色，你最钟情哪一色

不同的色彩会给人脑带来不同的刺激，而且也微妙地影响着人的情绪，从而产生不同的心理感受。有的色彩悦目，会使人愉快；有的色彩刺眼，让人烦躁；有的色彩热烈，使人兴奋；有的色彩柔和，让人安静。五颜六色的服装各自适合不同的场合，要了解色彩在人们心中所产生的联想和感觉，及它的象征寓意，才能更好地选择适合自己的衣着，穿出自己的风格。在选择适合自己的色彩之前，先了解一下它们代表的意思。

红色，多用于喜庆场面。可联想到太阳、火、鲜花、晚霞等，给人以热情、兴奋、快乐的感觉。适合宴会、舞会等欢快场合，同时也有警告的意味。红色服装具有较强的刺激和兴奋神经的功能，给人以积极向上的感觉，展示个性纯情的魅力和性感的魅力。能增强人体的潜能，红色服装还能带来喜庆气氛，给人们以欢欣。

黄色，光明和希望的象征。使人感到明朗、高贵、健康，尤其是淡黄色有素净感觉，淡黄色的花与气球能给人轻松柔和的美感。但基督教不喜爱黄色，认为黄色是卑劣的色彩，表示嫉妒和奸诈，所以在出席有众多外国朋友的场合，要注意避免使用。

蓝色，有庄重、坚实、理智、宁静、朴素、寒冷的感觉。因此夏天的冷饮室常使用淡蓝色，可让人产生凉快的感觉。蓝色、浅蓝色以及白色服装，给人以清洁、素雅的美感，可以使人安静，稳定人的情绪。

橙色，有鲜明夺目、光辉、温暖、明快热烈的感觉。可以兴奋交感神经，容易使人激动。多看则有厌倦、烦恼之感，所以常作为搭配的颜色。

绿色，有青春、自然、和平、清爽温和的感觉。浓绿色的森林有丰饶、茂盛、欣欣向荣的感觉；春天嫩绿色的树芽给人以清新、复活、希望的感觉。绿色多象征和平。绿色的服装，使人产生一种柔和舒适的感觉，对心理有缓和作用，可以使紧张的神经得以放松，让社交对象无压迫感。

紫色、红紫色有高贵、神秘的感觉；蓝紫色有优雅、沉着的感觉。但浓艳、刺眼的紫色又使人感到庸俗。所以，在选择时要注意颜色的差别。

白色，有清净、素雅、圣洁、高贵、善良等美感。适合气质单纯，外表简单的妆饰，但又常用来表示悲痛情感。

黑色，有庄重、严肃、神秘、阴森等感觉。黑色可象征恐怖、死亡等。黑色服饰，配在洁白光滑的肌肤上，显得高贵典雅，能对人产生镇静作用。紫色、黄色服饰也有类似作用。特定社交场合着黑色服装，能渲染气氛，产生庄重、肃穆感。

受制于个人所处的环境、文化素养以及年龄等因素，不同的人会选择不同颜色的服装。年轻人多选择红、粉红、黄、绿、橙等颜色，因为他们有活力与朝气。老年人多喜欢黑、灰、海军蓝等颜色，因为他们的心情平稳温和。当情绪低落时，选用活泼亮丽的服装，能帮助人改善心情，达到激励的效果。不同的人，不同的心情，不同的色彩让我们的世界五彩缤纷、绚丽多姿。

选好西装，人生潇洒走一回

西装，又称西服、洋服。它起源于欧洲，目前是全世界最流行的一种时装，也是商界男士在正式场合着装的优先选择。西装的造型典雅高贵。它拥有开放适度的领部、宽阔舒展的肩部和略加收缩的腰部，穿在男士的身上，会使之显得英武矫健、风度翩翩、魅力十足。

20世纪初，欧美一些家庭主妇纷纷走向社会，参加工作。随着妇女地位的提高，她们纷纷效仿男性穿潇洒的西装，于是女式西装应运而生，一般为上衣下裤或上衣下裙。女式西装受流行因素影响较大，但根本的要求是要合体，能够突出女性体形的曲线美，应根据穿着者的年龄、体型、皮肤、气质、职业等特点来选择款式。

要使西装穿着得体，就应当认真进行选择。面对庞大的西装市场，怎样选择适合自己穿着的西装呢？

1. 西服面料的选择

西服的面料是决定西服档次的重要标志之一。西服面料中羊毛的含量越高，代表着面料的档次越高，纯羊毛的面料当然是最佳选择。商场上的人士，一般应当尽可能地选择精良上乘之物，应当优先考虑纯毛、纯棉、棉毛、棉麻、毛麻、毛涤等面料。纯毛、纯棉、纯麻等面料，不只质地纯天然，而且吸湿、透气、贴身、舒适、外形美观、穿在身上显得较为高档。经济条件如能允许，应对此予以优先考虑。下面介绍几种比较常见的西服面料：

（1）纯羊毛精纺面料

这类面料，大多质地较薄，呢面光滑，纹路清晰。光泽自然柔和，有漂光。身骨挺括，手感柔软而弹性丰富。不易褶皱，即使有，也可在很短时间内消失。属于西服面料中的上等面料，通常用于春夏季西服。

（2）纯羊毛粗纺面料

这类面料，大多质地厚实，呢面丰满，色光柔和，不露纹底。纹面类织纹清晰而丰富。属于西服面料中的上等面料，通常用于秋冬季西服。

（3）羊毛与涤纶混纺面料

有光泽，缺乏纯羊毛面料柔和的柔润感。毛涤（涤毛）面料挺括但有板硬感，并随涤纶含量的增加而明显突出。弹性较纯毛面料要好，但手感不及纯毛和毛腈混纺面料。属于比较常见的中档西服面料。

（4）羊毛与黏胶或棉混纺面料

光泽较暗淡。精纺类手感较疲软，粗纺类则手感松散。这类面料的弹性和挺括感不及纯羊毛和毛涤、毛腈混纺面料。但是价格低廉，维护简单。属于比较常见的中档西服面料。

2. 西服颜色的选择

深色：庄重深沉、严肃、凝重，适应于深冬或春寒料峭的季节和庄重的场面穿着。

浅色：色泽亮丽清爽，给人赏心悦目之感。重大礼节性场合适合穿深色西装，像深蓝、深灰、黑色，这些颜色不仅端庄儒雅，而且能将面色衬托得更有光彩。日常工作、娱乐、朋友聚会时则适合穿浅色、暗格、小花纹西装。白色西装最能引人注目，常被用于出席时尚活动。

3. 西装款式的选择

正装西服的西服通常有两种款式：单排扣西服和双排扣西服。单排扣西服一般都只有3颗扣子，当然也有4颗扣子的，而且只扣其中最上面的2颗或3颗。双排扣西服则有4颗或者6颗扣子,而最上面的一对扣子总是只起装饰作用的(从来也不扣上)。

在开衩的问题上,西服的上装有三种选择:在两个侧面各开一个衩,被称为双开叉,或者只在后面的中部开一个衩,被称为单开叉,也可以根本不开衩。单排扣西服可以选择其中的任何一种,而双排扣西服则只能在两个侧面各开一个衩,或者干脆不开衩。

单排扣的西服目前比较适合年轻人,双排扣则更适合中老年人。单排扣的西服中,双开衩西服显得更为正式,而单开叉的略带休闲风格。

西服成套的裤子裤腰的前面可以打褶,也可以不打褶。你是否喜欢裤腰前面打褶的裤子,这完全取决于你的审美观。

规范着装:西装可不是随便穿的

有了一套合身的西服,还要注意穿着的规范。穿着规范才能展现出穿着者的风度,体现出西服的价值。一般来说,西装的穿着规范有如下几方面。

1. 配好衬衫,少穿内衣

衬衫是与西装配伍的重点,选择衬衫要注意其衣领、腰身、长度合身。与西装为伍的衬衫领形多为方领,色彩为单一色,衬衫衣袖要露出西装袖口1厘米左右,以显出层次。衬衫衣领要高出西装衣领,以保护西装衣领,增加美感。不论在任何场合,衬衫的下摆务必塞进裤内,袖扣必须扣上。衬衫最好每天清洗,保持整洁而无褶皱,特别是领子和袖口要干净。一般衬衫里面不要再穿较厚的棉毛衣衫,如天冷必须穿时,一般只能在衬衫外面再套一件西装背心或一件羊毛衫,以不显臃肿为度,且不要把领圈和袖口露出来。

2. 系好领带,必穿皮鞋

领带是男士衣着品位和绅士风度的象征,凡在比较正式的场合,穿西装都须系领带。领带的系法有普通结(小结)、温莎结(大结)和小温莎结(中结)三种。领带的长度以到皮带扣处为佳,色彩和图纹一般以冷暖相间为好,而且要与自身的年龄、肤色、爱好相协调;领带夹一般在第四五个扣之间。如衬衫外再穿羊绒线衫,则须将领带置于其间;正式隆重场合要系黑领结或白领结。非正式场合可以不打领带,但应把衬衣领扣解开,以示休闲洒脱。

按照"西装革履"的要求,穿西装应配黑色系带牛皮鞋,并保持鞋面的清亮。参加重大社交活动特别是涉外活动前一定要擦皮鞋,这是对宾客的尊重。旅游鞋或长筒靴等不宜在正式场合穿着。与皮鞋配套的袜子应为深色，忌穿白色袜。

3. 巧系纽扣，少装东西

在正式场合站立时，一般应将西装上衣的纽扣系上，就座时将扣解开。如系双排扣西装，应将扣一一扣上，亦可只扣上面一粒，表示轻松、时髦，但不可不扣；单排二粒扣西装，扣子全部不扣表示随意、轻松，扣上面一粒表示郑重，全扣表示无知；单排三粒扣西装，扣子全部不扣表示随意、轻松，只扣中间一粒或上边两粒，表示郑重，全扣表示无知。西裤作为西装整体的另一主要部分，要与上装互相协调，以构成和谐的整体。西裤长度以接触脚背为宜，裤腰大小以合扣后插入一手掌为标准。西裤穿着时，裤扣要扣，拉链要全部拉严。

西装有两件套和三件套之分，三件套则有14个口袋，但无论哪种西装，其口袋应不装或少装东西。外侧左胸袋可放置装饰性手帕；外侧下方的两口袋不宜放任何东西，内侧左右的胸袋可放钢笔、钱包或名片夹，但不宜放过厚的东西，以保持胸部的平挺。三件套的背心的四个口袋用来放名贵的小东西；西裤的左右插袋，用作插手保暖，两个后袋可放实用性手帕，但不宜放成串的钥匙，以保持裤型的美观。

4. 熨烫平整

不卷不挽穿在身上的西装要平整挺括，干净爽洁。高档的西装大都采用天然纤维，穿过后因局部受张力而变形，必须让它适当"休息"。一件衣服最好不要连续穿两天以上，且应定期干洗，经常熨烫，正确悬挂。还要切记在穿前拆除袖口处的商标，以免见笑于人。西装的袖口和裤脚不应卷挽，以免给人以粗俗之感。

西装巧搭配，效果不一般

要使西装的穿着最富成效，最好从最基本的方式开始。最常见的西装搭配方法有下面7种。

1. 灰色西装

传统的适合正式场合的颜色是灰色，它和深蓝色一样适用范围很广，灰色（要比深蓝色柔和一些，感觉较为友善。所以，如果你要与人倾心交往，最好穿灰色西装，如果你喜欢暖色，最好选择略带棕色的灰色，不要选蓝灰色）。穿灰色西装时显得精神饱满，也不要用白衬衫来配。灰色西装和浅蓝、粉红、淡紫或桃色等冷色调相配，显得很有生气。

浅灰色西装，再贵也看不出有什么特别之处，完全可以买便宜些的咖啡色西装来代替。

2. 深蓝色西装

要想给人以权威感，最好就是穿深蓝色西装。在挑选时，你必须清楚什么颜色适合你，深色还是浅色？然后，配上白衬衫，你就得到一副一本正经的工作形象了。

如果你要显得特别庄重，那就穿双排扣深蓝西装，它比单排扣西装更为正式。如果裁剪得体、质量上乘并且厚薄适中，双排扣西装一年四季都可以穿。如果你个头中等，最好穿六个扣的，而不要穿四个纽扣的双排扣西装。

传统深蓝色西装的好处在于它不太引人注目，这种西装就是连穿几天都不会有人注意，只要你经常换衬衫、领带和胸袋手帕。里面穿白衬衫时，必须配上花领带和素色或带绣花图案的胸袋手帕，衣服如果都很素，那整个人就会显得太严肃、太呆板了。深蓝色西装还是配上粗犷的条纹衬衫看起来更舒服。

因此，如果你还没有深蓝西装，最好买一套。

3. 其他颜色的西装

现在，穿着者对颜色的选择余地越来越大，可以穿各种新颖的中性颜色西装，如橄榄色、褐色、灰蓝色或绿色。在正式场合，如果穿着得体，这些颜色的西装就能很好地代替传统的深蓝色和浅灰色西装。

挑选这些西装时，关键是要买质量上乘、合身的。另外，如果你对自己从未穿过的颜色没有太大把握的话，你可以先试试这种颜色的衬衫和领带。在以前未经历过的场合，如会见新客户、出国访问，穿这种西装要加倍小心。在那些场合下，稳妥的做法是穿着能让人接受的深蓝色或灰色西装。

4. 方格西装

一提起穿方格西装，有些人就会犹豫不决。只有很别致的方格西装才适合在正式场合穿。不要穿那种在人群中或隔着几个街区一眼就能看到的方格西装。并且，只有身高、体型适中的人穿方格西装才有好的效果。挑选和方格西装搭配的衬衫和领带时，你得慎重考虑。衬衫最好是白色或浅色的。用浅灰色细条纹衬衫配方格西装别有风味。至于领带，最好用带有红色的花的领带，因为红色能比其他颜色更好地衬托出这种西装的雅致。用太花或太素的领带配这种西装都不太好，感觉上有点怪怪的。最后，值得推荐的还有深红色胸袋手帕。

5. 细条纹西装

时下细条纹西装有众多款式、裁剪和颜色都有所不同。如果你想买细条纹西装，就买那种只有细看才看得出来条纹的西装，同时，还要买二三条和条纹颜色相配的领带。

如果用细条纹衬衫来配这种细条纹西装，会给人眼花缭乱的感觉。有关研究表明，与穿着炫目的条纹西装者共事容易得偏头痛。你可以用带有条纹的领带来配条纹西装，但是两种条纹的粗细不能相同，最好还是用花的或素色的领带配细条纹西装，这样才会显得更精神。

6. 休闲西装

宽松的休闲西装在较轻松的社交场合和下班时间里，最好穿得潇洒些。并且，在某些文化或特定组织中，轻松潇洒是很受欢迎的风格。除了很正式的场合，比如出席董事会或和银行打交道，穿一套洒脱的西装看上去很棒。

你如果没有把握，那就穿深蓝色休闲西装，配上灰色、红色或褐色斜纹的裤子，这将在平时和同事或生意伙伴的聚会中为你增添风采。此外，周末聚会时，大家一般都穿休闲西装和运动鞋，你也不要例外。但若想显得特别一点，也可以穿"半正式"的西装。

如果你很在乎自己的形象，想在朋友和生意伙伴面前留个好印象，你就得既要有适合冬天穿的宽松衫或花呢休闲西装，又要有夏天穿的亚麻、水洗丝或薄绢休闲西装。你尽可挑选你自己喜欢的颜色，可以选用深蓝色和灰色以外的各种颜色。淡色或深色都可以，但式样要简洁，不要太引人注目。除非你确有把握，否则不要在款式的搭配上太花哨。注意每个部位的颜色都要协调、简洁。

休闲西装腰部以下特别要显得简洁，这样看上去才舒服。上衣、衬衫和领带的颜色、款式和面料要大方、活泼，因为这些地方离脸较近，容易受到注意。

7. 晚礼服

随着地位的提高、生活的都市化，男士早晚得准备套晚礼服。如果每年要穿两次以上，并且体型和衣服尺寸变化不大，那么，买套华美、庄重、做工精细的晚礼服是很值得的。在正式场合，即使体型像企鹅般的人，穿上晚礼服也会显得很突出。如果男士在寻求晋升之阶，想利用晚宴舞会、慈善活动或其他社交场合结交上层人士，那就必须有很好的晚礼服。如果你偏爱浅色、暖色或较柔和的颜色，那么，黑色晚礼服和白衬衫配在一起会显得太抢眼。可以用颜色适合的马夹和领结来淡化黑白的强烈对比，也可以用其他各种搭配，不过要记住，最好还是用浅色衬衫配深色礼服。

在大家都穿着同样衣服的时候，男人应该有所表现，设法引起他人注意。可以穿件有花纹的马夹，戴条别有趣味的领结和胸袋手帕，这样会使男人显得富有个性。

领带是男人的个性宣言

领带是职场男人的必须装备。小小领带不仅仅能表达一个男人的品位和风度，而且还能成为男人无声的名片。

领带是男人个性的宣言，是男人展示自己的窗口；领带是西装的灵魂，是男士西装最抢眼的饰物。在你的私人空间，你可以喜欢穿什么就穿什么，但在公众场合一定要选一条不会把注意力从你脸上移开的、色调素雅、偏暗的领带。任何一个面对客户、同行或者任何一个团队的男人都应该想一想，自己选择的领带体现了一个怎样的自我。

领带佩戴正确是凸显仪表美的重要方面，不可在此关键之处出问题，即便是小有闪失，也会影响个人仪容形象，应当尽量避免。

1. 领带的选择

要打好领带，先要选好领带。选择领带，重要的问题大体涉及其面料、色彩、图案、款式等。

（1）面料。制作领带的最高档、最正宗的面料是真丝。除真丝之外，尼龙亦可制作领带，但其档次较低。以其他面料，例如棉布、麻料、羊毛、皮革、塑料、纸张等制作的领带，大多不适合在正式场合使用。

（2）色彩。从色彩上讲，领带有单色、多色之分。单色领带适用于公务活动和隆重的社交场合，并以深蓝色、灰色、黑色、棕色、白色、紫红色最受欢迎。多色领带一般不应超过三种色彩，可用于各类场合。色彩过于艳丽的领带用途并不广泛，只有在非正式的社交、休闲时使用才不会惹人非议。

（3）图案。用于正式场合的领带，其图案应规则、传统，最常见的有斜条、横条、竖条、圆点、方格以及规则的碎花，它们多有一定的寓意。印有人物、动物、植物、花卉、房屋、景观、怪异神秘图案的领带，仅适用于非正式的场合。印有广告、团体标识、家族徽记的领带，最好不要乱用。

（4）款式。领带的款式，即其形状外观。一般来说，它有宽窄之分，这主要是受时尚流行的左右。进行选择时，应注意最好使领带的宽度与自己身体的宽度成正比，而不要反差过大。它还有箭头与平头之别。前者下端为倒三角形，适用于各种场合，比较传统。后者下端为平头，比较时髦，多适用于非正式场合。

2. 领带的打法

打领带时，应对领带的结法、领带的长度、领带的位置、领带的配饰多加注意，只有这样，才有可能将领带打得完美无缺。

（1）领带的结法。领带扎得好不好看，关键在于领带结打得如何。打领带结需要注意三点。

其一，要把它打得端正、挺括，外观呈倒三角形。

其二，在收紧领结时，有意在其下压出一个窝或一条沟来，使其看起来美观、自然。

其三，领带结的大小应大体上与所穿的衬衫领子的大小成正比例。

穿立领衬衫时不宜打领带，穿翼领衬衫时适合扎蝴蝶结。

（2）领带的长度。成人日常所用的领带，通常为130~150厘米。领带打好之后，外侧应略长于内侧。其标准的长度，应当是下端正好触及腰带扣的上端。这样，当外穿的西装上衣系上扣子后，领带的下端便不会从衣襟下面"探头探脑"地显露出来。当然，领带也别打得太短，不要让它动不动就从衣襟上面跳出来。出于这一考虑，不提倡在正式场合选用难以调节其长度的"一拉得"领带或"一套得"领带。

（3）领带的位置。领带打好之后，应被置于合乎常规的既定位置。穿西装上衣系好衣扣后，领带应处于西装上衣与衬衫之间。穿西装背心、羊毛衫、羊绒衫、羊毛背心时，领带应处于它们与衬衫之间。穿多件羊毛衫时（最好不要这样着装），应将领带置于最内侧的那件羊毛衫与衬衫之间。不要让领带逸出西装上衣之外，或是处于西装上衣与西装背心、羊毛衫、羊绒衫、羊毛背心之间，更别让它夹在两件羊毛衫之间。

（4）领带的配饰。在一般情况下，领带上没有必要使用任何配饰。在清风徐来、快步疾走之时，听任领带轻轻飘动，是很能替男士平添一些潇洒、帅气的。有的时候，或为了减少领带在行动时任意飘动带来的不便，或为了不使其妨碍本人工作、行动，可酌情使用领带配饰。领带配饰的基本作用是固定领带，其次才是装饰，常见的领带配饰有领带夹、领带针和领带棒。它们分别用于不同的位置，但不能同时登场，一次只能选用其中的一种。选择领带配饰，应多考虑金属质地制品，并要求素色为佳，形状与图案要雅致、简洁。

领带夹，主要用于将领带固定于衬衫上，因此不能只用其夹着领带，或是将其夹在上衣的衣领上。使用领带夹的正确位置，在衬衫从上向下数的第四至第五粒纽扣之间。最好不要让它在系上西装上衣扣子之后外露。若其夹得过分靠上，甚至被夹在鸡心领羊毛衫或西装背心领子开口处，就显得有点土气。

领带针，主要用于将领带别在衬衫上，并发挥一定的装饰作用。其一端为图案，应处于领带之外，另一端为细链，则应免于外露。使用它时，应将其别在衬衫从上往下数第三粒纽扣处的领带正中央。其有图案的一面，宜为外人所见。但是要注意，别把领带针误当领针用。

领带棒，主要用于穿着扣领衬衫时，穿过领带，并将其固定于衬衫领口处。使用领带棒，如果得法，会使领带在正式场合显得既飘逸，又减少麻烦。

精挑细选一件合身的衬衣

现在你尽可随意挑选不同颜色、面料和款式的衬衫。但是，选择的余地越大，出错的可能性也就越大。

1. 面料

首先我们来看看面料。挑选原则很简单：选全棉或主要成分是棉的混纺面料。前者适合日常工作穿，后者不容易起皱，旅行时穿更好。

棉布也有不同的档次。在商店里你可以看到很便宜的全棉衬衫，但如果你看不出棉布的优劣，那你可能买回的是一件一烫就坏的衬衫。最好的衬衫是那种质朴、带有光泽的棉布衬衫，它和任何西装相配看上去都很精神。你最好四处逛逛，问问营业员，哪些衬衫牌子比较好，他们应该有这方面的信息。

用比较柔软的棉料做的衬衫，质地比较松，领子就不是很挺了。可惜的是，这种质地的衬衫不能和正式西装相配，虽然近来有越来越多的年轻人喜欢穿这种衬衫来配西装。这些不太正式的棉布衬衫在一些气氛宽松的小公司里比较容易被接受。那些不在大都市工作、喜欢上班穿休闲服或宽衬衫的男士，可以穿这种轻软的衬衫来搭配。

2. 颜色

选好面料后，再看看颜色。要想有个好形象，必须有适合不同场合穿的不同颜色的衬衫。白衬衫是最正式、最庄重的。如果这些浅色和白色衬衫相差不大，那它们看上去更加职业化一些。主持会议时，不能穿细条纹衬衫，那容易使人分心。

3. 衣领

衬衫领子是很重要的，对于脖子和脸型不太标准的男士来说更是如此。比如，脖子细长的男士不能穿窄边或又长又尖的衣领，那只会突出他们想要掩饰的缺陷，他们还是穿宽边衣领比较好。相反，脸型较大、脖子较短的男士最好穿窄领的，不要穿短领或宽领的。此外，领尖下端扣住的领子对脸型较大的男士更为合适，短小的领子则比较适合脖子适中并且喜欢充分展露领带结的男士。

衬衫领子的式样很多。如果你的脖子尺寸比较特殊，很难找到合适的领子，那你最好去定做衬衫。在别的事上你尽可节约，但在衬衫领子这种最贴近脸的地方做些投资还是很值得的。

挑选衬衫，关键要看它是否合身，穿起来是否显得精神。很多人不喜欢穿衬衫，就是因为衬衫不合身。如果领子太紧，那确实很不舒服，这要么是因为你买错了尺码，要么是因为你变胖了！很多人买来的衬衫总是嫌小，就是因为他尽管知道自己体型已有所变化了，但还是懒得重新量一下。当然，衬衫太大也不行，穿起来一点都不精神。衬衫领子的大小以穿着时能伸进一根手指或者可以拉离脖子1/4时为宜。

4. 袖口

衬衫袖口也和其颜色、面料一样有很多种类，基本款式有两种：单层和双层。后者看上去更为优雅，是身份的象征，这种双层袖口的衬衫要贵一些，但它能使你显得比较高贵。穿这种双层袖口衬衫时可以戴袖链，以体现你的个性和地位，这是单层袖口所无法比拟的。千万不要用单层袖口充当双层袖口来穿。那种有两个纽扣和一条切缝的单层袖口也能戴上袖链，但是如果那样，看上去是很滑稽的。

如果你想穿双层袖口的衬衫，但又不想买袖链，你也可以用一对简单而鲜艳的丝带来代替。但是，如果你真的很想显得完美无缺的话，最好还是买些金的、银的或宝石袖链。不要佩戴孩子气的袖链，那会严重损害你的形象。

此外，要记住，穿西装时，衬衫若是单层袖口，要露出5毫米左右，若是双层袖口，则要露出10毫米。

5. 衣袋

最好的西装衬衫应该是没有胸袋的，虽然很多人都喜欢有个衣袋放香烟盒或其他小零碎。但要知道，如果衬衫口袋里装得满满的，你就像是个成天在实验室里忙碌的人员，没半点风度。即使衬衫有口袋，你也不要用，切记这一点。

穿衣任我行：休闲装的穿着

休闲装起源于美国，20世纪70年代初，开始成为世界时装界的一个重要部分，并在20世纪90年代形成不可阻挡的潮流影响着人们的穿着风尚，同时休闲装也以锐不可当之势涌入中国，受到人们的青睐。

近年来，随着人们思想观念的改变，特别是回归自然的浪潮一浪高过一浪，便装与休闲装越来越受到商界人士的喜爱。

商务休闲装是一种游走于正装与休闲装之间的、适应各种场合的新款服装。它不仅是一种着装风格，更体现出一种生活态度。它亦庄亦谐，大方亲切；它轻松随意，又自然舒适；它既能充分展现男人的精干而又不失洒脱，同时也使女人在自信端庄中更显妩媚。

其实无论何种穿着、何种打扮，都必须遵守一个原则，那就是搭配和谐。这种和谐主要是指与自己的个性谐调。休闲装有很多种，如果搭配不当会给自身形象带来很大的损害，必须要注重休闲装的搭配。

基础搭配："一个都不能少。"

运动鞋——Adidas、Nike、New等名牌运动鞋原是为篮球等运动而开发的。如今则是牛仔裤搭配服饰中不可或缺的组成部分，不过牛仔裤与运动鞋及T恤衫的搭配是最最"小儿科"的，只有选一条细节或款型上不普通的牛仔裤，才能不同凡响。

高帮鞋——和前几年相比，穿高帮鞋的年轻人越来越多。高帮鞋最初是为登山制作的，并非适合配所有的牛仔裤，哪一种高帮鞋与何种款式的牛仔裤般配，还得亲自穿上试一试！

T恤衫——蓝色牛仔裤配白色T恤衫可谓是最"正统"的搭配，胜在年轻、朝气。T恤衫最好选择较紧身的款式，穿在身上稍稍显紧，配上直筒形牛仔裤会十分潇洒。

西服上衣——西服上衣里穿格子图案的衬衫，再系上领带，配直筒形牛仔裤为最佳。西服上衣、衬衫及领带的选择要谨慎。西服上衣可选3粒纽扣的款式，以显得随意。上衣里也可不穿衬衫而配以T恤。

牛仔衫——白色的牛仔裤配白色的牛仔衫，内穿自然色系的T恤衫，是一款得体的搭配。当然，蓝色的牛仔裤只可以配蓝色的牛仔衫，只是，牛仔衫裤相配时，应注意上下衣裤的色泽，即应选择同样褪色程度的衫裤，以免不协调。

三分衣服七分鞋：鞋袜的穿着

鞋子和袜子被西方国家称做"脚部时装"和"腿部时装"。鞋子在整体着装中具有重要地位。一双得体的鞋子，能为全身的服装添色增辉，它不仅能够映衬出服装的整体美，更重要的是它还能增加人体本身的挺拔俊美。

在正式或非正式场合，男性一般着没有花纹的黑色平跟皮鞋，女性一般着黑色半高跟皮鞋。露脚趾的皮凉鞋是绝对禁止在礼仪场合穿着的。旅游鞋、布鞋、各式时装鞋与西装都是不相配的。在欧美国家,会议、谈判、舞会、庆典、拜访或接待重要的贵宾等场合是不允许穿凉鞋的;否则,会被认为缺乏教养,不懂礼貌。

在正式场合,应穿长统丝袜或裤袜,白天可穿肉色或浅色的,晚间活动可稍深;不宜穿短袜,更不宜将内穿棉毛裤显露出来。皮鞋的颜色、款式应与衣服、手包相配套。一般地,鞋的颜色应与衣服的下摆一致或更深一些。衣服从下摆开始到鞋的颜色一致,可以使大多数人显得高一些。1984年春,里根总统夫人访华时,挑选面料做旗袍。她先看中一种金色的织锦缎,但考虑到没有带金色的皮鞋与之配套,便改选一款以深红色为底色的中国织锦缎旗袍。在里根总统的告别招待会上,她穿上这件深红底色的中国织锦缎旗袍,配上一双深色的高跟鞋,显得特别雍容华贵,无懈可击。

袜子的穿着也是重要的一环。在礼仪场合,绝不能赤足穿鞋。正式或半正式场合,男性应着颜色素净的中长筒袜子,这样可避免坐下谈话时露出皮肤或浓重的腿毛。袜子颜色以单色深沉最好,带条纹、方格图案,但图案又不显眼的也可以,色调应比裤子深一些,以使它在裤子和鞋之间呈现一种过渡色。女性着肉色长筒丝袜,配长裙、旗袍最为得体。浅肉色可以使皮肤罩上一层光泽,显得细腻娇嫩,深肉色可以给人以一种修长健美的感觉。长筒袜的长度一定要高于裙子下部边缘,且留有较大余地;否则,一走动就露出一截腿来,极为不雅。

在正式场合着裙装,不穿袜子也是不礼貌的。应当在办公室或工作场所预备好一两双袜子,以备袜子钩破时换用,而且外出工作时最好备用几双袜子,当和日本客人打交道时更应如此,因为在进他们的餐厅小间时,要脱去鞋子换上拖鞋。此时,若袜子有破洞或不整洁,就会很尴尬。

鞋袜的选择要注意与整体装束搭配,其颜色应当与发带、表带等保持一致,这样才能体现出穿着的整体美。

衣服要合体而着:女性体型与着装

人的体型差异很大,十全十美的人很少。理想的体型,要求躯干挺直,身体各部分的骨骼都要匀称。胖、瘦或腿短、臀宽等不完美的体型,在礼仪活动中都可能成为自身的不利因素。但若能了解自己的体型缺陷,扬长避短,便可顺利应付任何社交活动。

体型较好的人,对服装款式的选择范围较大,着装时应该更多考虑的是服装与肤色、气质、身份、场合等的协调。

体型较胖的人最好着上下一色的深色套装。裤子的长度应略长一些，裤腿略瘦。

肩窄臀宽的人，应该注意使用垫肩，使肩部看上去宽些，也可以在肩部打褶以增加宽度，可以选择束腰的服装以衬托肩部的宽大。忌穿插肩上衣、宽大的外套和夹克衫，忌穿无袖上装、长而紧袖上装。腰粗的人应选肩部较宽的衣服，以产生肩宽腰细的效果，女士不宜穿腰间打褶的裙，不要把衬衫扎进裙子或裤腰中。

腿较短的人，可以选择上衣较短，裤稍长的服装。腿较粗的人，宜穿上下同宽的深色直筒裤，过膝的直筒裙，不宜穿太紧的裤、太短的裙。

服装的面料及质地不同，花型不同，会造成大小形象上的不同感觉。像粗呢、厚毛料、宽条绒等，这些面料如使用不当，使胖人看上去更胖，增加笨重感觉。发亮的料子，比如绸缎和一些化纤面料，使人看上去丰满，胖人穿上也会显得更胖。大花型的面料有扩张的效果，它使瘦人看上去丰满一些。小花型的面料也能使丰满的人看上去苗条些。花色面料还可以适当修饰体型有缺陷的部分，比如女士胸部不够丰满，可穿花色上衣弥补。

摇曳多姿：女性着裙装的艺术

飘逸摇曳的裙装，加上女人的婀娜多姿，那种女性特有的柔媚、娉婷、清丽的风姿被展露无遗，裙装还有一个突出优点就是比较容易与其他服饰搭配。

在女性众多的衣装中，与其他服饰相比，裙装最具有律动感，变化也是最频繁丰富。裙子可以充分修饰美化女性的身材，使自己体型的完美部分得到充分展示，不足之处得到恰到好处的掩饰。例如，上身较长双腿较短的女性，可以选择上装仅及腰部、裙子长及小腿的裙套装，利用裙装的上短下长，掩盖腿部粗短的缺点，或者选择高腰节式样，扎一条较宽的深色调裙带。对中年妇女来说，穿裙装比长裤更能显出女性的风韵。西装裙、有褶或无褶的各种式样的直裙，应是中年裙装的主流。着裙装上衣的搭配很重要，衣裙料相同的套装裙高雅庄重；衣裙色调成反差对比则显得活泼；着短裙配长外套是近年流行的时装，它比正统的西服套裙更为潇洒；羊毛衫配裙装则能显示出随意性，也更能突出中年妇女的典雅气质。

穿裙子要注意宽松适当，长短适中，合乎体型，裙装造型与体型特征要互补互衬。比如，高大丰满的女性穿一套上衣长度过腰，裙子长度及膝的西式裙套装是比较合体的，矮个子女孩最好选择上下色调统一的套装裙或连衣裙。身材修长的女性服饰的选择可以随意，可以收紧也可以夸张，但是要取得最完美的着装效果，还是应当注意选择合体的裙装，可以增加服饰的造型美与身体匀称美。

裙装变化多端，要求女士们敏锐的眼光和洞察力，吸取能增加魅力的元素，这样才能走在时尚的前端，但又有自己独特的风格。

雍容华贵：女性着旗袍的艺术

旗袍是我国独有的、富有浓郁民族风格的传统女装。旗袍用流畅的曲线造型十分贴切自然地勾勒出东方女性躯体的婉柔美，体现出含蓄凝重的东方神韵。高领斜襟，是旗袍的神来之笔，下摆的长长开衩，在严谨中透出轻松活泼，并便于行动。

旗袍造型流畅、缝制简便，在夏季可以用棉布、丝绸、麻纱等面料制作，在秋冬季可用锦丝绒、五彩缎制作，也可挂上全里，既保暖又华贵。在社交场合用精致高档的旗袍做礼服，典雅高贵，不失雍容风度。日常穿用可选择花素全棉府绸或涤棉细布制作的旗袍，既朴素又大方。选用小花、素格、细条丝绸制作的旗袍，可表现出温柔、稳重的风格。

作为礼服的旗袍，最好是单一的颜色，一般常在绸缎面料上刺绣或饰物。面料以典雅华丽、柔美挺括的织锦缎、古香缎和金丝绒为佳。为了体现女性的端庄，旗袍的长度最好是长至脚面，开衩的高度，应在膝盖以上，大腿中部以下。穿无袖式旗袍，不要暴露其内衣，冬天可配以披肩，但不适合戴手套。

穿旗袍也要注意以下几点。

（1）与鞋子、饰物的搭配。金、银、珍珠、玛瑙等精致的项链、耳坠、胸花等是旗袍的传统伴侣。最新的伙伴是小巧而璀璨的名表，和怀旧的旗袍撞击出时代感极强的火花。着旗袍可配穿高跟鞋或半高跟鞋，或配穿面料高级、制作考究的布鞋，或绣花鞋。

（2）穿旗袍展示的是女性的高贵与优雅，所以应当避免一些不雅观的形体动作。例如，站立或坐下时两腿分开，弯腰驼背；大步走路或跑步，骑自行车更不可以。穿旗袍就要腹挺背直，走姿、坐姿、站姿和谈吐都要保持文静优雅，才能与旗袍的风格相衬。

（3）与旗袍搭配穿着的服饰有裘皮大衣，毛呢大衣，小西装，开襟小毛衣和各种方型大披肩，这些都要注意色彩要与旗袍的协调，还要根据不同的环境选用。

（4）不管你的个子高矮，选择及膝的旗袍比长及脚面的要轻盈得多，也给漂亮的鞋子更多发挥余地。

（5）旗袍不是只能搭配盘成一个髻的发型，虽然安全，却未免有些保守和过时。干练的短发女性尽可以尝试高领旗袍，现代的搭配美学强调的就是一点点刻意的不和谐。

（6）不要在商场里购买流水线上下来的成品，到有设计师挂牌的中式特色小店去，那里不仅有独特的面料、合身的剪裁，最重要的是可以避免低俗的设计。

第5章

饰品为你增值，更让你的形象流光溢彩

小饰品让男人形象大放异彩

大多数人并没有意识到饰品的重要性，但对男人的形象来说，精致的饰品几乎具有与得体的衣服、衬衫和领带一样重要的作用。尽管如此，还是有很多人认为没有必要对这个问题进行专门的探讨，他们视饰品为累赘，对于他们来说，大多数饰品——手表、钢笔、公文包和眼镜——几乎没有什么用途。但事实上，这些东西是你每天的必需品。如果买的是过时的或者仅仅注意它们的使用价值，而不关心它们的品质和佩戴是否得体，这只能说明不在意自己的外在形象，由此而不能引起别人的注意就不奇怪了。

1. 珠宝饰物

在工作时间里不宜佩戴珠宝饰物。

诚然，一些男人在这样的场合戴着手镯、项链和耳环，以表明他们是独一无二的。事实上，99%的顾客和同事都会对他们的这种做法表示反感。

不要总是戴着戒指，除非你戴的是结婚戒指。更不要看到其他人老是戴着它就仿效他们，为什么要去仿效不好的行为呢？

勋章、纪念章、金链、有倾向性的木雕制品和类似的饰品应该更多地珍藏在你的皮箱里，在公共场合佩戴是不妥当的。

2. 钢笔

可以肯定地说，你对你的每个同事使用的钢笔都非常清楚，男人们一般对这个问题都比较敏感，就像他们特别注意自己使用的钢笔一样。

一次性水笔仅仅适用于做会议记录或者在家里使用，因为这种笔写起来很流利，

可以加快你的记录速度。在正式场合，你应该使用钢笔，因为自来水笔已成为公认的正式书写工具。在正式场合使用一次性水笔或圆珠笔总是不太合适的。在一天或重要活动开始前，务必要将钢笔灌满墨水，如果在使用过程中突然写不出来是多么难堪的事，更不用说会影响你正在进行的工作了。如果可能的话，使用尽可能好的钢笔（比如派克笔）会使别人对你另眼相看。

3. 手套

每位成功人士都有几副手套，每一个男人都应该有。几乎任何手套都能被人欣赏，但其中最受欢迎的是颜色厚重的棕皮手套，其次是毛线手套。黑色皮手套应当予以避免。灰色皮手套的效果要好得多。手套上的匝线间距要密一些，以免形成鼓包。运动装手套（起绒的羊皮匝线手套）不应该与商务服装同时使用。

4. 雨伞

男人的雨伞应当是黑颜色的，非折叠伞为佳，伞把造型应当简洁。有些男人用杂色的高尔夫雨伞，这种伞容易带有女性气味，所以应予避免。过去，折叠伞总是得到排斥性的反应；现在，某些较高级的折叠伞得到了人们认可。这些折叠伞相当方便，不过标准的黑色雨伞仍旧最受青睐。

5. 围巾

能够受人欢迎的男式围巾是丝围巾和毛围巾，仅此两种。有些丝围巾可以翻过来，里面是毛围巾。丝围巾最流行的图案是印花软绸和单色；毛围巾中占主要地位的图案是方格和单色。只要图案和颜色并不轻浮，任何围巾都能被人接受。如果你拿不准，就不要选择这种图案，除非它也属于能被人接受的领带图案。对于日常生活来说，白围巾一般都有过于讲究之嫌。

男士佩戴围巾时，不必紧紧地塞入衬衣领口，而要让它自然下垂，随风飘荡则最佳。

6. 手绢

男人的手绢应该是棉布或亚麻的，手工印花的或素白色的。在上衣胸兜里装一条手绢，这在年龄较大的男人当中很普遍，用于传统型服饰完全能被人接受。非常年轻的男人如果在上衣兜里装一条手绢往往显得轻浮卖弄。彩色手绢以及和领带图案相同的手绢应当避免。

皮带——男人腰间的一张"脸"

俗话说皮带是男人腰间的一张"脸"，可见其重要性是其他服饰配件无法取代的。男人不同于女人，有时候穿牛仔裤、裙子或其他休闲束身裤，不系腰带也可，但男性却不能，男士要体现举止优雅，气质卓尔不群，总少不了腰间这一抹细节，因此还须刻意装饰。

皮带的颜色要与裤子色彩搭配，其中以黑色最容易搭配衣服。穿咖啡色系西装时可选择深咖啡色的皮带，并与皮鞋配合。皮带扣也可以展现个人品位的细节，最好能将眼镜、领带夹和皮带扣等配件搭配出有整体感的效果。

但现在皮带的作用除了固定裤子外，装饰作用也日益突出。选择一条质量上乘、款式大方、新颖别致的皮带，可以增加男人的风度和气质。

这种皮带按质地可分为皮革（包括羊皮、牛皮、鹿皮）、塑料、金属及人造革几类。皮带头有金属板扣和嵌式扣的。

要经常注意检查自己的腰带是否合体，是不是有损坏，以提早替换，避免发生"意外"。

你的衣橱中平时要常备几条实用的腰带：

（1）一条两英寸宽、金色带扣、造型简单的黑色腰带。

（2）如果是夏季，可以用白色的窄腰带。

（3）常备一条任何宽度的腰带。可以选你喜欢的颜色，但注意应是你常穿衣服颜色的辅助色。

再有，你所选的腰带要注意一个搭配问题：一是要和服装协调搭配，包括款式和颜色；二是要和体型搭配；三是要和社交场合协调。

如果你的腰带上有金属，你的鞋子或扣子、你的首饰等都应是同样的颜色，否则将会不谐调。

手表——男人实力的体现

在社交场合，人们所戴的手表往往体现其地位、身份和财富状况。因此在人际交往中人们所戴的手表，尤其是男士所戴的手表，大都引人注目。要正确佩戴手表，先要了解手表，并善于选择手表。选择手表，应注重其种类、造型、色彩、图案、功能及戴表禁忌六个方面的问题。

1. 造型

手表的造型与其身价、档次有关。在正式场合所戴的手表，在造型方面应当庄重、保守，避免怪异、新潮。这一点男士，尤其是年龄大的男士更要注意。造型新奇的手表，只适用于少女和儿童。一般而言，圆形、椭圆形、正方形、长方形及菱形手表，是正式场合佩戴的首选。

2. 图案

除数字、商标、厂名、品牌外，手表上没有必要出现其他的图案。应选择适用于正式场合的手表。

3. 色彩

在正式场合所戴的手表，色彩不要杂乱，宜选择单色手表、双色手表，其色彩都要清晰、高贵、典雅。金色表、银色表、黑色表，即表盘、表壳、表带的主体色均为金色、银色、黑色的手表，是最理想的选择，不要选择三色或三种颜色以上的手表。

4. 功能

计时，是手表最主要的功能。因此，正式场合所用的手表，不管是指针式、跳字式还是报时式，都应具有这一功能，并且应当精确到时、分，能精确到秒则更好。有些附加的功能，如温度、湿度、风度、方向、血压、步速等，可有可无，而且以无为好。总之，手表的功能要少而精，要有实用价值。

5. 种类

在社交场合手表是依据价格来分类的。按照这个标准，手表可被分为价格在10 000元以上的豪华表、2 000～10 000元之间的高档表、500～2 000元之间的中档表、500元以下的低档表四类。选择手表的具体种类时，既要量力而行，还要顾及个人的职业、露面的场合、交往的对象和所选用的服饰等一系列相关因素。

6. 忌戴的手表

在较正式的交际场合，男人通常不应佩戴以下不符合礼仪规范的手表。

（1）失效表。计时不准确，或不能计时的手表。

（2）劣质表。糙钢、塑料制造的手表及质地与做工低劣的手表。这种手表在正式场合千万不要戴，它极有可能会破坏服饰的整体效果。

（3）怀式表。又叫怀表、袋表、链表。这是一种极具古典浪漫风格的手表，在今天使用怀式表，虽意味着怀旧，但已与时代气息格格不入，而且与日常服装难以搭配。

（4）广告表。用作广告宣传作用的手表，在正式场合佩戴，不仅有可能被别人误解是在替人进行广告宣传，还会给人以爱占小便宜之嫌。

（5）卡通表。以卡通图形为主制造而成的手表，属于时装表，可用来同时装、便装搭配，多受少女、儿童的欢迎，但不能与正装搭配，更不适合在庄重、严肃的场合佩戴，尤其不适合成年男子佩戴。

男女选戴帽子二三事

帽子的式样要与衣着相协调。例如，法式女礼帽与西式长裙相配，会产生一种既浪漫又高雅庄重的风度；若以法式女礼帽与中式旗袍相配，则会产生一种不伦不类的感觉。

帽子款式的选择要与人的脸型、体型相适应。长脸型不宜戴高帽子，而圆脸型戴顶端微凸的帽子就比较顺眼；个矮戴稍凸的帽子会显高，而小个子戴大帽子又会产生"小蘑菇"的滑稽感。

帽子的色彩要与肤色结合考虑。肤色白的人，选择余地大些；肤色较深的人，则不宜戴深色帽子；肤色发黄的人，最好是戴深红色、咖啡色的帽子，这样可衬托一些健康色，戴白色、绿色、浅蓝色的帽子会加重病态的感觉。

帽子戴法的变化，会产生不同的感觉。帽子戴得端端正正，脸部显得丰满，神态显得庄重；帽子略微歪斜，产生的斜向线条会使人脸部略显清瘦，但妩媚活泼。

从礼仪的角度讲，男子在室内场合不允许戴帽子，女子则可以把帽子及其他用品作为礼服的一部分在室内场合穿戴。英国查尔斯王子举行结婚典礼时，在圣保罗大教堂内，成千的客人，男宾个个免冠，女客则无一不戴帽子。女子戴帽子不仅是礼节上的要求，也是身份上的象征，而且这种帽子不像男帽一样千篇一律，而是配合五光十色的衣服，变换着花样。它们用毛皮、绒缎、皮革等制成，有的帽子上还饰有羽毛、花朵、珍珠等，争奇斗艳。

1. 女士戴帽子的注意事项

女士戴帽子要比男士略微讲究一些。参加宴会、游园和婚礼活动，戴一顶合适的帽子，可以帮助你增添迷人的风采。但这类活动中戴的帽子帽檐不能过宽，否则便会遮挡别人的视线。

地位较高的女士，可以选择小呢帽、宽边帽、中等宽边的帽子，这种有边檐的帽子会为女士增加风度和气质。例如，英国女王伊丽莎白二世在位的50年里，每次公开露面都戴帽子。每一件外衣都需要有一顶帽子相配，由此可见帽子的重要性。

身材娇小的女性应选择宽大边檐帽，但帽檐不可超过肩宽。身材显小的女性若要戴有檐帽，则要戴帽檐有一定角度的帽子。

女性佩戴帽子时，其他配件就必须减少，如垂坠式的耳环、多链式的长项链等，都应避免。可以改配扣型耳环和单边的短珠链。最简单的可以在脖子上系一条短丝巾，以增加帅气和飘逸之美。

在寒冷的冬天，戴一顶手织的绒线帽，即使他人感到温暖，又让自己显得妩媚，但是这种帽子是让自己显得俏皮可爱，却不是让自己显得威严，所以只适合约会和聚会的场合。

戴帽子的方法也有讲究。戴得端正，显得正派；帽子稍向前倾斜，显得时髦；帽子稍歪斜点，帽檐向下压，显得很俊俏；把帽子拉得很低，显得忧郁；帽子扣到后脑勺上则显得呆头呆脑。戴帽子要显得好看，还应该注意姿势。如果驼着背，缩着脖子，再戴上一顶小帽檐式帽子，只有加倍令人觉得缺乏精神，而与戴帽子表现帅气的意愿就完全背道而驰啦！此外，帽子的颜色也应该尽量与服装的颜色相一致，千万不要穿了一身黑衣服后，再配一顶黄色的帽子，但不妨配上白色、灰色或深褐色的帽子。

2. 男士戴帽子的注意事项

男士选择适合自己的帽子能够恰如其分地衬托出风度和修养，展示社会地位、经济状况。选择帽子时首先考虑实用性，其次考虑装饰性，不论是礼帽，还是棒球帽、旅游帽，都要从自身出发选择适合自己的式样、颜色。

帽子要与自己的装束、年龄、工作等相协调，并要根据自己的脸型选择。脸圆的人适合戴宽边较高的帽子，脸窄的人适合戴窄边的帽子。一般的场合，男士戴的帽子要颜色稍深一些、暗一些，有利于男士展示刚毅、干练的作风，但是质地和色彩要选择较为柔和的，这样不会给人太过强硬的感觉。穿礼服时，必须用黑色的礼帽与其相衬，在工作场合里尽量不要戴帽子，如果要戴，帽子的帽顶不能太高，帽檐也要选择窄一些的。要根据衣着和场合选择帽子。白色的西装配白色的礼帽。在运动的时候，也可以戴白色的棒球帽等，具体的情况可以具体分析。

男女选戴手套二三事

日常生活中，手套起到的是御寒作用，但是当我们出现在不同的场合时，手套就发挥着极其重要的装饰作用，恰当选用手套应注意以下几点。

首先，要同整体装束相一致。手套的颜色与衣服的颜色相配。黑色最不会出错；深灰色配花呢、人字呢、飞鸟格等男装百试百灵。丝缎、蕾丝、绣花，很漂亮，很女性化，比较适合乍暖还寒的春秋。亮缎长手套搭配露肩晚装，全年都适用。皮手套有稳重感，一般场合或正式场合都可戴，绒线手套质地轻柔，比较适合运动场合，纱手套可在交际场合戴。

其次，要同个人气质相协调。年长而稳重的人，适合戴深色手套；年轻而活泼的人适合戴浅色或彩色手套。身高臂长的人，戴上一副长手套会显得英武豪俊；身短臂短的人，戴上一副短手套会显得精明强干。戴任何手套都一定要保持它的整洁。

再次，手套的长度最保险的选择是，长及手腕刚刚盖过手表的标准尺寸。若手套与衣袖相连，手套应被衣袖盖在下面，而不是相反。女士在舞会上戴长手套要与其他服饰搭配得当，不要把戒指、手镯、手表等物戴在手套外边。穿短袖或无袖上衣参加舞会，一定不要戴短手套。

最后，要注意一些戴手套的礼节。当人们握手寒暄时，男士如果戴着手套就会被认为是不礼貌的，一旦进入室内，男士则应摘下手套，女士则可不必脱下。不论男士、女士，需要饮茶、吃东西或吸烟的话，均应提前摘下手套。女士是不允许戴着手套化妆的。

男女选戴围巾二三事

围巾，不仅仅有保暖、保领的作用，现在越来越多地作为一种装饰点缀出现在我们的生活中。围巾对服装的点缀作用，在寒冷的冬天十分突出，因为人们的衣装普遍比较厚重、色彩偏暗，这时搭配一条色彩艳丽的围巾，打破了冬季的沉闷，给自己和别人的生活带来一股生气与活力。

男性的围巾多采用羊毛或兔毛织物，柔软而且保暖，不太强调装饰。但是现在的年轻男士，已经不局限于围巾的保暖与御寒作用，而是日益重视围巾的装饰与美化作用。例如在夹克、羊绒大衣的翻领内，围上一条柔软亮丽的条格图案小围巾，那份潇洒的感觉是十分惬意的。不仅增加了自己的气质，也增加了周围人的愉悦心情。

女性的围巾与男士相比更多地体现在装饰性上。女性多倾向于喜爱轻柔飘逸、花色繁多的真丝围巾，体现女人柔情似水的性格，而且丝巾比围巾更方便美观、装饰作用更强。在佩戴丝巾时，应当注意些什么呢？

一是，与自身的身材相称，体型高挑者，丝巾应宽大些，但花型要小一些，色彩要柔和一些；体型纤小者，丝巾应短一些，花色可艳丽些。

二是，衣服与丝巾的颜色搭配，如素色衣服可以搭配素色丝巾。可采用同色系的对比搭配法，如黑色连衣裙配中性色系丝巾，整体感强，但搭配不慎会造成整体色彩暗淡；也可以采用不同色系的对比色搭配法。另外，采用相同颜色、不同质感的搭配方式也很协调。

三是，丝巾的扎法多种多样，包头、围颈、披肩、束腰、扎头发等都可以，到底女性该采用何种扎法应具体情况具体分析，完全取决于场合和服饰的需要。总之，戴上丝巾后能够增添姣美和韵味就是合适的。

男女选戴眼镜二三事

眼镜的出现是为视力有缺陷的人生活方便而发明的一种实用品，现在却已经被大大地扩展了适用范围，增加了装饰的功效。例如，眼睛长得太小或形状不美，或眼周围有疤痕，戴上眼镜能够有效地遮挡这些不足。但是眼镜毕竟是实用品，如果有一双美丽、健康的眼睛，还是应该让它散发自然的美丽，不要让镜片挡住它的光彩，毕竟眼睛是心灵的窗户。但是在一些必要的场合，如骄阳下、风沙天、海滩浴场或在车床边参观、工作等，都需要戴上专用的保护眼镜。

眼镜戴在脸上应当给人以协调的感觉，因此，选择眼镜时要考虑自己的脸型和肤色。

（1）长脸型的人宜用阔边而略方的眼镜架，这样会使脸显得短些。

（2）短脸型的人应选用无色透明框边的眼镜架，可以使脸显得长一些。

（3）圆脸型的人宜用有棱角的方形镜架，而不能选择圆形镜框，那样会产生滑稽的感觉，好像大圆圈上画了两个小圆圈。

（4）脸型过大或过小的人，选镜框要适中，男性的脸部轮廓较粗犷，棱角分明，适合配宽边大片的眼镜；女性面部线条柔和圆润，应选轻巧别致的镜架。

（5）皮肤较黑的人，应选用较为明亮的镜框；皮肤白皙的人则可选择浅色镜架；皮肤发黄，宜用暖色调镜架。

（6）塌鼻梁应戴有高鼻托的眼镜，高鼻梁则宜低鼻托。

（7）瞳孔间距较宽的人宜选用深色大镜框；较窄的则应选择中间有镜桥的透明浅色镜架。

男女选用提包二三事

提包是我们生活中经常出现的实用品，但是不能因此就忽略了它的装饰作用。提包的式样、颜色都影响服装的表现力。职业男女上下班、约会访友、出差旅游都离不开提包。

男式提包以真皮制作为上乘，造型规整，线条简洁，多是长方形，造型较大，线条简洁，以黑色、棕色为主要色彩。别在包上配任何装饰，干净光亮就行。

女式提包用料则十分广泛，真皮、丝绒、锦缎、草编、毛织等等，五彩缤纷。女式提包的款式也是新奇繁多，长形、方形、圆形、心形、梯形应有尽有，色彩丰富华丽，用尽所有的颜色，只为衬托女士的服装。现在的市场上出现了好多新款包袋，它们集商务与旅游休闲于一身的设计风格，精致的做工与扎实的用料，给人一种端正、严谨的印象。让女性在各种场合自信地展现自我魅力，不经意中演绎时装和配饰的亲密关系。

无论男性还是女性，在选择提包时首先要注意的是色彩是否与服装协调配套，基本上采用同色系对比颜色相搭配，两者的颜色不宜完全一致，但是对比不能太强烈，否则会有突兀的感觉产生。比如，穿银灰、奶白或白底小花的套装，提包的色彩以白色、黄色、棕色为宜，用黑色反差太强烈；穿红色、绿色或花条纹的服装却可以用黑色提包搭配；穿黑色、藏蓝色、咖啡色或黑底紫花套装，提包以棕色、灰白为适宜。如果穿黑衣服配黑褐色包，穿红衣服挎个红提包，色调太统一，显得呆板。

除此之外，选择提包还应注意季节与场合，夏季提包选择小巧淡雅的，显得轻松利落；冬季提包可以艳丽明快，给厚重的外形增添一点活跃感。正规场合应用羊皮、鼠皮、鳄鱼皮等具有艺术气息的珍贵提包，日常上下班则可用休闲提包，随心所欲展现自己的个性。

皮包中，应准备好钢笔、记事本，或散页的记事本、电话本、计算器，以便随时记下他人的电话号码和其他信息。

女士项链的挑选和佩戴

饰品与服装是服饰总概念的有机组成部分，饰品的佩戴和服装的穿着一样，应该合乎礼仪，尤其是对项链、耳环、戒指这些礼仪场合经常需要的饰品佩戴常识更应了解。

在古代，佩戴项链是财富和地位的象征。项链也是最早出现的人类装饰物，适合的范围很广，是男女老少所喜欢的装饰之一，是现代人追求时尚、表达个性、显示富有的手段。

项链是女性最常用的饰品之一。一件高贵的礼服，配上一条名贵项链，会显得越发富丽。但假如对项链的色彩、质地、造型的各种功能没有一个正确的认识，效果就可能适得其反。一般来讲，金项链以"足赤"，给人一种华贵富丽的感觉；珍珠项链则以白润光洁，给人以高雅的美感。它们可以与各色服装相配，给人以华美的总体印象。

假如金项链过于莹亮，珍珠、象骨项链白里透黄、白中见斑，就可能完全破坏了它的装饰美化作用，甚至有镀金、矫饰的疑误。同样，景泰蓝、玛瑙、珐琅等项链大多颜色深沉、古朴、典雅，配以明亮的对比色效果可能更佳；但假如与衣装颜色过于接近也会因混于一色，不易分辨，而失去装饰的功能。从项链的造型看，细小的金项链只有与无领的连衣裙相配才会显得清秀，而挂在厚实的高领衣装外，会给人清贫寒酸的印象。矮胖圆脸的人，挂上一串下垂到胸部的项链，会使人感到似乎增加了身高，加长了脸型；而脖子细长的人，以贴颈的短项链，尤以大珍珠项链最为适宜。另外，衣装的质料、颜色、样式及场合也不时影响着各种质地、造型的项链的佩戴。

项链的质地、造型是多种多样，新奇别致的。从质地来分，常见的有四种，一是白金项链，是现代女士们喜爱和流行的。二是金饰和银饰，这是项链家族中历史最悠久的成员，是皇宫贵族用来展示身份和财富的。金项链有24K、18K、14K三种，含金量与K数成正比；银项链一般是92.5%的成色。金银项链适合正式的社交场合。三是珠宝项链，材料为钻石、珍珠、玛瑙、翡翠、玉石等天然名贵材料制成，其色彩变化更是神秘而玄妙，因为是天然形成的所以佩戴起来润滑舒适，使人显得富丽端庄。佩戴钻石、红宝石或蓝宝石项链，显得光彩照人；佩戴珍珠项链，显得俏丽雅致；佩戴水晶项链，显得清澈光洁；佩戴玛瑙项链，显得艳丽漂亮；佩戴琥珀项链，显得新奇诱人。四是现代材料制成的项链。这种项链多是用夸张的手法表现美丽、时尚，价格较低，适合经常变换，很适合现代年轻人好美、善变的心态，但是不适合社交场合。

年轻女士佩戴项链主要是增添青春美和秀气，宜戴纤细一些的无宝石金链，它会给人以苗条和秀丽之感。对中老年女士佩戴项链，除装饰体态美之外，更有表示雍容华贵之意，因而佩戴较粗一些的项链为佳。对于一般女性来说，短项链可使脸变宽、脖子变粗。所以，脸和脖子稍长的女性应佩戴短项链。方形脸、脖子短的女性宜佩戴稍长的项链，使人感到脖子变长，从而增加美感。肤色白皙的女性，既可佩戴浅色宝石项链，也可以佩戴颜色较深的宝石项链，衬托出白皙的肤色。身材修长、体态轻盈的女性，应选佩宝石颗粒较小、长度稍长的项链；体态丰腴的女性，宜佩戴颜色较浅、颗粒较大的宝石项链。

女士耳环的挑选和佩戴

耳环是女性三大饰物之一，用来掩盖耳部的缺点，或者让人更注意你美丽的耳朵。耳环的佩戴要注意和脸型、肤色、衣着相搭配。由于耳环款式造型、材料质地不可胜数，所以女士们在购买时往往很难选择。由金、银、钻石、珍珠、玛瑙等制成的耳环，适合任何身份的女士，也适合任何场合，可以衬托展示高贵或者温婉的气质。用合金、镀金、藏银、贝壳等制成的耳环，适合时尚年轻的女性，适合休闲、随意的场合。耳环造型玲珑细巧，精致美妙，能很好地体现女性的娇媚与秀丽，或者粗犷质朴，体现女性性格中坚强的另一面。

耳环虽小，却是戴在一个明显而重要的位置上，它的色彩造型对于人的面部形象、气质风采的影响较之其他饰品反而更大，可谓是画龙点睛的一笔。耳环的色彩选择与项链相仿，应首先考虑与衣装色彩相协调。一般来说，纯白色的耳环和金银耳环可配任何衣服，而鲜艳色彩的耳环则需与衣装相一致或接近。从质地来看，佩戴熠熠闪亮的钻石耳环或洁白晶莹的大珍珠耳环，必须配以深色高级天鹅绒旗袍或高档礼服，否则会相形见绌；而人们一般习惯佩戴的金银耳环对服装则没有更多的限制。耳环的造型变化丰富多彩，选戴的余地十分广泛。不过，面积较大的扣式耳环不适宜方形脸的女性佩戴，因为它会增加脸庞下部的宽度，而下颌较尖的脸型则正好能弥补其缺憾。一般来说，脸型较宽的女性应佩戴体积较小，形状长形，且贴耳的耳环，这样可以加长和收缩脸型。一般在两个不同的礼仪场合，不宜佩戴同一副耳环。

佩戴时应根据脸型特点来选配耳环。例如，圆形脸不宜佩戴圆形耳环，因为耳环的小圆形与脸的大圆形组合在一起，会加强"圆"的信号；方形脸也不宜佩戴圆形和方形耳环，因为圆形和方形并置，在对比之下，方形更方，圆形更圆。同时也要注意肤色和衣着，皮肤黑的人宜戴钻石、玉质的耳环，颜色的选择要避免红、绿这样鲜艳的颜色；皮肤白皙的人可以选择的颜色很广，基本上都可以试着佩戴，如淡粉、朱红、浅蓝及金色耳环。穿丝绸软缎、轻纱之类的飘逸服装戴耳环可以增加魅力，但是穿运动装、牛仔装或职业装，佩戴耳环，就比较难协调，一定要注意搭配。若耳朵轮廓很美，发型漂亮，想突出头部和耳环，应穿淡雅一点的服装；若耳部不完美，脖颈粗黑，应避免戴醒目的耳环，让人不会把注意力放在耳朵的部位。

女士戒指的挑选和佩戴

当你在挑选戒指时，注意到内圈上的印鉴了吗？一般来说，正规珠宝商场所销售的珠宝戒指，内圈都标有印鉴。一枚钻石重0.23ct，白金成色为PT900的戒指，其内圈应标有："PT900、023"等字样。你可根据这些标识，同商品标价签以及检测证书相对照，加以辨别。如果是一枚18K金红宝石戒指，其内圈应标有"18K或750"等字样。

戒指指圈大小的标准，称为手寸。现代的手寸是以号来表示的，最小是5号，最大为35号。东方人的手寸范围在8号到28号之间。在按手寸选购戒指时，夏天以戴上戒指后稍紧为宜，冬天则以戴上后可左右转但又不脱落为宜。在戴戒指时，要是觉得太松，可在戒指的指轮内绕上几圈红线或丝线，要是觉得太紧，可以在手指上涂点肥皂液，这样就能顺利地戴上脱下了。

戒指不仅是一种重要的饰品，还是特定信息的传递物。尽管它有钻石、金银等不同质地，浑圆、方形及雕花、刻字等不同造型，但其佩戴的方法是一致的，表达的含义也是特定的。戒指通常戴在左手上。把戒指戴在食指上，表示无偶求爱；戴在中指上，表示正处在恋爱中；戴在无名指上，表示业已订婚或结婚；而把戒指戴在小手指上，则暗示自己是一位独身主义者。在不少西方国家，未婚女子的戒指戴在右手而不是左手上；修女的戒指总是戴在右手无名指上的，这意味着她已经把爱献给了上帝。一般情况下，一只手上只戴一枚戒指，戴两枚或两枚以上的戒指是不适宜的。

戒指是点缀双手的饰物，对人整体形象的影响不太大，但应注意些基本常识：纤纤玉指戴上戒指更添魅力，粗黑的手指不可以带黄金制成的戒指，而可以选择钻石和玉石的。

（1）手指修长的女士，可以任意佩戴自己喜欢的戒指。

（2）手指圆润的女士，可以选择戒面较宽或设计主题明确的戒指，这样可以将注意力从手指转移到戒指，从而让人感觉手指变纤细了。

（3）手指纤细的女士，可以选择纤细、秀气的戒指，细巧的戒指可以让手显得丰满些，又能凸显手的线条感。

（4）短指型的女士，宜选择直线形、榄形、梨形的指环，避免圆形、方型及长方型的宝石戒指。指环的设计最好是直线型或斜线纹，因为它让手指看起来更加修长。

（5）长指型的女士，宜佩戴横线条的指环，款式如高形、阔形、多层镶嵌圆形及方形宝石都会很好看。避免梨形、榄尖形、直线形的指环。

（6）中等指型的女士，可以根据个人爱好和风格佩戴任何形状的指环，不过切记任何指环长度都不应超过手指的上关节，宽度也不可以超过手的宽度。

女士手镯与手链的选择与佩戴

手镯早已是女性玉腕的装饰品，也是男女之间馈赠的信物和定情首饰。手镯作为女性腕臂装饰由来已久，早在盛唐时期，宫廷仕女和闺秀小姐们就时兴戴手镯。那时，手镯多为宝石精磨细做的。常用来制作手镯的宝石有翡翠、玛瑙、碧玉、孔雀石、松石、珊瑚，通称玉石手镯。

手镯和手链，一般只戴一种。手镯的佩戴应视手臂的形状而定。手臂较粗短的应选细小形的手镯；手臂细长的则可选宽粗的款式，或多戴几只细小形来加强效果。

戴手镯和手链很有讲究，不能想怎么戴就怎么戴。手镯一般戴在右臂上，表明佩戴者是自由而不受约束的。如果在左臂或左右两臂同时佩戴，表明佩戴者已经结婚。

一只手上一般不能同时戴两个或两个以上的手镯和手链，因为它们之间相互碰撞发出的声响并不好听。若非要戴三个手镯，则要一齐戴在左手上，切不可一只手上戴两个，另一只手戴一个。戴三个以上手镯的情况比较少见，其实要戴也应都戴在左手上，以造成强烈的不平衡感，达到不同凡响标新立异的目的。不过，这种不平衡应通过与服装的搭配求得和谐，否则会因标新立异而破坏了手镯的装饰美。

手镯如能与耳环或项链同款式，会给人一种和谐美的感觉。另外，戴手镯时不应同时戴手表。

手链是手镯的换代产品，多用金、银及镀金、包金编花丝制成，比起较粗犷的手镯来，更是纤细精巧，现代女性佩戴一条流光溢彩的手链，平添玉腕几许娇柔和妩媚。

手部不太漂亮的人要知道，手上戴的东西太多了反倒容易暴露自己的短处。那些注意你手上首饰的人不可能不同时注意你的手。

总而言之，佩戴饰品应坚持以下几条原则：

（1）遵从有关的传统和习惯，在社交场合不靠佩戴的饰品去标新立异；

（2）不要使用粗制滥造之物，在正式场合中不戴饰品是可以的，戴就要戴质地、做工俱佳的；

（3）佩戴饰品要注意场合，一般只有在交际应酬时佩戴饰品才最合适，严肃的工作场合不戴或少戴为好；

（4）佩戴饰品必须考虑性别差异，一般场合，女士可适当佩戴首饰，而男士佩戴最多的只有结婚戒指一种，场合越正规，男士戴的首饰就应当越少。

第6章

向世界展示你最有吸引力的身姿

最有吸引力的走姿——行如风

人走路的形态能反映出一个人的个性、情绪及修养等，是人形象的一部分，要想塑造良好的形象就不得不注意走姿。

不同的人走路姿势有所不同，所以我们可以通过这些不同特征将我们的朋友从杂乱的人群中分辨开来。有一些特征是由于躯体本身的原因造成的，另一些却不是，如速率、跨步的大小和姿势会随着情绪的变化而改变。如果一个人很高兴，他会脚步轻快；反之，他就会双肩下垂，走起路来好像鞋里灌了铅一样。莎士比亚在《特尔勒斯和克尔斯达》一书中有一句对一只大公鸡走路姿势的描述，文字极为生动："这个高视阔步的运动家，以自己的脚筋而自豪。"一般说来，走路快且双臂摆动自然的人，往往有坚定的目标，并且能锲而不舍地追求；习惯于将双手插在口袋中，即使天气暖和也不例外的人，常常爱挑剔，喜欢批评别人，而且颇具神秘感，常常显得玩世不恭。

情绪不高的人走路时，往往两手插在口袋中，拖着脚步，很少抬头注意自己是往何处走。

走路时双手叉腰，上身微向前倾的人，如同短跑运动员，他想选最短的途径、以最快的速度来达到自己的目标。当他似乎无所作为时，往往是在计划下一步的重要行动，并且积蓄了能突然爆发的力量，那叉起的前臂就像代表胜利的V字形一样，成为他的特征。

如果一个人心思较重，走起路来常会摆出沉思的姿态。譬如头部低垂、双手紧紧交握在背后。他的步伐很慢，而且可能停下来踢一块石头，或在地上捡起一张纸片看看，然后丢掉，那样子好像在对自己说："不妨从各个角度来看看这件事。"

如果一个人采取墨索里尼式的走路姿势，那么他是一个自满甚至傲慢的人。他的下巴抬起，手臂夸张地摆动，腿是僵直的，步伐慎重而迟缓。

我们经常会看到一些成功人士矫健的步伐带给人们一种健康与活力感。他们坚定的步伐透露出他们对事业与人生的自信，而别人也从他们的步伐中看到希望，得到自信，从而愿意和他接近、交流。这些成功人士也便走出了自身的魅力。

一位老板虽然他的公司濒临倒闭，但是人们从他的身上丝毫看不出颓废的气息。他一如既往、坚定有力的脚步让投资者看出了他的自信和能力，因此愿意为他投资。后来，他东山再起，又有了蒸蒸日上的事业。

有魅力的步伐能带来这么大的收益，那么怎样才能让自己的走姿也具有如此大的力量，给别人一个好印象呢？

走路要有魅力，其要领是：走路用腰力，要有节奏感。拖着脚步走，更显得没风度。切记不要弯腰驼背，这样会显得没有骨气和气质。速度要适中，要有节奏感，这样显得沉着、稳健。

人的正常行走姿势，应当是身体挺立，两眼直视前方，两腿有节奏地向前迈步，并大致走在一条等宽的直线上。行走时要步履轻捷，两臂在身体两侧自然摆动。走路时步态美不美，是由步度和步位决定的。如果步度和步位不合标准，那么全身摆动的姿态就失去了协调的节奏，也就失去了自身的步韵。

所谓步度，是指行走时两脚之间的距离。步度的一般标准是一脚踩出落地后，脚跟离未踩出脚脚尖的距离恰好等于自己的脚长。这个标准与身高成正比例关系。即身材高者则脚长，步度也就自然大些；身材矮者则脚短，步度也就自然小些。所谓脚长，是指穿了鞋子后的长度，而非赤脚。但步度的大小与穿什么样的服装与鞋子也有关系。例如，女同志身着旗袍，脚踏高跟鞋，那么步度肯定比穿长裤和平底鞋小得多。所谓步位，是指行走时脚落地的位置。走路时最好的步位是：两只脚所踩的是一条直线，而不是两条平行线。特别是女性走路时，如果两脚分别踩着左右两条线走路，是有失雅观的。步韵也很重要。走路时，膝盖和脚腕都要富有弹性，两臂应自然、轻松地摆动，使自己走在一定的韵律中，显得自然优美，否则就会失去节奏感，显得非常不协调，看起来会很不舒服。

男性穿西装走路时，要抬头挺胸，由腰部直着踢腿，才能显出活力。走路时不要无精打采，要对自己走路的姿势有信心，才会潇洒自如。

对走姿的要求是"行如风"，即走起路来像风一样轻盈。当然，不同情况对行走的要求是不同的。一般来说，标准的行走姿势，要以端正的站立姿势为基础。

1. 基本要领

走姿的基本要领是：双目向前平视，面带微笑收下颌。上身挺直，头正、挺胸收腹，重心稍前倾。手臂伸直放松，手指自然弯曲，摆动时要以肩关节为轴，上臂带动前臂向前，手臂要摆直线，肘关节略屈，前臂不要向上甩动，向后摆动时，手臂外开不超过30度。前后摆动的幅度为30～40厘米。

2. 步幅和步位

走路时姿势美不美，是由步幅和步位决定的。步幅是指行走时两腿之间的距离。步幅一般标准是一脚迈出落地后，脚跟离未迈出的另一脚脚尖的距离恰好等于自己的脚长。身高超过1.75米以上的人的步幅约是一脚半长。步位是指你的脚下落到地上时的位置。走路时最好的步位是：两只脚所踩的是一条直线而不是两条平行线。

3. 美感在于和谐

走路用腰力，要有韵律感。如果走路时腰部松懈，就会有吃重的感觉，不美观；如果拖着脚走路，更显得没有朝气，十分难看。优雅的步姿有几句口诀："以胸领动肩轴摆，提髋提膝小步迈，跟落掌接趾推送，双眼平视背放松。"走路的美感产生于下肢的频繁运动与上体稳定之间所形成的对比和谐，以及身体的平衡对称。要做到出步和落地时脚尖都正对前方，抬头挺胸，迈步向前。

4. 应注意的问题

走路时应注意，最忌内八字和外八字；不要弯腰驼背、歪肩晃膀；不要步子太大或太碎；走路时不要大甩手，扭腰摆臀，左顾右盼；上楼不宜低头翘臀，下楼不宜连蹦带跳；不要双腿过于弯曲，走路不成直线；不要脚蹭地面；不要双手插进裤兜；多人一起行走时不要排成横队；有急事要超过前面的行人，不得跑步，可以大步超过并转向被超越者致以歉意。

最有吸引力的站姿——站如松

日常生活中人们最常见的姿势就是站姿。古人要求"站如松"，就是要求站立时像挺拔的青松一样端庄、伟岸，显示出一种自然美。

人们在生活中常常是站立的。站立时，应头正颈直，双眼平视前方，嘴唇微闭，下腹微收，挺胸直腰，双肩保持水平，两臂自然下垂，腿伸直，下体自然挺直，脚跟并拢，身体重心落在两脚之间。站立后，竖看要有直立感，即以鼻子为中线的人体应大体成直线；横看要有开阔感，即肢体及身段应给人以舒展的感觉；

侧看要有垂直感,即从耳与颈相接处至脚的踝骨前侧亦应大体成直线,给人以一种挺、直、高的美感。

男女的立姿略有不同,形成不同侧重的形象。男子站立时身体重心放在两脚中间,不要偏左或偏右;双脚与肩同宽而立;双手可自然下垂,必要时可单手或双手在体后交叉。男子应站得英俊洒脱,挺拔舒展,精神焕发。

站立时应克服不雅的立姿,包括站立时弯腰驼背、身体倚门靠墙或靠柱、左右摇晃、歪头斜脖、撅臀屈腿、双脚交叉、叉腰斜立等。不雅的立姿给人以懒惰、轻薄、乏力、不健康的印象,是有损交际形象的。

优美的站立姿势,关键在于脊背的挺直。挺拔、立腰、向上是训练站姿的最基本要领。

1. 挺拔

站立时要让身体主要部位尽量舒展,做到头不东倒西歪,脖不前伸,颈部直起,背不驼,胸不窝,肩不耸,腰部挺直,髋不松,膝不打弯。这样就会给人以肢体挺拔、精力充沛之感。

2. 立腰

端正的脊柱是构成人体线条美的根本。脊柱本身并不是笔直的,从身体正面或背面看,脊柱是垂直的;从身体侧面看,脊柱是弯曲的,有一条正常的弧线;颈椎与腰椎向前弯曲,胸椎与骶椎向后弯曲。站立时,下颌微收,胸挺起,腰部立直,臀部肌肉以及腿部肌肉保持适度紧张状态,就能使人体脊柱的正常生理弯曲成弧线,保持正常和适度,即达到给人以端正直立的形象。

3. 向上

站立时,头要正直,有悬顶感,好像你的头顶被一根绳索悬吊着似的。身体重心向上的人,给人以精神振奋之感。重心偏低的人,常给人一种衰老和懒散之感;站立时,要收臀,用力收缩臀部两侧肌肉和股肌,使之向大腿内侧包紧,并适度提髋向上。此时双腿直立,脚掌要用力下压,上下抵住帮助夹紧臀肌,可使躯干保持直立最佳状态;站立时,要收腹,在臀部收紧时,腰背肌肉会收缩向前,出现挺腹。这时小腹要向后收紧,把气向上提到胃的高度。但不要提得过高,过高就会出现挺胸和身体僵硬状态。要使臀肌向前收缩和腹肌向后收缩的两种力量,相互抵住向上拔高。这样你就掌握了正确的站姿了。

最有吸引力的坐姿——坐如钟

坐姿不同，所表达的意义或所展示的思想情感也就不同。在社交场合，坐姿的礼仪要求主要有以下几类：

1. **要正确识别不同坐姿所表达的内涵**

通常男性微微张开双腿而坐，是"稳重、豁达"的表示，而将一只腿架在另一只腿上，即跷二郎腿的坐姿常是"轻松、自信"的表示；"4"字形搭腿坐姿，所显示的往往是争辩或竞争性的态度；将腿自右向左交叉呈标准交叉姿势又常常表示的是紧张、缄默或防御的态度等。

2. **要根据具体的语言环境选择恰当的坐姿**

人际交往活动中语言环境通常是由交往的对象、目的、空间场地等要素组合而成的，而不同的语言环境对男人的坐姿要求有所不同。在比较严肃的场合，应当注意要采取正规坐姿，通常是身体挺直、双脚并拢或略微分开，手自然放在膝盖或椅子扶手上；在比较随意的场合下，坐姿也可以随便一些，如腿可以交叉叠放，手的位置也可以随意一些，上身可保持正直或稍微前倾，双脚不宜过于前伸，在无桌子或其他物体支撑的情况下，常可以肘撑膝，手托下巴，但要注意身体不要逐渐放松下落；若坐在有靠背的椅子上，则应该坐在椅座中后部，腰背要自然地靠在椅背上。

3. **要注意纠正不规范不礼貌的坐姿**

在人际交往中，这样一些坐姿通常是不规范、不礼貌的：

第一，骑跨椅子的坐姿，据观察，骑跨椅子的男人通常在人际交往中所显示的心态，是在面临语言威胁时所做出的防卫行为或为显示自己压制别人谈话而做出的姿态，而这种坐姿经常给人一种放肆或处于主导地位的印象，因而是一种十分消极的人体语言信号。

第二，上身不直、左右摇晃或猛起猛坐，弄得桌椅乱响往往显得修养不够。

第三，4字形叠腿，并用双手扣腿，不断地晃动脚尖常常显示出的是过于傲慢、目中无人。

第四，双腿分得太开，并且伸得太远也是不雅观的坐相。

手势"打"出吸引力——手势的力量

在人际交往中,有人会用各种手势来传达不同的信息,比如说:友好、真诚、自信、高傲、专横、焦虑等,手势是构成个人形象的重要部分,你可以根据需要选择不同的手势增强你在别人心目中的形象感。

手势按动作意义的不同可分为:拱手、招手、挥手、摆手、摇手、握手等动作。按作用的不同,手势还可分为下面4种:

1. 情绪性手势

即用手势表达思想情感。比如,高兴时拍手称快;悲痛时捶打胸脯;愤怒时挥舞拳头;悔恨时敲打前额;犹豫时抚摸鼻子;急躁时双手相搓;而用手摸后脑勺则表示尴尬、为难或不好意思;双手叉腰表示挑战、示威、自豪;双手摊开表示真诚、坦然或无可奈何;扬起巴掌用力往下砍或往外推常常表示坚决果断的态度、决心或强调某一说法。情绪性手势是说话人内在感情和态度的自然流露,往往和表露出来的情绪紧密结合、鲜明突出、生动具体,能给听者留下深刻的印象。

2. 表意性手势

即用手势表明具体内容,表达特定含义。这些手势大多数是约定俗成的,含义比较明确。如招手,表示让对方过来;摆手,表示不要或禁止;挥手,表示再见或致意;竖大拇指,表示第一或称赞;伸小指,表示最小或蔑视;用手指指自己的胸口,表示谈论的是自己或跟自己有关的事情。手势的表意动作也属于人的一种自觉动作,也有特定场合、特殊情况下的手势表意,如聋哑人的哑语主要通过手势表意,还有交通指挥、体育裁判等,在这些公众场合,语言不便使用,人们往往借助手势表示特定的含义。

3. 象形性手势

即用手势来摹形状物。如说东西很大时,用双手合成一个大圆,说某人个子很矮时手板往下一压。象形性手势能使所表达的内容更形象、更生动。

4. 象征性手势

即用手势表达某一抽象的事物或概念。如说"我们一定要取得这次谈判的胜利"时,手掌用力向前方劈去;说"迎接更加美好的明天"时张开双手,徐徐向前;说"我们成功了"时双手握拳,用力向上挥动。

在现实生活中或者是电视上等,我们经常会发现有些人在发言时,常常会有一些手部动作，摊双手、摆动手、相互拍打掌心，等等，好像是对他说话内容的强调。这种人无论在什么场合都习惯于把自己塑造成一个领导型人物，做事果断、自信心强，很有表现欲，性格大都属于外向型。

给对方递烟或其他食物时，一些人嘴里说"不用"、"不要"，但手却伸过来接了，显得很客气的样子。这种人处事圆滑、老练，不轻易得罪别人。

一些人在与人交谈时习惯于时不时地抹一抹头发，他们一般都性格鲜明、个性突出、爱憎分明，尤其疾恶如仇。

一些人在说话时与别人拍拍打打，这种人通常修养不高，或者是故意与对方套近乎。

当别人讲话时，一些人以手在桌上叩击出单调的节奏，或者用笔杆敲打桌面，同时脚跟在地板上打拍子，或抖动脚，或用脚尖轻拍，这种节奏并不中途停止，而是不断地嗒嗒作响。这种现象就是在告诉人们他已经对对方所讲的话感到厌烦了。

一些人顺手拿过或摸出一张纸来，在纸上乱涂乱画之余，还会欣赏或凝视自己的"作品"。这也是一种对别人的讲话缺乏兴趣的表现。

这些手势语虽然属于交往中的细节，但是它的重要性却足以引起我们强烈的关注。

汤姆走出那家公司的大门时，满脸失望，他回忆着面试的细节，觉得自己的面试虽然感觉紧张，但对一些专业知识回答得还算完善，为什么就落选了呢？难道真像其中一位面试官所说的因为自己的两手不停地搓动让人感觉他并不自信，这点细节就真的那么重要吗？

我们同别人相处，都希望能给对方留下一个好印象，展现自己美好的形象。但是一些被我们忽略的"小动作"经常会为我们的形象抹黑，因为手势语通常对语言有巨大的辅助作用，有的时候甚至独立起着重要的作用。

第一，沟通信息。正常人的手势在许多情况下可以反映出人的心态。外交官是最会控制眼睛、脸部表情等来掩饰他的内心，但是往往对手的控制不佳就会暴露他的真实心态。因此有人说，从外交官的手上能得到在眼里与脸上得不到的东西。特定手势会传达出特定的信息。聋哑人更是凭借手势来沟通信息，经过训练，聋哑人可以很快掌握手势的含义。

第二，反映做手势人的修养、性格。比如说握手，这个小小的手的动作，就可以看出握手人的性格、修养、心态。不同性格、修养、心态的人，握手的掌心朝向、时间长短、力量强弱、用双手还是单手握等是不同的。

第三，反映不同的民族文化。仍以握手为例，法国人在进出一个房间时都要握手；而德国人只握一次手；一些非洲人握手之后会将手指弄出清脆的响声，表示自由；而美国人的握手像力量竞赛。典型的美国式握手是所谓"政客式"握手，在竞选的时候，候选人以右手抓住对方一只手，再以左手握在上面；或以右手握手，用左手抓住对方的前臂或右肩臂。因此，通过观察握手的方式，就可以判断出握手双方的民族文化。

研究表明，职场中有一种很普通的现象就是那些自信的佼佼者经常使用塔尖式手势，以显示他们的高傲情绪。在上下级之间，这种手势主要用来表示当事者"万事皆知"的心理状态。如某些大公司的总经理在给他的下级传达指示时经常使用这一手势，某些作报告的领导，常常坐在讲桌旁，双臂支放在桌子上，双手不由自主地形成塔尖式。这种手势在会计、律师、经理、单位领导和同类人中间显得更普遍。

在手势语中，一个使用较多，但又不太引人注目却对人有较大影响力的交际信号，就是人们用手掌传递出的交际信号。一般说来，掌心向上（不能是将这向上的手掌抽到体后做攻击状）是一种最善意、最友好的掌势。掌心向上是一种表示诚实、谦逊和屈从的手势，不带任何威胁性。它常使人联想起沿街乞讨人的乞求手势。当你指示别人帮你搬箱子时，如果对他使用这一手势，他绝不会因此而感到有任何的强制性，而且，在正常的上下级之间，被指示者也不会因此而感到有任何威胁成分。

谈话时巧妙运用手势，即使说话内容并不是那么吸引人，你也能散发出热情四溢的光芒，给对方留下深刻的印象和感染力。

手势很好地弥补了语言上的缺憾，你的喜怒哀乐、内心的焦灼、顾虑和那些用语言难以表达的情绪，都可以通过手势很好地传达给别人。我们记得周恩来总理坚定有力的手势，它让所有的听众充满了信念和力量。

有些学校为了帮助学生理解手势语的丰富意义，他们会在讨论课上要求每个学生都要站起来发言，而且在发言的过程中要配合不同的手势。结果教室里洋溢着热情活泼的气氛，那种激动人心的力量是难以想象的。

举手投足发散吸引力——行为举止的美观

行为举止体现一个人的修养，交谈和出席任何场合都要符合一定的标准，举止得当，注意细节，才能给别人留下好的印象。长期以来人们在举止方面有约定俗成的规则，基本要求是人们的言行举止在不同场合要使用得当。

礼貌举止有点头、举手、起立、鼓掌、拥抱。具体要求有如下几方面。

1. 点头

这是一种最常见的礼貌举止，经常用于与熟人打招呼。用点头来打招呼时，点头者应用眼看着对方，面部略带微笑，等对方有表示时再转向他方。点头打招呼也可以在较大的迎送场合使用，当迎送者较多或距离较远时可以用点头表示敬意，也可以点头和握手配合使用。

2. 举手

这是一种与对方较远或交臂而过时间仓促时的打招呼方式，也是一种常见的礼貌行为举止。由于条件所限，打招呼是最合适的，用这种随机的礼貌举止可以消除对方的误会，并感到与正常招呼差不多的满意。这种方式不但可以表示认出对方，而且还可以在短距离内表达你的敬意。

3. 起立

这是一种在较正式场合使用的，位卑者向位尊者表示敬意的礼貌举止。常用于集会时对报告人到场或重要来宾莅临时致敬。

4. 鼓掌

这是在社交场合表达赞许或向别人祝贺等感情的礼貌举止。正式的社交场合，重要人物出现、精彩演讲或表演结束皆可鼓掌。

5. 拥抱

这是传达亲密感情的礼貌举止。在国外，特别是欧美国家应用广泛。我国通常用于外交活动中的迎来送往场合，偶尔也用于久别重逢、误解消除等难以用语言来表达强烈感情的特殊场合。

不礼貌的举止主要有以下几种，它会影响到你的气质，一定要避免。

第一，抖动腿脚。抖动腿脚能消除紧张情绪，也适合办公室一族锻炼腿部。但在社交场合却是一种很不文明的举止，是缺乏自信心的下意识举动，而且，抖动腿脚还会带动座椅摇动，影响他人、让人反感。

第二，挠头摸脑。在交谈中下意识地挠头摸脑也是一种不文明的举止。这个举动经常被人忽视不注意，这种不自然的动作既不卫生，又显示出你的拘束与怯场，会造成他人对你的轻视，认为你社交经验少。

第三，揉鼻挖耳。在公开场合，揉鼻挖耳都是不文明的举止，它不但容易给人带来感官上的刺激，而且还会让人感到你很傲慢、不懂礼貌。

另外，还要注意，在交际中，男士应表现出刚劲、强壮、英勇和威武之态，给人一种强壮的美感，而不要忸怩作态。阳刚的表现不等于粗野，满口脏话，衣冠不整，不拘小节，也不是故作姿态、装腔作势，这样是"粗野"，是一种缺少教养的表现。

良好的表现是要在交际中自然大方、从容不迫、谈笑自如，说话和气、文雅谦逊，尊重别人。而当男士以主人的身份出现时往往是社交成败的关键，他要热情地接待每一位来访者。对来访者相见时，要热情地握手问候，分别时要礼貌道别。

在交际中女士则要表现得举止优雅得体，要表现出女性的温柔、娴静、典雅之美，动作要轻柔自如，经常面带微笑，笑容自然，使人感到亲切友善，在公开社交场合，女士举止应自然大方，不要忸怩作态，不要轻佻，更不可挤眉弄眼，过分地装出副笑脸，给人的感觉就如同献媚。在青年男女共同社交场合，女子之间切忌交头接耳窃窃私语，以及发出一些使人莫名其妙的笑声。女士担任主人的职务时应注意男士的处境，当一位男士身处几位女士之中，他会感到不自然。这时女主人应主动"出击"，找出共同话题。当女士被男士邀请时，不要断然拒绝或含糊其辞，如不能赴约，应给予解释或婉言谢绝，更不可出言不逊使人难堪。

在与人来往时，除了需要避免不文明举止外，与人交谈时还应该注意交谈时双方的距离。距离过近或过远都会有失礼貌。距离过远，会使交谈者误认为不愿与之接近，有拒人千里之外的感觉；距离过近，稍有不慎就会把唾沫溅到别人脸上，或者口中或身上的异味被别人闻到，令人生厌。如果对方是异性，对距离的保持不适当，还会使之戒备或者被他人误会，特别是未婚男性与未婚女性之间。如果男性有吸烟史或口臭等口腔之疾，更要注意自己的形象，不要忘乎所以地谈论，要考虑别人的感受。那么，与人交谈时到底保持怎样的距离才算合适呢？这要根据具体情况而定，一般0～45厘米为亲密距离，45～120厘米为熟人距离，120～300厘米为社交距离；360～800厘米为公众距离。

第7章
魔鬼藏在细节中，形象常毁于小节中

保持仪表的整洁大方

要求仪表仪容干净、整洁，就是要做到并保持无异味、无异物，坚持不懈地做好仪容细节的修饰工作。

干净、整洁是个人礼仪的最基本要求。这里包括面容、头发、脖颈与耳朵、手、服饰等方面的整洁。面容看上去应当润泽光洁；耳朵、脖子应当干干净净。不要小看这一点，面部是一个人最突出的代表部分。面容是否洁净，皮肤是否保养得当，看上去是有生气、有光泽，还是灰暗、死气沉沉，都直接关系到他人对你的印象。一个有教养的人，绝不会是那种不修边幅、蓬头垢面的人。

头发常常没有像面容那样受人重视，但假如你希望改善自己的形象，就应把头发作为重要环节来考虑。关于发型风格及设计原则，此处就不谈了，这里只强调一点，即保持头发的干净整洁。头发松软亮泽，加上整齐的发型梳理，衬出光洁的面容，才能展现你良好的素养和气质。注意不要让你的上衣和肩背上落有头皮屑和掉落的头发，因为那样就会给人一种不整洁的感觉。

有了光洁的面容，整齐的头发，还要注意手的清洁。如果伸出的一双手很脏，那美好的印象一下子就被打破了。在人的仪表中，手占有重要的位置。一个仪表风度不凡的人，绝不会有又黑又长的指甲。一般来说，男性不宜留长指甲，女性如果留长指甲，一定要修剪整齐，并保持洁净。

要求仪表仪容简约，就是在整理、修饰仪表仪容时，要力戒雕琢，不搞烦琐；力求简练、明快、方便、朴素。要求端庄大方，就是要求端庄、斯文、雅气，而不花哨、轻浮、小气。

修剪头发时，对于男性来讲，应当求短忌长；对于女性来讲，则不提倡留披肩发。偏爱披肩发者，在工作岗位上有必要将它暂时盘束起来。如果染发，颜色宜与本身发色相近。

修剪指甲，总的要求是忌长。除了必要的指甲保养，不宜做过于张扬的彩绘。

切记"修饰避人"的原则。在进行仪表仪容修饰、整理时，务必要自觉回避他人，以示对己对人的尊重。女士需补妆时，应到洗手间内进行。

男士不化妆，以修面、理发为主，但也可少量用护肤霜、香水等；女士要以淡妆为主，达到容貌端庄自然、健康的效果。

根据着装、自身特点、场合需要，选择佩戴饰品。佩戴饰品时应符合佩戴要求，以点缀为主。

注意身体细节的修饰

一位女士走进一家商店想买一些丝带，但是当她看见女售货员的手时，她改变了主意，到别处去买了。她说："精美的丝带被这种脏手指摸过后，不可能不掉档次。"在平时的生活中尤其要注意身体细节的修饰。

牙齿是口腔的门面，牙齿的清洁是仪表仪容美的重要部分，而不洁的牙齿被人认为是交际中的障碍。保持牙齿清洁，首先要坚持每天早晚刷牙消除口腔细菌、饭渣，防止牙石沉积。刷牙时不要敷衍自己，应该顺着牙缝的方向上下刷，牙齿的各部位都应刷到。如果牙齿上有不易去除的牙垢，或是牙齿发黄，可以去医院或专业洗牙机构洗牙，以使牙齿看起来更加洁白、健康。此外，不吸烟、不喝浓茶是防牙齿变黄的有效方法。

口腔有异味，是很失风度的事情。平常最好不吃生葱、生蒜一类带刺激性气味的食物。每日早晨，空腹饮一杯淡盐水，平时多以淡盐水漱口，能有效地控制口腔异味。必要时，嚼口香糖可减少异味，但在他人面前嚼口香糖是不礼貌的，特别在与人交谈时，更不应嚼口香糖。

如果你要去面试但觉得牙齿不干净，最好把牙齿在牙科医院清洗一下，尤其是那些有牙垢或因抽烟而使牙齿变黄的男士们。洁白的牙齿会使人的形象显得健康向上。

鼻子位于面部的中心地带，它的美观与否直接影响着一个人的仪容。有鼻液要及时用手帕或纸巾擦干净。不应当众用手去擤鼻涕、挖鼻孔、乱弹或乱抹鼻垢，更不要用力"哧溜、哧溜"地往回吸，那样既不卫生又让人恶心。一定要在没有人的地方清理，用手帕或纸巾辅助进行，还应避免搞得响声太大，用完的纸巾要自觉地放到垃圾箱里。平时还要注意经常修剪鼻毛，不要让它在外面"显露"，也不要当众揪拔自己的鼻毛。

在这里，有一个部位因为特殊的位置而常常容易被人忽略，那就是耳朵。耳朵是较容易疏忽的地方，在清洁时要特别留意。虽然一般人较少注意到耳朵，但一旦被看到耳垢堆积，先前服装仪容上的一切努力都会功亏一篑。

身体异味是令人反感的。如果有狐臭的毛病，应及时治疗或使用药水。经常洗澡，勤换内衣，可以减小或防止身体异味。

社交和工作场合中，最好别光腿。男性光腿，只会让别人对他的"飞毛腿"产生厌恶。如果天气太热或工作性质特殊而需要光腿的话，必须注意选择长过膝盖的短裤，并且不要光脚。为了美观，也是为了在整体上塑造良好的形象，工作时间，不允许赤脚穿鞋。

完美的形象从细节开始。认真修饰身体的细节，是塑造成功形象的根本。

男人也要让自己清爽

干净不是女人的专利，男人也应该让自己变得清爽起来。

不要拒绝善待自己的面孔，一张容光焕发的脸总是会给人留下美好的印象，每天给身体多一些关爱，你就会向着健康和潇洒迈进一步。

一个清清爽爽的男人既能找到良好的自我感觉，又能得到女人青睐，何乐而不为呢？当然，这里讲的清洁范围并不单指身体清洁，应包括头发、胡子、指甲、牙齿及衣着。

面部——早晚使用含有多种植物油及含黏性成分的洗面剂。每星期使用含杏仁油等滋润成分的磨砂膏，深入清洁毛孔，磨去死皮。

胡子——每天必须刮净胡子，可使用含有椰子油的剃须膏，令胡子柔软易剃。之后涂上须后水，舒缓剃胡引起的干涩感觉，并涂上清爽滋润的面霜，防止皮肤敏感。

头发——一个清爽整齐、容易梳理的发型，最适合日理万机的男士。

指甲——这是最容易被忽略的环节，男士们的指甲必须修剪整齐，最忌"镶黑"，在洗手时以柔软的刷子刷净指甲，简易快捷。

身体——沐浴是最基本的清洁准则，浴后可使用爽身粉，令身体倍感清爽舒适；有体味的男士，应选用含有芦荟和精华油的香剂。

牙齿——早晚及饭后刷牙是必需的，尽量减少吸烟和饮酒，这有助于防止口气，每半年或一年要到牙医处检查牙齿。

唇部——别以为涂唇膏是女人的行为，一张又干又脱皮的嘴，真是十分难看，涂上没有颜色的润唇膏，可防止冬季干裂和夏天晒伤导致的脱皮。

衣着——最能体现男人衣着清洁的是衬衣、内裤和袜子，这些都需要每天更换，才能保证身上不发出怪味和让人看到油腻的领子。

对于女性来说，第一眼就能打动她们的男性，往往不是因为他们漂亮，而是因为干净。干净的男人五官即使不很英俊，但有一口洁白的牙齿，使他的笑容变得灿烂而又多情；干净的男人可以是寸头，也可以是长发，但无论发长发短，都应清爽而有光泽，随着微风的吹动，散发出隐隐的发香；干净的男人，衣装笔挺、颜色纯正，就算是布衣布裤，也绝不马虎，一定会熨得平平整整。跟这样的男人在一起，女人会觉得神清气爽，如同男人见了漂亮女人一样，会自然产生一种爱慕之情。

男人的皮肤与女人的皮肤是有差别的。受男性荷尔蒙影响，男人的皮肤会分泌较多的皮脂，皮肤容易油腻，但相对的，皮肤上的水分因为被皮脂覆盖，又不易蒸发。他们的皮肤问题大多是围绕毛囊及皮脂腺所产生的问题，皮肤容易油腻，毛孔也容易阻塞而生成粉刺或小疙瘩，最后还可能在男人的脸上形成凹洞或痘疤。因此，男人面部的护理少不了以下几项。

1. 剃须后的保养

男人的胡须应一日一刮。但剃须后皮肤会变得粗糙，有许多肉眼看不到的小伤口，所以剃须后应使用须后水，不仅能收缩毛孔，保护皮肤，还能留下爽洁的清香。

2. 保持清爽

男人的皮肤油脂分泌多，更容易藏污纳垢，所以清洁很重要；男人应坚持早晚洗脸，并把重点放在晚上的洁面上。但是，冬天用热水或微温的水就可以了。

3. 对抗老化

男人虽不怎么担心皱纹，却害怕衰老，冬天的干燥气候使男人的皮肤也有水分过多散失的麻烦，因而，每天应用男士天然果酸保湿霜，以补充水分，增强皮肤柔软度，舒缓紧绷现象；另外，由于男性皮肤新陈代谢快，每周做一两次面膜也是少不了的。

一张干净的脸，加上灿烂的笑容、得体的衣着，男人就向健康和潇洒迈进了一大步。

男人的皮肤护理并不复杂，想要从外观和感觉上都达到最佳状态，可按如下步骤：

（1）用温和的洗面奶彻底清洁皮肤。如果皮肤油腻的话，用热水洗脸。

（2）以洁肤水及去死皮膏清理皮肤，去除枯死的细胞。

（3）使用润肤露或合适的润肤品补充水分和油脂。

男性也要为悦己者容，那么首要条件便是——洗脸。男性户外活动多，加上油脂分泌较旺盛，皮肤较粗糙，比女性更容易产生黑头、皱纹等。因此，男性的面部清洁显得尤为重要，你知道洗脸的注意事项吗？

（1）利其器：洗脸前先把毛巾洗干净，擦脸毛巾要定期清洗及消毒。

（2）手洗干净：洗脸之前应先洗手，否则不干净的手很可能会污染你的脸部皮肤。

（3）流动的水：许多人习惯接一盆水洗脸，其实这样不科学。建议用流动的温水（30℃~40℃）搭配干净的毛巾洗脸。

（4）左搓右揉：洗脸时先把脸充分打湿，取洗面乳加水搓揉起泡沫。用泡沫洗脸，不会刺激皮肤，也容易冲洗。

（5）轻轻揉揉：洗脸用指腹轻揉脸部最好，不要用力搓揉。

（6）照照镜子：洗完脸抬起头照个镜子，看看自己脸部的死角是否清洗干净（如头与脖子相接处、T形部位及发根处）。

（7）别洗太多：即使是油性肌肤，一天洗脸两次就足够了，最多不要超过三次。

（8）把水擦干：洗完脸不要任由它自然风干，这样会造成皮肤缺水。

（9）脸部滋润：洗完脸，养成用化妆水及护肤品的习惯。在清洁过后，必要的护肤水、营养水、爽肤水、收缩水以及膏、霜类护肤品对于男性皮肤的保养也是非常必要的。它们对于平衡皮肤的酸碱度，收缩毛孔，补充皮肤的营养和水分，增加皮肤的抵抗力，减缓皮肤的色素沉着有着不可小觑的作用。

穿衣时要避讳的细节

美国形象大师罗伯特·庞德罗列的穿衣之忌：

（1）买廉价衣服。

（2）穿破旧、过时的衣服。

（3）穿非自然材料、寒酸的衣服。

（4）看起来就是失败者。

（5）看起来就很懒散、不修边幅。

（6）展示一维空间形象——敏锐、"酷"或者粗犷的乡下人。

（7）穿着太伶俐，如同可爱的孩子，用过多的小玩意儿装饰。

（8）加强你的身体缺陷（太胖、太瘦、太高、太矮）。

（9）减弱你身体的优势。

（10）暴露你的劣势，而不是优势。

（11）衣着传递的信息让人困惑——你的衣着应永远是积极的、与自己的风格相统一的宣言。

（12）衣饰的搭配不合适。

（13）不适宜的装饰物，过分地耀眼而显得俗气。

（14）穿着无品位，过于乏味平淡，不让人感到振奋。

（15）穿廉价的鞋，戴廉价的首饰。

（16）把昂贵和廉价的服饰搭配起来，它整体看起来劣质、廉价，因为廉价劣质服饰总是突出醒目。

（17）当你需要穿着雅致、精细时，却穿着随便、休闲。

（18）陪同你的人穿着随便、不当。

（19）穿着与年龄不符，成熟的人穿着幼稚可爱，年轻者却穿得老气横秋。

（20）刻意让自己穿着随便，以为如此会让自己与大众融为一体，显得民主，但事与愿违，你在降低自己，也不尊重他人。

（21）做了时尚的奴隶，毫无思想地服从时尚，但其中很多服饰并不适合你。

（22）允许服装店的人向你推荐，卖给你服装，而不是为你服务。

第8章

魅力强形象高，品位让你的形象更上一层楼

宽容是成功者必备的美德

能够了解一切事物，便能宽恕一切事物。

卡特从A国旅行到了B国，在B国一个乡村的小客栈里开了房间。店主领他来到最清洁的一间房里，然后很抱歉地告诉卡特说，这房里没有自来水和浴室的设备。因此，卡特便骂B国人是退化的、不讲卫生的野蛮民族。接着他便得意地向那主人夸口道：在他们国家，无论大小旅馆，每一间房都有冷热自来水和浴室的设备，又说这并非奢侈，乃是必需品。然而，卡特的话，并不是全对的，这且不必说，那个老实的客栈主人，本想讨好客人，结果却适得其反，感觉一定很痛心。可是，卡特所得的优胜，实在也不过是虚伪的说谎罢了。

凡事不能容忍的原因主要有四点：愚昧，低劣的感情，缺乏同情心，牺牲他人而取得一种虚伪的主观的优胜。

所以越是愚昧的人，越不能忍耐。落后民族，不了解现代的机器，便不能容忍它，当它是魔术，降低它的价值。有知识的人旅行到异国，目的是开阔眼界，增加同情，他不但会仔细观察该地的风俗以及该地人的生活方式，而且还十分同情和了解人类的各种品性。至于愚昧的人，无论他旅行到什么地方，他的思想和见解，永远还是在他自己的壳里，在新的环境里，他学不到什么，见不到什么。他只会拿他自己的旧壳去比那些新环境，若有不同，他便认为不对。

一个优秀的人对于新的环境、新的事物，要努力研究，以求达到能够了解的目的。倘若是好的、对的，他便应该吸取、学习。这是最正当、最科学的方法，也正是

容忍的方法。不能容忍的人，因为他是愚昧的，只晓得向来如此，现在也应该如此，所以他便拼命反抗和破坏一切新的环境、新的事物、新的思想和新的人物。

平凡人要想得到生活的真正愉快和优胜，只有努力提高他的见识，努力求知。因为他所知道得越多，对他在生活上的帮助也将越多。同时，他对事情的了解越多，对于人类社会也就越有用，也就越有可能取得优胜。

生活中的不快，你无须愤愤，人生中的困境，你只需坦然。有了这种成熟的品质才会造就成功的人生。

宽容多一点，魅力多一点

一位画家在集市上卖画，不远处，前呼后拥地走来一位大臣的孩子，这位大臣在年轻时曾经把画家的父亲欺诈得心碎而死。这孩子在画家的作品前流连忘返，并且选中了一幅，画家却匆匆地用一块布把它遮盖住，并声称这幅画不卖。

从此以后，那孩子因为心病而变得憔悴，最后，他父亲出面了，表示愿意付出高价。可是，画家宁愿把这幅画挂在自己画室的墙上，也不愿意出售。他阴沉着脸坐在画前，自言自语地说："这就是我的报复。"

每天早晨，画家都要画一幅他信奉的神像，这是他表示信仰的唯一方式。

可是现在，他觉得这些神像与他以前画的神像日渐相异。

这使他苦恼不已，他不停地找原因。然而有一天，他惊恐地丢下手中的画，跳了起来：他刚画好的神像的眼睛，竟然是那个大臣的眼睛，而嘴唇也是那么的相似。

他把画撕碎，并且高喊："我的报复已经回报到我的头上来了！"

生活中的不平、坎坷、误解、私怨、纠纷……一波又一波接踵而来，莫不令人心烦意乱。每逢此时，你将如何呢？有一位哲人在回答弟子"如何摆脱烦恼"的问题时，精彩地说道：宽容。事实正是如此，生活中有不少的烦恼之事，正是缺少"宽容"而造成的，有时甚至因为不能宽容他人而酿成悲剧。

宽容是建立人与人之间良好关系的法宝。一个拥有宽容美德的人，能够对那些在意见、习惯和信仰方面与你不同的人表示友好和接受。依靠这份宽容建立起来的形象，不仅对你的个人生活具有很大的价值，而且对你的事业有重要的推动意义。一个人经历一次宽容，就可能会打开一扇通向成功的大门。借助宽容的力量，你可以实现自己伟大的梦想，成就自己的事业。

忍让和宽容不是怯懦胆小，而是关怀体谅。忍让和宽容是给予，是奉献，是人生的一种智慧，是建立人与人之间良好关系的法宝。一个人经历一次忍让，就会获得一次人生的亮丽，经历一次宽容，就会打开一道爱的大门。因此，人们常说：爱产生爱，恨产生恨。

2003年10月11日，在伊斯坦布尔苏克鲁·萨拉科卢球场开始的欧洲杯预选赛第7小组最后一轮比赛中，英格兰客场0：0战平土耳其，以小组头名直接出线。在比赛中罚飞点球的贝克汉姆成为土耳其球员的"出气筒"，但已是英格兰队长和两个孩子父亲的贝帅哥不再是1998年那个毛头小子了，他的忍辱负重为英格兰队赢得了宝贵的1分，而他在英格兰的队长地位也因此得到巩固。

英格兰队于12日返回英国，虽然埃里克森未能实现他在赛前全取三分的承诺，但能够直接晋级欧锦赛也足以令英格兰的批评声音减弱。而大部分媒体都对这场没有英格兰球迷助威的比赛持乐观态度。《卫报》评价说，从比分来看，这是一场乏味的比赛，但有了贝克汉姆罚失点球，有阿尔帕伊与英格兰队长的冲突做点缀，这仍不失为一场精彩的比赛。

英格兰队最好的一次机会出现在第35分钟，杰拉德创造了一记点球，但左脚踩滑的小贝却把点球踢飞。贝克汉姆罚失点球后遗憾地跪倒在地，此时土耳其队阿尔帕伊上前恶言挑衅，贝克汉姆正面迎向头部冲顶回应，眼看冲突一触即发，英格兰队友和土耳其门将鲁斯图上前将两人劝开。

但土耳其球员对贝克汉姆的挑衅并没有结束。半场休息时，阿尔帕伊和贝克汉姆在球员通道上再起冲突，最终竟有多达50名球员和官员牵涉到此起事件中。据贝克汉姆事后透露，当时阿尔帕伊故意走到他身后，并用粗话侮辱他的母亲，而且还做出挑衅的动作，随后两人在球员通道里开始对峙，最终贝克汉姆选择了让步。

自转会皇马之后，贝克汉姆在英格兰的人气一度大幅下滑，再加上之前传出婚外恋的绯闻，小贝的好丈夫形象也受到损害。这次在伊斯坦布尔受辱，事实上在很大程度上为贝克汉姆重新找回了失去的人气。阿尔帕伊的恶行反倒成就了贝克汉姆，在小贝的遭遇被媒体一一曝光后，同情、打抱不平直至尊重小贝的情感在英格兰球迷的心里演绎得淋漓尽致。人们通常用"伟大"来形容一场胜利，但小贝在伊斯坦布尔的妥协可以称得上是一次"伟大的忍耐"。这次忍耐使他在英格兰队的核心地位更加稳固，也让埃里克森更加信任他的队长。

我们都知道，有一些事情，忍一下就过去了，其实没有什么大不了的，它既不会损害你的自尊，相反还能提升你的人格魅力。但遗憾的是，人与人之间经常因为一些彼此都无法释怀的坚持，而造成永远的伤害和无法挽回的恶果。当静下心来的时候，也许会常常抱怨自己当初何必要那样做。

现代社会竞争激烈，人与人之间难免有冲突，积怨过多招人恨，伤人过重结下仇。为人应宽大为怀，不计小隙。否则你对我耍阴谋，我就给你设陷阱，如此以毒攻毒、以恶对恶地冤冤相报，何时有个了结呢？

如果你的行为让人们不喜欢，那你就危险了。因为这时原本和你毫无关系的他们会因为几句话就牢固地树立了你这个人的形象，虽然这可能是不正确的，但他们可能凭着对这种形象的好恶来办事，有时对你而言可能会成事不足，败事有余。

如果你想有所作为，获得成功，就要学会宽容，能够容忍、谅解别人的不同意见和错误。否则你永远不可能成为一个真正的成功者。试想你每天都在想着别人的一点过错，甚至心生怨恨，老想打击报复，那你还有精力发展自己的事业吗？无疑你也就离成功越来越远了。

打造诚信的光环：形象无信不立

不诚实的代价是昂贵的，它将使人处于相互戒备、互不信任的关系之中，导致整个社会的无序和混乱。人们唯有以诚信为本，以诚信换取信任，整个社会才能充满和谐和欢乐。

诚信本身就是一场搏斗。曾有人说："我每天都在虚伪和诚实之间搏斗。"其实，每个人每天都在是非、善恶、美丑的战斗中，这就是我们的人生。但我们时常生活在不诚实里，玩世不恭被一小部分人推崇，而且他们以"大家都这么做"为由拒绝诚实待人。这就跟"阿旷和尚摸得，我就摸不得"一样了。也许不诚实在短期会给你带来一定利益，但最终遭受失败的仍是你。和不诚实作斗争是需要勇气的，一方面在自己内心要和道德的"惰性"做一番斗争，战胜虚假的心理；另一方面在外界我们还不得不和不诚实的人、事战斗，这也许会损伤许多朋友的感情和友谊。但不诚实终究是站不住脚的，不诚实是冬天的雪，诚实的阳光一出来它就分崩离析。

失去信誉之后，会使人很恼火，并且不知道你什么时候才是有信誉度的。如果你失去信誉之后，能及时采取补救措施，还是会获得宽容和谅解的。

有一家连锁店，生意兴隆，经常有排着长龙的队伍在采购，信誉颇佳。有一次一个顾客反映：他从这家店里买了变质的熟食。

当顾客将变质的熟食拿回来，怒气冲冲地质问服务员为什么出售变质的食品时，服务员立即真诚地道歉，并耐心地解释：他们的确不知道，但可以马上退货、退款……

且不说那变质熟食是否真为该店所售，就其态度而言，在一定程度上也能挽回信誉，赢得理解。

"解铃还需系铃人"，失去诚信之后，你的周围会有怀疑的目光、埋怨的话语，你的真诚也未必让人理解，那么，你只有用加倍或多倍的努力才能重新树立起在别人心目中的形象。

当你有失信誉之后，遭人冷落、拒绝、刁难，你应该平静地接受。因为，你做错了才导致别人产生这样的反应。同时，我们只能用信任去赢得信任，我们要相信身边怀疑的人总会为真诚所动。以诚相待是现代社会人际交往中最重要的砝码，大多数矛盾都能用诚信的办法得到解决。只要真诚待人，就可能赢得良好的声誉，获得他人的信任。

谦恭谨慎更能体现你的涵养

一个容器若装满了水，稍一晃动，水便溢了出来。一个人若心里装满了骄傲，便再也容纳不了新知识、新经验和别人的忠言了。长此以往，事业或止步不前，或猝然受挫，因此，古人说："满招损，谦受益。"

达·芬奇在《笔记》中感叹道："微少的知识使人骄傲，丰富的知识则使人谦逊，所以空心的禾穗高傲地举头向天，而充实的禾穗低头向着大地，向着它们的母亲。"其实，人们不应为自己已有的知识和成绩感到骄傲，人们如能谦虚处世，无疑可以掌握更多的知识，取得更大的成绩。

为了启发人们谦虚处世，俄国的列夫·托尔斯泰也打了一个很有意义的比方："一个人就好像是一个分数，他的实际才能好比分子，而他对自己的估价好比分母，分母越大，则分数的值越小。"

人生处世眼光要放长远，大智若愚，谦恭为人，这一道理是中国文人仕者们一贯努力追求的。

曾国藩给其弟的信就说明了这一点：

弟来信自认为属于忠厚老实一类人，我也相信自己是老实人。但只因为世事沧桑看得多了，饱经世故，有时也多少用一点机巧诈变，使自己变坏了。实际上因这些机巧诈变之术总不如人家得心应手，徒然让人笑话、使人怀恨，有什么好处呢？这几天静思猛省，不如一心向平实处努力，让自己忠厚老实的本质还我以真实的一面，回复我的本性。贤弟此刻在外，也要尽早回复忠厚老实的本性，千万不要走入机巧诈变那条路，那会越走越卑下。即使别人以巧诈待我，我仍旧以淳朴厚实待他，以真诚耿直待他，久而久之，人家有意见也会消解。如一味勾心斗角，互不相让，那么，冤冤相报就不会有终止的时候了。

曾国藩是最反对人傲气的，他的家书中，指出傲气是人生一大祸害，切要根除，他说："古来谈到因恶德坏事的大致有两条：一是恃才傲物，二是多言。"

在另一封信中曾国藩又讲到这个问题，告诫其弟一定要戒牢骚。信上大意说：

在几个弟弟中，温弟天资本是最好的，只是牢骚太多，性情太懒。我曾见过我的朋友中的那些爱发牢骚的人，以后一定有很多的挫折。……这是因为无故而埋怨上天，上天就不会给他好运；无故而埋怨别人，别人也绝不会心服。因果报应的道理，自然随之应验。温弟现在的处境，是读书人中最顺畅的境地，却动不动就牢骚满腹，怨天尤人，一百个不如愿，实在叫我不可理解。以后一定要努力戒除这个毛病，……只要遇到想发牢骚的时候，就反躬自问："我是不是真有什么毛病以致心中这样的不平静？"不狠心自我反省，不决心戒除不足。心平气和、谦虚恭谨，不只是可以早得功名，而且始终保持这种平和的心境，还可以消灾减病。

盛气凌人也好，牢骚太盛也罢，都是自傲的一种表现。自傲是人生一大误区。做人自谦，从个人来说这是最老实的态度。世界之大，无奇不有，个人无论如何能干也不过是宇宙间一个微小的个体而已。更何况山外青山楼外楼，水平高的人多得是，只是你未遇到。对外来说，自谦也是最实际的。谦虚不是虚伪而是诚心。朱熹在给其长子的家信中说："凡事谦恭，不得盛气凌人，自取耻辱。"这就是说自谦招福，自傲招害。《三国演义》中的马谡，纸上谈兵，盛气凌人，结果兵败人亡。所以《尚书》中说："满招损，谦受益。"真是为人之真言。

因此，在与人交往相处时，必须学习避免"骄傲式的说话"，千万不能做"满身是刺的骄傲孔雀"，而要做一个谦恭为怀、谦逊为人的人，这样你的个人形象会在无形中得到提升。

建立形象三大品牌：真、善、美

一天中午，一只青蛙正坐在池塘边的一块石头上休息。可能是游得太累了的缘故，青蛙坐下后，不久便睡着了，并且很快进入了梦乡。

突然，青蛙被一种声音惊醒，打断它美梦的是一条眼镜蛇。

"你这个老家伙，快告诉我什么是天堂，什么是地狱！"眼镜蛇一边吐着信子，一边凶狠地问道。

"你这个可恶的家伙，不知道你残害了多少生灵。你不配生活在这个美好的世界上，更没有资格来问我天堂和地狱的秘密！"青蛙平静地看了一眼眼镜蛇，漫不经心地说。

"你这个老不死的家伙！竟敢口吐恶言来羞辱我，你一定是活得不耐烦了！"眼镜蛇骂完，就要把毒汁吐到青蛙的身上。

就在千钧一发之际，青蛙指着眼镜蛇，轻轻地说："这就是地狱！"

霎时，眼镜蛇惊愕不已，它对这只敢以生命来教导它的青蛙充满了深深的敬意。就在它为自己刚才粗暴的行为向青蛙表示歉意时，青蛙说："这就是天堂！"

心生恶念，你的世界就是地狱；弃恶从善，地狱也会变成天堂。在现实生活中，如果一个人始终保持一颗追求真、善、美的心，那么有什么困难不能克服呢？好形象带给你的将是终生受用不尽的财富。

人体的内在美是人体美的核心，人的素质是决定性因素。一个人外形无论修饰得多么靓丽，如果没有内在美也是不会有风度、气质和魅力的。正是认识到内在气质是形象的主要决定力量，现在的许多形象设计也都渐渐地趋向于注重人体内在美的培养了。

毫无疑问，人人都希望自己在别人心目中的形象是"美"的。首先自己要追求美，然后才能把美化为自己形象的一部分。

善良是生命中的宝物，善良即是伟大。虽然善良的人并不具有丰功伟绩，但是他却可以把人从痛苦的深渊中拯救出来，一个善意的举动足以改变一切。

怎样才能找到自己的真、善、美呢？

1. 培养好品德

它所形成的是一种"品德美"。善良的心地，宽大的襟怀，光明平和的处世态度。待人谦虚而有自信，积极向上而不嫉妒倾轧，欣赏别人的美而不自卑，了解自己的长处而不嚣张，勇于负责而不跋扈。这种优良的品德会使一个人形成雍容典雅的气质。有这种气质的人自然举止从容，态度大方，并有一种安详高雅之美。

2. 多学习知识

除了你专攻的学问之外，你的知识范围应包括：大至世界大事，小至时装的概念，受欢迎的电视影片的内容，以及诸如此类的大小各事。这种书本上的专门知识与常识的综合，才可构成一丰富而又灵活的知识美，也才可以对你的气质有所帮助。

3. 培养自己的艺术修养

有了这份欣赏力，你才会知道某些举止是高雅的，某些举止是粗俗的，某些化妆是高级的，某些化妆是低级的；某些衣服是美的，某些衣服是难看的；某些人的言谈动作是可以仿效的，某些人的言谈动作是不足取的。有了这份鉴赏力，你才有选择的权利，才有取舍的标准，你才懂得朝哪个方向去琢磨自己，才懂得什么标准是你所要达到的标准。这是艺术修养，也是帮助你形成高雅气质的最重要因素。

把自己真、善、美的一面展示给大家，你得到的会比失去的更多。当你再次面临处于困境中的人们时，不要忘了给予最真切的关爱。此时，就是你树立好形象的大好时机。

积极表现自我，秀出你的好形象

也许你会说："我数年埋头苦干，兢兢业业，却默默无闻。""现在是干的人不香，说的人飘香。"如果你尝到这种苦头的话，那么，证明你缺乏干的艺术和说的艺术。请你自问一下，别人不愿意做的事情，是否领导都了解？靠别人发现，总归是被动的。自己积极地表现，才是主动的。成功者善于积极地表现自己最高的才能、德行，也善于处理各种各样的问题。他们不但表现自己，也积极吸收别人的经验，在展示才华的同时获得谦虚的美誉。学会表现自己——在适当的场合、适当的时候，以适当的方式向您的领导与同事表现你的业绩，这是很有必要的。

所以，要想成功，就得有一种"该出手时就出手"的勇气，秀出你自己的成功形象。

当今时代，是快节奏、高效率的时代，需要的是干脆利落、敢作敢当的作风。时间那么宝贵,人们忍受不了那种吞吞吐吐、羞羞答答的"谦逊",不要听那种婆婆妈妈、"弯弯绕"式的"自谦之辞"。你行,就来干;不行,就让开。故作姿态的"谦虚",完全没有必要。在现代社会,精明的企业家招聘员工,聪明的领导者挑选下属,并不是首先看你怎样言辞周到、谦恭有礼,而是首先看你有多少真才实学。你应当实事求是地宣传自己:我有什么长处,有哪些才能。想做什么,能做什么。开门见山地使别人了解你,把你的形象完全展现在别人面前。这样,反而容易使你得到机会。

人们大都喜欢表现自己,但如果表现不好,就容易给人一种夸夸其谈、轻浮浅薄的印象。因此,最大限度地表现你的美德的最好办法,是你的行动而不是你的自夸。所谓"桃李不言,下自成蹊",就是这个意思。

美国历史上有次总统选举,由于参选总统落下一身绯闻,这对于竞选是十分不利的。为了扭转不利局面,他举行了一次记者招待会。在房间的大厅里坐满了人,总统先生和他的夫人坐在大厅中央,记者们坐在旁边。

在谈话当中,屋顶吊灯突然掉下来了,正好砸向总统夫人。情急中,总统不顾一切用身体护住夫人,吊灯砸在他的背上,大家在大惊失色中,用摄影机的镜头拍下这一幕。

他们在担心总统,总统却在惊醒过来的第一句话问道:"我夫人没事吧?"

总统这一举动,迅速在美国各大媒体上公布。于是他的绯闻一扫而空。

总统竞选也是一种表现,表现自己的公众形象,表现自己的梦想,表现自己的施政纲领。

不管这是不是一种巧合,但他在别人心目中的形象又重新树立起来了。

秀出你自己,巧妙地推荐自己,是加快自我价值实现的不可忽视的手段,也是让自己的形象得到别人认可的一种有效手段。常言道:"勇猛的老鹰,通常都把它们尖锐的爪牙露在外面。"这其实就是积极地表现自我。精明的生意人,想把自己的商品待价而沽,总得先吸引顾客的注意,让他们知道商品的价值,这便是杰出的推销术。《成功地推销自我》的作者霍伊拉说:"如果你具有优异的才能,而没有把它表现在外,这就如同把货物藏于仓库的商人,顾客不知道你的货色,如何叫他掏腰包?各公司的董事长并没有像X射线一样透视你大脑的组织。"因此,积极的方法是毛遂自荐,如此才能吸引他们的注意,从而判断你的能力。

珍惜你的名声，就是珍惜你的形象

对企业家来说，有什么能比声望更重要的呢？它既可以为你带来经济利益，也会为你带来社会的尊重。为了这些，企业家没有理由不从一点一滴做起，提高自己的个人声望，塑造良好的形象。

1989年，李宁退役后，加盟广东健力宝集团，创立了"李宁"体育用品品牌，并以赞助1990年亚运会中国代表团为契机，开始了李宁公司的经营业务，从而开创了中国体育用品品牌经营的先河。

1992年巴塞罗那奥运会，"李宁牌"被选为中国体育代表团专用领奖装备，从而结束了中国运动员在奥运会上穿着国外体育品牌服装的历史。经过10年的发展，"李宁"早已成为中国体育用品的第一品牌，仅商标就价值千万元。

现在，李宁领导着自己的公司正向着品牌国际化的目标阔步迈进，目前"李宁"已同海外九个国家和地区的经销商签订了代理协议……

当然，李宁的商标之所以价值千万，是依靠他的个人声望及其产品质量而取得的。至今，人们都会清楚地记得那个创造"体坛神话"的体操王子，人们看到他的产品，就会想到他本人的形象。

本着"源于体育，用于体育"的精神，李宁一直积极地支持着国内外的体育事业，在北京申奥的过程中，李宁公司就是一个热心的赞助商，申奥成功之后，李宁公司仍将一如既往地去推动中国体育事业的发展。此外，李宁也非常热心于公益事业。这些都为他的形象增光添彩，直接影响着"李宁"产品的销售。

对于这样一个有着高尚精神和人格的人，人们能不相信他吗？

众多企业家的成功经验告诉我们：个人声望是无形的资产，他能把企业家的形象真正地树立在别人心目中。

一个人的声望名誉是非常重要的。好的声望名誉不仅可以给一个人带来崇高的地位，它还可以给人带来众多的朋友和众人的仰慕与信任，它使人愿意与你合作。古语道："得道多助，失道寡助。"声望好的人自然就是得道者，他们能够获得众人的帮助也就在情理之中了。

好学不倦，知识能够积淀形象的底蕴

知识改变命运，知识对于一个人就如同迷雾封锁的大海中央那一盏指明方向的灯塔，它使你心智澄明，看清自己前方的道路，在挫折与诱惑中坚定目标，充满勇气地不懈追求。它使你在海底迷宫一般的信息世界中保持清醒的头脑，坚守着自己独立思考的能力，辨别是非，不会为琐碎繁杂的事务阻挡自己前行的步伐。

人不是生来就拥有一切，而是靠自己从学习中所得到的一切来造就自己。

现在这个社会，有一种感觉：那就是形式大于内容，是一个包装的时代。商品注重包装了，人也开始包装自己，只注重外在包装，而不善于去包装自己的内心和精神。

事实上，随着时代的进步，人类的文明程度越来越高，市场经济的发展，要求人们不仅要包装自己的外形，还要充实自己的精神。只有如此，才能被社会所认可，也才有走向成功的可能。

树根理论告诉我们，如果将一个人比作一棵大树，物质食粮和精神食粮就是大树的根，也就是人的生命之根。生命之树常青，全在于根系的发达。而根系的发达就要靠我们提供的养料，以供给枝干繁茂的生长。而现代社会，物质食粮基本上是充足的，我们缺乏的是精神食粮。

如果你不能与时俱进，不断地通过勤奋学习充实自己，提高自己的能力，那你很可能从一个"人才"变成社会的包袱。人才其实是一个动态的概念，它不是一成不变的，不是永恒的。它需要不断地晋级，不断地发展，只有学习能力不断地加强，不断地提高，才能保证人才的新鲜，这样的人才才是信息时代的人才，才是真正意义上的人才。

这个充满竞争的社会，谁的学习能力强谁就能在同等条件下赶在竞争对手前面，成为第一赢家。

要在精神上重塑自己，就要不断地学习，增加知识的养分，这样才能充实你自己，迎接各种挑战。要多读书，一边读书，一边思考，让自己的大脑活跃起来。这里读的书包括很多，不是简单的专业知识、技术技能的书籍，而是多方面的书籍。你可以多读一些文学作品，因为文学是一种让人变得高雅、变得充实、变得聪明、变得有情趣的精神作品。也可以用前人的经验来充实自己，先学习前人，而后发展前人。

读书使人高洁，只有不断学习，才能在思想上保持高尚的境界。人总是要有点精神的，但精神境界不是天生的，而是在学习和实践中培养和塑造的。讲正气，必须养正气，这就要不断地学习和读书，知识多了，本领就会增大，精神境界就会提高，从而达到全方位提升自己的目的。

你肯花时间和金钱去装修头脑的外部，为什么不花一些时间和金钱好好修饰你的头脑内部呢？你应该通过定期阅读来充实自己。你自己的头脑越充实，你成功的机会就越大。

由内而外塑造出类拔萃的气质

日本经济学家、教育学家小信三曾说："精于艺或是完成某种事业之士，他们的容貌自然具有凡庸之士所不具有的某种气质和风格。"印度著名文学家、诗人泰戈尔曾这样说过："一个人在30岁之后，就得对自己的长相负责。"

另外，外在气质是个人增强其识别性的重要方面，以服饰为例，服饰是一种文化现象，是一种无声语言。美国华盛顿联邦银行总裁辛克利时常告诫属下的主管：如果你要别人以专家对待你，你就必须穿得像一个专家。一个人的着装往往能从一个侧面传递出一个人的修养、性格、气质、爱好和追求。

综上所述，人的内在气质与外在气质是有机统一的。内在气质通过人的实践活动将其内在世界对象化于外在世界，借助缤纷的外在气质（世界）而得以展露；或者通过个体的仪表风度、言谈举止、服饰穿戴等外在气质而得以展露。内在气质以外在气质为载体，外在气质以内在气质为根据。两者的有机统一才可达内外同一的"圣人"之境。

良好的外表打扮与精神美和谐的统一，这才是最好的个人气质。所以，一个人没有相应的内涵，尽管打扮得很酷、很帅、很入时、很引人注目，但他们的气质仍是不美的。

生活中，常常听到人们这样的谈论：

"昨天一起吃饭的王小姐真有品位，同样的珠宝在人家的身上一点都不俗气。"

"唉，上次喝茶时的那个男人太没品位，大家聊得兴致正浓时，他老是挖鼻孔。"

"笑死人啊，今天经理穿的西装，商标还在袖子上挂着呢！"

"我最讨厌别人喝汤时发出嗞嗞溜溜的声音了。"

"她啊，穿再贵的衣服，还是没有样子，简直是糟蹋衣服。"

我们也许从来不在生活中一本正经地讨论什么是真正的品位，以及品位的真正含义。但我们每个人都可以描述出一些有品位的形态和没品位的形态，并且有意无意地避免不够品位的做法，以免成为别人街头巷议的话柄，茶余饭后的谈资。

那么什么样的人才算真正有品位的呢？

热爱旅游，四海为家，放逐于世界各地，过一种吉卜赛式的流浪生活叫做品位吗？

喜欢美食，大吃大喝，业余写写美食评论，长个胖胖圆圆的肚子叫做品位吗？

熟知天文地理，涉猎广泛，热爱读书，最喜欢三毛和琼瑶叫做品位吗？

风趣幽默，谈吐雅致，满腹经纶，常常能把人逗笑叫做品位吗？

穿衣得体，整体装扮和谐自然，每天身着名牌服装出入于高档写字楼叫做品位吗？

喜欢喝咖啡，喜欢玩情调，喜欢在自然中感受生活的乐趣叫做品位吗？

都不是。

品位是所有生活的细节，是综合了所有方面的总述。上面的方方面面都只是片面的解读，而非全方位的把握。一个有品位的人，绝不仅仅是某一方面表现的优秀，而是在大多数层面以内，他的生活细节符合主流的审美倾向。当然，这种审美倾向有时也是靠不住的。但在这个世界上，有哪些东西完全靠得住呢？某些时候，总得有些标准出来，这样才能使社会本身更趋向于相对较为完美的状态。

也有物质层面所具有的力量。

我们说余秋雨有品位，很大程度上，并不是他的文章写得多好，或者他有多么深厚的学问，渊博的知识，而是他所表现出来的一种对于文化的忧虑和关于历史与人生的深入思考。他懂得欣赏，也懂得批评；他的演讲大气磅礴，快意人生；他的文章引经据典，纵横捭阖；他的思考深入浅出，哲理性强……

我们说张艺谋有品位，那是因为他总能于细微之处发现我们民族深处的东西，并以影像的方式表达出来。对于镜头的美感的追求，对于导演技术上的精益求精，对于故事细节的雕琢，自然使他区别于一切没有根基和品位的导演。

我们说杨澜有品位，首先她天生丽质可以让我们对她多出一些好感。但除此之外，谁又会否认她打扮得体，笑容优雅，采访深入，享受生活呢？她的每一个动作，每一个姿势，让人看了都感觉舒服。

有一个爱吃面条的作家写了这样一篇文章，他由面条的品位想及做人。他说，面条有三种品位：

上品——色味俱佳，让人吃得酣畅淋漓、荡气回肠；中品——家常面，或缺色或乏味，虽然不完美，但亲切实在；下品——颜色炫目，乍看之下很是诱人，但吃了却大倒胃口。

而形形色色的人也可分为上、中、下三种品位：

品性高洁、为人高尚正直的，与之相处，就如吃色味俱佳的面条，不仅充了精神之饥，而且深深倾倒于其人格魅力；另一种人实实在在、诚恳真挚，就像家常面，不管你喜不喜欢吃，但肯定能充饥；第三种人，总是夸夸其谈地卖弄其学识见闻，初接触易被其貌似丰富的外表所蒙蔽，但搁到实处，却百无一能，立即显示出愚蠢和无知来，相处一久，便令人心生厌烦。

人的品位对于个人的前途事业、工作交往有着重要的影响。每个人都希望与有品位的人士交往而拒绝一个没有品位的庸俗之辈，并借此完善自己。

面之中下品常有，上品难得一尝；人之中下品易遇，上品难逢。

其实我们每个人都有提升自己的机会，只不过，我们过于麻木，放走属于我们的那些机会，任凭自己仍然日复一日地过着重复的生活，而没有试图改变它的倾向。就这样，我们在世俗的生活里越陷越深，品位一如既往。我们仍然保持着自己的晚睡晚起的坏习性，保持着房间里杂乱无章的状况而懒得打扫；我们仍然不去扩展自己的交往范围，生活永远是一个小小的圈子；我们仍然因为自己太忙的理由而拒绝充电，主动放弃了改变自己的可能性……这样慢慢下去，积习难改，我们这辈子永远都过着没有品位的生活!

尘世中人谁又能"跳出三界外，不在五行中"呢?品位是培养出来的，人生一世不过短短几十年光景，既然处世不易，那么就该培养出我们的品位!

品位不单是外在的东西，是个体在成长的过程中随着审美观念的建立而逐步形成的个人生活习性，有精神气质的因素在起作用，也有物质层面所产生的"包装"的力量。

崇尚完善主义但不做完美主义者

字典中，"完美主义"是指对事物要求尽善尽美，愿意付出很大的精力去把它做到天衣无缝。从心理学角度来说，"完美主义"是对完美一种极端过分的追求。那种完善自我，健康地追求完美，并且在努力达到高标准过程中体验到快乐的人，不是完美主义者。那些目标定得过高，不切合实际，而且带有明显的强迫倾向，要求自己去做不可能做到的事的人即是完美主义者。

心理学家巴斯克认为具有完美主义性格的人通常有下列几种特性：

（1）注重细节；

（2）要求规矩，缺乏弹性；

（3）标准很高；

（4）注重外表的呈现；

（5）不允许犯错；

（6）自信心低落；

（7）追求秩序与整洁；

（8）自我怀疑；

（9）无法信任他人。

完美主义者因为对自己的要求太高，每件事都力求完美，这样一来就容易患强迫症。而强迫症的危害是十分巨大的。患有强迫症的人通常为人谨慎、墨守成规、缺乏通融和幽默感、太过理性；内心常常有明显的冲突，徘徊于服从与反抗、控制或爆发两种极端。他们常常对自己、对别人要求很高，结果总是批评别人不好，怀疑和否定自我，缺乏自信心，经常因此而无法接受自己强烈矛盾的内心冲动欲望而崩溃。

经常有人总是不停地洗手；有人会情不自禁地数大楼的窗户，数错一个，又从头数，反复进行；有的人做事怕出错，反复检查，总是不放心；还有的人走路的时候要盯着马路上的格子，一步要刚好跨一个格子才行，否则就无法走路……

完美生活的神话是一种有害的幻想，它会束缚能量，涣散精力。你应该打起精神，乐意并冷静地接受不完美。生活本身就有许多坎坷，你只要接受它并将其融入你的生活，这样的人生才算充实和完整。工作中也一样，尽力将工作做到最好，而不是完美。

高兰·沙哈博士认为，完美主义者的人际关系通常比较糟糕。他们先入为主地觉得自己能比别人更好地做成一件事情，因此对人际交往感到厌倦。他们可能会强迫自己去结交那些能指出自己不足之处的朋友，但他们不可避免地会拿出对自己的严格要求，去要求身边的下属、同事、朋友、家人，对别人也永远不会满意。例如一位具有完美主义性格的主管，可能会对下属也有同样的高标准与期待，搞得办公室里大家紧张兮兮；或是有完美主义倾向的父母对于孩子有超乎常人的标准与要求，使孩子有了自卑心理和自闭倾向；抑或完美主义的妻子，要求丈夫尽善尽美，既要能力超群，能适应公司总裁到管道修理工的所有工作，又温柔体贴，照顾自己每时每刻的情绪变化，这样的丈夫常常觉得无所适从，怎样也不能令对方满意，这就埋下双方矛盾的根源。

完美主义的心理一旦形成，也就意味着这个人逐渐失去了自我。一味地追求完美，也会逐渐地让人远离你，因为这种"痴迷"会吓着别人，让人根本不敢靠近你。

摒弃完美心理的几点建议：

（1）学会接受平庸。苛求完美无异于追求痛苦，世上没有十全十美的人，没有十全十美的事物，平庸是人类的主题，平庸的人类是世界的主题，人因为接纳生活的平庸，于是感激奇迹，因为感激奇迹而热爱生活。当打破原有的思维模式，用另一种眼光看待世界时，人们会发现生活豁然开朗。

（2）适当放松对自己的要求。对于一些新、富于挑战意义的工作，不做过于乐观的要求。先为自己确定一个短期的合理的目标，只要目标合理，每次总能接近或超过目标。这样下去，才能培养起成就感和自信心，在以后的学习和工作中就会取得优异的成绩。

（3）重新认识失败。谁都会遇到失败，不同的只是失败的多少而已。失败并不可怕，可怕的是对失败的消极态度。"不经历风雨，怎么见彩虹"，应把失败看做是自己前进道路上宝贵的反面经验，相信这一次失败之后一定就是成功。

（4）宽容待人。完美主义者是仔细周到的人，但不要总是指出别人的错误，让别人反感和紧张，也不要因为做事不合要求就牢骚满腹，尤其是对自己的孩子。

（5）变"固定品质"为"固定时间"。一个人每天所拥有的时间是一定的，所以做每件事也应该限定完成的时间，以能付出的时间来规范事情的品质。例如：今天必须完成一篇文章并做三四件事。规划后，发现写文章的时间只有四个小时，那就必须限定在这四个小时中，在不影响其他的工作、不影响休息的前提下去要求质量。看起来以时间代替品质作为做事的标准似乎牺牲了每件事的质量，但却保护了全方位的生活质量，尤其是相对宽松平和的心理气氛。

第9章

心情好形象靓，乐观让你的形象大放光彩

热情大方让你的形象深入人心

人生是一种选择，个人形象也是一种选择。不一样的选择会有不一样的结果。

你选择心情愉快，你得到的也是愉快，呈现在别人面前的也是一副快乐的形象。你选择心情不愉快，你得到的也是不愉快，当然留给别人的也是一副不快乐的形象，甚至是悲观形象。我们都愿意快乐，不愿意不快乐。既然这样，我们为什么不选择愉快的心情呢？毕竟，我们无法控制每一件事情，但我们可以选择我们的心情。

每个人的观念及价值观不同，所以看待同一件事情所得到的反应也不同。你觉得是件快乐的事情，在别人看来却有点伤感。每个人都有自己的快乐标准，每个人也都有每个人不一样的忧愁。

每天清晨都告诉自己：生活是如此美好，我感到很快乐。懂得为自己歌唱、为生活歌唱、为生命歌唱的人，快乐就会紧紧相随。当你快乐时，周围的人受到你的感染，也乐得心情舒爽、开朗，自然喜欢与你亲近。

其实，快乐和悲观都很简单，就像吃葡萄时，悲观者从大粒的开始吃，心里充满了失望，因为他所吃的每一粒都比上一粒小。而乐观者则从小粒的开始吃，心里充满了快乐，因为他所吃的每一粒都比上一粒大。悲观者决定学着乐观者的吃法吃葡萄，但还是快乐不起来，因为在他看来他吃到的都是最小的一粒。乐观者也想换种吃法，他从大粒的开始吃，依旧感觉良好，在他看来他吃到的都是最大的。悲观者的眼光与乐观者的眼光截然不同，悲观者看到的都令他失望，而乐观者看到的都令他快乐。

知道悲观是快乐的一大敌人之后，我们就要想方设法克服悲观的情绪，树立乐

观的形象。如果你是那个悲观者，你不需要换种吃法，你只需要换一种看待事物的眼光。

尘世生活中有许多为人所追求的舒适的物质享受、为人欣羡的社会地位、显赫的名声，等等。今日的青年人追求的"时髦""新潮""时尚""流行"，也是一种"世味"，其中的内涵说穿了，也不离物质享受和对"上等人"社会地位的尊崇。专注于此，人就会像被鞭子抽打的陀螺，忙碌起来——或拼命工作，或投机钻营，应酬，奔波，操心……你就会发现快乐越来越远，自己很难再有轻松地躺在床上读书的时间，也很难再有与三五朋友坐一起"侃大山"的闲暇，你忙得忽略了孩子的生日，你忙得没有时间陪父母叙叙家常……这虽然是令人烦恼的事，但你要试着从容面对得失，重新培养快乐的心情面对一切。

有一个人，他觉得自己从小到大都是一名失败者，失败永远陪伴在他的身边，因此他从来都不快乐。他感到上天的不公平，于是，他决定去寻找上帝，询问上帝快乐是什么。他翻山越岭，来到河边，见到一位老翁，就走过去问："老人家，快乐是什么？"那位老人回答他："快乐就是每天都能钓到鱼，那就是快乐。"这位年轻人继续他的旅途，他渡过了河，来到了森林中，遇见一个正在赶路的中年男人，就问他："快乐是什么？"那个中年男人回答他："快乐就是每天都能捕获野兽。"

在每个人的字典里，对快乐的定义和认识都不一样。很多人不快乐，这也许是一种传统教育下过度谦虚的表现，因为要严于律己，所以对自己的要求与批评就很多，期望也就过高，常常造成否定自己的心态；认为自己很多地方都不够好，因此也没有理由让自己快乐起来。久而久之，就产生了自卑感，失去了自信心，认为自己的存在没什么价值，因而活得非常消沉，甚至厌世。可能由于我们太渴望成功，总以为只有取得了成功我们才会快乐。也正由于此，我们可能会给自己设定一个很高的目标，认为实现了这个目标人生才是成功的，同时我们也因为眼睛只盯着这个目标，忽略了身边很多美好的和值得珍惜的事物。成功的希望是好的，但不要让它限制了我们的目光和心情，有的时候如果我们把眼光关注于自己力所能及的事情上，也许生活在你不同的眼光里就会变得快乐起来。

有一位住在佛罗里达州的农场主，曾创造了一个商业上的奇迹。在他当初买下那块农场时，那里土地贫瘠，各种果树都不宜种植，甚至连养猪都不行。除了一些矮灌木与响尾蛇，一切都难以生存，他几乎看不出这块土地有什么用途。因此，他的心情十分低落。后来他想到个好主意，决定再投资，开发利用这些响尾蛇资源。于是他不顾大家的反对，开始把响尾蛇肉加工成罐头。而且，旅游资源也成了他的又一生财之道，每年平均有两万名游客到他的响尾蛇农庄来参观。游客到这里亲眼目睹毒液被抽出后送往实验室制作血清，蛇皮被高价售给制鞋厂生产女鞋与皮包，蛇肉罐头则运往世界各地。连当地邮戳都盖着"佛罗里达州响尾蛇村"，可见当地人都以这位把毒柠檬做成甜柠檬汁的农场主为荣。

快乐的人生态度，总能使人把不幸化为一种机会。哈里·爱默生·佛斯狄克曾语重心长地说："真正的快乐不一定是愉悦的，它多半是一种思想上的胜利。"没错，快乐源自一种成就感，一种自我超越的胜利，一种将酸柠檬榨成柠檬汁的经历。

做个乐天派，塑造自己快乐的画像

"乐观"两个字说起来很简单，但做起来并不是那么容易。首先，你必须要学会在逆境中发现光明。一位母亲告诉他的儿子，天真的很黑的时候，星星就要出现了。

如果保持开朗的心境不那么容易做到，你就和乐观的人交朋友吧，他们积极向上的人生态度会感染你，使你在不知不觉中变得开朗起来。另外，你可以尽量做一些有益自己心境的联想。一位好朋友出了车祸，车子全毁了，幸好人没事。大家都在哀悼他那部昂贵的车子，他却很开心地说："太好了，这几年缴的保险费全收回来了！"

你可以先从发现自己的优点开始。每天想一两件你擅长的事或你曾做过的最成功的事。有了信心之后，就不会因为惧怕失败而处处放不下，然后唉声叹气，老往坏处想，弄得自己死气沉沉。

充分运用笑话也是一个好方法。一个很少哈哈大笑的人，会越来越没力气，心情越来越不明亮。平常能够多多充实头脑中的笑话，不但能讲给别人听，还可以让自己开怀大笑，是个很好的增氧运动。

听一些可振奋人心的音乐也很不错。有空多找些轻松、活泼的音乐，可以帮助自己活动起来。

我们也可以从关注自己的心灵做起。我们要学会换一种眼光欣赏人生，反正事情不能十全十美，为什么我们不过得快乐一点？悲伤的情绪让那些先天爱生气的人去发挥吧！我们要对自己的人生负责。

就算遇到痛苦、伤心、不可挽救等可能成为压力的事情时，也不要沉浸于忧虑中不能自拔，而是应该随时提醒自己要打起精神来，保持希望，勇往直前，相信明天会更好，这样一来任谁都会逐渐变得乐观进取。不仅如此，乐观主义还可使我们塑造出足以与压力对抗的坚强心理和健康的身体。

我们要重新学会如何感动、如何爱别人、如何不去计较那些反面的事情，这样我们的每一天都可以是一个崭新的开始，充满了光明和希望。

要记住，人们都喜欢和乐观的人在一起合作。

逃离忧虑的魔掌，树立健康快乐的形象，这是成功人生的第一步！

担忧使许多人无法履行自己的义务，因为这消耗他们的精力，损害和破坏他们的创造力；而乐观则使人免于担忧，并能使他将自己的才能和创造力发挥到极致。

深受忧虑之害的人是无法充分发挥其应有才能的。如果处境困难，他就会束手无策。如果焦虑不安，他只会使自己无法做到最好。无论你需要什么，首先要把乐观放在前头。不要问怎么办、为什么或什么时候，你只要全力以赴。一定要有希望和信念，这是指引你成功所必需的。

一位以美丽著称的女演员曾经说过："想变漂亮一些的人绝对不可以忧虑。忧虑意味着所有美丽的毁灭、消亡和破坏，意味着丧失活力，无精打采，意味着多愁善感，意味着无休止的灾难。不要介意发生的事情，一个女演员绝对不可以忧虑。一旦她懂得这一点，那她就已经驶进了那条保持美丽容颜的高速公路的入口。"

如果一个老是忧虑重重的人能看到一幅他从不担忧时的画像该多好啊！如果他置身于另一幅自己忧虑重重时的画像旁，又该是一件令他多么震惊的事情啊！他忧虑重重时的模样看上去就像未老先衰，满脸都充满了恐惧和焦虑的皱纹，充满了极度沮丧和了无生气的表情。这幅画中的他似乎要比那幅快乐画像中的他苍老许多，在那幅显出快乐的画像中，他是那样的朝气蓬勃、充满乐观和满怀希望。

对于一件事情的看法，人们会因切入的角度不同而产生不一样的想法。一个忧虑的人，事事都往坏处想，于是愁眉苦脸、愤世嫉俗，但他这样也不过是亲者痛、仇者快，苦了自己。除此之外，他的生活情绪也一定会大受影响，还会连带影响他人。

而反观乐观的人，他们会想办法在逆境中培养积极的情绪，用幽默的眼光看待不愉快的事情，最后反败为胜。

知足常乐，获得人生深度的乐趣

有个人因生意失败，不但花光了自己所有的积蓄，还欠了一屁股债。

他像只斗败的公鸡，失去了生活的勇气和信心，终日陷入心烦意乱和无尽的忧虑中。可是一次偶遇改变了这一切。一天他在街上走着的时候，看到迎面过来一个没有双腿的人，他坐在一块小木板上，木板装在有4个轮子的溜冰鞋上，他的两手各拿着一块木板在地面上支撑滑动前进。过了街，他把自己抬高几英寸以越过马路到达人行道。当他费力地抬高他身下的木板时，他看见了这个失意的人，并向他粲然一笑。"早上好，先生！今天天气不错。"他的声音里充满了活力。这个失意的人看着他，不禁感叹自己是多么富有。和他相比，自己至少还有两条腿可以走路，那一刻，这个人禁不住对自己的消沉感到羞耻。他告诉自己，一个失去了双腿的人还能这么开心、快乐并充满自信，而自己还有一双好腿，为什么都不能做到？他顿时觉得信心十足起来。本来他只想着试试看能不能再找个工作，但现在，他有信心宣布自己要去找个工作。结果，他如愿以偿。

　　这个人回去后郑重地在自己的书房里挂上一幅字：我正在因为没有鞋而难过，直到我遇见一个没有双脚的人。

　　现在这个人又重新有了自己的公司，他每天都很快乐地去做事情。他这副快乐的好形象，赢得了下属和周围人的喜爱，人们都乐意帮助他，因此他的公司发展得红红火火。

　　快乐是很简单的事，能活着本身就是一件值得快乐的事！生活中也要学会简单的快乐。

　　快乐把人们的忧郁、悲哀、烦闷、焦虑等全部驱逐出去，恰如太阳赶走黑暗一样。当面前站着一个快乐的人时，所有的谈话都变得活泼而生动，整个氛围都颤动着愉快和亲切的喜乐。快乐会给你健康的形象，同时快乐也是简单的。

　　快乐是健康的一剂良药，当你的精神振奋、心境开阔时，人生便也有了新的意义。适量的运动及休息，是心情愉悦的必要因素。根据统计资料，有些科学家对他们所谓的催眠剂做过实验。他们让那些疲倦和年老的人服用这些药物，帮助他们休息。结果发现：这些人的生理组织功能提升，寿命延长，疾病不见了，相对地，他们也重新获得新的活力和生命的乐趣。

　　所以，要获得人生深度的乐趣，首先要自己感觉愉快。而要感觉愉快，就必须好好对待自己的身体。

　　人们常说"知足者常乐"，快乐是很简单的。大哲学家叔本华也说过："我们很少注意我们所拥有的，却总是想自己没有得到的，甚至是不可企及的。这种态度实在是世上令人遗憾的情形之一。它给人们精神带来的灾难恐怕足以和所有的战争、疾病相抗衡。"

　　古希腊的伊壁鸠鲁说："谁不知足,谁就不会幸福,即使他是世界的主宰也不例外。"只要每天想想自己拥有的老天赐予的诸多恩惠,你就应该抛却忧虑,意气风发地去迎接每一轮新的朝阳。

乐观面对自己,乐观面对一切

　　乐天派男人不可谓不是男人族中的一种骄傲。男人的性格可分为好几种类型,常见的有抑郁型的、攻击型的、好好先生型的、"女人气"型的、见风使舵型的和乐天派型的。其中乐天派男人性情最为豪放。这主要是因为乐天派男人一生没有烦恼事,无论遇到多大困难都能泰然处之。有人说乐天派的男人是由于人缘好,无论办什么事总能顺顺利利地完成。当然,这种说法也并不一定准确,下面这个例子就能证明这一点。

　　朱阳在某电视机厂当技工。他简直不知"生气"为何物,成天乐呵呵地见着谁都笑,在别人看来,他仿佛每天都捡到了钱似的。其实朱阳经济并不宽裕,娶了个老婆比会计师还会算账。原来他抽烟,老婆不乐意,干脆一根也不抽了;原来他不洗衣服,老婆也不洗,干脆他全包去洗了;八小时以外虽是"自由人",但老婆管得紧,干脆一切都依她的了。尽管这样,朱阳的脸上丝毫也不显难色,每当同事们用"妻管严"开他玩笑,朱阳还能振振有词地反诘别人:"管不就是爱的表现吗?管得越严,爱得越深嘛。"每逢厂领导召集大家训完话,别人是一串串的牢骚,唯独朱阳却一首首地唱起流行歌曲。因为评工资差点没被升上,他老婆到厂里闹了几回才补上了,而他却事不关己似的没有任何冲动。

　　乐天派男人大多数比较风趣幽默,所以,在同事中有着比较广泛的群众基础,很少有人会和乐天派者闹别扭或发生利益冲突。如果真有什么气不过来的事,他一味地冲你做笑脸,你的气还撒得出来吗?

　　乐天派男人天生有一副乐观豁达的性情,把人情世态看得淡如清水。他们深知凡事靠生气发火是无济于事的,与其这样,不如笑对人生,也可换得"随和"的美名。所以,乐天派男人心如明镜般透亮,就连黑夜的暗路也会在他脚下变得亮堂起来。

　　乐天派男人似乎一生也遇不上什么困难,其实这正是他的精神所在。困难是人人都会遇到的，关键在于各种类型的人对待困难的态度不同。胆小鬼一见困难就逃；柔弱者一见困难就哭；低能者一见困难就打战；抑郁者一见困难就怨叹。而乐天派男人在困难面前却能表现出超凡的气度，依然谈笑风生，一副若无其事的轻蔑姿态，足让局外者、局内人钦佩不已。

乐天派男人是这个世界上活得最潇洒的人之一。他没有痛苦，也没有烦恼和忧愁，更不知什么是忧虑，也不知什么是艰难险阻。

乐天派男人习惯以仁人之心待人，也能获得别人的仁人之心的回报。

所有的处世做派都是为了快乐地生活，而不是为了给自己和周围人带来痛苦，或使自己活得拘束，而是为了快乐、舒畅地活在世上。

为此，既不要自己背上过多的精神包袱，也不要让自己不堪重负，既不要做别人的牺牲者，也不要把别人当做自己的牺牲品。

由于你的存在，你的同事和家人便有了安全感和笑容，这是最重要的一点。正因为30来岁、40来岁这一代男人在单位和家庭里都是重要的支柱，所以他们有着创造安全感和呈现笑容的责任。

但是，如果男人们没有快乐的话，就什么都谈不上了；没有那种愉快生活的真实感受，就无法给人带来一切。

所以，要以轻松愉快的心情面对各种事物。即使被忙碌的工作弄得筋疲力尽，当你走出单位，也要做一个深呼吸使自己变得轻松起来。总之，不管到了怎样的场合，都要带着新的心情面对新的场景。记住了这一点，你在工作、家庭、娱乐等不同情况下都能聚精会神于彼时彼刻。

没有快乐的男人，走到任何地方，都牵制着一个什么东西。在家里牵制着工作，在单位牵制着家庭，他仅仅是借着为了公司、为了家庭这个漂亮的托词活在世上的，所以什么生活乐趣都没有。斩断这个恶性循环最好的办法，就是多多增加你的出场"镜头"，亮相的机会增多了，就能经常带着一份崭新的心情；人们常说的"从过去的世界向前跨出一步"，指的就是这个道理。

热情洋溢的人，生活阳光明媚

卡耐基把热忱称为"内心的神"。他说："一个人成功的因素很多，而居于这些因素之首的就是热忱。没有热忱，无论你有多强的能力，都无法发挥出来。"

热情，不仅仅是指对待别人的一种态度，它在更高一层意义上指的是一种人生力量。著名的心理学家曼狄诺指出：热情是一种精神特质，代表一种积极的精神力量，这种力量不是凝固不变的，而是不稳定的。不同的人，热情程度与表达方式不一样；同一个人，在不同情况下，热情程度与表达方式也不一样。但总的来说，热情是人人具有的，善加利用，可以使之转化为巨大的能量。

成功总是偶然性与必然性结合的产物，而背后作为支撑的却是一份对事业持久不懈地追求的热情，这种热情也正是它独有的高出众人的素质。

要想把自己变得积极起来，完全取决于你自己。在充满竞争的职场里，在以成败论英雄的工作中，谁能自始至终陪伴你、鼓励你、帮助你呢？不是老板，不是同事，不是下属，也不是朋友，他们都不能做到这一点。唯有你自己才能激励自己更好地迎接每一次挑战，也唯有你的热情才能把你推向成功的彼岸。

难怪一位微软的招聘官员曾对一个记者说：

"从人力资源的角度讲，我们愿意招的'微软人'，他首先应是一个非常有激情的人：对公司有激情、对技术有激情、对工作有激情。可能在一个具体的工作岗位上，他在这个行业涉猎不深，年纪也不大，但是他有激情，和他谈完之后，你会受到感染，愿意给他一个机会。"

当你以热忱之心全心全意致力于工作时，哪怕是最乏味的工作，你也会干得兴致勃勃，从中体味出劳动、奉献的快乐。而有的人因嫌弃自己的工作，不愿干、不喜欢却又无可选择、不得不干时，情绪低落，怨气冲天，即使已尽到了职责，人们也不会对其产生好感。作为领导，虽然看人主要是侧重于工作的结果，并以其结果进行客观公正的评价，但在感情上，是倾向于工作态度热情、积极的下属的。因此，假如你已经干上你并不喜欢的工作，在暂时不可能改变的情况下，就要努力改变认识和态度，使自己爱上这一行，并尽全力干好这一行。而干好这一行则是为你以后的工作变动创立一个良好的前提，打下一个有利于你人生转折的坚实基础。

第10章

形象由你决定，脱胎换骨塑造健康的形象

炫耀是针刺，让你的形象伤痕累累

人们常说："路逢险处须当避，不是才人莫献诗。"

当然，沟通时，不一定都是"路逢险处"，但"不是才人莫献诗"这句，倒是给咱们许多启示——沟通时，尽可能做个好听众，让别人享有"愉悦与荣耀"，不要一直强调"自己的优越"，班门弄斧、自暴其短地"猛献诗"，还正义凛然地告诉别人："我很有教养，我很有原则，我是对的，你这样做不应该……"

富兰克林是美国著名的政治家、科学家，独立宣言的起草人之一。他在合众国创建时，曾留下了不朽的功绩，故有"美国之父"之称。

有一次，富兰克林到一位前辈家拜访，当他准备从小门进入时，因为小门低了些，他的头被狠狠地撞了一下。

出来迎接的前辈告诉富兰克林："很痛吧！可是，这将是你今天拜访我的最大收获。要想平安无事地生活在世上，就必须时时记得低头。这也是我要教你的事情，做人要保持低调。"

从此以后，富兰克林记住这句话，并把"低调做人"引入人生的生活准则之中。

与人交往，又何尝不是这个道理呢？但是，有些人的讲话，习惯性地抬高自己、贬抑别人；虽然人很漂亮，但却像只"全身长满刺的孔雀"，当不同意别人的说话时，立刻张开满翅的羽毛，来防卫自己、刺伤别人。试想一只全身是刺的美丽孔雀，是不是很恐怖？

有时喜欢炫耀自己、锋芒毕露的人大多是有一定才华的人，他们不甘心寂寞，

常在言语行动上争强好胜。中国有句俗话"枪打出头鸟",如果你什么事都要占尽优势,很可能会招致对方的嫉妒,有时还可能无意中伤害了对方,时间一长,难免造成孤家寡人的局面。所以即使才华横溢,也不要到处炫耀,逞一时之快。

您也许要说:"这不是压抑人的个性自由发展吗?"其实不然,必要的收敛锋芒实际上是保护个性健康发展,成功实现自我价值的一条捷径。有多少人由于年轻气盛、爱出风头而处处碰壁,结果却又为了适应社会,不得不磨平棱角,令锐气尽失,最终一事无成。有句话说得好"好钢用在刀刃上",一个人的锋芒应该在关键时候、必要的时候展露给众人,那时人们自然会承认你确实是一把锋利的宝刀;而不是时不时地拿出来挥舞一番,直晃得别人心恶神妒方才甘心。宝刀需要长期的磨砺,只图一时之快,不懂保养,会令其钝化。

有些青年人年轻气盛,说出话来犹如"油锅里爆辣子",呛人喉咙。例如,在某报社,刚大学毕业的小方,因采写的两篇报道上了头条,便在言辞间对同事十分不敬。他时不时地宣扬自己是社里的顶梁柱,有的资深记者他也不放在眼里。其实,说话不留余地、到处炫耀自己、锋芒毕露是浅薄和缺乏修养的表现。收敛锋芒,低调做人,有时更能显现一个人的涵养和风度。

生活中,有些人总喜欢在别人面前炫耀自己的得意之事,总以为这样就会让朋友高看自己,使别人敬佩自己。殊不知,别人并不愿意听你的得意之事。因为你的得意衬托出别人的倒霉,甚至会让对方认为你炫耀自己的得意之事便是嘲笑他的无能,让他产生一种被比下去的感觉,特别是失意的人,你在他面前炫耀自己的得意之事,他会更恼火,甚至讨厌你。

不要总在别人面前炫耀自己的成就和好运,自恃才高而目空一切的人令人讨厌,而那些因身居高位、大权在握而自傲的人更是令人讨厌。不要动不动就摆出一副"伟人"的架势,以免令人作呕;也不要因为有人羡慕你而不可一世。你越是挖空心思地想得到别人的崇拜,你就越不能得到它。想得到他人的崇拜,得看你值不值得别人尊重。你想靠巧取豪夺是不成的,尊重难以强求,必须得之无愧,且得耐心等待才行。重要的职位要求你具备相当的威仪与得体的礼仪风采与之相配。你只需要具备你的职位要求你具备的东西,和你用以完成职责的东西,此外不必多求。不要竭泽而渔、不留余地,应该顺势而为。一心想在他人面前表现出竭力苦干的人,反而给人一种不胜其任的感觉。如果你想获得成功,要凭借自己的天赋,而不是凭借华而不实的外表。即便是一个国王,他之所以受人尊敬,也应该是由于他本人当之无愧,而不是因为他至高无上的权力和堂而皇之的排场。

任何人潜意识深处都是争强好胜的,自负正是人的本性之一。那么,你的不恰当的炫耀往往会刺伤别人。如果你不想失去朋友或客户，就要时刻注意把得意放在心里，而不是放在嘴上，更不会把它当做炫耀的资本，这样只会令你失去得更多。

不要在同事、朋友面前炫耀自己的得意之事，因为他们也有很多事情要吹嘘，把自己的成就说出来，这比听别人吹嘘更令他们兴奋。所以，当你有时间与同事闲聊的时候，你不妨让对方滔滔不绝地把他们的得意之处炫耀出来，与其分享，久而久之，你的同事们就都成了你的好朋友。

每个人都非常重视自己，喜欢谈论自己，都希望别人重视自己，关心自己，如果你在和他们交往时，表现出一种低调的精神，让他谈出自己的得意之处，或由你去说出他的得意之处，他肯定会对你有好感，肯定会与你成为好朋友的。

在这个不再是独自打天下的社会，如果能藏起炫耀之心，低调为人，让他人认同你、帮助你，那你追求成功就容易多了。

虚荣是面具，让你的形象华而不实

许多人面对生活时都喜欢戴上一副面具。当一个人戴惯了面具后，常常无法分清楚哪一个才是真正的自我。等到找回自己的时候才发现，在层层叠叠的伪装下，自我早就消失殆尽。

美国著名影星玛丽莲·梦露就是最具代表性的例子。她因身为偶像明星，必须努力维持大家喜爱的特定形象。然而这些形象都是电影塑造出的魅力，并非真实的梦露。于是，她为了维持这个形象，导致精神衰弱，必须经常服用安眠药，最后竟以自杀的悲剧收场。

梦露的无奈，其实不就是许多人心境的写照吗？

中国有句古话说："人活一张脸，树活一层皮。""面子"在我们的传统观念中的地位之重可见一斑。

有一个人做生意失败了，但是他仍然极力维持原有的排场，唯恐别人看出他的失意。为了能重新振兴起来，他经常请人吃饭，拉拢关系。宴会时，他租用私家车去接宾客，并请了两个钟点工扮作女佣，佳肴一道道地端上，他以严厉的眼光制止自己久已不知肉味的孩子抢菜。虽然前一瓶酒尚未喝完，他却已打开柜中最后一瓶XO。当那些心里有数的客人酒足饭饱告辞离去时，每一个人都热烈地致谢，并露出同情的眼光，却没有一个人主动提出帮助他。

希望博得他人的认可是一种无可厚非的正常心理，然而，人们在获得了一定的认可后总是希望获得更多的认可。所以，人的一生就常常会掉进为寻求他人的认可而活的爱慕虚荣的牢笼里面，面子左右了他们的一切，面具成了他们的必需品。

当自己没钱的时候，喜欢和有钱人比较；当自己有钱的时候，喜欢和更有钱的富豪比较。一路比下来，除去多了一层又一层的假面具之外，还养成了"打肿脸充胖子"的习惯，得不偿失。

无法过优裕的生活、无法全身上下都是名牌、无法任意挥霍，这些都不应该是让一个人丢脸的原因。因为它们本来就只存在于一小部分人的身上，而这也是属于小众的生活方式，99%的人都是必须精打细算、必须为了打卡受塞车之苦、必须有选择性地消费，这些都是多么平常而大众化的现象，哪里有可耻之处呢？

相比之下，明明没有钱，还装阔佬和别人抢付账单，最后只好挨饿度日，或是三天两头向朋友借钱过日子；明明连吃饭钱都有问题了，还学人家买名牌，只好用光鲜亮丽的外表遮掩丑陋难堪的背后，这才是打肿脸充胖子最大的悲哀。

抱怨是绊石，让你的形象一落千丈

不停抱怨的人不见得就不乐于助人，他也可以是尽心尽力为别人服务的心地善良之人，但是这种人却恰恰不受欢迎。

"烦死了，烦死了！"一大早就听夏丽不停地抱怨，一位同事皱皱眉头，不高兴地嘀咕："本来心情好好的，被你一吵都烦了。"

夏丽现在是公司的行政助理，事务繁杂，是有些烦。可谁叫她是公司的管家呢，事无巨细，不找她找谁？

其实，夏丽性格开朗，工作起来认真负责，虽说牢骚满腹，可该做的事情，一点也不曾拖延。维护设备，购买办公用品，交通信费，买机票，订客房……夏丽整天忙得晕头转向，恨不得长出八只手来。再加上为人热情，中午懒得下楼吃饭的人还请她帮忙叫外卖。

刚交完电话费，财务部的小李来领胶水，夏丽不高兴地说："昨天不是来过了吗？怎么就你事情多，今儿这个、明儿那个的？"抽屉开得噼里啪啦，翻出一个胶棒，往桌子上一扔，说："以后东西一起领！"小李有些尴尬，又不好说什么，忙赔笑脸："你看你，每次找人家报销都叫亲爱的，一有点事求你，脸马上就拉长了。"

大家正笑着呢，销售部的王娜风风火火地冲进来，原来复印机卡纸了。夏丽脸上立刻晴转多云，不耐烦地挥挥手："知道了。烦死了！和你说一百遍了，先填保修单。"单子一甩，"填一下，我去看看。"夏丽边往外走边嘟囔"综合部的人都死光了，什么事情都找我！"对桌的小张气坏了："这叫什么话啊？我招你惹你了？"

态度虽然不好，可整个公司的正常运转还是离不开夏丽。虽然有时候被她抢白得下不来台，也没有人说什么。怎么说呢？她不是应该做的都尽心尽力做好了吗？可是，那些"讨厌"、"烦死了"、"不是说过了吗"……实在是让人不舒服。特别是同办公室的人，夏丽一叫，他们头都大了。"拜托，你不知道什么叫情绪污染吗？"这是大家的一致反应。

年末的时候公司民主选举先进工作者，大家虽然觉得这种活动老套可笑，暗地里却都希望自己能榜上有名。奖金倒是小事，谁不希望自己的工作得到肯定呢？领导们都认为先进非夏丽莫属，可一看投票结果，50多张选票，夏丽只得12张。

有人私下说："夏丽是不错，就是嘴巴太厉害了。"

夏丽很委屈："我累死累活的，却没有人体谅……"

抱怨就像传染病一样，不仅自己情绪低落，也让别人感到不舒服，谁愿意整天和一个牢骚满腹的人在一起呢？抱怨只能让自己丧失勇气和朋友，反而于事无补。

不少人无论在什么环境中工作，总是怒气冲天、牢骚满腹，总是逢人便大倒苦水，尽管偶尔一些推心置腹的诉苦可以构筑出一点点办公室友情的假象，不过像祥林嫂般地唠叨不停会让周围的同事苦不堪言。也许你自己把发牢骚、倒苦水看做是与同事们真心交流的一种方式，不过过度的牢骚怨言，会让同事们感到既然你对目前工作如此不满，为何不跳槽，另谋高就呢？

在工作中，有人还时常抱怨世间无伯乐，上司就是不能发现他这匹千里马。受到上司的轻视或者怠慢，的确是件令人灰心丧气的事。遇到这种情形我们不妨换一种思维来理解，就是郑板桥曾说过的："吃亏是福。"适当地宽容领导不可避免的失误，冷静地做一下自我审视、自我剖析，也许你会有意想不到的收获。之后你痛下苦功，加以努力勤奋，日后领导自然会对你刮目相看。戴尔·卡耐基指出："与其抱怨别人不重视我们，不如反省自己，不断提高能力！"

小王刚出来打工时，和公司其他的业务员一样，拿很低很低的底薪和很不稳定的提成，每天的工作都非常辛苦。他拿着第一个月的工资回到家，向父亲抱怨说："公司老板太抠门了，给我们这么低的薪水。"慈祥的父亲并没有问具体数字，而是问："这个月你为公司创造了多少财富？你拿到的与你给公司创造的是不是相称呢？"从此，小王再也没有抱怨过，既不抱怨别人，也不抱怨自己。更多的时候只是感觉自己这个月的成绩太少，对不起公司给的工资，于是更加勤奋地工作。两年后，他被提升为公司主管业务的副总经理，工资待遇提高了很多，他时常考虑的仍然是："今年我为公司创造了多少？"有一天，他手下的几个业务员向他抱怨："这个月在外面风吹日晒，吃不好，睡不好，辛辛苦苦，老板才给我1 000元！你能不能跟老板提个建议给增加一些？"他问业务员："我知道你们吃了不少苦，应该得到回报。可你们想过没有，你们这个月每人给公司只赚回了2 000元，公司给了你们1 000元，公司得到的并不比你们多。"业务员都不再说话，以后的几个月，他手下的业务员成了全公司业绩最优秀的业务员，他也被老总提拔为常务副总经理，这时他27岁。去人才市场招聘时，凡是抱怨以前的老板没有水平、给的待遇太低的人他一律不要。他说，持这种心态的人，不懂得反思自己，只会抱怨别人。

这个时候，正确的做法是有意尝试自我心理调试，问问自己是否有足够的信心，是否朝气蓬勃，是否确实能胜任工作。总之，从日常生活中自我形象的塑造剖析，寻找出原因和不足，进而脱胎换骨，展现才干，做出成绩。相信你一定能得到上司的青睐，实现自己的抱负。

其实，不抱怨，不仅仅是指自己不去抱怨别人，而且指面对别人的抱怨也要有豁达的心胸。

当别人向你抱怨时最好不要做无谓的辩解，不做辩解其实就是最好的辩解，这正应了那句老话，此时无声胜有声。

因别人态度粗鲁而生气，是很自然的。你会想：这脾气？真古怪！但脱口而出的言语会使事情更糟。我们都会和一些难处的人交往，这时候就要耐心一点，用一颗宽容理解的心去接纳别人，这样就会让事情朝好的方向发展。比如说，办公室的电话响了，你拿起话筒，里面传出一串牢骚："我三个星期前就索要商品目录，至今仍未收到！你们的工作是怎么做的？"

你不必解释说一半职员都因病请假，即使这完全是事实，对方也容易将其视为借口。如果对方的抱怨理由充分，请不要多费力解释出错的原委。相反，承认对方抱怨有理,并致歉意,继而谈解决办法。如:"你说得对,很抱歉你至今未能收到,请把姓名和地址告诉我,今天我会亲自邮去。"

相信这番话出口,再有牢骚、再想抱怨的人也会慢慢安静下来的。

当你想抱怨别人时,请想想下面的话:

(1)抱怨解决不了任何问题。分内的事情仍然可以逃过不做么?既然不管心情如何,工作迟早要做,那何苦叫别人心生不快呢?

(2)发牢骚的人没人缘。没有人喜欢和一个满腹牢骚的人相处。

(3)冷语伤人。同事只是你的工作伙伴,而不是你的兄弟姐妹,就算你句句有理,谁愿意听你的指责?

(4)重要的是行动。你有足够的能力胜任这份工作吗?当然,如果你尽力了,还是无法完成,那么也尽快停止抱怨吧,不妨换个工作。

猜疑是腐蚀剂,让你的形象瑕疵百出

俗话说得好:"疑心生暗鬼。"猜疑是一种人际关系的腐蚀剂。历史上由猜疑引起的悲剧也有很多,最著名的是《三国演义》中曹操刺杀董卓败露后,与陈宫一起逃至吕伯奢家。曹吕两家是世交。吕伯奢见曹操到来,本想杀几头猪款待他,可是曹操因听到磨刀声,又听说要"缚而杀之",便大起疑心,以为要杀自己,于是不问青红皂白,拔剑误杀无辜。

才华横溢的林无论在工作态度上还是在能力上,都是出类拔萃的,可是毕业5年来,林却频频跳槽。

现在,就职于某大公司的林,凭借自己的聪明才干,仅用了两个月的时间,就从销售员做到了市场总监,然而时间不长,林就再一次扬言要辞职。有朋友不解地问为什么,林义愤填膺地说:"当我职位升迁到老总直接管辖范围时,我就隐约觉得与老总之间的关系有些微妙。老总对我越来越不信任,甚至有些猜忌,还时常给我穿'小鞋',同事们也纷纷排斥我,我现在是'四面楚歌'。最近更可气了,老总特意为我招聘了一位助理,美其名曰是协助我管理市场,其实我心里很清楚,是派来监督我工作的。这是对我极大的不信任!是对我的侮辱!我实在忍无可忍了,我要辞职!"

是什么造成了林职业生涯发展的瓶颈？是什么使他在职场频频受挫，不断跳槽，职业生涯"坠入负面轮回"？不是别的，正是林那颗敏感多疑的心，是它构成了林职业发展的障碍。

猜疑有如此多的危害，那么在人际交往中该如何消除猜疑心理，维护正常的人际关系呢？

第一，优化个人的心理素质。拓宽胸怀，以增大对别人的信任度和排除不良心理。

第二，摆脱错误思维方法的束缚。猜疑一般总是从某一假想目标开始，最后又回到假想目标。只有摆脱错误思维的束缚，走出先入为主的死胡同，才能促使猜疑之心在得不到自我证实和不能自圆其说的情况下自行消失。

第三，敞开心扉，增加心灵的透明度。猜疑往往是心灵闭锁者人为设置的心理屏障。只有敞开心扉，将心灵深处的猜测和疑虑公之于众，增加心灵的透明度，才能求得彼此之间的了解沟通，增加相互信任，消除隔阂，获得最大限度的谅解。

第四，无视"长舌人"传播的流言。猜疑之火往往在"长舌人"的煽动下，才越烧越旺，致使人失去理智、酿成恶果。因此，当听到流言时，千万要冷静，谨防受骗上当。

第五，当我们开始猜疑某个人时，最好先综合分析一下他平时的为人、经历以及与自己多年共事交往的表现，这样有助于将错误的猜疑消灭在萌芽状态。

懒散是鸦片，让你的形象威风扫地

有一位热心于慈善事业的企业家，总是尽自己的所能帮助那些生活在贫困线以下的人。有一次他听说某山区的一个村子很穷，穷得连最基本的温饱都解决不了。于是他便决定向那个穷山村捐一笔钱，用来帮助他们脱贫致富。

捐钱之前，企业家决定亲自到那个村子看看。他去了一户村民家里，在那个黑洞洞的屋子里，他看到那家人正在吃饭。他们没有桌子，没有凳子，甚至连双筷子也没有。一家人就这样捧着饭碗蹲在地上，用手抓着饭吃。看到这一幕，企业家有了一种揪心的感觉，恨不得立刻就能改变这个村的现状，他决定回去后要做的第一件事就是马上把钱拨过来。

可是当他走出那户村民家后，却突然改变了主意。回去之后，他撤销了捐助的决定。对此人们百思不得其解。后来企业家道出了原委：原来就在他走出那户人家时，突然注意到门前有一大片竹林。"守着竹林，他们连桌凳和一双筷子都懒得做，给他们钱又有什么用呢？"企业家非常痛惜地说。

正是村民们的懒惰形象让企业家打消了投资的念头，使村民们失去了一次致富的大好时机。惰性带给人的悲剧由此可见一斑。

日本推销之神原一平在一次大型演讲会上，台下数千人静静等待着原一平的到来，想听他的成功秘诀。10分钟之后，原一平终于来了。他走向讲台，坐在椅子上一句话也不说，半个小时后，有人等不住了，断断续续离开会场。一个小时后，原一平仍然一句话也不说，会场上大部分人都走了，最后只留下十几个人了。这时，原一平说话了，他说：你们是一群忍耐力最好的人，我要让你们分享我成功的秘诀，但又不能在这里，要去我住的宾馆。于是这十几个人跟着原一平去了。到了原一平的房间后，他脱掉外套，脱掉鞋子，坐在床上，把袜子脱了，然后把脚板亮给那十几个人看。人们看到原一平双脚布满了老茧。原一平说："这是我成功的秘诀，我的成功是我勤奋跑出来的。"

凡事必须马上行动，立即行动，你的人生才会不一样。有的人会反对为了成功把自己变成工作狂，但所有的工作狂必须先热爱工作，然后才乐在工作。有句话说得好：只要找到自己喜欢的事情，这一辈子就不必再痛苦地忍受工作了。要中彩票必须先买彩票，先付出行动才能收获结果。

懒散不仅无益于工作，它对个人的健康也是十分有害的。一个人的健康状况受损，形象也将随之大打折扣。

1. 懒散使人过早衰老

由于懒散，心脏搏血量小，不能最大限度地满足身体各部分对氧和营养物质的需要，体内代谢产物不能有效地排出，从而加速了衰老的进程。进入中年之后，懒惰的人要比经常运动的人在体格和机能状态上早老10年左右。长寿之人大多是辛勤劳动终生，运动使他们延年益寿、青春永驻，看起来比同龄人年轻许多。

2. 懒散使体态蠢笨

现代化设备使家务劳动大幅度下降，走路的机会也愈来愈少，往往一天中有几个小时坐着，致使四肢瘦弱而臀腹肥胖臃肿，破坏了健美的体形。人体中，脑的重量仅为体重的1/47，而耗氧量却占人体的1/4，是需氧量最大的器官。运动能够促进全身血液循环，将氧和其他养分源源不断地输送到大脑，改善脑部供氧状态。与不常运动的人相比，经常运动的人动作协调敏捷、眼明手快。同时，运动时由于精神亢奋、心情舒畅，因而促进大脑释放出像啡呔和内啡呔等特殊化学物质，这对增进智力和记忆力有良好的作用。

3. 懒散使人身体虚弱

在静止时，心脏每收缩一次，只能搏出血液50毫升，在进行剧烈运动时也只能增至100～120毫升。而一般运动员或体力劳动者在静止和剧烈运动时，其搏出量分别为80～100毫升和200～210毫升，比缺少运动的人增加了一倍。可见，缺乏运动的人心脏功能是虚弱的。如果让一个健康人在床上躺一个月不活动，身体会虚弱得如同大病初愈，连走路都会摇晃。

要树立好的形象，创造成功与辉煌，请先扔掉懒惰的习性。否则，一切都是空谈，毫无意义。

有了健康的身体，才能有健康的形象

如果你的身体不够健康，那么你就要努力锻炼了。留给别人健康、充满活力的好形象，你也就同时留住了自己的财脉、人脉。毕竟，人人都喜欢站在他们面前的是健康且朝气蓬勃的你。

人们都希望看到一个健康的形象。健康是你的宝贵财富，是你唯一的本钱，是你实现人生宏伟蓝图的基石，没有健康就不会有成功的喜悦。不幸的是，很少有人真正知道他们需要健康。前面所说的一切，都有一个前提，那就是你要过一种健康的生活。

有些年轻人还不到30岁，就已显得老态龙钟。刚开始时他们也有着巨大的"资本"——即宝贵的脑力、才能和体格，这些东西别人无法控制，可还不到中年，他们就把自己巨大的资本挥霍一空。他们把自己身体弄得像生了锈的机器。他们损耗脑力的方法更是五花八门，使生命力承受最大损失。比如，动不动就发怒、烦躁、苦恼、忧郁，这些心理与其他的坏习惯比起来，它对生命的损害力不知道要大多少倍！

在个人资产中，最重要的一个指标就是健康，一旦健康受损，则无法胜任工作，才能也无从发挥。

现在流行这么一句话：什么都可以没有，就是别没钱；什么都可以有，就是别有病。对于职场新人来说，健康更是千金难买的好东西。你进入了职场，就注定了你一生要在竞争中度过。从起跑到最后的冲刺，一步落后，你就有可能步步落后。稍有松懈，你就有可能被无情地淘汰！在这个竞争激烈的社会里，只有强者才能生存。这种"强"，首先就在于要求你有"力量"，而意志的力量，都要有健康的身体做保障。没有健康的身体，就难以有聪明的大脑。即使你是处于亚健康状态，它也会妨碍你的正常工作。因此，作为职场新人，必须从一开始就养成管理自己健康的好习惯。作为职场新人，你唯一的本钱就是你的健康形象！

作为商界成功人士，健康就更重要了，人人都喜欢和健康有活力的人交往。因为这样的人容易使人产生一种强有力的信任感。

那么，保持健康体魄需要什么条件呢？

首先，良好的营养和充分的休息对健康都是很重要的，最需要的是内心感觉如何。在一般情况下，那种能够以最大的诚意和热忱努力工作的人，即使稍微忙一点，也不会感到疲劳，更不会生病。

其次，一个人对于天生的不尽如人意的身体、容貌，没有必要抱着听天由命的态度。比如，一个肤色不好的人，可以通过经常性的饮食调理和锻炼加以改善。牙齿可以运用手术矫正，姿势可以通过训练使之优美，眼睛也可以通过治疗而显得炯炯有神，等等。

健康状况是身体外表诸因素中最重要的因素。满意的健康状况，会从一个人的眼神、气色、嗓音以及肌肉运用中显示出来。相反，如果健康状况不佳，缺乏生气，尽管不是病态，也会给别人一种衰弱无力，或者似有隐疾而烦躁不安的印象。

所以，如果你要使自己的形象富有吸引力，就需要照顾好你的健康。

近朱者赤近墨者黑，洁身自好慎交往

没有朋友的人生是孤独的、狭隘的，试着同比你优秀的人交往吧。这并不是说，你一定要去同比你更为有钱的人交往，而是说应该去同人格、品格、学问、道德都胜过你的人交往，由此尽量吸收到种种于你的生命有益的东西。这可以提高你自己的理想，可以鼓励你趋向于高尚的事情，可以激发出你对事业更大的热忱。

俗话说："近朱者赤，近墨者黑。"荀子也曾说过："蓬生麻中，不扶自直；白沙在涅，与之俱黑。"这些都是说交往中人与人的相互影响、相互作用。与品格高尚的人交往，你的形象也会变得高大，与低劣的人交友，你的形象也会随之一落千丈。

在现实中，有好多人因为交友不慎而事业尽毁、家庭破裂。一位成功的企业老板有着红火的事业和温馨的家庭，但是在一次朋友的酒宴上，他结识了一位当时在他看来可以算作朋友的人。一段时间后，这位朋友就拉着他去打麻将，起初只是小打小闹权当娱乐了，但渐渐地，在这位朋友的"指引"下，他迷上了大额的赌博，甚至跑到澳门豪赌。他认为赌博来钱容易得多。渐渐地，他荒废了事业，也不再理会家人。终于，在那个黑色的星期天傍晚，他输尽了所有的家产，妻儿离他而去……

　　交朋友前先正确评价和判断朋友。要交好朋友，首先应该看对方是否值得做朋友。通过初步交往，观察和分析这个人是不是值得信赖，有没有良好的性格，有没有上进心，品行是否端正等，在此基础上决定是否与之进一步深交。鲁迅曾经说过，交友是人间的美德，当然好得很，不过骗子有屏风，屠夫有助手，在他们自己之间却也有叫做朋友的。若是结交到好朋友，能使人受益不尽，若是结交了品行不良的坏朋友，则易误入歧途。

　　古人说："黄金万两易得，知己一个难求。"真正的好朋友彼此相互了解，情深意切，不仅能坦率地接受对方的意见，并能真诚地指出对方的缺点，给对方以支撑和力量。

　　我们都应该追求高尚的品格，也应该与有良好品格的人交往。品格，是人生的桂冠和荣耀。它是一个人最高贵的财产，它构成了地位和身份本身，它是一个人在信誉方面的全部财产。它比财富更具威力，它使所有的荣誉都毫无偏见地得到保障。它伴随着时时可以奏效的影响，因为它是一个人被证实了的信誉、正直和言行一致的结果，而一个人的品格比其他任何东西都更显著地影响别人对他的信任和尊敬，要想成为一个真正的成功者，必须摆脱"投机"的心理，注重自己的品格，也要看清与之交往的人的品格。

　　友谊是人人都渴望得到的美丽之花。在真诚的友谊面前，我们彼此信任、互诉衷肠、互相了解、互相帮助，体验着美好的真情。但是，并不是任何人都会对你有帮助的。孔子说："益者三友，损者三友。友直，友谅，友多闻，益矣；友便辟，友善柔，友便佞，损矣。"只有与那些正直诚实、好学上进、志向高远、品行优良的人交朋友，才能使自己取长补短、不断进步。若与那些意志消沉、趣味低级的人交朋友，久而久之，自己也会染上不良习气。

　　所以在现实生活中我们要认清面前的人是否是真正的朋友，努力与那些品德高尚的人交朋友，不断提升自己的形象。

中 篇
你的礼仪价值百万

  人无礼则不立，事无礼则不成。礼仪就像一面镜子，能够照出一个人的修养与才智。简约清新的妆容，端庄典雅的服饰，大方自然的仪态，优雅自信的言行，不仅给他人带来视觉上的美感，传达了个人对他人的尊重，也体现了个人的聪明智慧与在职场的专业水准，为你营造良好的人际交往圈。

  礼仪如同一封无懈可击的推荐信，让你通行天下无所阻碍，助你从容应对各种社交场合，其力量和价值都是无可比拟的。无论是人际交往，还是职场共事；无论是商务拜访，还是会议谈判；无论是庆典宴会，还是文艺演出；无论是面对客户、上司，还是面对朋友、同事，优雅的行为和举止，得体的仪态和言语，真挚的情感和沟通，规范的礼仪都能助你如鱼得水地穿梭于各种场合，从容地应对各种社交难题。

  不懂礼仪，你很难成为一个真正的成功者。掌握礼仪，精通礼仪，用礼仪为你的人生保驾护航，为你的生活锦上添花，打造无限精彩的绚烂成功人生！

第 11 章

礼仪是成功人生的通行证

潇洒人生，礼仪当先——结缘礼仪

礼仪是律己、敬人的一种行为规范，就是以最恰当的方式来表达对他人的尊重。礼仪的"礼"即尊重，它要求我们在人际交往中既要尊重自己，也要尊重别人。古人讲"礼仪者敬人也"，就是对待人接物的基本要求。"仪"，顾名思义，表示仪式，即用什么样的方式和形式来表达对自己和别人的尊重。而在古代，"礼"和"仪"是两个不同的概念。"礼"是制度、规则和一种社会意识观念；"仪"是"礼"的具体表现形式，它是依据"礼"的规定和内容形成的一套系统而完整的程序。

礼仪对规范人们的社会行为，协调人际关系，促进人类社会发展具有积极的作用。礼仪文明作为中国传统文化的一个重要组成部分，对社会历史发展起了广泛深远的影响，其内容十分丰富。礼仪所涉及的范围十分广泛，几乎渗透于社会的各个方面。

从社会交际上看，遵守礼仪不仅有助于提高人们的自身修养，而且有助于促进人们的社会交往，改善人际关系，对净化社会风气，美化生活有着积极的作用。从商务往来的角度来看，礼仪是企业文化、企业精神的重要内容，是衡量企业形象的主要评判标准。如今一些大企业对于礼仪都有高标准的要求，甚至将礼仪作为企业文化考核的重要内容。

人在社会化过程中，需要学习的东西很多，礼仪是一个人在社会化过程中必不可少的重要内容。可以说，礼仪是整个人生中的必修课。任何一个生活在某一礼仪习俗和规范环境中的人，都自觉或不自觉地受到该礼仪的约束。自觉地接受社会礼仪约束的人，就被人们认识为"成熟的人"，符合社会要求的人。反之，一个人如果不能遵守社会生活中的礼仪要求，就会被社会中的人视为"异类"，就会受到人们的排斥，社会就会以道德和舆论的手段来对他加以约束。

  一个具有良好的礼仪修养人，在交际活动中遇到各种情况和困难时，都能始终保持沉着稳定的心理状态，根据所掌握的信息，迅速采取最合理的行为方式，化险为夷，争取主动。相反，一些缺乏良好的礼仪修养的人，在参加重大交际活动前，常会出现惊慌恐惧，心神不定，坐卧不安的状况，有的在交际活动开始后，甚至会出现心跳加快，四肢颤抖，说话声调不正常的现象。所以，学习礼仪，不仅满足你走向社会的需要，而且还可以培养你适应社会生活的能力，提高你的社会心理承受力。

  礼仪是社会主义精神文明体系中最基础的内容。讲文明、讲礼貌是人们精神文明程度的实际体现。学习和应用礼仪知识，是加强社会主义精神文明建设的需要。通过学习礼仪，让你明确言谈、举止、仪表和服饰能反映出一个人的思想修养、文明程度和精神面貌。通过学习礼仪，进一步提高你的修养，培养你的交际能力，养成良好的礼仪习惯，具备基本的文明教养。如果人人讲礼仪，我们的社会将充满和谐与温馨。由此可见，学习礼仪的根本目标是要教育、引导我们自觉遵循社会主义礼貌道德规范以及相应的礼仪形式，提高我们的文明意识，养成文明行为的习惯，促使良好社会风尚形成，使人与人之间、人与社会之间达到高度和谐与有序。

  古代的礼仪是为了适应当时社会需要，从宗族制度、贵贱等级关系中衍生出来的，因而带有产生它的那个时代的特点及局限性。今天，现代的礼仪与古代的礼仪已有很大差别，我们必须舍弃那些为剥削阶级服务的礼仪规范，着重选取对今天仍有积极、普遍意义的传统文明礼仪，如尊老敬贤、仪尚适宜、礼貌待人、注重仪表等加以承传。这对于培养良好个人素质，协调和谐人际关系，塑造文明的社会风气，进行社会主义精神文明建设，具有很高的现代价值。

  礼仪作为一种行为道德准则和规范，古今中外都备受推崇。一个讲究礼仪道德和修养的国家，必定为世人树立了一个令其敬仰的典范。在社会活动中，讲究谈吐礼仪，可以使人变得文明；讲究举止礼仪，可以使人变得优雅；讲究衣着礼仪，可以使人变得大方；讲究行为礼仪，可以使人变得美好而有教养；等等，总之，一个人讲究礼仪，就可以变得充满魅力，成为受人尊敬和欢迎的人。

  正是因为礼仪在人际交往中具有不可忽视的作用，有时甚至决定事情的最终结果。所以，在现代社会，任何人都不能轻视礼仪，都应学习礼仪、讲究礼仪。

礼仪是人际交往不可或缺的润滑剂

以下生活中的失礼行为，你有过吗？

上门拜访的时候，正巧碰到人家在吃饭，应邀入席吧，自己又吃过了，或者说，同这位朋友还没有熟悉到随便进餐的程度。这时的你，会尴尬得不知是进还是退，是站还是坐。

你刚同一位朋友或一个熟人寒暄一番后，说不到某一地方去，走路时，想着想着还得去，恰巧在那地方又碰到那位朋友或熟人，这时你不知如何向朋友或熟人打招呼。

有时你在朋友家聊天，讲得正有兴致时，突然又有陌生人来访，想走吧，话又没讲完，不走吧，又不能当着陌生人的面继续讲，这时，你会很不自然。

有件事瞒着对方，实际上对方已了解情况，这时候你若向对方继续编造谎话，一旦被对方戳穿，你会感到尴尬无比。讲话时无意刺到别人的忌讳，你明明做了某事，说了某话，别人事后又知道，当他问你时，你又不能明说，你都会感到不甚尴尬。

其实，生活中尴尬的事是常有的，每个人也都会遇到。要想尽量避免诸如此类的尴尬情境发生，就需要懂得一些生活中的礼仪，用礼仪这个手段来化解尴尬。

例如，碰得人家正在吃饭，你可以先发制人，"对不起，我来得不是时候。"看主人怎样回答，你再随机应变。

说不到某地方，结果又去了，恰恰碰到刚道别的人，这时的你，不妨主动开口，三言两句讲明缘由。

你与朋友讲话，又有陌生人来访，如果话正投机，不妨直言对陌生人："对不起，我讲两句话马上就走，前客让后客。"相信这时的陌生人会避开，让你把话讲完。

你瞒着对方的事，一旦被对方戳穿，就不能继续遮遮掩掩，要如实说明为什么隐瞒，把原因讲明，尴尬也就不存在了。

碰到别人的忌讳，可直接道歉，也可以改天讲清楚。

你明明做了某事，说了某话，别人又知道，你又不能解释，你就适当讲讲难言之隐。

礼仪是人际交往的"润滑剂"。作为社会的人，我们每天都少不了与人打交道，假如你不能很好地与人相处，那么在生活中、事业上就会寸步难行，一事无成。俗话说："礼多人不怪"。人际交往，贵在有礼。加强礼仪修养，处处注重礼仪，能使你在社会交往中左右逢源，无往不利；使你在尊敬他人的同时也赢得他人对你的尊敬，从而使人与人之间的关系更趋融洽，使人们的生存环境更为宽松，使人们的交往气氛更加愉快。

曾经有这样一个大学生骑自行车不慎碰了一位老人，大学生当场就喊了一句："你长眼睛了吗？"就一句话把老人给骂懵了。她不敢相信，眼前这位穿着时髦的大学生，竟然这么粗鲁不讲道理，老人艰难地从地上爬起来，什么也没说就走了。

著名的经济学家张则行先生，一直从事凯恩斯经济理论研究，一生著述颇丰，其学术成果享誉国内外。如今虽已是老人，但他每每遇见朋友，都以将近90度的鞠躬施礼，让对方不知所措。通过这两件事情，可以看出不礼貌的行为直接影响到个人的素质问题。

礼仪是一种坚韧的智慧，表达着对别人的尊重，不会激起对方的反感，给自身拓宽了很大的空间。

加强个人礼仪有助于促进社会文明，加快社会发展进程。人与社会密不可分，礼仪修养的加强，可以使每位社会成员进一步强化文明意识，端正自身行为，从而促进整个国家和全民族总体文明程度的提高，加快社会的发展。在改革开放不断深化之际，我们每一位社会公民都有理由以自觉加强自身的礼仪修养为己任，一同投身于社会主义的两个文明建设之中。

礼仪可能帮助你赢得好人缘、好人脉

良好的礼仪有助于促进人们的社会交往，改善人们的人际关系，能够帮你赢得好人缘。

古人认为："世事洞明皆学问，人情练达即文章。"这句话，讲的其实就是交际的重要性。一个人只要同其他人打交道，就不能不讲礼仪。运用礼仪，除了可以使个人在交际活动中充满自信，胸有成竹，处变不惊之外，还能够帮助人们规范彼此的交际活动，更好地向交往对象表达自己的尊重、敬佩、友好与善意，增进大家彼此之间的了解与信任。假如人皆如此，长此以往，必将促进社会交往的进一步发展，帮助人们更好地取得交际成功，进而造就和谐、完美的人际关系。

某位营销员在一次会议上作自我介绍："有只小猪在跳迪斯科，现在你们知道我的名字了吧？"台下响起一片回应："猪——会——摇！"她微笑着点头说："大家倒过来念呀。"众人恍然大悟，倒过来便是她的名字："姚慧珠"。如此精彩的自我介绍，要让人记不住你的名字都难。

有个干部与一位多年不见的战友见面了，一时竟想不起他的姓名。分手时，这个干部主动拿出纸来把自己的名字、电话、通信地址写下来，然后把笔交给他，说："来，让我们相互留下自己的名片，今后多多联系。"对方也记下了他的名字、住址、电话。

当然，赢得好人缘并不只是靠记住别人的名字来实现的，但记住别人的名字却是一个不可小看的交际礼仪。像上面的那位营销员的精彩自我介绍，相信大家一定对她的印象记忆深刻，同时也会认为她是一个很有亲和力的人。

人缘要在勤沟通、多联系的基础上建立起来，所以主动联系也是一个必备的交往礼仪。你善于联系朋友，朋友自然也勤于和你联系；反之，你半个月甚至一年都不和朋友们打招呼，那么肯定在对方的心里被"蒸发"掉了。

人际交往的礼仪原则之一是，你怎样对待别人，别人就怎样对待你。你感觉别人对你是陌生的，那么在别人眼中你也是陌生人；如果你把陌生人当做朋友来对待，陌生人也会把你当做自己的朋友。

主动是结交陌生人的最基本的礼仪。主动问候、主动搭话、主动沟通、主动帮忙，这些都有利于拉近你与对方的关系和距离，尽管你们之前素未谋面。

其实，每个人都有交往的愿望和需要。你主动向对方敞开心扉，同样能够换得对方的理解和接受。当然，初次相识，要遵守必要的礼仪细节。比如不可冒昧地询问交往不深的人的信息，不要过多地干涉他人的活动和私事，等等。与陌生人沟通，消除对方的警惕心理是有必要的，这就需要你用友好、热情的态度去接纳对方，或者在对方需要的情况下满足其心理需求，如帮个小忙、举手之劳等，都能赢得对方对你的好感，从而有利于彼此更深层的交往。

礼仪有助你实现事业成功，开创辉煌

礼仪是一笔巨大的财富，礼仪不仅是人际交往的润滑剂、说服他人打动人心的心理武器，更是事业的催化剂、成功的保证。

大家可能知道"张良因礼得兵书"的故事。

据《史记·留侯世家》记载：秦朝末年，张良在博浪沙谋杀秦始皇没有成功，便逃到下邳隐居。有一天，他在镇东石桥上遇到一位白发苍苍、胡须长长、手持拐杖、身穿褐色衣服的老人。老人的鞋子掉到了桥下，便叫张良去帮他捡起来。

张良觉得很惊讶，心想："您怎么能让我帮你捡鞋子？"张良又一想他年老体衰，而自己却年轻力壮，便到桥下帮老人捡回了鞋子。谁知这位老人不仅不道谢，反而大咧咧地伸出脚来说："替我把鞋穿上！"张良闻听此言心底更加不快："你这老者，我好心帮你把鞋捡回来了，你居然还得寸进尺，要让我帮你把鞋穿上，真是过分！"

张良又转念一想，反正他是老人，再说鞋子都捡起来了，干脆好人做到底。于是默不作声地替老人穿上了鞋。张良的恭敬从命，赢得了这位老人孺子可"教"的首肯。又经过几番考验，这位老人终于将自己用毕生心血注释而成的《太公兵法》送给张良。

张良得到这本奇书，日夜诵读研究，使之后来成为满腹韬略、智谋超群的汉代开国名臣。

这个故事说明了什么？张良为老人拾鞋、穿鞋，处处礼让，既表现为对老人的尊重，也表现了自身完善的品格。张良正是在不断礼让的过程中，磨砺了意志，增长了智慧，最终成为"运筹帷幄之中，决胜千里之外"的杰出的军事家、政治家。礼仪铸就了张良的成功，由此可见，礼仪对于一个人的事业发展有多么重要。

懂礼仪是成功的基本要素。礼仪是通向成功道路的通行证，这不是说有了礼仪就能成功，但在成功的路上，礼仪的确有着很关键的作用，特别是在求职应聘的时候，"头3分钟是关键"。因为招聘时面试方不可能给一个应聘者很多的时间，但头3分钟内你举手投足间表现的气质，待人接物的态度与方法却可以看出你是否是用人单位需要的人。所以，除了有比较扎实的专业基础与实践经验，还需要适当的礼仪来美化个人。

成功学大师戴尔·卡耐基说过："一个人的成功，只有15%是由于他的专业技能，而85%则主要靠人际关系和他做人处世的能力。"有那么一个哈佛大学设计的表格，它将人成功的要素分为三块：宏观管理能力、实际操作能力和处理人际关系的能力。从表格中可以看出，一个职业人需要具备上述三种能力，虽然地位不同、岗位不同，各种能力的构成不同，但是总的看来，处理人际关系的能力所占的比例相同。大概为：成功＝15%的知识技能＋85%的人际关系。这里所说的人际关系，并不是庸俗的拉关系，而是一个宽泛的概念，它指的是如何运用礼节、礼仪来建立、维护的良好的人际关系与和谐的事业生活环境。

礼仪对于一个人的事业起着重要的作用，一个人知书达理、善于运用礼仪的人和一个举止粗俗、不懂礼仪的人，其事业的境界会有天壤之别，前者在事业上会春风得意，心想事成；后者在事业上则会处处碰壁，陷入困境。

礼仪对于事业的作用，体现在管理、职场、推销、谈判、会议等各个工作领域和环节中。

例如，求职礼仪有助于你推销自我的形象、取得面试的成功。在求职中你的细微举止都会影响用人单位对你的评价。古人云"见微而知著"，礼仪能规范你的举止，防止因小节而误事。同时，借助礼仪可以推销自己的文化素质、体现自己的道德水准、反映自己的个性，以及顺利完成面试的全过程。礼仪能给人以美的享受，使用人单位愿意与你交谈，有兴趣和耐心进一步了解你，甚至当发现你与其他应聘者相比有欠缺的地方时，也能给予理解、关怀和鼓励，从而使你的求职事半功倍，脱颖而出。

又如，工作场所遵从服装礼仪对于维护你的形象、有效开展工作极为重要。在工作服装的穿着方面有一个容易被忽视的细节：常有餐厅工作人员，甚至是厨师穿着工作服进出公共厕所。这样不仅不符合食品卫生规范，会令顾客对餐厅的印象大打折扣，从而造成餐厅形象不佳，影响餐厅的生意。还有夏天的时候，许多职业女性不够注重自己的身份，穿起颇为性感的服饰，这样你的智慧和才能便会被埋没，甚至还会被看成轻浮，影响你的职业前程。

礼仪是个人外在形象与内在素质的集中体现。对于个人来说，讲究和运用礼仪既尊重别人同时也是尊重自己的体现，在个人事业发展中起着决定性作用。它提升人的涵养，增进了解沟通，细微之处显真情，对内可融洽关系，对外可树立形象，营造和谐的工作和生活环境。因此，懂得礼仪，运用礼仪，使你的事业更加顺利，使你的人生更为成功！

遵从礼仪5项原则，做个彬彬有礼的人

礼仪名目众多，细则纷繁，讲究商务礼仪尤其还应掌握必要的世界各国的礼仪习俗，更是使其呈现出五彩缤纷的特点。那么如何才能有效掌握？在从事各种商业活动、具体遵行商务礼仪时，应遵循以下基本原则，其中包括言行文雅，态度恭敬，尊重他人，平等待人，表里一致。

遵从礼仪的5项原则如下所述。

1."尊敬"原则

有人曾把商务礼仪的基本原则概括为"充分地考虑别人的兴趣和感情"。尊敬是礼仪的情感基础。在我们的社会中,人与人是平等的,尊重长辈,关心客户,这不但不是自我卑下的行为,反而是一种至高无上的礼仪,说明一个人具有良好的个人素质。"敬人者人恒敬之,爱人者人恒爱之","人敬我一尺,我敬人一丈"。"礼"的良性循环就是借助这样的机制而得以生生不已。当然,礼待他人也是一种自重,不应以伪善取悦于人,更不可以富贵骄人。尊敬人还要做到入乡随俗,尊重他人的喜好与禁忌。总之,对人尊敬和友善,这是处理人际关系的一项重要原则。

2."真诚"原则

商务人员的礼仪主要是为了树立良好的个人和组织形象,因此礼仪对于商务活动的目的来说,不仅仅在于其形式和手段上的意义。同时商务活动并非从事短期行为,而是越来越注重其长远效益,只有恪守真诚原则,着眼于将来,通过长期潜移默化的影响,才能获得最终的利益。也就是说,商务人员要爱惜其形象与声誉,应不仅仅追求礼仪外在形式的完美,更应将其视为情感的真诚流露与表现。

3."谦和"原则

"谦"就是谦虚,"和"就是和善、随和。谦和既是一种美德,更是社交成功的重要条件。《荀子·劝学》中曾说道:"礼恭而后可与言道之方,辞顺而后可与言道之理,色从而后可与言道之致。"即是说只有举止、言谈、态度都是谦恭有礼时,才能从别人那里得到教诲。

谦和,在社交场上表现为平易近人、热情大方、善于与人相处、乐于听取他人的意见,显示出虚怀若谷的胸襟,因而对周围的人具有很强的吸引力,有着较强的调整人际关系的能力。

当然,我们此处强调的谦和并不是指过分的谦虚、无原则的妥协和退让,更不是妄自菲薄。应当认识到过分的谦虚其实是社交的障碍,尤其是在和西方人的商务交往中,不自信的表现会让对方怀疑你的能力。

4."宽容"原则

宽即宽待,容即相容。宽容,就是心胸坦荡、豁达大度,能设身处地地为他人着想,谅解他人的过失,不计较个人得失,有很强的容纳意识和自控能力。中国传统文化历来重视并提倡宽容的道德原则,并把宽以待人视为一种为人处世的基本美德。从事商务活动,也要求宽以待人,在人际纷争问题上保持豁达大度的品格或态度。在商务活动中,出于各自的立场和利益,难免出现冲突和误解。遵循宽容原则,凡事想开一点,眼光看远一点,善解人意、体谅别人,才能正确对待和处理好各种关系与纷争，争取到更长远的利益。

5．"适度"原则

人际交往中要注意各种不同情况下的社交距离，也就是要善于把握住沟通时的感情尺度。古话说："君子之交淡如水，小人之交甘如醴。"在人际交往中，沟通和理解是建立良好人际关系的重要条件，但如果不善于把握沟通时的感情尺度，即人际交往缺乏适度的距离，结果会适得其反。例如在一般交往中，既要彬彬有礼，又不能低三下四；既要热情大方，又不能轻浮谄媚。所谓适度，就是要注意感情适度、谈吐适度、举止适度。只有这样才能真正赢得对方的尊重，达到沟通的目的。

总之，掌握并遵行礼仪原则，做待人诚恳、彬彬有礼之人，在人际交往和商务活动中，就会受到别人的尊敬。

第 12 章

社交与生活礼仪
——礼仪之光照亮你的人生

打造社交场上魅力型男

礼仪如春风化雨，礼仪会提高你的交际品位。奥里森·马登说，如果你的社会关系是一台机器，那么，彬彬有礼的态度就是那台机器中的润滑剂。古语说得好："文质彬彬，然后君子。"人际交往中只有形成尊重和被尊重的默契与和谐，才可能给你的形象加分，让你的交际顺利进行和持续发展。

当代社会，社交礼仪不可忽视。"彬彬有礼"已经成为判断一个人社会地位和受教育程度的标准，也成为衡量一个现代人基本素养的客观依据。其实，不知你是否意识到，在大多数情况之下，你的交际成功与否，你的事业发展与否仅仅取决于你对他人的尊重。如欧美的脱帽、拥抱，中国古代的作揖，这些都是人们最起码的见面礼。在现代社会，人们行握手礼。即见面时，双方往往先打招呼，然后相握致意。关系亲密的朋友，可以伸出双手久握和用力握。关系一般的人，可伸出手一握即止，这就是"礼"。

"文质彬彬，然后君子"，意味着一个人从外表到本质文雅有礼，才能使他到处受他人的欢迎。由此可见，彬彬有礼是人际交往的基础，也是你交际更具品位的基本要求。比如参加交谊舞会，男士的衣装应该庄重整洁，举止大方；女士的衣装应该明快典雅，不宜浓妆艳抹。进入舞厅时应该彬彬有礼，对熟人和旧友要握手致意或点头问好，对陌生人也应该以礼相待。话音不宜高，步态应该轻盈，当邀请舞伴，舞曲响起来的时候，男的应该主动走到女士面前，可行半鞠躬礼，并且轻声邀请，女方点头表示同意，然后才能并肩走入舞池。所以，彬彬有礼是使人与人和谐相处的最好的方法，这种方法包含了尊重、亲切、体谅等意义，同时也表现出个人的修养。

女人，只因可爱而美丽

женщ女人的美丽，已经被人们无数次地讴歌和赞美，文人骚客为此差不多穷尽了天下的华章。其实，在美丽面前，诗歌、辞章、音乐都是无力的。无论多么优秀的诗人和歌者，最后都会发出奈美若何的叹息！美丽的女人人见人爱，但真正令人心仪的永恒美丽，往往是具有磁石般魅力的女人。那么，什么样的女人才具有魅力呢？三个字：气质美。

气质是女人征服世界的利器，就如同一座山上有了水就立刻显现出灵气一样。一个女人只要插上了气质的翅膀，就会立刻神采飞扬、明眸顾盼、楚楚动人起来。

著名化妆品牌羽西的创始人靳羽西说过："气质与修养不是名人的专利，它是属于每一个人的。气质与修养也不是和金钱权势联系在一起的，无论你是何种职业、任何年龄，哪怕你是这个社会中最普通的一员，你也可以有你独特的气质与修养。"

一个气质出众的女人总是更多地被人注意，为人欣赏，甚至机会也会更加垂青于她。

影后张曼玉是25~60岁的男人心目中一致认可的最美丽、最优雅的女人。她就像一件精美的艺术品，从任何角度看都近乎完美。在"我的白金"电视广告中，张曼玉淡妆出场，从容自信，散发出非凡的高贵气息，成为自然优雅的代名词。在众多明星中她虽然称不上倾国倾城，但神情中传达的却是多少倾国倾城的美人缺少的东西。人们说那是因为她有着超凡脱俗的气质，一种任时光去雕刻的独特魅力。

人们把气质看做一个褒义词，对它的了解通常是一个混沌的概念。所以常常这么评价：某人有气质，某人没气质。一个没气质的人意味着缺少内涵，一个有气质的人即便混迹于芸芸众生之中，也是鹤立鸡群，绰约的风姿自会超然于众人之上。

有许多女人并非天生丽质，但在她们身上却洋溢着夺目的气质美，如工作的认真、执著，聪慧、洒脱、敏锐、精明、干练。追求美而不亵渎美，从生活中悟出美的真谛，把美的形貌与美的气质、美的德行结合起来。只有这样，才是真正拥有了气质美。

在现实生活当中，几乎所有的男人和女人都喜欢与有气质的人相处，因为这种人使你既有眼球上的好感，还有一种吸引人的特殊力量，能不断地感染你，使你羡慕，让你追随。

有气质并不代表女人拥有美貌和身材，男人拥有风度和儒雅，更是一种内在的修养。有气质的人除了能得到别人的认可,也能得到别人的尊敬。气质女人懂得用男人们更欣赏的东西来丰富自己,知道怎样才能让自己的美丽变成一种永恒,怎么样让自己并不出众的容貌变得更加迷人。其实这一切都很简单,很容易做到,在举手投足之间表现得高尚一点、表现得善良一点,这种迷人的光环就会在你身边萦绕。

一个人的美丽不仅仅体现在优美的体态上,更为重要的是这些美丽同样要体现在对人生的态度上。高尚的人必定拥有高尚的人生观,生活总是积极向上的,每天都以微笑来面对这个世界、面对纷繁复杂的生活,似乎在这些人的生活中就不存在什么困难。正是在这个意义上,那些具有高尚人生观的人才会更加迷人。热情向上的人生态度,使得外在的美更加富于灵性,也更加瑰丽。更为可贵的是,热情向上的人生态度还能弥补形体的平凡和缺陷,使得周围的人更加赞赏你,不会因为你身体的缺陷而看低你。

遵守信用是礼仪的重要准则

现如今人与人之间的交往越来越多,而在这个交往过程中,诚信和信用无疑是交流和沟通双方最为看中的品质,为人处世,"信用"非常重要。想要获得他人的信任,自己就必须做到言而有信。不讲信用的人,是不值得交往的。言而无信的话,在社会交往中无形地就会丧失很多可能成功的机会。

说话要严守信誉,不食言;说话要负责,做不到的事不可轻易许诺。说话办事要给自己留有余地,有把握做到的事也不可大包大揽,一旦许诺就要千方百计不遗余力地去做到,如经努力确实做不到了,就应诚恳地向人说明原因,绝不能一味敷衍搪塞。

与人交往,以诚相待应注意以下几点。

第一,不要干涉别人的隐私。虽然说朋友之间可以敞开心扉,无话不谈,共同分享快乐和痛苦,但这并不意味着个人应该把自己的一切都公之于众,只要不违背法律和公众道德,不损害他人的利益和侵犯他人的权利,这种隐私应该得到尊重和保护。

第二,对待传闻的事情不要主观臆断、妄加猜测。对待自己不明真相的事情,不可捕风捉影,道听途说。现今社会上确有不少人听风是雨,无事生非,传散谣言,这些都是不健康的心理因素在作怪,其结果会造成人与人之间的矛盾激化,对于这种现象,道德高尚的人应该坚决抵制,不让其蔓延。

第三,要真诚待人,对朋友的过失不能幸灾乐祸。患难之交才是真正的朋友。人非圣人，孰能无过，在朋友遇到困难和挫折时，要伸出友善之手，积极帮助，善言相劝，使其迷途知返，这才是真正的朋友。把朋友的错误当做茶余饭后的谈资，甚至添油加醋、捕风捉影，把朋友推上更为难堪的境地并非友好之举，会导致友情的破裂，于人于己都不会产生好的结果。

在握手中彰显你的优雅风范

握手礼是目前世界上许多国家通行的礼节，也是人们日常交际的基本礼节。握手是社交活动中一个神秘的使者。怎样才能做好关系到初步印象的第一步呢？

1. 把握好握手的时间

握手的时间应长短适宜，一般以3~5秒为好。如初次见面，握手时间不宜过长。如果老朋友意外相见，握手时间可适当加长，以表示不期而遇的喜悦或真诚，甚至可以一边握手一边寒暄，但一般也不要超过20秒。男士与女士握手，时间不宜过长，拉住女士的手不放是很不礼貌的。

2. 选好握手的场合

应该握手的场合，至少有以下几种：

（1）在你被介绍与人相识时；

（2）与友人久别重逢时；

（3）社交场合突遇熟人时；

（4）客人到来与送别时；

（5）拜托别人时；

（6）与客户交易成功时；

（7）别人为自己提供帮助时；

（8）向人表示祝贺、感激、鼓励时；

（9）劝慰友人时。

握手应本着"礼貌待人，自然得体"的原则，并灵活地掌握与运用握手礼的时机，以显示自己的修养与对对方的尊重。握手虽然简单，但握手动作的主动与被动、力量的大小、时间的长短、身体的姿势、面部的表情及视线的方向等，往往表现握手人对对方的不同礼遇和态度，也能窥测对方的心里奥秘，因而握手是大有讲究的。

3. 掌握握手的力度

握手用力要均匀，不要死握住对方不放，让人有痛感，尤其对女性，不能让女性产生痛楚感。也不要松松垮垮，软绵无力，尤其是男性，握手如果无力，只轻轻碰一下，被认为是毫无诚意或拒人于千里之外。对于女性而言，握手可以松软些，不必太用力，而且，男人同女人握手，一般只轻握对方的手指部分。握姿要沉稳、热情、真诚。所谓轻重适宜，就是指握手时的力度能传递自己的热情但又不失于粗鲁。

4. 了解握手的方式

握手需要用右手。握手时要注视对方，千万不要一面握手，一面斜视他处，或东张西望，这都是不尊重对方的表现。有时为了表示更多的敬意，握手时还要微微点头鞠躬。握手时要上下微摇，不是一握不动。男士之间可以握得较紧较久，以表示热烈。但要注意既不能握得太使劲，使人感到疼痛，也不能显得过于柔弱，不像个男子汉。对女士则只能轻握，也不宜握得太久不放，老朋友可以例外。

一般是站着握手，除因重病或其他原因不能站立者外，不要坐着与人握手。不过，如果两人都是坐着，可以微曲前身握手。

人多时，注意不要交叉式握手，可待别人握完再握。每逢热烈兴奋的气氛时有些人容易忽略这一点，要特别注意。到朋友家中，客人多，只需与主人及熟识的人握手，其余的人只需点头致意。但经过主人介绍的，就要逐一握手致意。

握手时要脱去手套，如因故来不及脱掉就握手，须向对方说明原因并表示歉意。

不过据欧美传统，穿大礼服、戴白羊皮手套者，因不易脱下，按习惯可以不脱手套握手，但须请求对方原谅。另外，据西方传统，地位高的男士和妇女也可以戴手套握手。

用右手握手后，左手也加握，也可说用双手握手，这是我国人民经常实行的礼节，以表示更加亲切，更加尊重对方。随着国际交往的扩大，来华访问的客人增多，这种礼节已为越来越多的外国朋友所熟悉，许多外国朋友也在采用，特别是在老朋友之间。但这种礼节，不必每次都用，男士对女宾则一般不用。

军人戴军帽与对方握手时，应先行举手礼，然后再握手。

握手除是见面的一种礼节外，还是一种祝贺、感谢或相互鼓励的表示。如对方取得某些成绩与进步时，对方赠送礼品时以及发放奖品、奖状、发表祝词讲话后等，均可以握手来表示祝贺、感谢、鼓励等。

5. 怎样与尊贵者握手

与尊贵者握手，如老人、长辈或贵宾握手，不仅是为了问候和致意，还是一种对对方尊敬的表示。除双方注视，面带微笑外，还应注意以下几点：

（1）出手先后。在一般情况下，平辈、朋友或熟人先伸手为有礼，而对老人、长辈或贵宾时则应等对方先伸手，自己才可伸手去接握。否则，便会看做是不礼貌的表现。

（2）握手姿势。握手时，不能昂首挺胸，身体可稍微前倾，以示尊重，但也不能因对方是贵宾就显得胆小拘谨，只把手指轻轻接碰对方的手掌就算握手，也不能因感到"荣幸"而久握对方的手不放。

（3）与老人或贵宾握手。当老人或贵宾向你伸手时，应快步上前，用双手握住对方的手，这也是尊敬对方的表示。并应根据场合，边握手边打招呼问候，如说："您好"、"欢迎您"、"见到您很荣幸"等热情致意的话。

（4）与多人握手。遇到若干人在一起时，握手、致意的顺序是：先贵宾、老人，后同事、晚辈，先女后男。还必须注意，不要几个人竞相交叉握手，或在跨门槛甚至隔着门槛时握手，这些做法也是失礼的行为。

（5）注意双手卫生。在社交中，除注意个人仪容整洁大方外，还应注意双手的卫生，以不干净或者湿的手与人握手，是不礼貌的。如果老人、贵宾来到你面前，并主动伸出手来，而你此时正在洗东西、擦油污之物等，你可先点头致意，同时亮出双手，简单说明一下情况并表示歉意，以取得对方的谅解，同时赶紧洗好手，热情予以招待。

（6）与身份高的人相遇时。在外交场合，遇见身份高的领导人，应有礼貌地点头致意或表示欢迎，但不要主动上前握手问候，只有在对方主动伸手时，才可向前握手问候。

6. 礼貌地同女性握手

与女性握手，应等对方首先伸出手，男方只要轻轻的一握就可。如果对方不愿握手，也可微微欠身问好，或用点头、说客气话等代替握手。一个男子如主动伸手去和女子握手，则是不太适宜的。

与女性握手，最应掌握的是时间和力度。一般来说，握手要轻一些，短一些，也不应握着对方的手用劲摇晃。但是，如果用力过小，也会使对方感到你拘谨或虚伪敷衍。

在握手之前，男方必须先脱下手套，而与女子握手，则不必脱手套，也不必站起。按国际惯例，身穿军装的男子可以戴着手套与妇女握手，握手时先行举手礼，然后再握手，这是一种惯例。握手时，应微笑致意，不可目光看别处或与第三者谈话。握手后，不要当着对方的面擦手。

7. 握手的避讳

（1）忌目光游移。握手时精神不集中，四处顾盼，心不在焉。

（2）忌交叉握手。当两人正握手时，跑上去与正握手的人相握，是失礼的。

（3）忌敷衍了事。握手时漫不经心地应付对方。

（4）忌该先伸手不伸手。

（5）忌出手时慢慢腾腾。对方伸出手后，我们自己出手要快，不应慢慢腾腾。

（6）忌握手时戴着手套或不戴手套与人握手后用手巾擦手。

馈赠的礼节——礼轻情意重

送礼是表达感情和加强沟通的一种形式，既可以保持人们之间的关系又可增进感情，也是人际交往之中表达友情、敬重和感激的形式。它更为重要的是表达了馈赠者的诚心，要想恰如其分地做到这一点，必须注意礼品的选择、馈赠的时间和方式。

选择馈赠品时，馈赠的一方要考虑很多因素，不能盲目挑选礼物，要考虑受礼一方的性别、婚姻情况、教养、嗜好，应挑选实用的。或是具有鲜明特色，或是有突出的标志，或是能够使其经常看见或经常使用的礼品，可以提醒主人你的存在。若所送的礼品过于贵重会增加受礼者的心理负担。礼品要在受礼者所喜爱的基础上，有所创造。

一般而言，礼品可分为两种：一是可长期保存的礼品，如工艺品、书画、照片、相册等；二是保存时间较短的礼品，如食物、电影票和一次性消费品等。前者礼重意深，后者经济实用。馈赠可根据情况选择，要诀是：实用、恰当大于价格。

对于经常交往的朋友，不必每次都送礼。比如，拜访时可以随身携带小礼品，落座后就应把礼品拿出来，双手捧交对方。收别人礼物宜应双手捧接，并立即表示感谢。如果不适合接受的礼品，要及时退还礼品，可当面或者是在24小时内付诸行动，表示感激同时说明不受之由。

还应重视礼品的包装，对礼品的精心包装会愈加显示出馈赠者的情谊和诚心。礼品也可以请人送上门或邮寄，收到送来或邮来的礼品，受礼者应亲笔回复一封信或回复一条短信，表示感谢。

礼物代表你的心——送礼要出自真心

很多人送礼不是心甘情愿，只是因为情人节来了、教师节到了、新年到了、过生日了，或是因为她是我母亲、是我女儿，他是我的朋友、先生等等，所以就随便买个东西。如果真是这样，那送礼就成了一种负担，对买的人和接受的人来说都是一种负担。因为你收到的东西仅仅是个物品而已，里边没有灵魂、没有感情。在节日或过年的时候，如果我们没有爱心、没有诚心的祝福、没有真挚的情感，那么也没必要互相送礼了，礼物也就失去了真正的意义。但多数的人就是如此，因为太忙而没有对礼物做过多的思考，没有时间去想是否要投入情感，当节日来临时，就将礼物往对方手里一塞完事。

　　借礼物来表达情感是很好的习俗，如果礼物中充满我们的诚意，即使只是一朵玫瑰花，那也足够了；如果只是想要炫耀，就算买了一大束花也毫无意义。常听人说："唉呀！春节快到了，我还没买礼物给那个人，我还没买礼物给这个人。"于是，节日送礼好像成了一种负担，不是表达爱的节日，不是一个庆祝我们友谊坚固的时机，而是个麻烦的时刻，是一年中非常累人的时期。

　　也许只是为了履行彼此间的义务，人们需要送礼，但他们并不真正了解送礼的意义，因此，在节日或新年的时候，购物变成了非常无聊的工作。有那么多事要做，要开车或坐车到处跑，要包很多礼物等等，在这么匆忙之中很难投入情感。所以每逢节日的时候，人们会用毫无意义的东西来装扮自己的房子。一些没必要的玩具和物品，连我们自己都感到惊讶，为什么要买这些浪费金钱的东西。当然，人们在送礼的过程中还会遇到令人尴尬的事，有时你会发现自己送出去的礼物，在朋友之间绕了一大圈后又回到自己手上，有时候这个礼物正是你先前不想要的东西，而它却绕了一圈后还是属于你。

　　当然，大多数人送礼是为了增进彼此感情的需要，促进交际的和谐发展。一件小小的礼物，就会赢得恋人的芳心，令父母欢心，讨上司欢喜，受朋友欢迎，礼物功不可没。如果我们把送礼看成一种负担，就等于给自己的情感增加负担，给自己的人际关系施加了无形的压力，而这极大地影响了你与别人的亲密程度和交往距离。

好礼知时节——馈赠礼品要掌握时机

　　礼品是沟通人际关系的润滑剂，无论好友，还是商务伙伴，相互馈赠礼品都能增进彼此的感情。因此，了解礼品馈赠礼仪的知识，能让你在处理生活与工作中的人际关系时如虎添翼。

　　馈赠礼品有多种多样，选择恰当的时机，可以使馈赠礼品显得亲切自然。具体说，主要有以下几种时机。

（1）节假良辰。遇到我国传统节日，如春节、端午节、中秋节等，还有法定节日，如元旦、五一国际劳动节、六一儿童节、教师节、国庆节等都可以送些适当的礼物表示祝贺。

（2）喜庆嫁娶。如乔迁新居、过生日、生小孩、庆祝寿诞、结婚等，遇到亲友家中这些喜庆日子，一般应考虑备礼相赠，以示庆贺。社会上工作单位也有一些喜庆日子，如开业典礼、周年纪念、校庆、重大科技成果投产等等，有关人士备礼相送表示祝贺与纪念，可以增进感情。

（3）探视病人。亲友、同学、同事或领导有病，可以到医院或病人家中探望，顺便带去一些病人喜欢的水果、食品和营养品等，以表关心。

（4）亲友远行。自己的亲友或共事多年的同事要调离到其他岗位，甚至到异国他乡，为表示惜别之情，一般送些礼物，以表友谊地久天长。

（5）拜访、做客。这种时候可以备些礼物送给主人，特别是女主人或小孩。

（6）"感谢帮助"、"礼尚往来"、"略表寸心"。当你的生活或工作遇到困难得到别人的帮助时，为了表示感激之情，经常送些礼品酬谢。

看对人送对礼——馈赠礼品要选择对象

礼物虽小，却能反映出送礼人的心意和用意，同时也代表送礼人的眼光和品位。送礼要看对象。一个人所赠送的礼物不仅代表本人表现自己的方式，还要迎合对方的喜好和口味。

比如，在生活中比较注重现实的人，所赠送别人的礼物也非常实际。他们选择的礼物通常是实用型、经济型的，而不会考虑礼物的包装和品牌。这种人常用自己的眼光去选择礼物，而忽视对方对礼物的喜好，所以他们送出的礼物往往令对方陷入尴尬的境地，因为对方可能是个唯美主义者或喜欢浪漫情调的人，太实用的礼物看上去也许不太适合。

喜欢送浪漫型礼物的人，通常会获得异性的芳心。但这种浪漫的激情通常会很短暂，而所送的礼物也只不过是赢得对方当时的欢喜罢了，实用性不大，所以浪漫型礼物多具有象征意义，不太有使用价值。

有的送礼者不会根据流行和对方的心理来选择礼物，他们认为，高档的礼品才能体现出礼物的价值和自己的诚意。所以，这种人不管礼物是否新潮还是已经淘汰，不管是否有品位，只要价钱够高，就算上品。由此可见，喜欢送奢侈礼物的人想用自己的阔绰行为来赢得收礼人的欢心。然而，收礼人在收到这些人的奢侈礼物时，心里可能会想，把这个奢侈礼物换回多样同价值的礼品会更实惠。

还有的人喜欢自制礼物送给别人，比如亲手织件毛衣送给心上人。花费时间和精力制作特别的礼物，对这些人来说是一件别有情趣的事，而礼物的寓意和价值在他们眼里也变得更加深刻和有意义。此时，礼物已经不单单是一种物品，而是一种特殊的感情语言，传达的是送礼人对对方的深情厚谊。

如果你收到过一条吓人的"毛毛虫"礼物，或者打开盒子，里面发出一声怪叫的礼物，不必害怕，这种幽默型礼物的主人是个十分热情和诚恳的人，之所以送出这样别具一格的礼物，是他们不擅长表达自己真正的感情的表现。这种人总是先博得对方的开心，开心过后，再让对方看到自己严肃的一面。这种人的礼物常常令对方大吃一惊，随后开心大笑或感动得流泪，正因如此，这种人会令对方深得喜爱，因为他们的礼物从来都是新鲜的、可爱的和真实的。

具体的礼物也能反映出送礼人的性格和品位。比如，喜欢送人服饰的人，表示想与对方保持亲密关系，或者表示彼此的关系非同一般；喜欢送人食物的人，希望得到收礼人一家人的喜爱，借助食物来表达自己的关怀和真诚，会让这种人觉得更实际；喜欢拿各地特产当礼品赠送的人，表示送礼人非常注重人际关系，努力想使对方喜欢并感动，这种人不喜欢平凡的事物，想借助独特的送礼品位来赢得对方的重视。

心照不宣——平等辈分之间如何赠送礼品

礼物，是传递人与人之间感情的纽带，是构架感情的桥梁。平辈之间相互赠礼，在日常生活中极为频繁，而形式又多种多样。

同辈亲朋好友间送礼物，应以实用为第一原则。这样既可以减少不必要的浪费，又达到彼此间感情交流的目的。最好是选择一些对方比较需要或者心爱已久的礼物，即使不知道如何选择，也可直接向对方询问。

夫妻间的赠礼，重在心意和感情，而不是由其价格决定，最好能让对方得到意外的惊喜。例如有一个这样的故事：一对夫妻为了庆祝他们的结婚纪念，彼此都想给对方送一件心爱的礼物。结果丈夫把心爱的表卖掉，给妻子买了一套精美的梳子；而妻子则把自己的一头秀发剪掉，换回一条表链。虽说故事有点悲哀，却可以看出他们彼此真挚的感情。如果丈夫过生日，可送上一条领带或真皮腰带，选择真皮钱包、匙包等小礼物即可。这些礼物使用时间长而且一般随身携带，能给男士温馨依恋的感受。给妻子选购礼物，不妨选择一条丝巾，一个漂亮的头饰、胸针或工艺装饰品，使追求浪漫、温馨爱情的女士感到幸福。

随着人们生活水平的不断提高，对高格调的生活品位不断追求，送鲜花渐渐成为一种时尚。尤其是在一些特殊场合，送鲜花不失为最理想的礼物。比如，2月14日给心爱的人送上一枝红玫瑰，作为情人节的礼物；老同学结婚时，送上一束并蒂莲，以示祝福夫妻恩爱，永结同心等。用不同的花表示不同的语言，花语即人语，亦能表现出真挚的感情。

各取所需——不同辈分之间如何赠送礼品

给长辈送礼要注意针对性和实用性。例如，如果长辈不嗜烟酒，或患有高血压、动脉硬化则不宜送烟酒、蛋糕，而送一套精致的茶具很有意义。注意，给年迈的长辈送礼品，一般不选择钟、表。因为一些老人有迷信观念，认为钟表有"终"的谐音，不吉利，从而容易产生误解，反倒会起到负面的效果。如果要为父亲选购一件礼物，最好挑选一些他随时派得上用场的物品，如一副外形精美的老花镜，或者一对健身球，一个精美的钱包，一把舒服的按摩梳子。如果你要为母亲选购一件礼物，更要照顾实用，如果过于奢华，即便不是她花钱，对习惯于勤俭持家的母亲而言，也会使她心疼的，如可以选一个袖珍耳塞半导体，或是在母亲生日到来之际，选择一件质地柔软、保暖的羊毛衫。

给孩子赠送礼物要注意教与乐结合。虽然随着生活水平的提高，以及现在多为独生子女，即使生活条件允许，也不应该对孩子听之任之，随其所好，买一些没有任何意义的玩具。在平日给孩子送礼物时，就要慎重考虑，引导孩子向正确方向发展。例如，可给学龄前的幼儿买些像积木、拼板、游戏棋一类的智力玩具；可给将要念书的孩子送个书包，或者送些铅笔等文具用品；可给已上学的孩子，根据其年级的高低和实际需要，买些文具或工具书等。还可针对孩子的兴趣爱好，买些能促进他们发展特长的礼物，如给喜爱运动的孩子买些体育用品，给爱绘画的孩子买些画笔、画纸等。

却之不恭——真诚地接受别人赠送的礼品

在一般情况下,对于一件得体的礼品,受礼人应当郑重其事地收下。当他人口头宣布有礼相赠时,不管自己在做什么事,都应立即中止,起身站立,面向对方,以便有所准备。在赠送者递上礼品时,要尽可能地用双手前去迎接。不要一只手去接礼品,特别是不要单用左手去接礼品。在接受礼品时,勿忘面带微笑,双目注视对方。正式场合下,受礼者应用左手托好礼物(大的礼物可先放下),抽出右手来与对方握手致谢。

你可能对礼品赞不绝口,但这是不够的。在双手接过他人礼品的同时,应向对方立即道谢。"谢谢您"三个字表明,你谢的不是礼物本身,而是对方送给你礼物的这一举动。

此外还可以说一些动听的话,感谢送礼人所花费的心血:"您能想到我太好了。"您可以感谢对方为买到合适的礼品所付出的努力,如:"您竟然还记得我收集邮票。"

接受礼物时要注意礼貌,但不要过于推辞,没完没了地说:"受之有愧,受之有愧!"以致伤害送礼者的感情,即使送的礼物不合你意,也应有礼貌地加以感谢。

如果实在不能收别人的礼物,要礼貌并委婉地表示拒绝,不要强硬地阻止或呵斥送礼人。

有时还会遇到一个人向多人分发礼物的时候,此时无论自己收到什么样的礼物,都不要表现出过分的惊喜和不喜欢的情绪。也不要看到自己喜欢的礼物轮到了别人的手里,而去争抢,或与对方强行交换,更不能把自己已经得到的礼物抛弃或丢给送礼者或别人,以表示自己不喜欢,这都是不礼貌的。

送礼人在把各种礼物一一分发给众人时,一般是事先有所计划和想法的,通常都是根据个人的喜好来对礼物进行选择的,如果你渴望自己拥有一个化妆包,可是这个礼物已经被分到了别人的手中,你就不能向对方表示:我想要个化妆包,把这个礼物给我吧。同时对自己得到了一支钢笔而闷闷不乐,这样不但令得到礼物的朋友不悦,也让送礼人觉得很难为情。

接受他人的馈赠,在适当的时机和场合应当有回礼。可以在客人临走时回赠,也可以在接受礼物之后隔一段时间登门回拜,顺便带给对方一些礼物表示感谢,还可以寻找机会回赠,如在亲友喜庆的日子送上适宜的礼物,以表示你的谢意。

回礼的方式多种多样，礼品可以和馈赠礼品的价值相仿，但也可多可少，视亲密程度而定。一般工作上来往或初次往来还没有深交，回礼都应当和馈赠礼品价值相仿或更重一些。

关系密切的亲朋好友的回礼则可以随便些，多一点少一点都不要紧，主要在表达情意。

幽幽花香情意浓：送花的礼节

鲜花在古今中外都受到人们的歌颂和喜爱，在西方国家，送鲜花是极为尊重的表现，用鲜花作为礼物相送，在人际交往中是普遍适用的。

赠送鲜花一般可采取如下几种方式。

（1）襟花。它通常是男士送给女子的小礼物或者是男士服饰上的装饰物，特别是在某些喜庆场合，男士在上衣的左胸之前常别一朵鲜花。襟花应与所穿衣服颜色协调为佳。

（2）花篮。有大花篮和小花篮之分，大的花篮适合大的场合和庆典，小的花篮适合人际交往，它由色彩鲜艳的花朵组成，适用于庆祝开业、开幕、演出成功以及寿辰。

（3）花束。花束可由寓意不同的花卉组合而成，外加包装纸和红丝带。花束一般用于探访亲友、祝贺新婚或看望病人。

（4）盆花。品种名贵的盆植花卉是人人喜爱的礼物，可以祝贺朋友迁居或送给长辈。

在送花时要注意花语的选择，以免造成误会。看望病人，不能选择菊花和百合花，不宜选择香气浓郁会使病人头晕的鲜花，而应选择香气较为淡雅的鲜花，如剑兰等。

若夫妇两人同去做客，应由男方负责把花束献给女主人。献花时要双手递上。女主人接过鲜花后，应表示感谢和喜爱之意。最好马上闻一闻花香，然后把花束插在专用的花瓶内，并把花瓶放在送花者看得到的显眼位置，以示尊重和喜爱。

恋人之间、夫妇之间互赠鲜花，是表白自己炽热爱情的最好形式。不过男士们最好不要匿名送花给自己钟情的女士，那样是唐突的、不礼貌的。然而请人把花束送交给自己的恋人或伴侣都是可以的，但是千万不要忘了附上一张亲手签名的卡片。

终身之约：订婚的礼仪

对象处到一定程度，男女双方都同意选对方做终身伴侣，就要"订婚"。这时，介绍人沟通双方情况，商定好给女方的聘礼（主要是衣物和钱）。订婚时往往是男方在长辈陪同下，携带双方事先商定好的聘礼到女方家去，这种情况也叫"串门儿"。"串门儿"也叫"过彩礼"或"过财礼"。

民间普遍都比较看重"串门儿"。"串门儿"时，女方亲友长辈都到场，还摆上几桌酒席。"过彩礼"后，男方对这顿酒席要赏"厨钱"。新中国成立后，订婚仪式一度从简。有的男女双方同意终身为伴，照张订婚像，相互交换一下纪念品。有的男方将女方及家长和介绍人请到家中，设宴款待，饭后向女方赠送礼品及钱物。

现在，订婚过程又渐被看重，而且，有的是男女两家分别举办订婚仪式。串门儿时主要是男方给女方过彩礼，此外，双方一般还要给对方买套高档衣服和高档鞋，男方给女方"三金"，即金戒指、金耳环、金项链，男方老人根据自己的条件，还要给未来的"儿媳""99"元或"999"元作为"见面礼"，意在未来的"儿媳"是百里挑一或千里挑一，又取其谐音九九十成，表达老人的美好愿望。现在又兴给"101"元或"1001"元的，也是寓意百里挑一或千里挑一的。女方也有给男方金戒指的。订婚时往往介绍人在场，彩礼由介绍人经手。（除聘礼外，赠送首饰和钱，也有的在结婚仪式上进行。）

以后，如果一方不同意了，要"退亲"（即"退婚"），那么有关彩礼问题就要按"退亲"习俗办。如果是男方提出"退亲"，"串门儿"时给女方的聘礼及财物不得索要；若为女方提出，"串门儿"时男方所下的聘礼及财物必须如数退回。这时，介绍人在这里就起公证员的作用。

应该说从"串门儿"开始，两家婚姻关系就算正式订下来了，一般都不会轻易反悔。订婚以后，男女双方由过去背地约会到名正言顺的公开相处，自由随便到对方家去，频繁接触，加深了解，恋爱进入了一个新的阶段。

喜结连理：结婚的礼仪

男女双方经过恋爱，感情成熟以后，达到法定结婚年龄，双方同意结婚的，经过政府指定的医疗卫生部门进行身体检查,合格后便可以到政府民政部门办理结婚登记手续,领取结婚证书,然后举行婚礼。举行婚礼,俗称"办喜事",这是婚礼仪式中最为隆重、最有讲究的。尽管政府一再提倡节俭,但往往都要大操大办。

1. 做好结婚前准备工作

婚期确定后,要购置家具、家用电器,布置新房,买婚礼服装、选订婚纱,照结婚纪念相。双方落实伴郎、伴娘,通知亲友,主办一方(一般为男方)订饭店、车辆,聘请主持人、傧相,落实录像、摄影、礼炮、乐队、婚礼会场等事宜。

2. 结婚典礼仪式

(1)结婚庆典开始,奏乐,鸣放鞭炮;

(2)向新郎新娘献花;

(3)证婚人为新郎、新娘颁发结婚证书并作证婚讲话(新郎、新娘向证婚人鞠躬,证婚人向新郎、新娘颁发结婚证书);

(4)举行拜堂仪式(一拜高堂;二拜来宾;夫妻对拜);

(5)交换信物;

(6)喝交杯酒;

(7)致贺词、答谢词。

3. 举行喜宴

结婚庆典仪式结束,喜庆宴会开始。新亲专有新亲席,新亲席摆在正位。此时新亲上开账礼。席间,乐队演奏,宾朋献歌助兴,厨师给新亲加菜,新亲赏厨师。

喜宴进行期间,新郎新娘在主持人和伴郎伴娘陪同下给宾客敬酒、点烟。敬酒时,新郎新娘按长幼顺序先给新亲席敬酒,点烟。给其他宾客敬酒时,如来宾较多,主持人则要求每桌各选一二个代表,由新郎新娘敬酒、点烟。新亲和宾客散席后,男方家人送客。

百年好合:向新人奉送最美好的祝福

如果要参加一对新的婚礼,你要注意以下一些婚礼上的礼节:

1. 参加婚礼的服装选择

女性参加婚礼一定不能穿白色、很淡的米色系列以及大红色衣服,为的是不抢新娘的风头。如果只是参加酒席,那么套装、连衣裙就可以了。当婚礼是在大教堂举行的时候,你最好把珍珠取下来,系上黑色饰带,或穿一身小巧别致的套服。假如婚礼在带有游泳池的海滩上举行，卡其布的衬衣和领带是较为合适的。浅色服装适合早晨和午后的时光，而深色则为黄昏和晚上的仪式所准备。如果婚礼招待会之后有舞会，或者主人在喜帖上注明，也要穿着较隆重的衣裙。但要切记：千万不可以太袒胸露背，招来太多关注。有些婚礼会有一些宗教禁忌。因此，在大多数场合，庄重的服装总比轻佻的服装要合适。如果你自己拿不准，要多问问参加婚礼的其他人。

2. 礼金礼物贺婚

一般情况，参加婚礼都要准备贺礼，即使不能出席婚礼，仍然要准备礼物或礼金。通常要用红纸或专门印制的双喜字封包，里面放进适当的礼金，礼金数目根据客人的经济情况和与新郎、新娘关系的远近亲疏而定，但最好要取双数，含六为"禄"，八为"发"，百为"白头偕老"的意思。在我国有回礼要比送礼大的习俗，所以礼金不能超出新人回礼的能力，按照不少于当地普遍的送礼标准为原则。

如果赠送实物，要了解新人的喜好，而不要只按自己的眼光去选购礼物。结婚礼物一定要高档，要大概和主人在婚宴上为你的花费等同。如果是夫妇一起出席，礼物的价值就一定要翻倍。如床上用品、工艺品、书画之类，一般要事先送到新人家里。在参加婚宴时以实物代替贺仪相赠，要在封包和礼品上写上新郎、新娘名字和"新婚之喜"，下面是某某敬贺，写上全称，而不要只写简称。

3. 精选婚嫁贺词

婚嫁贺词根据祝贺对象，大体可以分为两类：一类是对于新人父母的祝词，另一类是对于新郎新娘的祝词。对新郎新娘的祝词，可分婚礼前祝词、婚礼日祝词两种。

婚礼前祝词可用：百年好合、志同道合、比翼高飞、喜结良缘、珠联璧合、心心相印、同心永结、连枝相依、情天万里、永浴爱河、爱海无际、恩意如岳、爱心永恒、白首偕老、知音百年、天长地久；婚礼日祝词可用：结婚嘉庆、新婚快乐、恭贺新婚、婚礼吉祥、龙凤呈祥、喜结伉俪、新婚大禧、鸳鸯福禄、佳偶天成、琴瑟和鸣、并蒂荣华、幸福美满、丝萝春秋、花好月圆、吉日良辰。

对于双方父母共贺祝词有：联姻嘉庆、恭贺秦晋、结亲兼福、贺继朱陈。

对于新郎父母的祝词有：恭贺子婚、祝福早孙、令郎婚禧、增妻添丁、贺子纳媳。

对新娘的父母所用祝词有：恭贺女嫁、令媛婚禧、于归致喜、福得佳婿。

4. 婚宴：把喜气带给每一位宾客

婚宴上，宾客要向新人敬酒祝福。每一次敬酒时间不宜超过3分钟。因此，应该避免东扯西拉没完没了。向新人致意时，话语中可以表达关怀、幽默风趣、率真感人，甚至可以戏谑，都无伤大雅。

5. **婚宴上的新婚祝语精选**

"祝你们百年好合！白头偕老！十年修得同船渡，百年修得共枕眠。于茫茫人海中找到她（他），是千年前的一段缘，祝你俩幸福美满，喜结连理，海枯石烂同心永结，地阔天高比翼齐飞！"

"今天是你们喜结良缘的日子，我代表家人祝贺你们，祝你俩幸福美满，永寿偕老！愿你俩用爱去缠着对方，彼此互相体谅和关怀，共同分享今后的苦与乐。敬祝百年好合，永结同心！"

"愿你们能永远拥抱着爱情的甜蜜。托轻风捎去我衷心的祝福，让流云奉上我真挚的情意；今夕何夕，空气里都充满了醉人的甜蜜。谨祝我最亲爱的朋友，从今后爱河永浴！"

"美丽的新娘好比玫瑰红酒，新郎就是那酒杯，恭喜你！酒与杯从此形影不离！祝福你！酒与杯恩恩爱爱！伸出爱的手，接住盈盈的祝福，让幸福绽放灿烂的花朵，迎向你们未来的日子，祝新婚愉快！"

"灯下一对幸福侣，洞房两朵爱情花，金屋笙歌偕彩凤，洞房花烛喜乘龙。祝愿你们珍惜这爱情如珍惜宝藏，轻轻地走进这情感的圣殿，去感受每一刻美妙时光。在这春暖花开、群芳吐艳的日子里，你俩永结同好，正所谓天生一对，地生一双！祝愿你俩恩恩爱爱，白头偕老！新婚快乐，早生贵子！"

"祝你们永结同心，百年好合！新婚愉快，甜甜蜜蜜！夫妻恩恩爱爱到永远！洞房花烛交颈鸳鸯双得意，夫妻恩爱和鸣凤鸾两多情，相亲相爱幸福永，同德同心幸福长。"

"你们本就是天生一对，地造一双，而今共偕连理，今后更需彼此宽容、互相照顾，祝福你们！愿你俩恩恩爱爱，意笃情深，此生爱情永恒，爱心与日俱增！他是词，你是谱，你俩就是一首和谐的歌。天作之合，鸾凤和鸣。由相知而相爱，由相爱而更加相知。人们常说的神仙眷侣就是你们了！祝相爱年年岁岁，相知岁岁年年！千禧年结千年缘，百年身伴百年眠。天生才子佳人配，只羡鸳鸯不羡仙。谨祝新婚快乐！"

歌颂生命：庆祝诞辰的礼仪

诞辰通俗地讲就是生日，是一个人在人生道路上所经历的时间历程的记录过程。一般来说，在民间，老人的寿辰和小孩子过满月比较隆重，成人则形式比较简朴。

1. 老人的寿辰

我国有着悠久的传统文化，民间习俗相当丰富，针对我国的传统来说，一般以60岁为起点，逢五、逢十就要为老人"做寿"祝贺，庆祝寿辰，希望老人能够长寿。部分比较讲究的寿辰，预先可以发请帖。较一般的，则只作口头邀请即可。应邀参加寿辰的亲友，赴约一般都应准备一份寿礼，寿糕、寿桃、寿面、寿联等，并带上自己真诚的祝福。寿联的作用和内容是为祝愿当事人长寿，像"福如东海，寿比南山"，等等，比较通俗的习语也能表达自己的祝福。而现在一般是在寿辰的当天亲朋好友聚会一堂，送上若干寿礼表示致贺即可，对寿礼的要求也并不严格，主人家只需招待一餐宴席，主客都感到尽兴就可以了。

2. 成年人的诞辰

成年人的诞辰一般比较简朴，并不隆重，一般准备一些比较丰盛的饭菜，家人简单聚会，吃寿面、吃蛋糕一起庆祝即可，多数不会邀请亲友参加，如有在异地的家人还可寄生日贺卡表达祝福。

3. 庆祝婴儿的诞生

新生命的诞生预示着希望，亲朋好友都会前来祝贺，婴儿在"满月"时按传统家庭可做一些红鸡蛋，也可以用面条招待前来祝贺的亲朋邻里。亲友来看望婴儿时，可赠送婴儿衣服、玩具等礼物，也可根据婴儿的生育，选购相应的生育纪念章等工艺品。一般来说，小孩"周岁"时，家人除了吃面条、蛋糕外，按传统习惯，会在孩子面前摆上好些物品，像书、钳子、眼镜等，看孩子先取何物，俗称"抓周"，用以推测小孩将来的发展前途和工作性质。但这种做法只是为了增添一些生活情趣，并无科学依据。

寿比南山：儿女们那深情的祝寿礼

中国人祝寿一般从60岁或66岁开始（按虚岁计算）。祝寿，也称做"过生日"，老年人一开始"过生日"，以后就须年年过，不能间断。平常为小庆，逢十如70、80、90等为大寿，要设宴待客大庆。

庆祝寿辰，一般不能自己给自己庆寿，而应由子女或亲戚朋友出面举行。给老人贺寿的人有族内子侄辈和儿孙辈、女儿和女婿、侄女儿和女婿、干女儿和女婿、徒弟、学生、亲戚中的晚辈及朋友等，70岁以上的高寿老人过生日时，街坊邻居也常备礼庆贺。给老人祝寿的亲朋邻里都要拿祝寿礼品，祝寿礼品也多种多样，有衣服、鞋帽、手杖，有肉、蛋、鱼、酒，有苹果、石榴、桃，还有写有祝寿字句的寿幛、寿联、寿屏和寿匾。

旧时民间做寿，一般在家中设"寿堂"，寿堂正中，用纸或绸缎剪一个大红"寿"字，两旁张挂寿联。按照旧俗，庆寿活动从寿辰的前一天就开始了，亲友寿礼都先行送到，晚上先由女儿、女婿设宴庆寿，这叫暖寿。第二天才是寿辰正日，宾客云集，向寿星道贺，并由宾客推举代表致辞。行完拜礼后，即可大开寿宴，饮寿酒，吃寿面。现代人对寿诞礼不太重视，常常是以聚会的形式对寿星表示祝贺。老人们往往对自己的生日很重视，子女们也应当作为大事来看待，做寿对于维系家庭成员的情感联系，增进家庭成员及亲朋之间的和睦有着积极意义。

给老人祝寿，儿子们要提前做好各项准备工作，第一是预备招待宾朋的馒头、菜肴和酒水；第二是准备寿面、寿桃、寿糕等。寿面多为挂面，没挂面可用自擀的细面条，叫长寿面。寿桃是用白面做成桃形，蒸熟后涂上红绿着色。寿糕是用白面和红枣蒸制的多层枣馍，城镇多买生日蛋糕代替；第三要布置寿堂。寿堂一般在堂屋正厅，屋内张灯结彩，正面墙壁中间悬挂中堂图画，男寿多为南极仙翁，女寿多为瑶池王母，或八仙庆寿、或百寿图、或红纸书一大金色寿字。中堂两边为"福如东海长流水，寿比南山不老松"等祝福语句的对联。墙下放礼桌，桌上陈寿桃、寿糕、寿酒等，两边两支红蜡烛。桌前地上铺设红毡或花席，以备后辈人行礼。

中国人给老人庆寿并无严格的仪式程序，仅有大致的章法。一般是，寿辰之日，先把祖宗的神主牌位请于神案之上，点燃香烛，鸣放鞭炮，寿诞老人穿戴一新，率全家拜祭。之后，老寿星端坐寿堂椅上，晚辈们衣冠整齐，恭恭敬敬依次磕头祝寿，并献上贺寿礼品。祝寿磕头为"寿头"，"寿头"是必定要磕的，现在很多年轻人不会磕头，就变为三鞠躬。

祝寿完毕，寿宴开始，众人给寿星敬酒，寿星把寿糕、寿蛋、寿果等吃食分给众人，众人踊跃嚼食，说是替老人"嚼灾"。长寿面是寿宴上必有的食物，吃面时，儿女们要把自己碗中的面条拨向老人碗中一些，谓之给老人"添寿"。

寿宴后稍事休息，大家陪老寿星看戏、看电影。晚上请执事人等吃酒答谢。寿礼便圆满落幕。

老人过66、73、84岁几次生日时，祝寿礼比较特殊。六十六占两个六字，象征"六六大顺"，老人和子女都很看重，所以寿礼较为隆重。"六十六，娘吃闺女一块肉"，父母66岁生日这天，已出嫁的女儿除一般礼品外，还须买六斤六两一块肉，蒸66个小馒头为父母祝寿，以报答父母生养之恩。肉与小馒头须父母两人吃，其他人不得分食，否则谓之"夺福"。73岁和84岁，俗谓人的一道生死坎儿，谚云：

"七十三，八十四，阎王不叫自己去。"到了这个年龄，老人和子女都比较紧张，平时对老人加倍呵护，生日时也有个特别的破法，即子女买活鲤鱼为寿礼让老人吃，鲤鱼擅跳跃，吃了鲤鱼，就会跃过这道坎儿，获得平安健康。

向亲友发送庆寿请酒柬帖。一般用梅红色单帖印成。柬帖内容，开头写明时间、地点；下面写明目的，如"为家严（母寿称家慈）庆贺七秩寿辰"；最后写"恭请光临"；下面写上发送请柬人的姓名。柬帖亦可用厚硬红纸印，外面不必加封套。亲友的姓名地址，写在帖的另一面。帖的用纸，与请酒帖相同。

开个创意生日Party：祝你生日快乐

生日作为人生道路上的里程碑，既能催人向上，不断进取，又能在多姿多彩的喜庆气氛中体现人与人之间的真情。年轻人借生日会朋友是一种较好形式。地点随意而定，宴会丰俭由己，内容灵活多样。

1. 家中生日宴

在家中举办生日晚会，对房间要进行适当装饰。晚会开始前，生日主人应站立在门口迎接客人，应邀前往的客人要准时到达，赠送礼物，可根据生日主人的爱好或需要进行挑选。客人到齐后，生日晚会即可宣布开始。

生日晚会的程序是：首先，点燃生日蜡烛，来宾向生日主人致祝词，并向他敬酒，生日主人应向来宾致答谢词。其次，众人齐声唱《祝你生日快乐》这首歌，生日主人应在歌声中用一口气把点燃的生日蜡烛全部吹灭，来宾以掌声来烘托喜庆气氛。接着，由主人把生日蛋糕切成数份，分给在场的人各人一份。再次，大家共同要求生日主人第一个表演节目，然后共同表演些活泼轻快的节目，或举行舞会助兴。客人一般不要中途退场。生日晚会结束后，生日主人应将来宾送至门外，并再次向大家表示感谢。

2. 集体生日派对

如果你与某位朋友是同年同月同日生，那么可以让大家为你们两人共同举办一个热闹的生日派对。地点可以在家中，也可以选择在饭店单间或室外其他地点，总之既要保证生日聚会的质量，又不要干扰到别人。生日聚会具体的活动项目可以自由安排，由于是集体共同参加，所以可以选择一同旅游、唱KTV、看电影、吃顿大餐、玩个通宵等等。

无论是哪种生日聚会，过生日的主人都要对前来祝贺生日的客人们表示欢迎和感谢，而收到生日邀请的宾客也应准时赴约，不要无故推脱或拒绝。宾客应对生日的主人表示真诚的祝贺，可以口头祝福，也可以用短信、书信、贺卡等方式传达祝福。生日聚会一般不需要太严肃和拘谨，轻松快乐、幽默诙谐的氛围最有利于大家活动，所以营造和维持聚会气氛是比较重要的。虽然生日聚会上，朋友间可以无所顾忌地娱乐、交谈、开怀畅饮，但也要节制有度，不要开过分的和有失大雅的玩笑，也不要口无遮拦引起争执，避免不必要的麻烦。

3. 生日礼物的选择

（1）家人、孩子过生日，送衣服鞋帽最实惠。根据调查，选择送衣服鞋帽的比例是最大的，因为这份礼物经济、实用、贴身、温暖，但这个生日礼物更适合送给家人，尤其是父母或孩子过生日选择买件衣服作为生日礼物。因为这份生日礼物实用有余而浪漫不足，甚至都不适合男女朋友或夫妻间作为生日礼物来赠送给对方。对于外人来讲，就更不适宜选择衣服作为生日礼物了，因为买衣服你要知道对方的尺寸号码，这绝对是一个隐私问题，如果送给异性，可能会给对方带来误会。

（2）男友、丈夫过生日，送领带、皮带、钱包、打火机、剃须刀等最时尚。如果是你的男朋友或老公过生日，那么领带、皮带、钱包、打火机、剃须刀这些礼物一定要一一送过。因为男人的饰物不多，就这么几样，像领带、皮带、手表等又都是佩戴在外，随时展示在别人的面前，这些小小的饰物体现了一个男人的个性和品位。作为女朋友或老婆，你一定要占领这块阵地，当有人对你的男朋友或老公说："哦，你的领带很漂亮！"答曰：是我的女朋友送的。不仅招来羡慕，你的男朋友也一定会自豪感油然而生，而你听到这些也一定很有成就感吧。

打火机一定要是ZIPPO的，世界上从来没有第二个牌子的打火机像ZIPPO那样拥有众多的故事和回味。对于很多男士来说，ZIPPO打火机是他们的至爱和乐此不疲的话题，同时也是他们迈向成熟男人的标志；对于女士，在心爱的男人生日那天送给他一支ZIPPO打火机，也许就可以获得他的信赖和关爱。

剃须刀推荐飞利浦的，现代社会男人的压力很大，一款便捷时尚的剃须刀更能体现你对他的呵护。让你的男友或老公随身携带你买给他的剃须刀，可以让他在最短的时间内达到干干净净、神清气爽的效果。剃须刀中飞利浦的口碑不错，可以买来作为生日礼物送给男朋友或老公。

（3）女友、妻子过生日，送蛋糕、鲜花、首饰、化妆品等最有品位。蛋糕是生日里必不可少的，如果你喜欢厨艺，那么我建议你自己做一个大蛋糕送给爱人，吃起来是一定比"好利来"蛋糕还要甜蜜的。生日，本来就是要一种感觉，不是吗？

至于鲜花，我想如果是你的女友或老婆过生日，那也一定得买。数量不必多，三五支，乃至一支就好。玫瑰，一定要有，因为它的芬芳无可替代。

耳环、项链、戒指、首饰、香水、化妆品这些礼物都可以送给女友作为生日礼物。如果你心仪某个女孩，却羞于表达，那么一副别致的银饰、一瓶欧莱雅的化妆品，都可以让她感到你对她很在意。

（4）朋友过生日，送贺卡或其他手工制品最具情趣。如果你的手指灵活，有创意，那么可以自己动手DIY一份礼物哦。一份你自己手工制作的礼品，可能不够昂贵，但更能让对方感动，因为他知道，你真的用心为他准备了一份特别的礼物。

亲上加亲：探望亲友的礼仪

亲友间互相走动、探望，有助于加强彼此间的感情，使亲情更浓厚、长久、融洽。探望亲友，既包括老人，也包括兄弟姐妹、姑嫂妯娌，还包括外甥侄子等晚辈。亲戚之间的探望，除了准备一些简单的礼品，还要对家里的孩子表示一下关心和尊重，可以带上一些食品、玩具或文具用品等给孩子，不仅有利于和晚辈间的沟通，大人们也会感到高兴。

探亲时，可以谈论一些有利于融洽彼此关系的话题，避免引起争执、怀疑和事端的话题。不要当着亲戚的面评论其他亲友的不是，也不要数落自家人的不足。不要在亲友面前批评或指责自己的孩子。

当亲友有需要请求帮忙时，要量力而行。有足够的能力和信心帮忙时则要主动帮忙，实在觉得勉为其难，也不要勉强，为了面子强装超人，到时候失信于人，自己的信誉被毁掉，而且亲戚之间的关系也会淡漠。

如果自己有事相求去探望亲友，则一定要诚恳地说明事由，不要让亲友产生原来是找他来帮忙才想到来看望的想法。如果亲友无力相助，则不要勉强对方，也不要纠缠不放，应该给予理解和谅解，而不是耿耿于怀。

探望与你平辈的亲友，礼节上一般不需要太多的讲究，如果是年龄比你大的长辈，则要注意相应的礼节。探望年老的长辈时，送合适的礼物比直接送礼金要更好一些。在礼物的选择上，可以选择适合老年人吃的食物、营养品、保健品之类，还可以选择有利于身体健康的健身器材、治疗仪器等，总之，经济而实惠又能用得上的礼物会更受长辈的喜欢。

探望长辈时，可以跟老人多聊天、谈心和叙旧，询问生活上的需要和要求，并尽力满足其需求。如果有事情或困难需要解决，应及时帮助长辈处理，做好妥善安排。

也可以向长辈诉说自己的工作和生活状况，但避免谈及一些不愉快的经历和发牢骚，避免给长辈增加心理负担。

探望长辈不要走形式主义，即没事时来长辈这里转上一圈，没待上3分钟就要告辞，甚至拿有事、繁忙等理由做借口脱身。

健康平安：探望病人的礼节

专程前去探望生病的亲朋好友，心急如焚，此乃人之常情，但是不能太鲁莽。合适的探望是对病人的关怀与友情；不合适的探望和问候，会影响病人的病情，严重的会导致关系的破裂。探望病人时，病人很敏感，要求探望者对自己的神色表情和言谈举止都要十分谨慎以免影响病人情绪。

首先，探望病人时，要做好了解，如病人的病情、住哪所医院、哪个病区、病床号及医院控病时间等；其次，要准备一些物品送给病人。

探望时选择适当时机，尽量避开病人休息和医疗时间。由于病人的饮食和睡眠比常人更为重要，所以不宜在早晨、中午、深夜，以及病人吃饭或休息时间前往探视。如果是探望住院的病人，还应在医院规定的时间内前往。若病人正在休息，应不予打扰，可稍候或留言相告。

若病人在家静养，一般以下午前去探访为宜。若病人尚处于病危状态之中，或患有某些不宜探访的疾病，可过一段时间再去，或请其亲属转达自己的慰问之意。

一同前去看望病人的人不要过多，否则既会影响病人的休息，又会妨碍其他人。

给病人送礼品要考虑病人的病情和礼物的寓意，送给病人的礼品要精心挑选，其中鲜花、水果和书刊是普遍受欢迎的。如果送食品或营养品，要事先考虑好病人的病情。

同病人交谈，表情要自然、温和。不要沉重或悲伤，使病人误解自己的病情，更不要因之破坏病人的心情。

探望病人时最为忌讳的谈话是，详细地向病人询问其病情，或当着病人的面向主治医师询问治疗方法。如果病人可以交谈的话，探访者应当谈谈以下内容，如逸闻趣事、社会新闻、战胜疾病的事例等。这类话题或轻松愉快，或有助于稳定病人的情绪，使病人暂时忘却了病痛，恢复自信与战胜病魔的勇气。

如果自己不能亲自去探望病人，可先委托他人向病人转达自己的问候致歉，等有时间再去探望，也可以写信表示慰问，但不要以打电话的方式。

从健康的角度考虑，最好能够适时地、婉转地结束探望，一方面避免因为自己探视时间过长影响了病房里的其他病人休息；另一方面也可以让病人早点儿休息，避免疲劳影响身体恢复。探望时间一般以十几分钟为宜，最多不超过半个小时。

很多人喜欢给病人送鲜花和水果，但要注意，有些病人或同病房的人可能对鲜花过敏，或者患呼吸道疾病，不适宜呼吸有花粉的空气。另外，如果是住院的话，大家探病都送鲜花，也容易影响狭小病房内的其他病人。特别要注意的是，一些糖尿病人、肠胃病人不能吃水果。其实，小玩具、画册、羊毛毯、保温杯等都可以送给病人。

第13章

庆典展会礼仪
——礼仪"俏佳人",装点此"江山"

精彩亮相:开业典礼的原则和程序

开业典礼是指商业企业在正式营业时举行的热烈的庆祝仪式。"热烈、隆重"是开业典礼仪式的基本要求;扩大企业知名度、树立企业形象是开业典礼的目的。开业典礼是企业在社会公众面前的第一次亮相,这"第一印象"体现着企业领导人的组织能力、社交水平以及企业的文化素质,它往往也会成为社会公众对企业取舍和亲疏的重要标准。因此,企业领导一定要按照礼仪要求,精心安排好这"第一次"活动,为企业面向观众亮好"相"。

1. 开业典礼原则

开业典礼应当本着热烈、隆重、欢快和节约的原则进行,力戒铺张浪费和盲目比阔。开业典礼的准备工作,应主要注意以下几个方面。

(1)准备请柬。精心拟出邀请宾客的名单,提前发送请柬。这些人中,包括政府有关部门负责人、社区负责人、社团代表、新闻记者、员工代表以及公众代表等,并将请柬在12小时前送到出席人手中。

(2)拟定典礼程序和接待事项。负责签到、留言、题词、接待、剪彩、鸣炮、奏乐以及摄影、录像等有关服务工作的人员,应及时到达指定岗位,按照典礼程序有条不紊地进行工作。

(3)确定剪彩人员。参加剪彩的除主方负责人外,还应在宾客中邀请地位较高,有一定声望的知名人士同时进行剪彩。

(4)拟写贺词或答词。事先确定好致贺词的宾客名单,并为本单位负责人拟写答词。贺词和答词都要言简意赅，达到沟通感情，增进友谊的目的。

（5）安排一些必要的庆祝节目，以创造热烈欢快的气氛。庆祝节目，最好由本企业员工担任，这样可以培养员工当家做主的精神和职工的自豪感。本企业没有这方面人才，也可以邀请外单位的人前来助兴。

2. 开业典礼程序

开业典礼活动一般分为开场、过程和结束三个阶段。由主持人宣布来宾就位。典礼开始时，可奏乐或播放节奏明快的乐曲，在非限制燃放鞭炮的地区，可燃放鞭炮庆贺，接着奏厂歌、店歌或举行升旗仪式。企业负责人首先致辞，向来宾及祝贺单位表示感谢，并简单介绍本企业创办经过和经营项目等。接着可安排上级领导和来宾代表致贺词，并祝其生意兴隆。贺词应言简意明、热烈庄重、真诚祝愿，友好善意，切忌信口开河，长篇大论。发言结束，再一次奏放轻松明快的乐曲，以增加气氛。典礼完毕，宜安排些气氛热烈的庆祝节目，如放气球、敲锣打鼓、舞狮子、奏喜庆音乐，或举行文艺演出等。

策划与筹备：来场完美的庆典活动

组织筹备一次庆典，先要对它作出一个总体的计划。其一，要体现出庆典的特色。其二，要安排好庆典的具体内容。

庆典既然是庆祝活动的一种形式，就应当以庆祝为中心，把每一项具体活动都尽可能组织热烈、欢快而隆重。不论是举行庆典的具体场合、庆典进行过程中的某个具体场面，还是全体出席者的情绪、表现，都要体现出红火、热闹、欢愉、喜悦的气氛。只有这样，庆典才能真正体现出一个企业的形象，显示企业的实力，扩大企业的影响。

庆典所具有的热烈、欢快、隆重的特色，应当在其具体内容的安排上得到全面的体现。庆典的内容安排至少要注意出席者的确定、来宾的接待、环境的布置以及庆典的程序等四大问题。

首先，确定好庆典的出席人员名单。一般来说，庆典的出席者通常包括上级领导，如地方党政领导、上级主管部门的领导，大都对单位的发展给予过关心、指导的领导；社会名流；大众传媒；合作伙伴；社区关系，如企业周围的居民委员会、街道办事处、医院、学校、幼儿园、养老院、商店，以及其他单位等等；企业员工。以上人员的具体名单一旦确定，就应尽量发出邀请或通知。

其次，做好开业现场的布置。庆典现场的安排、布置是否恰如其分，往往会直接地关系到庆典留给全体出席者的印象的好坏。依据仪式礼仪的有关规范，商务人员在布置举行庆典的现场时，需要通盘思考的主要问题有：

地点的选择。在选择具体地点时，应结合庆典的规模、影响力以及企业的实际情况来决定。企业礼堂、会议厅，内部或门前的广场，以及外借的大厅等都是比较合适的地点。选择场地时要注意地势空阔，以便容纳观众。如果对交通有所影响，要事先取得有关管理部门的同意。

环境的美化。为了烘托出热烈、隆重、喜庆的气氛，可在现场张灯结彩、悬挂彩灯、彩带。张贴一些宣传标语，并且张挂标明庆典具体内容的大型横幅。会场两边可布置来宾赠送的花篮、牌匾、纪念物品。如果有能力，还可以请乐队、锣鼓队届时演奏音乐。

场地的大小。现场的大小应与出席者人数的多少成正比。人多地方小，拥挤不堪，会使人心烦意乱。人少地方大，则会让来宾对企业产生"门前冷落车马稀"的感觉。

音响的准备。在举行庆典之前，务必要把音响准备好。尤其是供来宾们讲话时使用的麦克风和传声设备。在庆典举行前后，可播放一些喜庆、欢快的乐曲，不要播放背离庆典主题的乐曲。

来宾入场：感受庆典的热情氛围

与一般商务交往中来宾的接待相比，对出席庆祝仪式的来宾的接待，更应突出礼仪性的特点。不但应当热心细致地照顾好全体来宾，而且还应当通过主方的接待工作，使来宾感受到主人真挚的尊重与敬意，并且想方设法使每位来宾都能心情舒畅。

接待小组成员的具体工作有以下几项：

确定迎送规格。通常遵循身份相当的原则，即主要迎送人与主宾身份相当，当不可能完全对等时，可灵活变通，由职位相当的人或由副职出面。其他迎送人员不宜过多。

掌握到达和离开的时间。准确掌握来宾到达和离开的时间，及早通知全体迎送人员和有关单位。如有变化，应及时通知有关人员。迎接人员应提前到达迎接地点，不能太早，更不能太迟，甚至迟到。送行人员则应在客人离开之前到达送行地点。

适时献上鲜花。迎接普通来宾，一般不需要献花。迎接十分重要的来宾，可以献花。所献之花要用鲜花,并保持花束整洁、鲜艳。忌用菊花、杜鹃花、石竹花、黄色花朵。献花的时间,通常由儿童或女青年在参加迎送的主要领导与主宾握手之后将花献上。可以只献给主宾,也可向所有来宾分别献花。

不同的客人按不同的方式迎接。对大批客人的迎接,可事先准备特定的标志,让客人从远处即可看清;对首次前来,又不认识的客人,应主动打听,并自我介绍;而对比较熟悉的客人,则不必介绍,仅向前握手,互致问候即可。

留下一定时间。客人抵达住处后,不要马上安排活动,要给对方留下一定的时间,然后再安排活动。

为来宾服务周到。接到来宾后,在步出迎接地点时,迎宾人员应主动为来宾拎拿行李。不过,对于来宾手中的外套、提包或是密码箱,则没有必要为之"代劳"。

迎宾人员在接待来宾时,要为之亲自带路,或是陪同对方一道前往目的地。在一般情况下,负责引导来宾的人,多为来宾接待单位的接待人员、礼宾人员、专门负责此事者,或是接待方与来宾对口单位的办公室人员、秘书人员。在宾主双方并排行进时,引导者应主动在外侧行走,而请来宾行走于内侧。若三人并行时,通常中间的位次最高,内侧的位次居次,外侧的位次最低。宾主之位此时可酌情而定。在单行行进时,循例应由引导者行走在前,而使来宾行走于其后,以便由前者为后者带路。

在出入房门时,引导者须主动替来宾开门或关门。此刻,引导者可先行一步,推开或拉开房门,待来宾首先通过。随之再轻掩房门,赶上来宾。出入无人控制的电梯时,引导者须先入后出,以操纵电梯。出入有人控制的电梯时,引导者则应后入先出,这样做主要是为表示对来宾的礼貌。

出入轿车。如果引导者与来宾出行,宾主不同车时,一般应引导者座车在前,来宾座车居后;宾主同车时,则大都讲究引导者后登车、先下车,来宾先登车、后下车。在引导来宾时,切勿一味沉溺于高谈阔论,免得令来宾走神。

来宾离开时,应礼貌送客。要主动为客人取衣帽等物,并扫视一下桌面,看是否有东西被遗忘。客人出门时要为客人开门。送客人到电梯时,要为客人按电梯按钮,在电梯门关上前道别,如送到大门口,要一直等到客人所乘坐的汽车开出视野后再转身回去。和上司一起送客时,要离上司稍后一步。

庆典开幕:给来宾一个难忘的记忆

拟定庆典的程序时,有两条原则必须坚持:第一,时间宜短不宜长。应以一个小时为其极限。这既为了确保其效果良好，也是为了尊重全体出席者，尤其是为了尊重来宾。第二，程序宜少不宜多。程序过多，不仅会加长时间，而且还会分散出席者的注意力，并给人以庆典内容过于凌乱之感。

依照常规，一次庆典大致上应包括下述几项程序：

预备：请来宾就座，出席者安静，介绍嘉宾。

第一项，宣布庆典正式开始，全体起立，奏国歌或唱企业之歌。

第二项，企业主要负责人致辞。其内容是，对来宾表示感谢，介绍此次庆典的缘由，等等，其重点应是报捷以及值得庆贺的地方。

第三项，邀请嘉宾讲话，大体上讲，出席此次的上级主要领导、协作单位及社区关系单位，均应有代表讲话或致贺词。不过应当提前约定好，不要当场当众推来推去。对外来的贺电、贺信等等，可不必一一宣读，但对其署名单位或个人应当公布。在进行公布时，可依照其"先来后到"为序，或是按照其具体名称的汉字笔画的多少进行排列。

第四项，安排文艺演出。这项程序可有可无，如果准备安排，应当慎选内容，注意不要有悖于庆典的主旨。

第五项，邀请来宾进行参观、开座谈会等等。

  南方某市五年前与国外的一座城市结为"友好城市"。值五周年之际，该市被邀请前去参观。为了此次出国参观能顺利进行，该市指派一位副市长专门负责组织这项参观活动。

  这位副市长很有经验。他首先提出参观人员名单，并对全体参观人员进行有针对性的培训，学习参观城市政治、经济、文化、习俗等方面的知识。此外，他还对全体参观者进行了分工，把领队、接洽、翻译、食宿、安全等工作落实到个人，同时也把提问、记录、录音、拍照等任务分配到人。最后，他还请礼仪专家给全体团员讲授出国参观的礼仪规范，对团员的着装、交际应酬等方面做了具体的规定。

  该团出国参观结束后，外国朋友对团员在参观时的表现十分赞赏。

这位副市长把这次参观工作安排得井井有条，尤其在礼仪方面的培训和要求做得更加具体，得到了外国友人的好评，体现了我国公务员的良好形象。

出席庆典应遵守的七个礼仪

参加庆典时，不论是主办企业的人员还是外企业的人员，均应注意自己的举止表现。在庆祝仪式上，如果主办企业的人员精神风貌不佳，穿着打扮散漫，举止行为失当，很容易影响企业形象。

按照仪式礼仪的规范，作为主办企业的商界人士在出席庆典时，应当遵循以下7条礼仪：

（1）仪容整洁。所有出席企业庆典的人员，都要做好仪表修饰工作。

（2）服饰规范。男士应穿深色西装，配白衬衫、素色领带、黑色皮鞋。女士应穿深色西装套裙，配丝袜、高跟鞋，或者穿深色的套装。

（3）遵守时间。遵守时间是基本的商务礼仪之一。对庆典的出席者而言，任何人都不得迟到、无故缺席或中途退场。如果庆典的起止时间已有规定，则应当准时开始，准时结束。

（4）表情严肃。在庆典举行期间，不能嬉皮笑脸、嘻嘻哈哈，或是愁眉苦脸、一脸晦气、唉声叹气，否则会使来宾产生很不好的想法。在举行庆典的整个过程中，都要全神贯注、聚精会神。

（5）友好接待。遇到来宾，要主动热情地问好。对来宾提出的问题，都要立即予以友善的答复，当然来宾所提的问题不能超出原则。不要围观来宾、指点来宾，或是对来宾持有敌意。当来宾在庆典上致贺词时，或是随后进行参观时，要主动鼓掌表示欢迎或感谢。不论来宾在台上台下说了什么话，主方人员都应当保持克制，不起哄，不允许打断来宾的讲话，或向其提出挑衅性质疑或对其进行人身攻击。

（6）行为自律。在出席庆典时，主方人员在举止行为方面应当注意，不要在庆典举行期间到处乱走、乱转。不要有意无意地作出对庆典毫无兴趣的姿态，例如看报纸、读小说、听音乐等等。

（7）发言简短。在本企业的庆典中发言，上下场时要沉着冷静，讲究礼貌。发言一定要在规定的时间内结束，不要随意发挥，信口开河。

商务剪彩中的礼仪细则

很久以前，在美国的一个乡间小镇上，有家商店的店主独具慧眼，从一次偶然发生的事故中得到启迪，以它为模式开一代风气之先，为商家独创了一种崭新的庆贺仪式——剪彩仪式。

当时，这家商店即将开业，店主为了阻止蜂拥而至的顾客在正式营业前闯入店内，将用以优惠顾客的便宜货争购一空，而使守时而来的人们得不到公平的待遇，于是，随便找来一条布带子拴在门框上。谁曾料到这项临时性的措施竟然更加激起了挤在店门之外的人们的好奇心，使他们更想早一点进入店内。

事也凑巧，正当店门之外的人们的好奇心上升到极点，显得有些迫不及待的时候，店主的小女儿牵着一条小狗突然从店里跑了出来。那条"不谙世事"的可爱的小狗若无其事地将拴在店门上的布带子碰落在地。店外不明真相的人们误以为这是该店为了开张致喜所搞的"新把戏"，于是立即一拥而入，大肆抢购。让店主转怒为喜的是，他的这家小店在开业之日的生意居然红火得令人难以想象。

向来有些迷信的他便追根溯源地对此进行了一番"反思"，最后他认定，自己的好运气全是由那条被小女儿的小狗碰落在地的布带子所带来的。因此，此后在他旗下的几家"连锁店"开业时，他便将错就错地如法炮制。久而久之，他的小女儿和小狗无意之中的"发明创造"，经过他和后人不断"提炼升华"，逐渐成为一整套仪式。它先是在全美，后是在全世界广为流传开来。在流传的过程中，它自己也被人们赋予了一个极其响亮的名字——剪彩。

剪彩，在从一次偶发的"事故"发展为一项重要的活动程序，再进而演化为一项隆重而热烈的仪式的过程之中，其自身也在不断地发展变化。例如，剪彩者先是由专人牵着一条小狗来充当，让小狗故意去碰落店门上所拴着的布带子。后来，改由儿童担任，让他单独去撞断门上所拴着的一条丝线。再后来，剪彩者又变成了妙龄少女。她的标准动作，就是要勇往直前地去当众撞落拴在门口的大红缎带。到了最后，也就是现在，剪彩则被定型为邀请社会贤达和本地官员，接剪刀剪断礼仪小姐手中所持的大红缎带。

　　剪彩仪式上所需使用某些特殊用具，如红色缎带、新剪刀、白色薄纱手套、托盘以及红色地毯，仪式的主办方应仔细地进行选择与准备。

　　红色缎带，即剪彩仪式之中的"彩"。作为主角，它自然是万众瞩目之处。按照传统做法，它应当由一整匹未曾使用过的红色绸缎，在中间结成数朵花团组成。目前，有些单位为了厉行节约，而代之以长度为两米左右的细窄的红色缎带，或者以红布条、红线绳、红纸条作为其变通，也是可行的。一般来说，红色缎带上所结的花团，不仅要生动、硕大、醒目，而且其具体数目往往还同现场剪彩者的人数直接相关。循例，红色缎带上所结的花团的具体数目有两类模式可依。其一，是花团的数目较现场剪彩者的人数多一个；其二，是花团的数目较现场剪彩者的人数少一个。前者可使每位剪彩者总是处于两朵花团之间，尤显正式；后者则不同常规，亦有新意。

　　新剪刀，是专供剪彩者在剪彩仪式上正式剪彩时所使用的。它必须是每位现场剪彩者人手一把，而且必须崭新、锋利而顺手。事先，一定要逐把检查一下将被用以剪彩的剪刀是否已经开刃，好不好用。务必要确保剪彩者在正式剪彩时，可以"手起刀落"，一举成功，而切勿一再补刀。在剪彩仪式结束后，主办方可将每位剪彩者所使用的剪刀经过包装之后，送给对方作为纪念。

　　白色薄纱手套，是专为剪彩者所准备的。在正式的剪彩仪式上，剪彩者剪彩时最好每人戴上一副白色薄纱手套，以示郑重其事。在准备白色薄纱手套时，除了要确保其数量充足之外，还须使之大小适度、崭新平整、洁白无瑕。但有时也可不准备白色薄纱手套。

　　托盘，在剪彩仪式上是托在礼仪小姐手中，用作盛放红色缎带、剪刀、白色薄纱手套的。在剪彩仪式上所使用的托盘，最好是崭新的、洁净的。它通常首选银色的不锈钢制品。为了显示正规，可在使用时上面铺上红色绒布或绸布。就其数量而论，在剪彩时，可以一只托盘依次向各位剪彩者提供剪刀与手套，并同时盛放红色缎带；也可以为每一位剪彩者配置一只专为其服务的托盘，同时使红色缎带专由一只托盘盛放。后一种方法显得更加正式一些。

　　红色地毯，主要用于铺设在剪彩者正式剪彩时的站立之处。其长度可视剪彩人数的多寡而定，其宽度则不应少于1米。在剪彩现场铺设红色地毯，主要是为了提升其档次，并营造一种喜庆的气氛。

　　剪彩仪式的程序安排和注意事项大致如下。

　　首先，请客人入座。仪式开始时，按照事先在请柬上的说明，由工作人员引领参加仪式的客人入座。

其次，剪彩仪式开始。先由主持人宣布开始，并鼓掌向与会者表示谢意，然后介绍重要来宾。

再次，安排简短发言，发言代表一般由举办展览、展销会的人担任，发言内容以介绍此次展览、展销的宗旨、意义为主，并对有关的事项进行汇报。然后安排来宾代表致祝词。

最后，进行剪彩。剪彩前先宣布剪彩人，剪彩人一般由来宾担任，或请上级领导，或请政府主管部门的负责人，或是请某一方面的知名人士。剪彩人进行剪彩时，主席台上的人员一般应尾随其后1~2米处，剪彩用的剪刀由工作人员用托盘呈上，剪断后群众鼓掌致意。

对于剪彩者的礼仪亦有要求，具体有以下几点。

（1）服装整洁、大方、合体，给人以稳重、精干、可以信赖的印象。

（2）举止大方、有礼。走向剪彩的绸带时，应面带微笑，落落大方，不得左顾右盼。剪彩时，先向左右两边持彩带的工作人员微笑致意，然后集中注意力，把彩带一刀剪断。

（3）剪彩完毕，向四周的人鼓掌致意，与主人进行礼节性谈话，时间不宜过长，否则是不合礼仪的。

商务交接仪式的准备

交接仪式，在商界一般是指施工单位依照合同将已经建设、安装完成的工程项目或大型设备，如厂房、商厦、宾馆、办公楼、机场、码头、车站或飞机、轮船、火车、机械、物资等，经验收合格后正式移交给使用单位之时，所举行的庆祝典礼。

举行交接仪式的重要意义在于，它既是商务伙伴们对所进行过的成功合作的庆贺，也是对给予过自己关怀、支持、帮助和理解的社会各界的答谢，又是接收单位与施工、安装单位巧妙地利用时机，为双方各自提高知名度和美誉度而进行的一种公开宣传活动。

交接的礼仪，一般是指在举行交接仪式时所须遵守的有关规范。通常，它包括交接仪式的准备、交接仪式的程序、交接仪式的参加等三个方面的主要内容。以下分别对其加以介绍。

首先要做好交接仪式的准备。准备交接仪式，主要要关注下列三件事，即来宾的邀约、现场的布置和物品的预备。

来宾的邀请，一般应由交接仪式的东道主——施工、安装单位负责。在具体拟订来宾名单时，施工、安装单位亦应主动征求自己的合作伙伴——接收单位的意见。接收单位对于施工、安装单位所草拟的名单不宜过于挑剔，不过可以酌情提出自己的一些合理建议。

在一般情况下，参加交接仪式的人数自然越多越好。如果参加者太少，难免会使仪式显得冷冷清清。但是，在宏观上确定参加者的总人数时，必须兼顾场地条件与接待能力，切忌贪多。

从原则上来讲，交接仪式的出席人员应当包括施工、安装单位的有关人员，接收单位的有关人员，上级主管部门的有关人员，当地政府的有关人员，行业组织，社会团体的有关人员，各界知名人士，新闻界人士以及协作单位的有关人员等。

在上述人员之中，除施工、安装单位与接收单位的有关人员之外，对于其他所有的人员，均应提前送达或寄达正式的书面邀请，以示对对方的尊重之意。

邀请上级主管部门、当地政府、行业组织的有关人员时，虽不必勉强对方，但却必须努力争取，要表现得心诚意切。因为利用举行交接仪式这一良机，使施工、安装单位、接收单位，与上级主管部门、当地政府、行业组织进行多方接触，不仅可以宣传自己的工作成绩，而且也有助于与有关各方之间进一步地实现相互理解和相互沟通。

若非涉密或暂且不宜广而告之，在举行交接仪式时，东道主既要争取多邀请新闻界的人士参加，并且尽可能地为其提供便利。对于不邀而至的新闻界人士，亦应尽量来者不拒。至于邀请海外的媒体参加交接仪式的问题，则必须认真遵守有关的外事规则与外事纪律，事先履行必要的报批手续。

举行交接仪式的现场，亦称交接仪式的会场。在对其进行选择时，通常应视交接仪式的重要程度、全体出席者的具体人数、交接仪式的具体程序与内容，以及是否要求对其进行保密等几个方面的因素而定。

根据常规，一般可将交接仪式的举行地点安排在已经建设、安装完成并已验收合格的工程项目或大型设备所在地的现场。有时，亦可将其酌情安排在东道主单位本部的会议厅，或者由施工、安装单位与接收单位双方共同认可的其他场所。

将交接仪式安排在业已建设、安装完成并已验收合格的工程项目或大型设备所在地的现场举行，其最大的好处是可使全体出席仪式的人员身临其境，获得对被交付使用的工程项目或大型设备的直观而形象的了解，并能掌握较为充分的第一手资料。倘若在交接仪式举行之后安排来宾进行参观，则更方便。不过，若是在现场举行交接仪式，往往进行准备的工作量较大。另外，由于将被交付的工程项目或大型设备归接收单位所有，故此东道主事先要征得对方的同意。

将交接仪式安排在东道主单位本部的会议厅举行，可免除大量的接待工作，会场的布置也十分便利。特别是在将被交付的工程项目、大型设备不宜为外人参观，或者暂时不方便外人参观的情况下，以东道主单位本部的会议厅作为举行交接仪式的现场，不失为一种较好的选择。但是，此种选择的主要缺憾是东道主单位往往需要付出更多的人力、财力、物力，而且全体来宾对于将被交付的工程项目或大型设备缺乏身临其境的直观感受。

如果将被交付的工程项目或大型设备的现场条件欠佳，或是出于东道主单位的本部不在当地以及将要出席仪式的人员较多等其他原因，经施工、安装单位提议，并经接收单位同意之后，交接仪式亦可在其他场所举行。例如，宾馆的多功能厅、外单位出租的礼堂或大厅等处，都可用来举行交接仪式。在其他场所举行交接仪式，尽管开支较高，但可省去大量的安排、布置工作，而且还可以提升仪式的档次。

在交接仪式上，有不少需要使用的物品，应由东道主一方提前进行准备。首先，必不可少的，是作为交接象征之物的有关物品，如验收文件、一览表、钥匙等。验收文件，是指已经公证的由交接双方正式签署的接收证明性文件。一览表，是指交付给接收单位的全部物资、设备或其他物品的名称、数量明细表。钥匙，则是指用来开启被交接的建筑物或机械设备的钥匙。在一般情况下，因其具有象征性意义，故预备一把即可。

除此之外，主办交接仪式的单位，还需为交接仪式的现场准备一些用以烘托喜庆气氛的物品，并为来宾备一份薄礼。

在交接仪式的现场，可临时搭建一处主席台。必要时，应在其上铺设一块红地毯。至少，也要预备足量的桌椅。在主席台上方，应悬挂一条红色巨型横幅，上书交接仪式的具体名称，如"某某工程交接仪式"，或"热烈庆祝某某工程正式交付使用"。

在举行交接仪式的现场四周，尤其是在正门入口之处、干道两侧、交接物四周，可酌情悬挂一定数量的彩带、彩旗、彩球，并放置一些色泽艳丽、花朵硕大的盆花，用以美化环境。

若来宾所赠送的祝贺性花篮较多，可依照约定俗成的顺序，如"先来后到"、"不排名次"等，将其呈一列摆放在主席台正前方，或是分成两行摆放在现场入口处门外的两侧。在此两处同时摆放，也是可以的。不过，若是来宾所赠的花篮甚少，则不必将其公开陈列在外。

在交接仪式上用以赠送给来宾的礼品，应突出其纪念性、宣传性。被交接的工程项目、大型设备的微缩模型，或以其为主角的画册、明信片、纪念章、领带针、钥匙扣等，皆为上佳之选。

商务交接仪式五部曲

从总体上来讲，几乎所有的商务交接仪式都少不了下述 5 项基本程序。

（1）主持人宣布交接仪式正式开始。此刻，全体与会者应当进行较长时间的鼓掌，以热烈的掌声来表达对东道主的祝贺之意。在此之前，主持人应邀请有关各方人士在主席台上就座，并以适当的方式暗示全体人员保持安静。

（2）奏国歌，并演奏东道主单位的标志性歌曲。此时，全体与会者必须肃立。该项程序，有时亦可略去。不过若能安排这一程序，往往会使交接仪式显得更为庄严而隆重。

（3）由施工、安装单位与接收单位正式进行有关工程项目或大型设备的交接。具体的做法，主要是由施工、安装单位的代表，将有关工程项目、大型设备的验收文件、一览表或钥匙等象征性物品，正式递交给接收单位的代表。此时，双方应面带微笑，双手递交、接收有关物品。在此之后，还应热烈握手。至此，标志着有关的工程项目或大型设备已经被正式地移交给了接收单位。假如条件允许，在该项程序进行的过程之中，可在现场演奏或播放节奏欢快的喜庆歌曲。

在有些情况下，为了进一步营造出一种热烈而隆重的气氛，这一程序亦可由上级主管部门或地方政府的负责人为有关的工程项目、大型设备的启用用剪彩所取代。

（4）各方代表发言。按惯例，在交接仪式上，须由有关各方的代表进行发言。他们依次应为：施工、安装单位的代表，接收单位的代表，来宾的代表等。这些发言，一般均为礼节性的，并以喜气洋洋为主要特征。它们通常宜短忌长，只需要点到为止的寥寥数语即可。原则上来讲，每个人的此类发言应以 3 分钟为限。

（5）宣告交接仪式正式结束。随后安排全体来宾进行参观或观看文娱表演。此时此刻，全体与会者应再次进行较长时间的热烈鼓掌。

按照仪式礼仪的总体要求，交接仪式同其他仪式一样，在所耗费的时间上也是贵短不贵长的。在正常情况下，每一次交接仪式从头至尾所用的时间，大体上不应当超过一个小时。为了做到这一点，就要求交接仪式在具体程序上讲究少而精。正因为如此，一些原本应当列入正式程序的内容，如进行参观、观看文艺表演等，均被视为正式仪式结束之后所进行的辅助性活动而另行安排。

如果方便的话，正式仪式一旦结束，东道主与接收单位即应邀请各方来宾一道参观有关的工程项目或大型设备。东道主一方应为此专门安排好富有经验的陪同、解说人员，使各方来宾通过现场参观，可以进一步深化对有关的工程项目或大型设备的认识。

若是出于某种主观原因，不便邀请来宾进行现场参观，也可以通过组织其参观有关的图片展览或向其发放宣传资料的方式，来适当地满足来宾的好奇心。不论是布置图片展览，还是印制宣传资料，在不泄密的前提条件下，均应尽可能地使其内容翔实，资料充足，图文并茂。通常，它们应当包括有关工程项目或大型设备的建设背景，主要功能，具体规格，基本数据，开工与竣工的日期，施工、安装、设计、接收单位的概况，与国内外同类项目、设备的比较，等等。为使之更具说服力，不妨多采用一些准确的数据来进行讨论、说明。

在交接仪式上表现得体

在参加交接仪式时，不论是东道主一方还是来宾一方，都存在一个表现是否得体的问题。假如有人在仪式上表现失当，往往就会使大家都尴尬。有时，甚至还会因此而影响到有关各方的相互关系。

对东道主一方而言，需要注意的主要问题有以下几方面。

一是要注意仪表整洁。东道主一方参加交接仪式的人员，不仅应当是"精兵强将"、"有功之臣"，而且应当使之能够代表本单位的形象。为此，必须要求他们妆容规范、服饰得体、举止有方。

二是要注意保持风度。在交接仪式举行期间，不允许东道主一方的全体人员东游西逛、交头接耳、打打闹闹。在为发言者鼓掌时，不允许厚此薄彼。当来宾为自己道喜时，喜形于色无可厚非，但切勿嚣张放肆、得意忘形。

三是要注意待人友好。不管自己是否专门负责接待、陪同或解说工作，东道主一方的全体人员都应当自觉地树立起主人翁意识。一旦来宾提出问题或需要帮助时，都要鼎力相助。不允许一问三不知、借故推脱、拒绝帮忙，甚至胡言乱语、大说风凉话。即使自己力不能及，也要向对方说明原因，并且及时向有关方面进行反映。

对于来宾一方而言，在应邀出席交接仪式时，主要应当重视如下四个方面的问题。

其一，应当致以祝贺。接到正式邀请后，被邀请者即应尽早以单位或个人的名义发出贺电或贺信，向东道主表示热烈祝贺。有时，被邀请者在出席交接仪式时，将贺电或贺信面交东道主，也是可行的。不仅如此，被邀请者在参加仪式时，还须郑重其事地与东道主一方的主要负责人一一握手，再次口头道贺。

其二，应当略备贺礼。为表示祝贺之意，可向东道主一方赠送一些贺礼，如花篮、牌匾、贺幛等。花篮一般需要在花店订制，用各色鲜花插装而成，并且应在其两侧悬挂特制的红色缎带，右书"恭贺某某交接仪式隆重举行"，左书本单位的全称。它可由花店代为先期送达，亦可由来宾在抵达现场时面交主人。

其三，应当预备贺词。假若自己与东道主关系密切，则还须提前预备一份书面贺词，供被邀请代表、来宾发言时用。其内容应当简明扼要，主要是为了向东道主一方道喜祝贺。

其四，应当准时到场。若无特殊原因，接到邀请后，务必牢记在心，届时正点抵达，为主人捧场；若不能出席，则应提前通知东道主。

商务签字的仪式细则

签字仪式是一种比较隆重、正式的礼仪，礼仪规范比较严格。首先应做好文本的准备工作。有关单位应及早做好文本的定稿、翻译、校对、印刷、装订、盖章等项工作，同时准备好签字用的文具（包括签字文本并按参加国数目准备相当份数的文本、钢笔、吸水纸等）、国旗等物品。签字仪式一般程序如下：参加人员在仪式举行场地集合；双方签字人员在规定的席位落座；助签人员分别站立在签字人员座位旁边，协助翻揭文本，指明签字处。

两国间举行签字仪式时，先在本国保管文本上签字。横排印刷的文本在左侧签字；竖排印刷的文本，则在右侧签字。然后与对方交换文本签字，横排印刷在右侧，竖排印刷在左侧。由本国代表在本国保管的文本最上方签字的形式叫做"优先签字"。在对方保管的文本上签字完毕后，双方再次交换文本。

数国间举行签字仪式时，通常按国家名的英文字头排列顺序进行。签字人分别在每个国家的文本上签字，在本国保管的文本上，本国代表应在最上方位置上签字。签字人和其他国家代表并排或相对落座。助签人员用吸水纸按压签字部分；签字人员分别起身、讲话，共同举杯庆贺（多用香槟酒）。

在拍照留念时，有些签字仪式从头至尾拍照不受限制，有的只允许拍摄其中某一场面；有些规格较高的签字仪式，两国的高级首脑将出席，显示出该项签字行为的重要；列席人员通常为5人左右，坐、立均可。一般情况下，签字仪式需要15~20分钟。

从礼宾礼仪的角度讲，还应重点掌握以下几点。

第一，参加签字仪式的双方（或多方）的宾主人数应大体相同。除了签字的人以外，为了表示对签订的协议、协定、条约的重视，往往由更高级或更多的领导人和有关人员参加签字仪式，此时双方参加的人数和出席者的身份应通过协商，大致相同。

第二，签字场所的桌台设置和人员位次应符合礼宾仪式要求。通常的样式有三种：一种是签字厅内设置长方桌一张作签字桌，桌后放两把或多把椅子为签字人员的座位，主左客右。座前摆置各自保存的文本，上端分别放置签字文具。如遇涉外，还应在桌中央摆一旗架，悬挂签字双方或多方的小国旗。参加签字仪式的人员按主宾各方并依身份顺序分站于自己一方签字人的座位后面。我国常采用此种。另一种是签字厅内设置长方桌一张作为签字桌，桌后放两把或多把椅子为签字人员座位，主左客右。国旗分别悬挂在各自的签字人员座位的后面。参加签字仪式的人员按主客各一方并依身份顺序分坐于自己一方签字人的对面。再一种是签字厅内设置两张或多张桌子为签字桌，主左客右，双方签字人各坐一桌，小国旗分别悬挂在各自的签字桌上。参加签字仪式的人员按主客各一方并依身份顺序分坐于自己一方签字人的对面。

涉外签字仪式礼仪细则

在涉外交往中，有关国家的政府、组织或企业单位之间经过谈判，就政治、经济、文化科技等领域内的某些重大问题达成协议时，一般需举行签字仪式。不同的签字仪式各有特点，在我国国内举行签字仪式通常要考虑以下几个方面的礼仪问题。

首先，要布置好签字厅，并作好有关签字仪式的准备工作。在我国国内举行的签字仪式，必须在事先布置好的签字厅里举行，绝不可草率行事。

其次，要确定好签字人和参加签字仪式的人员，签字人由签字双方自行确定，但是他的身份必须与待签文件的性质相符，同时双方签字的身份和职位应当大体相当。

最后，要安排好双方签字人的位置，并且议定签字仪式的程序。我国的惯例是：东道国签字人座位位于签字桌左侧，客方签字人的座位位于签字桌的右侧。双方的助签人员分别站立于各方签字人的外侧，其任务是翻揭待签文本，并向签字人指明签字处，双方其他参加签字仪式的人员则应分别按一定的顺序排列于各方签字人员之后。

我方人员在外国参加签字仪式，应尊重该国举行签字仪式的传统习惯。有的国家可能会准备两张签字桌，有的国家可能要求参加签字仪式的人员坐在签字人对面，对此不必在意。关键是要不辱使命，我方人员不应忘记。

有这样一个例子，可以说明签字仪式的重要性。经过长期洽谈之后，南方某市的一家公司终于同美国的一家跨国公司谈妥了一笔大生意。双方在达成合约之后，决定正式为此而举行一次签字仪式。因为当时双方的洽谈在我国举行，故此签字仪式便由中方负责。在仪式正式举行的那一天，让中方出乎意料的是，美方差一点要在正式签字之前"临场变卦"。

原来，中方的工作人员在签字桌上摆放中美两国国旗时，误以为中国的传统做法"以左为上"代替了目前所通行的国际惯例"以右为上"，将中方国旗摆到了签字桌的右侧，而将美方国旗摆到签字桌的左侧。结果让美方人员恼火不已，他们甚至因此而拒绝进入签字厅。这场风波经过调解虽然平息了，但它给了人们一个教训：在商务交往中，对于签约的礼仪不可不知。

商务展览会礼仪细则

展览会，对商界而言，主要是特指有关方面为了介绍本单位的业绩，展示本单位的成果，推销本单位的产品、技术或专利，而以集中陈列实物、模型、文字、图表、影像资料等供人参观了解的一种形式，所组织的宣传性聚会。有时，人们也将其简称为展览，或称之为展示、展示会。

展览会礼仪，通常是指商界单位在组织、参加展览会时，所应当遵循的规范与惯例。参展单位在正式参加展览会时，必须要求自己的全部派出人员齐心协力、同心同德，为大获全胜而努力奋斗。在整体形象、待人礼貌、解说技巧等三个主要方面，参展单位尤其要予以特别重视。以下分别对其作简要的介绍。

第一，要努力维护整体形象。在参与展览时，参展单位的整体形象直接映入观众的眼里，因而对自己参展的成败影响极大。参展单位的整体形象，主要由展示之物的形象与工作人员的形象两部分构成。对于两者要给予同等的重视，不可偏废其一。

展示之物的形象，主要由展品的外观、展品的质量、展品的陈列、展位的布置、发放的资料等构成。用以进行展览的展品，外观上要力求完美无缺，质量上要优中选优，陈列上要既整齐美观又讲究主次，布置上要兼顾主题的突出与观众的注意力。而用以在展览会上向观众直接散发的有关资料，则要印刷精美、图文并茂、资讯丰富，并且注有参展单位的主要联络方法，如公关部门与销售部门的电话、电报、电传、传真以及电子邮箱的号码，等等。

工作人员的形象，则主要是指在展览会上直接代表参展单位露面的人员的穿着打扮问题。在一般情况下，要求在展位上工作的人员应当统一着装。最佳的选择，是身穿本单位的制服，或者是穿深色的西装、套裙。在大型的展览会上，参展单位若安排专人迎送宾客时，则最好请其身穿色彩鲜艳的单色旗袍，并胸披写有参展单位或其主打展品名称的大红色绶带。为了说明各自的身份，全体工作人员皆应在左胸佩戴标明本人单位、职务、姓名的胸卡，礼仪小姐可以例外。按照惯例，工作人员不应佩戴首饰，男士应当剃须，女士最好化淡妆。

第二，要时时注意待人礼貌。在展览会上，不管是宣传型展览会还是销售型展览会，参展单位的工作人员都必须真正意识到观众是自己的上帝，为其热情而竭诚地服务则是自己的天职。为此，全体工作人员都要将礼貌待人放在心上，并且落实在行动上。

展览一旦正式开始，全体参展单位的工作人员即应各就各位，站立迎宾。不允许迟到、早退、无故脱岗、东游西逛，更不允许在观众到来之时坐卧不起，怠慢对方。

当观众走近自己的展位时，不管对方是否向自己打招呼，工作人员都要面含微笑，主动向对方说："你好！欢迎光临！"随后，还应面向对方，稍许欠身，伸出右手，掌心向上，指尖直指展台，并告知对方："请您参观。"

当观众在本单位的展位上进行参观时，工作人员可随行其后，以备对方向自己进行咨询，也可以请其自便，不加干扰。假如观众较多，尤其是在接待组团而来的观众时，工作人员亦可在左前方引导对方进行参观。对于观众所提出的问题，工作人员要认真作出回答。不允许置之不理，或以不礼貌的言行对待对方。

当观众离去时，工作人员应当真诚地向对方欠身施礼，并道以"谢谢光临"，或是"再见"。

在任何情况下，工作人员均不得对观众恶语相加，或讥讽嘲弄。对于极个别不守展览会规则而乱摸乱动、乱拿展品的观众，仍须以礼相劝，必要时可请保安人员协助，但不许对对方擅自动粗，进行打骂、扣留或者非法搜身。

第三，要善于运用解说技巧。解说技巧，此处主要是指参展单位的工作人员在向观众介绍或说明展品时，应当掌握的基本方法和技能。具体而论，在宣传型展览会与销售型展览会上，其解说技巧既有共性可循，又有各自的不同之处。

在宣传型展览会与销售性展览会上，解说技巧的共性在于：要善于因人而异，使解说具有针对性。与此同时，要突出自己展品的特色。在实事求是的前提下，要注意对其扬长避短，强调"人无我有"之处。在必要时，还可邀请观众亲自动手操作，或由工作人员对其进行现场示范。此外，还可安排观众观看与展品相关的影视片，并向其提供说明材料与单位名片。通常，说明材料与单位名片应常备于展台之上，由观众自取。

　　进而言之，宣传型展览会与销售型展览会的解说技巧，又有一些不同之处。在宣传型展览会上，解说的重点应当放在推广参展单位的形象之上。要善于使解说围绕着参展单位与公众的双向沟通而进行，时时刻刻都应大力宣传本单位的成就和理念，以便使公众对参展单位给予认可。而在销售型展览会上，解说的重点则必须放在主要展品的介绍与推销之上。按照国外的常规说法，解说时一定要注意"ＦＡＢＥ"并重。其中，"F"指展品特征，"A"指展品优点，"B"指客户利益，"E"则指可资证据。要求工作人员在销售型展览会上向观众进行解说之时，注意"ＦＡＢＥ"并重，就是要求其解说应当以客户利益为重，要在提供有利证据的前提之下，着重强调自己所介绍、推销的展品的主要特征与主要优点，以争取使客户觉得言之有理，乐于接受。不过，争抢、尾随观众兜售展品，弄虚作假，或是强行向观众推介展品，则不可取。

第14章

舞会和文艺演出礼仪
——轻歌曼舞时分飘洒礼仪的芬芳

准备举办舞会,准备参加舞会

对于舞会的举办方来说,事先要做好下列准备事项:

举办舞会的时间最好在晚上7点以后至11点以前,一般以不超过3小时为宜,否则将影响与会人员的休息和工作。舞场的选择应当视舞会的规模和人数来确定。邀请的男女客人数量应大体相等。

被邀请的对象一经确定,就应发出请帖。请帖一般应提前一个星期发出,以便于客人及早做出安排或回复。

舞会的音乐伴奏十分重要,节奏明快、旋律优美的音乐,会使人心旷神怡,怡然自得。

因此舞会最好请一个乐队伴奏。如果条件有限,也可以用音响代替。音响效果的好坏对舞会的成功与否有着直接的影响。如果使用音响,最好选一些文明高雅适合跳不同舞步的舞曲,舞会进行到一定时候,还可以请朋友中会唱歌的伴唱,激发大家的兴趣。

舞会场所除了应有一个足够被邀请者跳舞的舞池以外,还应有衣帽间、饮料室和停车场。舞场应宽敞明亮,适当加以装饰,灯光要柔和。

当你准备参加舞会时,首先明确以下几件事。

1. 舞会着装

明确舞会的性质。根据舞会需要选择服饰和妆容。不可浓妆艳抹,也不要穿牛仔裤。

如果是亲朋好友在家里举办的小型生日Party等活动，要选择与舞会的氛围协调一致的服装，女士则最好穿便于舞动的裙装或穿旗袍，搭配色彩协调的高跟鞋。男士一定要头发干净，衣着整洁。一般的舞会可以穿深色西装，如果是夏季，可以穿淡色的衬衣，打领带，最好穿长袖衬衣。

如果应邀参加的是大型舞会，或者有外宾参加，有条件经常参加盛大晚会的女士应该准备晚礼服，偶尔用一次的可以向婚纱店租借。还可穿旗袍改良的晚礼服，既有中国的民族特色，又端庄典雅适合中国女性的气质。露肤的晚礼服一定要佩戴成套且名贵的珠宝首饰：项链、耳环、手镯，在灯光的照耀下，首饰的光闪会为你增添光彩。女士小手袋是晚礼服的必备配饰。手袋的装饰作用非常重要，缎子或丝绸做的小手袋必不可少。男士的礼服一般是黑色的燕尾服，搭配黑色的漆皮鞋。正式的场合也需戴白色的手套。最后，穿戴打扮完毕，别忘了洒些香水，使舞会中的你芬芳高贵。

特别强调的是，参加任何性质的舞会，在服装和首饰上都不能喧宾夺主。

2. 舞会化妆

参加舞会的时候，要进行适当的个人形象修饰。男士务必要剃须，女士在穿短袖或无袖装时要剃去腋毛。注意保持口腔卫生，如果是外伤患者、感冒患者等，不宜参加舞会。参加舞会前，要根据个人的情况进行适度的化妆。男士化妆的重点，通常是美发、护肤和祛味。女士化妆的重点，主要是美容和美发。舞会因为都是晚上举办，所以妆可以相对化得浓一点。

发型应清丽自然，不要喷过多的发胶或将头发做成夸张造型。发型要与服饰相协调。女士在比较庄重的场合，穿礼服时，可将头发绾在颈后，显得端庄、高雅；如果穿V字领连衣裙，就可将头发盘起，如果穿外露较多的连衣裙，可选择披肩发或束发；西装给人以端庄整洁的感觉，发型也要梳得端庄、大方，不要过于蓬松。

眼部化妆步骤：

（1）整个眼盖扫上哑实的银白色眼影粉；画上彩蓝色上、下眼线。

（2）在下眼睑外窄窄地扫上一条翠绿色眼影，将其扫成柳叶形，与眉梢平齐；然后在内眼角翠绿色眼影下扫上明黄色，并让其自然晕开至鬓角；

（3）在上眼睑和眼尾扫上宝蓝色至鬓角，最后在眉骨处扫上彩紫色至鬓角。

（4）最后给上下眼睫毛扫上彩蓝色的睫毛液。

这款妆容可以说是演绎到了极致。金色卷发和这款五彩妆容相辅相成，再加上粉玫瑰色双唇，冷艳中透着华丽，共同秀出了最妖娆的姿态，可以说是一款最佳舞会妆。

无论是参加家庭舞会或是夜总会跳舞，除了化妆打扮上要特别适合舞会的气氛外，应该保持你的兴致，使你周围的人也跟着快乐起来。

落落大方地向你的舞伴发出邀请

交谊舞广泛流行于世界各国,它既体现着人们的活力、青春和朝气,又是一种很好的社交方式。参加交谊舞会,在向别人邀舞时,必须注意以下礼节。

在舞会上,一般都是男士邀请女士跳舞。在关系很好、很熟的情况下,也可以女士邀请男士。

男士如有意邀请一位素不相识的女士跳舞时,必须先认真观察她是否已有男伴;如有,一般不宜前去邀请,以免发生误会。

邀请时,男士应步履庄重地走到女士面前,弯腰鞠躬,同时轻声微笑说:"想请你跳个舞,可以吗?"弯腰以15度左右为宜,不能过分,过分了,反而会有不雅之嫌。

在正常情况下,两个女性可以同舞,这意味着她们在现场没有舞伴。但两个男性却不能同舞,因为这样意味着他们不愿意向在场的女士邀舞,这是对女性的不尊重。所以,只有当两位女士已在跳舞池内起舞时,两位男士才可采取同舞的方式,追随到她们身边,然后共同向她们邀舞,再分别组成新的两对舞伴。

如果是女士邀请男士,男士一般不得拒绝,音乐结束时,男士应将女士送到其原来的座位,待其落座后,说一声:"谢谢,再会。"然后离去,切忌在跳完舞后,不予理睬。

在邀请别人跳舞时,邀请者的表情应自然、谦恭、有修养,不要紧张做作,更不能举止粗俗。如果叼着香烟去请人跳舞,会被女士拒绝,也会影响舞会的良好气氛。

男士邀请女士跳舞,如果女士不想跳,不能勉强。不论男士或女士,一个人单独坐在远离人群的地方,别人就不要去打扰。如果坐在一群人中间,则可以走过去邀请对方跳舞。

邀请舞伴,要观察一下对方的情况,不要几个人同时抢邀一个舞伴,更不能为邀舞伴而发生争吵,在舞会上争夺舞伴是十分不礼貌的。

男士如果邀请女舞伴同赴舞会,不应让舞伴独坐,而自己邀请别人起舞。男士要记住,在第一支舞曲和最后一支舞曲时应邀自己的女伴同舞。

在朋友相聚的舞会上,男士应避免全场只同一个女子跳舞。男士如果仅仅和妻子跳舞也是不礼貌的。如果有人把一位女士介绍给一位男士,这位男士就必须请她跳一次舞。

在家庭舞会中，第一场舞应由主人夫妇、主宾夫妇共舞，如果夫人不跳，也可由已成年的女儿代之。第二场舞应由男主人与主宾夫人，女主人与男主宾共舞。舞会上，男主人应陪无舞伴的女宾跳舞或为她们介绍舞伴，并要照顾其他的客人。男宾应轮流邀请其他女宾，而其他男宾则应争取先邀女主人共舞，其次是女宾，再次是女主人家庭的女亲。

不失风度地谢绝对方的邀舞

参加舞会，邀请者固然应当彬彬有礼，但受邀者也应当落落大方，彼此都应表现出良好的思想修养和高雅的文化素质。如果决定拒绝别人的邀请时，则要注意礼貌待人。

一般情况下，女方最好不拒绝别人的邀舞，如果决定谢绝，则应说："对不起，我想休息一下。"或者说："真对不起，我不会跳舞。"以此求得对方的谅解。

如果女士已经答应和别人跳这一场舞了，则应向前来邀请者表示歉意："对不起，已经有人邀我了，等下一曲吧。"

已经婉言谢绝别人的邀请后，在一曲未终了时，女士不应同别的男士共舞，否则会被认为是对前一位邀请者的蔑视，是很不礼貌的表现。

如果同时有两位男士邀请一位女士跳舞，女士最好是礼貌地谢绝。如果已接受其中一位的邀请，对另一位则应表示歉意，礼貌地说："对不起，请等下一曲吧。"

当女士已经拒绝一次男士的邀请后，如果这位男士再次前来邀请，在确定无特殊的情况下，不应再次拒绝，女方应愉快接受邀请。

如果自带舞伴，两个人多跳几场当然可以，但如果别人来请，不能一概拒绝，更不能说一些不礼貌的话。

如果夫妇两人同去参加舞会，跳过一曲后，有人前来邀请夫人，先生应按礼节促请夫人接受，决不能代夫人回绝对方，这也是有失礼节的表现。

翩翩起舞，舞出你的风采来

跳舞的风度，主要是指人在跳舞时的姿态和表情。姿态是人的外在动作，表情则是其内在的感情。在舞会上，怎样做才算是有风度的呢？

舞姿要端正、大方和活泼，整个身体应始终保持平、正、直、稳，保持好重心，身体不要摇晃。跳舞时，男女双方都应面带微笑，说话要和气，声音要轻细，不要旁若无人地大声谈笑。

神情、姿态要轻盈自若，给人以欢乐感。表情应谦和悦目，动作要协调舒展，男士不要强拉硬拽，女士不挂、扑、靠、扭。

跳舞时，男方的右手应手心向下向外，用大拇指的背面轻轻将女方挽住，而不应用右手手掌心紧贴女方腰部，左手使左臂以弧形向上与肩部成水平线举起，掌心向上，拇指平腰，只将女伴的右掌轻轻托住。女方的左手应轻轻地放在男士的右肩上，右手轻轻地搭在男士的左手上。

跳舞行进中，双方握得或搂得过紧，都是有失风度的。跳舞时，双方的身体应保持一定的距离。跳四步舞时，舞步可稍大些，表现出庄重、典雅和明快的姿态；跳三步舞时，双方应保持一定的距离，让身躯略微昂起向后，使旋转时重心适当，表现出热情、舒展、轻快和流畅的情绪与节奏；跳探戈舞时，随着乐曲中切分音所含节拍的弹性跳跃，男女双方的舞姿与步法变化较多，舞步可稍大些；跳伦巴舞时，男女双方可随着音乐节奏轻轻扭动腿部及脚踝，臀部不应大幅度地摆动。

跳舞时，不要讨论或争辩一件事情，更不要在散会时做出企图似的详细身家调查。如果对方问你的姓名，你可以告诉他，如果不想让他知道，只告诉你的姓便可以；如果对方向你询问一些有关你的事情时，大可坦白地告诉他，如果你不愿意让对方知道，你可以拒绝回答，但不可编造谎言。

注意你的坐姿。舞会中的灯光通常是比较暗，而且朦胧，对方只能看见你的形态，所以你要随时注意保持优美的仪态。

舞会正在进行中，不可因音乐、气氛的感染而表现得太过放肆，尤其是在跳舞时，不要闭上眼睛。

除非你们已是一对被公认的情侣，不然不要在跳舞时把面颊靠在他肩上。

女士不要把口红沾染在男舞伴的衣襟或领带上。

天衣无缝地脱身舞会尴尬

跳舞是一项精彩的娱乐活动，当你和舞伴配合默契，随着音乐翩翩起舞时，你会感受到一种因和谐而产生的愉悦。当你以娴熟的舞步、优雅的举止赢得一批新朋友时，跳舞又成了一项有益的社交活动。舞蹈礼仪就如我们日常生活礼仪一样，让所有行为规范系统化，建立令人愉快的气氛，快乐的享受跳舞的乐趣，避免在舞蹈中不经意造成伤害，或侵犯到别人。社交舞中最优先考虑的基本原则是安全及其他舞伴者的方便，以下几个规则可以帮助我们避免在舞会中发生尴尬。

（1）参加舞会时，所有的男士、女士都必须穿着整洁得体。灯芯绒或格子呢的、肘部打补丁的休闲西装不宜出现在十分正规的舞会上。即使是夏天，男士也得穿长裤去参加舞会，穿西装短裤、沙滩裤去跳舞是不礼貌的。

（2）不管舞会是否正式，都应穿舞鞋，别穿运动鞋或任何胶底鞋，因为它们会黏在地板上，当你做旋转动作时会导致膝盖受伤。

（3）如果参加"迪斯科专场"舞会，装扮就不必受以上约束。T恤、牛仔裤、超短裙、运动鞋都可以穿，人们只求在扭摆中宣泄得酣畅淋漓，领带、高跟鞋反倒成了累赘。

（4）避免穿无袖或吊带的衣服，尤其在较活跃的舞蹈中，因为触摸到舞伴湿漉漉的肌肤并不是件愉悦的事。

（5）女士的配件如大耳环、手表、胸针、长项链、大皮带头，在舞池中都是危险物品，它们都可能勾到舞伴的衣服或刮伤、碰肿，这都是麻烦的事。

（6）袖口低于腋窝的衣着并不适宜，尤其拉丁舞中男士常扶着女士的背部，一不小心就会抓到宽松的衣袖。

（7）女士长发应往上盘好，或梳理服帖，否则在转圈时头发甩到男士的脸可不好玩。

（8）一般由男士带领女士跳舞，女士应密切配合。无论舞步娴熟与否，男士应带领舞伴与舞场中其他人的舞蹈方向保持一致，一般按逆时针方向绕行，而不要在舞场中横冲直撞。跳舞时不小心踩了对方的脚，应马上说"对不起"。

（9）男士不要因为紧张而把舞伴搂得太近，或把舞伴的手握得太牢，这样容易引起误会。女士也要放轻松，不要把全身的分量都压在舞伴身上。如果女士发现舞伴故意搂紧自己，或某支舞曲放个没完没了，使自己很不耐烦，女士可以不失礼貌地说："我累了，想回座位上去。"

观看文艺演出时做个文雅的观众

上大剧院看音乐会等文艺演出是一种高雅的隆重的娱乐活动，出席音乐会的时候，必须以十分隆重的装扮出席。男士均穿深色西服套装，打领带，或穿小礼服，打领结；女士则穿小礼服或大礼服，并适量化妆。

音乐场所提供的服务具有明显的时效性，听众应在音乐会开始前入座，一旦演奏开始，哪怕迟到一分钟，演奏厅的大门也会关上，听众就被禁止入内，只有等一曲终了甚至要等到中场休息才可入内。

对号入座，不入座时，应请女士先行，男士随后。通过已就座的听众走向自己的座位时，应面向已就座者，并轻声道"对不起"。进场后关闭手机等发声装置；音乐会开始后，不允许在场内随意走动和大声喧哗，也不允许交谈、打呵欠和咳嗽，也不允许中途退场。音乐厅内禁止吸烟、吃零食。如在演奏期间需要换坐姿，不要弄出响声。

欣赏交响乐作品或组曲时，不要在乐章之间鼓掌，因为对于篇幅较长的作品而言，一个段落的结束，只表明情绪或速度的变换，并不是完全的停止，如果拿不准何时鼓掌，就等别人都鼓掌了再说。全部作品结束时要鼓掌，这是显示听众具有欣赏力的时候，演奏者有可能因热烈的掌声而返场并加演曲目。每支乐曲演奏完毕，听众应以掌声向演奏者致谢。即使对演奏者佩服得五体投地，也只能等到每一部音乐作品演奏完毕之后，才可以鼓掌。吹口哨和高声呐喊，是不文明的。向自己的敬佩者献花宜在音乐会结束后进行。中途登台献花甚至向演奏者索吻，是有失检点的。

如果我们观看的是现代爵士乐、摇滚乐队的演出，无所顾忌的疯狂表演和同样的疯狂观众的配合，可以互相感染情绪、相互激发激情，会使演出场地不断处于沸腾气氛中并达到高潮。而如果是在观赏传统的歌舞、芭蕾节目的时候，则要保持演出大厅的肃静。

不同民族的文化不同，审美观和对艺术的表达也不尽相同。可能外国文艺的许多艺术表达方式，对我们来说可能是不能理解的、陌生的。遇到这种情况，观众要本着友谊、平等、尊重的原则，不要用自己的标准妄加评说，更不可以在演出时中途退场。对于远道而来的文化使者，我们应用行动来表示对他们的欢迎和尊重。

演奏结束后，听众应在座位上停留片刻，不要急于退场。谢幕时，全场应起立鼓掌，以示对演奏者的尊敬。退场时，应由女士先行，男士随后，不可以抢行。

第15章

职场办公礼仪
——获取成功职业生涯的入场券

职业礼仪是你职业之路的黄金护照

职场上每一个人都要树立自己的职业形象,良好的职业形象不仅作为企业的门面,而且能够提升个人品牌价值,提高自己的职业自信心。个人形象指的主要是容貌、魅力、风度、气质、化妆、服饰等直观的包括天生的外表感觉的东西,这是一种值得开发、利用的资源。现在几乎所有国际大机构都非常重视公司员工的形象塑造,力图把形象这属于静态的因素变成一种动态的竞争力去超越对手,使其成为公司征战市场的有力武器。

一个人的职业形象包括内在的和外在的两种主要因素。而每一个职场人都需要树立塑造并维护自我职业形象的意识。了解并掌握一定的职业礼仪,有助于完善和维护职场人的职业形象。一些日常的职业礼仪,对完善、维护自身职业形象都会有所帮助,职业形象的更高境界让你前程无忧。

1. 上班族的多彩时装秀

在办公室工作,服饰要与之协调,以体现权威、声望和精明强干为宜。男士最适宜穿黑、灰、蓝三色的西服套装领带。女士则最好穿西装套裙、连衣裙或长裙。男士注意不要穿印花或大方格的衬衫;女士则不宜把露、透、短的衣服穿到办公室里去,否则使内衣若隐若现很不雅观。

热爱流行的时装是很正常的现象,但也不能盲目地追求时髦。例如有个女孩在一家公司担任秘书,穿的衣服样式十分古怪,在指甲上同时涂了几种鲜艳的指甲油,当她打字或与人交谈时,都给人一种厌恶感。一个成功的职业人士对于流行的选择必须有正确的判断力，同时要切记：在办公室里，主要表现工作能力而非赶时髦的能力。

夏天的时候，女性一定要注重自己的身份，不能因为天气太热，而穿起颇为性感的服装出现在办公室。再热的天气，也应注意自己仪表的整洁、大方。

太过正式的服装往往给人以死板严肃的感觉，很容易让别人对你有误解，产生不良印象。除非是有严格着装标准的特殊行业，或有统一服装的公司，在没有严格规定的公司里，办公室内的着装可以适当地活泼一些，以展现不同的个性风采。在服装市场上有许多可爱俏丽的款式，但一定要有所选择。不要穿太显幼稚的衣服，尽量突出端庄、秀丽的一面。穿着上给人的感觉或者优雅大气，或者精明强悍，或者小巧灵秀，或者体态匀称，都是适合职场的。在办公室里工作不能穿背心、短裤、拖鞋，也不适合赤脚穿鞋。戴的首饰也不宜过多，走起路来摇来摇去的耳环会分散他人注意力，叮当作响的手镯也不宜戴。

2. 礼貌是职场礼仪第一课

新人刚进职场，礼貌很关键，人际关系一定要妥善处理，不能以貌取人或者想当然。要记得地位低下的员工同样也是前辈或者长辈，哪怕是打扫卫生的阿姨，如果正好清理到自己的纸篓什么的，不忘记说一声"谢谢"，这样，会平添自己几分的亲和力和人缘。

在办公室里对上司和同事们都要讲究礼貌，不能由于大家天天见面就将问候省略掉了。"您好"、"早上好"、"再会"之类的问候语要经常使用。

另外，同事之间不能称兄道弟或乱叫外号，而应以姓名相称。对上司和前辈要用职务来称呼，也可以用"先生"、"老师"称呼。

不能在大庭广众之下与领导和前辈开称呼上的玩笑。

3. 商务饭局的吃相问题不能忽视

职场新人应明白的一个礼仪问题是，公务的一些饭局应酬是为了联络客户事宜、加强与客户的感情沟通，并非仅仅是满足大饱口福的目的。如果在双方一边就餐的同时一边谈论公事，你不顾旁人埋头大吃特吃，势必给客户方造成不好的印象，当然也损害了公司的形象。所以，职场新人在陪同客户吃饭时，一定要注意吃相。

4. 递名片

递送名片时，应用双手拇指和食指执名片两角，让文字正面朝向对方。接名片时要用双手，并认真看一遍上面的内容。如果接下来与对方谈话，不要将名片收起来，应该放在桌子上，并保证不被其他东西压起来。参加会议时，应该在会前或会后交换名片，不要在会中擅自与别人交换名片。

5. 介绍

介绍的原则是将级别低的介绍给级别高的；将年轻的介绍给年长的，将未婚的介绍给已婚的，将男性介绍给女性，将本国人介绍给外国人。

客人来访时，应主动从座位上站起来，引领客人进入会客厅或者公共接待区，并为其送上饮料。如果是在自己的座位上交谈，注意声音不要过大，以免影响周围同事。

6. 损害你职场形象的5杀手

工作中看起来无关紧要的疏忽，有可能会大大损害你的职业形象。

杀手1：脸红。虽然脸红让你看起来甜美、可爱，但它也传达了你不成熟和不坚定的心态。

杀手2：哭泣。在工作时哭泣不但使你显得脆弱、缺乏自制力，而且让人怀疑你会破坏公司形象，你应该学会控制情绪。

杀手3：不确定的"嗯"、"呵"等语气词只能说明你犹豫不决、紧张而缺乏智慧。

杀手4：着装不成功。不成功的着装所传达给老板的唯一信息是：重要的任务不能放心交给你去做。你应该为你希望做的工作选择着装，而不是为你已有的工作着装。当然，衣服还远远不够——不合适的发型和化妆照样会损害你的职业形象。

杀手5：怯场。当你表现出怯场，就是在告诉老板，你缺乏最基本的职业技巧。记住，事前充分的准备是降低紧张情绪的有效措施，在正式发言前做彩排是必要的。

面试时莫因礼仪与机会失之交臂

有很多应聘的人会认为，个人能力不足和缺乏工作经验等是造成面试失败的原因，却不知道一个人的文明修养和礼仪同样是面试不可轻视的重要环节。如今不少招聘单位都将礼仪作为面试题目来考察应聘者，如果你在这方面粗心大意，很可能会与成功的机会失之交臂。

应聘者在面试时应注意哪些方面呢？以下建议可为你提供参考：

1. 等候阶段

在开始面试之前肯定有一段等候的时间，在等待面试时不要到处走动，更不能擅自到考场外面向里观望，应试者之间的交谈也应尽可能地降低音量，避免影响他人应试或思考。

2. 面试阶段

应试者要先轻轻敲门，得到主考官的许可后方可入室。入室时不要先把头探进去张望，而应整个身体一同进去；走进室内之后，背对考官，将房门轻轻关上，然后缓慢转身面对主考官，向主考人员微笑致意，并说"你们好"之类的招呼语，在主考人员和你之间创造和谐的气氛。在未经许可的情况下，不要贸然闯入面试房间。

若非主考人员先伸手，你切勿伸手向前欲和对方握手；如果主考人员主动伸出手来，就报以坚定而温和的握手。在主考人员没有请你坐下时切勿急着坐下。请你坐下时，应大方落座，并说声"谢谢"。

在面谈没开始前，不要窥视主考人员的桌子、稿纸和笔记，也不要局促不安，过于紧张。

面谈时，要真诚地注视对方，表示对他的话感兴趣，绝不可东张西望，心不在焉，不要不停地看手表。要注意和考官的目光接触，但不要直盯着对方，也不要斜眼瞟视旁人。若主考人员有几位，要看首席或中间的那一位，同时也要兼顾其他主考人员。

作为应试者，不仅要时时注意主考人员在说什么，而且也要注意主考人员的表情有哪些变化，以便能准确地把握住说话者的思想感情；为了吸引听者的注意力，使言谈显得有声有色和增强感染力，在说话中可以适当加进一些手势，但动作不要过大，更不要手舞足蹈和用手指指人。在说话时切不可面露谄媚、低声下气的表情，企图以鄙薄自己来取悦于对方。只有抱不卑不亢的态度才能获得对方的信任。回答问题时，要口齿清晰，声音大小适度，不能沉默过久也不要突然讲话。注意用敬语，如"您"、"请"等，常用的俗语要尽量避免，以免被认为油腔滑调。不要随便打断主考人员的说话，或就某一个问题与主考人员争辩。

应试者在面试过程中，应轻松自然、镇定自若，给人以自信、成熟的感觉。始终面带笑容，谦恭和气。表现出热情、开朗、大方、乐观的精神状态，不要皱眉头或毫无表情。

3. 面试结束后

应试者在结束面试前，不要表现出浮躁不安、急欲离去或另赴约会的样子。主考人员示意面试结束时，应微笑起立、道谢。出去推门或拉门时，要转身正面面对主考人员，再说声"谢谢，再见"，然后轻轻离开。

如果在你进入面试房间之前，有其他工作人员接待你，在离去时也一并向他或她致谢。

面试顺利时，不要喜出望外，拍手叫好；如果自我感觉不佳，也不要垂头丧气。

在面试结束后，等待是否被录用的通知这段时间内，应耐心等待对方的答复，不要连续地打电话催问。如果对方是电子信箱回复，则应及时查看，并做出回复。在得到对方的录用通知后，应在要求的时间内做好入职准备，并准时就职。

职场新人修好办公礼仪第一课

刚进入职场的新人,必须了解和掌握一些必备的基本礼仪,这有助于你更快地进入角色,建立融洽的工作环境。以下的一些礼仪是你需要知道的:

（1）早晨进办公室时互相问早,下班回家时互相道别。

（2）打电话时尽量放低声音,如果是私人电话,尽量减少通话时间。转接电话时使用文明用语。

（3）在同事需要帮助的时候伸出援助之手。打扰别人时应说对不起,得到他人帮助时要表达谢意,无论是上下级、秘书还是办公室的后勤人员。

（4）不议论任何人的隐私。

（5）进出电梯时为需要帮助的人按住电梯门。

（6）在开会或同事聚集的场合,不对任何不同意见做出轻蔑的举止。

（7）与来访者握手时做到大方得体,不卑不亢。

（8）不在办公室里脱鞋、赤脚。

（9）将手机的声音调低或关机,以免影响他人。

（10）不翻动其他同事桌上的文件资料,甚至电脑、传真机上与自己无关的任何资料。

（11）有任何资料需要移交给他人,一定要贴上小Sticker,写清时间、内容、签名并且不忘谢谢。

（12）男士尽量不在办公室抽烟,以免污染环境；女士尽量不在办公室里化妆、涂指甲,也不穿过分性感的衣服。

（13）在办公室里见到同事或是来访者不忘微笑。

（14）不在办公室里制造流言飞语或传播小道消息。

（15）尽量避免在办公室里与同事发生财务纠纷。

把握礼仪与你的上司和平共处

领导是一个单位的实权人物,是办公室里的核心人物。如果你是办公室里的普通一员,你就必须学会如何处理跟领导之间的关系。跟领导的关系处理不好,将可能影响到你的工作、薪资待遇，甚至前途等；处理好了与领导之间的关系，你办任何事情就容易得多了。因为领导之所以成为领导，必定有你所不及的地方，有你所没有的权力，有其特别之处。因此，与领导搞好关系，对于初入职场的年轻人来说至关重要。

上下级的交往和相处是要遵守必要的礼仪的。作为下级，不仅要服从上司的管理和调遣，还要注意学会与上司融洽相处。为此，必须注意以下几点：

（1）尊重领导。单位的领导，一般具有较高的威望、资历和能力，有很强的自尊心。作为下属，应当维护领导的威望和自尊。在领导面前，应有谦虚的态度，不能顶撞，特别是在公开场合，尤其应注意，即使与领导的意见相左，也应在私下与领导说明。领导若不慎做了错误的决定或说错了什么话，如果下属直接指出或揭露上司的错误，无疑是向他的权威宣战，会刺伤他的自尊心。宣扬领导的失误不仅会使领导难堪，伤害其自尊心，而且让领导对你心生反感。

（2）听从领导指挥。领导对下属有工作方面的指挥权，对领导在工作方面的安排，指挥必须服从，即便有意见或不同想法，也应执行，对领导指挥中的错误可事后提出意见，或者执行中提出建议。

（3）对领导的工作不能求全责备，而应多出主意，帮助领导干好工作，不要在同事之间随便议论领导、指责领导。当然，对个别品德很差、违法乱纪的领导，另当别论。

（4）提建议要讲究方法。在工作中给领导提建议时，一定要考虑场合，注意维护领导的威信。提建议一般应注意两个问题：一是不要急于否定原来的想法，而应先肯定领导的大部分想法，然后有理有据地阐述自己的见解；二是要根据领导的个性特点确定具体的方法。如对严肃的领导可用正面建议法，对开朗的领导可用幽默建议法，对年轻的领导可用直言建议法，对老领导可用委婉建议法。

把握礼仪与你的同事友好往来

对于现代职场人来说，最难得的是拥有一个好同事，比一个好同事更难得的是拥有一群好同事。同事既是良好的工作伙伴，也是主要的竞争对象，还是鼎力相助的良师益友。可以说，同事在每个人的生活和工作中充当着不可或缺的重要角色。同事之间的关系是微妙的，与同事相处得如何，直接关系到自己的工作、事业的进步与发展。如果同事之间关系融洽、和谐，人们就会感到心情愉快，有利于工作的顺利进行，从而促进事业的发展；反之，同事关系紧张，相互拆台，经常发生摩擦，就会影响正常的工作和生活。阻碍事业的正常发展。

同事之间友好相处，礼仪是很重要的。一般来说，在礼仪的运用上要做到以下几点。

（1）尊重同事。相互尊重是处理好任何一种人际关系的基础，同事关系也不例外，同事关系不同于亲友关系，它不是以亲情为纽带的社会关系，亲友之间一时的失礼，可以用亲情来弥补，而同事之间的关系是以工作为纽带的，一旦失礼，创伤难以愈合。所以，处理好同事之间的关系，最重要的是尊重对方。

（2）物质上的往来应一清二楚。同事之间可能有相互借钱、借物或馈赠礼品等物质上的往来，但切忌马虎，每一项都应记得清楚明白，即使是小的款项，也应记在备忘录上，以提醒自己及时归还，以免遗忘，引起误会。向同事借钱、借物，应主动给对方打张借条，以增进同事对自己的信任。有时，出借者也可主动要求借入者打借条，这也并不过分，借入者应予以理解，如果所借钱物不能及时归还，应每隔一段时间向对方说明一下情况。在物质利益方面无论是有意或者无意地占对方的便宜，都会在对方的心理上引起不快，从而降低自己在对方心目中的人格。

（3）对同事的困难表示关心。同事的困难，通常首先会选择亲朋帮助，但作为同事，应主动问讯。对力所能及的事应尽力帮忙，这样，会增进双方之间的感情，使双方关系更加融洽。

（4）对自己的失误或同事间的误会，应主动道歉说明。同事之间经常相处，一时的失误在所难免。如果出现失误，应主动向对方道歉，征得对方的谅解；对双方的误会应主动向对方说明，不可小肚鸡肠，耿耿于怀。

（5）低调做人，藏锋露拙。你可能自以为是地觉得自己才华横溢，能力超群，比任何人都强，不需要别人的帮助。你不把朋友、同事的忠告当回事，甚至连上司的话也置若罔闻，觉得任何事情对你来说都是"小菜一碟"。因此，在以团队合作为主的人群里，几乎找不到一个可以与你共事的人，没有一个能够合作的朋友。身在职场，你要记住的一句话是：你不比别人更聪明！适当地收敛自己，藏锋露拙，才是职场生存之道。

办公室人员举止要符合礼仪规范

办公室的人员是一个集体，无论是对本单位还是外来人员，都应体现一个集体的每个成员对他人、对社会的尊重和责任心。一个企业待人接物的礼仪水平，正是从每个职工的言行举止中体现出来的。因此，每个员工都应牢记，自己的言行代表着企业的形象，应自觉地遵从办公室礼仪。

1. 仪表端庄，仪容整洁

无论是男职员还是女职员，上班时应着职业装。有些企业要求统一着装，以体现严谨、高效率的工作作风，加深客人对企业的视觉印象。有些企业虽没有统一服装，但都对上班时的服装提出明确的要求。

男士上班应穿白衬衣或西服，扎领带。衬衣的下摆一定要扎入裤腰里。应穿深色的皮鞋。服装必须干净、平整，不应穿花衬衣、拖鞋、运动服上班。不留胡须，不留长发，头发梳理美观大方，才能衬托出本人良好的精神状态和对工作的责任感。

女士上班应着西服套裙或连衣裙，颜色不要太鲜艳、太花哨。上班不宜穿太暴露、过透、太紧身的服装或超短裙，也不能穿奇装异服、休闲装、运动装、牛仔装等。应穿皮鞋上班，皮鞋的颜色要比服装的颜色深。应穿透明的长筒丝袜，袜口不能露在裙口下，不能有钩破的洞。不应穿凉鞋、旅游鞋上班。佩戴首饰要适当，符合规范。发型以保守为佳，不能新潮。最好化淡妆上班，以体现女性端庄、文雅、自尊自重的形象。

2. 言语友善，举止优雅

办公室工作人员的站坐行走，举手投足，目光表情，都能折射出一个人良好的文化素养、较强的业务能力和工作责任心，同时也体现了企业的管理水平。

真诚微笑是一般社交场合最佳心态的表现。微笑是一种无声的语言，它是对自己价值的肯定，对他人的宽宏和友善，是稳重成熟的表现。微笑是自信、是真诚、是自尊、是魅力的体现。上班时与同事、领导微笑问好，下班微笑道别。接待人物、邀请、致谢都应有真诚的微笑。不要把喜怒哀乐都流露于脸上，否则会让人感到你不够成熟、自控力不强。

在办公室讲话时话语要谦和，声音要轻，不能在办公室、过道上大声呼唤同事和上级，无论是对同事、上级还是来访者，都应使用文明用语。在办公室里，说话不要刻薄，与同事开玩笑要适度，不能挖苦别人，恶语伤人，更不能在背后议论领导和同事。

体态优雅，公司职员的行为举止应稳重、自然、大方、有风度。走路时身体挺直，步速适中、稳重、抬头挺胸，给人留下正直、积极、自信的好印象。不要风风火火、慌慌张张，让人感到你缺乏工作能力。坐姿要优美，腰挺直，头正，不要趴在桌子上，歪靠在椅子上。有人来访时，应点头或鞠躬致意，不能不理不睬。工作期间不能吃东西、剪指甲、唱歌、化妆，与同事追追打打有失体面。谈话时手势要适度，不要手舞足蹈，过于做作。

3. 恪守职责，高效稳妥

公司职员应树立敬业爱岗的精神，努力使自己干一行，爱一行，钻一行，以饱满的工作热情，高度的工作责任心，开创性地干好自己的工作。工作中一丝不苟，精益求精，讲究效率，减少或杜绝差错，按时、按质、按量完成每一项工作。领导交给任务时，应愉快接受，做好记录，确保准确。然后认真办理，及时汇报。恪尽职守，严守机密。

助理如何应对不速之客的造访

如果你是一名助理，难免会遇到不速之客，会因此而影响了自己的工作。那么，该怎么有效应付不速之客，使之既显示出我们的礼貌，又不会因此而影响了我们的工作呢？

不速之客，可能是客户、同事。我们要根据他们的身份不同，采取不同的措施。

一是，领导的上级或客户应该热情地请他们到会客室就座，并给他们倒上一杯茶，可以说"您稍等，我看一下在不在"，并马上告诉领导，再按领导的指示接待、安排。

二是，领导的亲朋。请他们到会客室就座，并马上通知领导，再按领导的指示接待。

三是，公司内部的管理人员。他们如果说有急事要见领导的话，你绝对不应该这时候拿腔拿调，而是要马上通报，以免误事。

四是，推销员。这类人员我们可能遇到的最多。这时候你就要先让他们稍等，然后打电话给相关部门。如果相关部门有意向或是事先有约的话，就要指引他们过去。如果那些推销员坚持要见领导，这有两个可能。一是确实和领导有约；二是从没约定，只是他觉得见领导可能更有益于他的推销工作，而不去考虑是否因此耽误了别人的工作（绝大部分都是这种）。这时候，也没必要黑脸推辞，可以委婉地让他们把材料留下，回头请领导过目。领导如果感兴趣，会及时主动和他们联系。

五是，客户。有些客户来访的问题，是很简单的，根本不需要领导出面就可以解决。所以，作为助理这时候就要显示出"分担领导工作"的本能了。你可以介绍他们去找相关部门的主管或相关人员交涉。你应该先替他联系一下，然后再向他指明该部门的名称、位置。如果不好找，最好能领客人去。

六是，其他不速之客。这种情况，你就要先请对方报上姓名、单位、来访目的等基本资料后,再去请示领导,由领导自己决定是不是会见。

由此可见,应对不速之客的基本方式,还是要多"请示",不可以擅作主张,一不小心得罪了公司的大客户或是得罪了领导的私人关系,就没必要了。

布置整理办公室要运用哪些礼仪

商务人士的绝大多数工作时间都是在办公室中度过的,无论是在自己的办公室办公,还是在客户的办公室谈业务,总之,办公室与商务人士密切相关。如何才能在办公室中工作顺心,处理业务如鱼得水呢?掌握好办公室礼仪,能让自己有一个良好的工作环境,为取得更佳的工作业绩打下基础。

办公室是企业的门面,是来访者对企业的第一印象。办公室的布置不同于家庭、酒店的布置,它的设计风格应该是严肃、整洁、高雅、安全。办公室内应保持整洁:地板、天花板、走道经常打扫,玻璃、门窗、办公桌擦洗干净明亮。

办公桌的安排非常重要,工作习惯及所营造的办公环境将显示出一个人所属的类型。如果你认真考虑了办公桌的摆设、工作柜的排列、办公室的清洁及房间管理的责任,无疑将会提高自己在别人心目中的地位,为自己工作的开展创造出一个良好的人际关系氛围。

如何布置办公桌呢?下面这个方法,不可不试:坐在桌子旁,面对桌子上的东西,伸直双臂,再双手合拢,然后在大约高于桌面15厘米的位置画个弧形,注意手臂在运行中能覆盖的桌子面积,然后在这个范围内,可以摆放与工作有关的一切物品。办公桌和椅子及其周围都应该保持整洁,防止杂乱。桌面只放些必要的办公用品,且摆放整齐。不要将杂志、报纸、餐具、小包等物放在桌面上。废纸应扔入废纸篓里。可以把刻有自己姓名的牌子放在那里,或者可以放一盆花或一二件不显眼的装饰品。

书籍文件应该放在桌子上面或者伸手可以拿得到的抽屉里。可以购买或者制作一种能够转动的桌面,以便于在很小的空间里摆放各种各样的书。

文具用品盒可以用来存放纸张,还可以准备一个敞开的文件夹来存放需要翻译的速记资料、等待经理签署的文件、已经阅读的文件、处理完毕的计划或者其他材料。

办公桌抽屉内物品的摆放也是十分重要的。要注意:因为胶带纸或其他胶质材料能把抽屉内的物件粘在一起,应妥善放置。印泥盒应该倒置放好,使印泥上层浸透墨水;通常办公桌上会有一个带锁的抽屉,可以用来存放私人物品和有保密要求的东西。还要经常收拾抽屉,及时清除没有价值的东西,以使内部井井有条。

在公司里，如果办公桌桌面收拾得十分干净整齐，取用方便，将会被很多人认为是一个善于组织的人。虽然办公桌上一无所有，但并不意味着效率高，因为这可能不便于平时的使用；但是办公桌上乱七八糟是绝对不可能使工作高效的。所以你一定要把自己的办公卓桌面收拾得干净整洁，因为这既是门面，也是良好心境和工作高效率的源泉。

第16章

现代通讯礼仪
——两个人的世界里让你的魅力飞扬

打电话的礼仪规范

电话被现代人公认为便利的通信工具,在日常工作中,使用电话的语言很关键,它直接影响着一个部门的声誉;生活中,我们通过电话也能粗略判断对方的人品、性格。因而,掌握正确的、礼貌待人的打电话方法是非常必要的。

打电话者首先应自报姓名,这是电话礼节中最基本的常识。询问对方是否方便之后,再开始交谈。对方接电话后,打电话者应先询问一下"我想跟您谈几分钟,可以吗",等等。电话内容要简单、明了。可以事先将通话要旨归纳几条抄录在便条上,供打电话时使用。若由于某种原因导致电话中断,要由打电话人重新挂拨。如果是给不曾会过面的人打电话,最好在可能的情况下先发一封信,说明电话的中心内容。特别是请求对方帮助了解某件事情并等候答复时,要留给对方充足的时间,写信实现联系是个好办法。

(1)选择适当的时间。给某人家里打电话,要避开上午九点前、晚上九点或十点以后,以及晚饭(包括准备)时间。有的国家、地区不同,晚饭时间也不尽相同,应遵照当地习惯,适时行事。一般的公务电话最好避开临近下班的时间,因为这时间打电话,如果对方需要调查一番方能答复,或是对方急于下班,很可能得不到令人满意的答复。公务电话应尽量打到对方单位,若确有必要往对方家里打时,应注意避开吃饭或睡觉时间。

(2)重要的第一声。当我们打电话给某单位,若一接通,就能听到对方亲切、优美的招呼声,心里一定会很愉快,使双方对话能顺利展开,对该单位有了较好的印象。在电话中只要稍微注意一下自己的行为就会给对方留下完全不同的印象。同样说："你好，这里是公司。"但声音清晰、悦耳、吐字清脆，给对方留下好的印象，对方对其所在单位也会有好印象。因此要记住，接电话时，应有"我代表单位形象"的意识。

（3）要有喜悦的心情。打电话时我们要保持良好的心情，这样即使对方看不见你，但是从欢快的语调中也会被你感染，给对方留下极佳的印象。由于面部表情会影响声音的变化，所以即使在电话中，也要抱着"对方看着我"的心态去应对。

（4）清晰明朗的声音。打电话过程中绝对不能吸烟、喝茶、吃零食，即使是懒散的姿势对方也能够"听"得出来。你打电话的时候，若弯着腰躺在椅子上，对方听你的声音就是懒散的，无精打采的；若坐姿端正，所发出的声音也会亲切悦耳，充满活力。因此，打电话时即使看不见对方，也要当做对方就在眼前，尽可能注意自己的姿势。

（5）认真清楚地记录。对对方的谈话可作必要的重复，重要的内容应简明扼要地记录下来，如时间、地点、联系事宜、需解决的问题等。在工作中这些资料都是十分重要的。对打电话、接电话具有相同的重要性。电话记录既要简洁又要完备。

（6）挂电话前的礼貌。要结束电话交谈时，一般应当由打电话的一方提出，然后彼此客气地道别，说一声"再见"，然后轻轻放下电话，不可只顾自己讲完就挂断电话。

接电话的礼仪规范

不要以为接电话没什么，其实里面有很深的学问。一定要等电话响两声之后再接。为什么？你要利用这段时间平静自己的情绪，在你不知道来电人是谁、来电内容是什么之前，不要将你的情绪带给将要和你对话的那个人，哪怕你此刻是欢快的，你怎么知道对方一定就希望听到你欢天喜地的声音？当然，把你的坏心情不加掩饰地传递给对方就更不应该了。电话总是由各种各样的人打来，他们总会带来一些好消息、坏消息或者一些不好也不坏的消息，将你的情绪信号毫无保留地传递给对方，不免偶尔也会表错情。

接电话，有时就像看待人生，要有宁静、平和的心态。电话响两声，对打电话的人来说，是完全可以接受的等待时间，也是他期待你拿起电话的最佳状态。对接电话的人来说，在短短的一声电话铃声里，你的焦躁和不安可能已经瞬间平息，你才可以不惊不惧地面对任何事，宠辱不惊地面对任何人。世上很多事情，需要一个小小的停顿和转折，别那么急着拿起电话。记住，铃声响两下后，再接。

另外，还要记一点，如果你的办公室里有客户，不要接电话。这种情况很常见，但却很少有人意识到，这时接电话是一种不礼貌的行为。这样做其实是告诉你的客户，电话那端的人比他更重要。除非你是在等一个非常重要的电话，否则就在语音信箱留信息。如果你要接电话，应该让客户知道你为什么接这个电话，比如说"我正在等老板的电话"。

记住以下几点。

第一，必须在24小时内回复所有的来电。

如果你的经营哲学是"能拖到明天，就不必急着今天做"，那你这一辈子恐怕是很难熬出头了。把24小时内回复所有来电当成一种习惯，就能确保你的人际关系网络上的资讯畅通程度。对某些职业而言，如果你不立即回复电话，就可能失去一次交易的机会。

第二，对挂断电话不要犹豫。

比如，当一位推销员喋喋不休地向我们推荐某种毫无兴趣的商品时，打断他是一种仁慈的行为。"对不起，我不想浪费你的时间。"然后立即挂上电话，并带着微笑。

第三，适当打断对方。

要打断对方时，你可以采用和面谈一样的准则，尽量不打断他，除非一切都证明不如此不可能了结。

第四，注意不良习惯。

如果你发现你在电话中有某项不良习惯，就把纸条贴在电话机上来矫正。如果你有爱清嗓子、说口头禅，或喜欢东拉西扯等坏习惯，这张提醒你的纸会帮助你摆脱它们的危害。让电话中的交谈表现出你最好的一面吧！

第五，口齿清晰。

用电话向总公司报告业务的推销员一定都明白口齿清楚的重要性，只有这样，他的报告才不会出现差错。说到名字时，他要说出名字的拼法，同时要求对方复述，以核对是否准确。当你用电话递送消息时，即使是一般的社交消息，也必须弄清楚对方是否真正明白了你的意思。

转接电话的礼仪规范

在办公室或其他场合,转接电话是你经常要遇到的情况,转接电话很微妙,如果把握不好,可能造成阻碍,使电话意外中断,或使信息识传失真。如何才能正确地转接电话?以下的一些礼仪是你要注意的:

1. 转接电话拿着话筒和放下话筒一个样

很多人在拿着话筒时,通常会比较注意自己的语言,会说"您找哪位?请您稍等。"放下电话找人时,往往忘了对方也能听见,就随心所欲地"是个男的",或者说"一个有外地口音的人","一个声音挺娇的小姑娘"。当对方在电话里听到这些形容方式时,会感到不愉快。因此,转接电话时要同样用客气的方式叫人,或者应该用手捂上话筒,注意隔音。

2. 做好电话记录

如果对方要找的人不在,要尽量做好电话记录。记录内容包括什么人、什么时间打的电话、大概说什么事(如果对方不愿意不必强问)、对方有什么要求(一看到字条马上回电话,还是晚上再打电话等)。通常很多人在转接电话时不予记录或者记录得非常简单,只有一个姓和一个电话号码,这样对方要找的人工作繁忙的话,这种电话可能得不到及时回复。

3. 确认对方姓名身份尽量用褒义词语

替人转接电话,确认对方姓名时,尽量要用褒义词语。不要脱口而出,用习惯用语去确认对方的姓名,如"您姓孙,是孙子的孙吗?""您姓冷,是冷淡的冷吗?"诸如此类,让对方听了感到不快。其实可以改成"是孙子兵法的孙吗?""是冷热的冷吗?"在记录对方电话号码时,则一定要重复,以免记错。

4. 未经要接电话者同意不可轻易将其手机号码告诉对方

转接电话时,如果来电者要找的人不在,对方询问手机号码时,转接者一定要经过要接电话者同意才能把其手机号码告诉对方;否则,可能会干扰要接电话者的工作或生活。

5. 讲究口德,不乱传闲话

如果转接到了一个敏感人物的电话,比如大家怀疑某某跟某某有特殊关系,恰好某某打电话找某某时被你接到了,这种时候千万不要捕风捉影,不要去转告第三人"谁给谁来电话了",更不能在旁边偷听对方的电话内容。不论是绯闻还是面对关系过于紧密的上下级，接电话者都不能妄自猜测，随意传播。

接电话的礼仪禁忌

需要注意的是，在商务交往中，不允许接电话时以"喂，喂"或者"你找谁呀"作为"见面礼"。特别是不允许一张嘴就毫不客气地查一查对方的"户口"，一个劲儿地问人家"你找谁"、"你是谁"，或者"有什么事儿呀"等。

万一对方拨错了电话或电话串了线，也要保持风度。切勿发脾气"耍态度"。确认对方拨错了电话，应先自报一下"家门"，然后再告之电话拨错了。对方如果道了歉，不要忘了以"没关系"去应对，而不要教训人家"下次长好眼睛"、"瞧仔细些"。

如果有可能，不妨问一问对方，是否需要帮助他查一下正确的电话号码。真的这样做了，不是"吃饱了撑的"，而是借机宣传了本单位以礼待人的良好形象。

在通话途中，不要对着话筒打哈欠，或是吃东西；不要同时与其他人闲聊；也不要让对方由此感到自己在受话人的心中无足轻重。

结束通话时，应认真地道别。而且要恭候对方先放下电话，不宜"越位"抢先。在接电话时，要注意给予对方以同等的待遇，对来电者一视同仁。

极其个别的人，长着一对挑肥拣瘦的"势利眼"，即使接电话也极为庸俗地"因人而异"，"对象化"的倾向十分明显。他们在接电话时，总是"拿架子"、"打官腔"。先是爱答不理地问上几句"谁呀"、"什么事呀"，然后能推的事情就推，能踢的皮球就踢，"事不关己，高高挂起"。不过他们的"天气"也不总是永远这般"阴沉"，一旦听出对方是上司，是家人，是朋友，或是自己正在求助的人，立即就会"雨过天晴云散尽"，低声下气，细语柔声，俯首帖耳，有求必应，不怕旁人说自己是一副奴才腔。这种不能平等待人的做法，既容易得罪人，也会让旁人看不起。

在接待外来电话时，理当一律给予同等的待遇，不卑不亢。这种公平的态度，容易为自己赢得朋友。

在通话时，接电话的一方不宜率先提出中止通话的要求。万一自己正在开会、会客，不宜长谈，或另有其他电话打过来，需要中止通话时，应说明原因，并告之对方："一有空闲，我马上打电话给您。"免得让对方觉得我方厚此薄彼。

遇上不识相的人打起电话没个完，非得让其"适可而止"不可的话，说得应当委婉、含蓄，不要让对方难堪。比如，不宜说："你说完了没有？我还有别的事情呢。"而应当讲:"好吧,我不再占用您的宝贵时间了,真不希望就此道别,不过以后真的希望再有机会与您联络。"

电子邮件的礼仪规范

近年来,在各种电子通信手段中跑出来一匹"黑马",它就是电子邮件。自打诞生以来,它的发展速度可谓突飞猛进,日新月异,令人刮目相看。当前,它已经在商界得到了越来越广泛的使用。

电子邮件,又称电子函件或电子信函。它是利用电子计算机所组成的互联网络,向交往对象所发出的一种电子信件。使用电子邮件进行对外联络,不仅安全保密,节省时间,不受篇幅的限制,清晰度极高,而且还可以大大地降低通信费用。

1. 电子邮件基本礼仪

商界人士在使用电子邮件对外进行联络时,应当遵守的礼仪规范主要包括以下四个方面。

第一,电子邮件应当认真撰写。向他人发送的电子邮件,一定要精心构思,认真撰写。若是随想随写,是既不尊重对方,也不尊重自己的。在撰写电子邮件时,以下三点尤其必须注意。

一是,主题要明确。一个电子邮件,大都只有一个主题,并且往往需要在前注明。若是将其归纳得当,收件人见到它便对整个电子邮件一目了然了。

二是,语言要流畅。电子邮件要便于阅读,就要语言流畅,尽量别写生僻字、异体字。引用数据、资料时,则最好标明出处,以便收件人核对。

三是,内容要简洁。网上的时间极为宝贵,所以电子邮件的内容应当简明扼要,越短越好。

第二,电子邮件应当避免滥用。在信息社会中,任何人的时间都是无比珍贵的。对商界人士来讲,这一点就显得更加重要了。所以有人才会说:"在商务交往中要尊重一个人,首先就要懂得替他节省时间。"

有鉴于此,若无必要,轻易不要向他人乱发电子邮件。尤其是不要以之与他人谈天说地,或是只为了检验一下自己的电子邮件能否成功地发出,更不宜随意以这种方式在网上"征友"。

目前,有不少网民时常会因为自己的电子信箱中堆满了无数的无聊的电子邮件,甚至是陌生人的电子邮件而烦心不堪。对其进行处理,不仅会浪费自己的时间和精力,而且还有可能会耽搁自己的正事。

第三,要小心地写电子邮件里的每一个字和每一句话。

因为现在法律规定电子邮件也可以作为法律证据,是合法的,所以发电子邮件时要小心。如果对公司不利的,千万不要写上,如报价等。发邮件时一定要慎重。

邮件信息不要太冗长。这样不会引起他人注意,别人也不喜欢看下去。

不要在邮件末端列出对方的地址。因为对方知道自己的地址,不用写,写上感觉不太好。

第四,发送附加文件要考虑对方能否阅读该文件。

发第一封你可以先用一般格式发送(对方可以阅读的格式),然后在上面写上"请问一下,如果发送压缩格式(或其他格式)的能不能阅读"。如果可以,你就可以发送压缩格式的了。这样给人感觉你很细心,也很体贴,而且让人感觉这个文件很重要。

邮件不要太公式化。你可以在上面加上LOGO等。

2. 电子邮件中的网络礼仪

与流行的观点不同,电子邮件不只是用在你给母亲写信的时候,所有在技术上见多识广的人都在使用电子邮件。以下是教你如何成为像他们一样的老手。

不管你给谁写信,注意礼仪都是很重要的。下面是一些写信的基本规则。

(1)不要"大喊"。全部用大写字母被认为是在"大喊",很粗鲁。只应在应该"大喊"或强调什么时这么做。

(2)不管做什么,别SPAM。

SPAM就是给邮件表或你收集到的电子邮件地址中的人发电子邮件,而这些人不希望别人干扰。这会使邮件表或别人的邮箱充满。这种行为很轻率,令人很气愤。如果你这样做了,你会被逮着的。

(3)不要FLAME。FLAME是用激烈的言辞表达对别人的敌视。

(4)别把私人邮件公开发布。如果你收到一封私人信件,把它送别人是不明智的。

用好"附件"。你可以把文件附加在电子邮件中。最好不要使用很大的附件,除非你知道收信人确实需要。

(5)使用讽刺时要小心。尤其是刚刚介入一种媒体时,尽量在你的电子邮件中坦诚相见。经常讽刺会使人认为是卑鄙。

3. 电子邮件常用速写

写电子邮件的艺术是简洁。下面是一些节省空间的E-mail英文速写:

BTW——by the way;

FYI——for your information;

IMHO——in my humble opinion;

IOW——in other words;

LOL——laugh out loud;

OTOH——on the other hand。

电子邮件爱好者的另一个习惯是使用由字符组成的图释（ｅｍｏｔｉｏｎ）。有些人能从图释读出很多意思，其中有三个非常常用（把头向左转９０度，即可以看清楚）：

":-)"代表基本的笑脸，表示笑容和善意。

";-)"代表眨眼笑，表示歪曲、讽刺或嘲笑。

":-("代表皱眉，表示令人不高兴的消息、令人悲伤的消息。

"主题"中的词句应该给收信人一个关于你的邮件的简单描述。当收信人以后查看邮件时尤其有用（例如："主题：我想要回我的书"比"主题：你好"更容易被发现）。

手机使用的礼仪规范

1. 使用手机的注意事项

手机的出现和广泛使用，使得人们之间的联系更为便捷，但如果在使用时不注意礼仪，就会干扰了别人，给别人带来不方便。

第一，在音乐会、重要仪式、重要集会等高雅、庄重的场合不能用手机。万一要用，应调成震动，把对他人的影响降到最低。

第二，手机最好不要别在身体的明显部位，也不要总是拿在手里，应该放在手袋中或公文包里。

第三，不要在大马路上一边走一边打电话。如果确实有急事，可站在某个安静人少处打。平时与人共进工作餐（特别是自己做主人请客户时）也最好不打手机。如果有电话找自己，最好说一声"对不起"，然后去洗手间接，而且一定要简短，这是对对方的尊重。当着客人的面打电话，会使客人不知所措。

2. 管好彩铃别添乱

案例一：令人尴尬的铃声。

一位刚刚二十出头的小姑娘陪着经理去拜见重要客户。双方正在交谈中，有人给小姑娘打电话,只听里面传出了无限娇滴滴的声音:"妈妈,来电话了!"这时小姑娘尴尬得满脸通红,客户们想笑也不敢笑,经理则用眼光偷偷责备她。

案例二:不良彩铃丢业务。

王先生给从未谋面的张先生打电话联系业务,对方手机里传来一首节奏明快的歌曲,但仔细一听内容,王先生觉得有点不对劲,因为歌词中的一句话是"你有话快说,有屁快放"。王先生想,这张先生到底是什么样的人,听铃声这么"糙",估计也没法深交。

案例三:"狗叫"搅乱课堂。

在一次讲座上,老师正在台上讲得眉飞色舞,突然学生中间传出了"汪、汪、汪"的狗叫声,老师惊诧地问:"谁带小狗来上课了?"同学们哄堂大笑:"老师,这是最新的手机铃声。"

3. 使用手机不能随时随地

(1)不应该在公共场合,尤其是楼道、电梯、路口、人行道等人来人往的地方,旁若无人地使用手机。打电话是私密的事情,不必当众喧哗,影响他人。

(2)不应该在要求"保持安静"的公共场所,如音乐厅、美术馆、影剧院、歌剧院等表演、比赛的场合使用手机。这是对演员、观众的最起码的尊重,也是进入上述场合的起码礼仪。

(3)在聚会期间,如开会、会见、上课之时应自觉关闭手机,或将手机设定至震动状态,这是对会议主持人、老师、听众的礼貌。

(4)不要在驾驶汽车时接听手机电话或发短信,或查看寻呼机,以防止发生车祸。

(5)不要在病房、加油站等地方使用手机,以免所发信号干扰治疗仪器,有碍治疗或引发油库火灾、爆炸。

(6)不要在飞机飞行期间使用手机,否则会干扰仪器,导致飞机失事等严重后果。

4. 短信礼仪

(1)发短信一定要署名。短信署名既是对对方的尊重,也是达到目的的必要手段。元旦前一天工作关系繁多的秦先生收到了70多条祝福短信。其中有60条是不署名的,好多内容还相同。秦先生也搞不清楚这些人都是谁。这种祝福发了等于没发。如果是正事,不署名更会耽误事。

(2)短信祝福一来一往足矣。现在每逢节日,人们都会发短信祝福。来而不往非礼也,所以别人发来短信,自己就要回一个短信。接到对方短信回复后,一般就不要再发致谢之类的短信，因为对方一看，又得回过来。就祝福短信来说，一来一往足矣，二来二往就多了，三番五次就成了繁文缛节。

（3）有些重要电话可以先用短信预约。有时要给身份高或重要的人打电话，知道对方很忙，可以先发短信"有事找，是否方便给您打电话？"如果对方没有回短信，一定不是很方便，可以在较久的时间以后再拨打电话。

（4）及时删除自己不希望别人看到的短信。一些人经常把手机放在桌上，如出办公室办事或者去卫生间，也许有好奇之人就会顺手翻看短信。如果上面有一些并不希望别人看到的短信，就可能引起麻烦。若不幸被对方传播出去，后果就更严重。夫妻之间亦是。难免会有异性同事、朋友发一些语言亲昵的短信，其实是因为双方熟了，开开玩笑，若让爱人看见，就会引起不必要的误会。因此，经不起推敲的短信一定要及时删除。

（5）上班时间不要没完没了发短信。上班时间每个人都在忙着工作，即使不忙，也不能没完没了地发短信，否则就会打扰对方工作，甚至可能让对方违纪。如果对方正在主持会议或者正在商谈重要事项，闲聊式的短信更会让对方心中不悦。

（6）发短信不能太晚。有些人觉得晚上10点以后不方便给对方打电话了，发个短信告知就行。短信虽然更加简便，但如果太晚，也一样会影响对方休息。

（7）提醒对方最好用短信。如果事先已经与对方约好参加某个会议或活动，为了怕对方忘记，最好事先再提醒一下。提醒时适宜用短信而不要直接打电话。打电话似乎有不信任对方之感。短信就显得非正式，亲切得多。短信提醒时语气应当委婉，不可生硬。

通信回信的礼仪规范

通信是一种常用的交流手段，虽然社会的进步，手机的出现，电话的使用频繁，但有的时候还是要用写信，才能表达我们的心意，而且也较为方便和便宜。最基本的通信礼节是有信必复，不能拖延。有人很高兴收到别人的来信，但是却不及时回信，一拖再拖或干脆不复，抑或草率从事，这都是对别人的不尊重。

通信要求按照固定的格式，字迹清晰工整，语言连贯、流畅，逻辑思维严密。书信不应随便乱涂乱改，不会写的字可以查字典，但是不能偷懒地注上拼音或以同音字来代替。

使用打字机打出的私人信件，最好在末尾再写上几行亲笔字，至少也要有亲笔签名，以示尊重。贺信、唁函一类的信件，以亲笔书写为最好。写信用钢笔为最好，不宜用铅笔，但是墨水要有选择，如有些国家红色墨水表断交，绿色墨水表恋爱。

信中的称呼要根据实际情况，依对方与本人的关系而定，一般关系应用尊称，关系特别密切的人之间可用昵称。

信件是交流感情的手段，信的内容不必拘谨，可以在信上充分表达自己的思想和感情，使之具有鲜明的个性。

一个有教养的人不应在信中只谈论自己，而应适当向对方表达自己的关心。

信写好后要按规范叠好装入信封。信纸不要乱折乱叠，邮票要贴在信封正面的右上角。

明信片只适合问候，它是开放式的，所以明信片不宜表白个人隐私，而风景明信片只能用以问安和致贺。

通信自由是受法律保护的，任何人不得私拆、偷看他人信件，亲人也不例外。对他人的信件在收到后要妥善保存，不要乱塞乱扔，或者拿来包东西，要妥善保管信件。

1. 写信应注意的礼节

话语要表示亲热。没有亲属关系的，可称"某某同志"，也可按职务称为"某某教授"或"某经理"之类，对高龄者也可称"某老"；给平辈写信，一般名字前面不宜冠姓，有无亲属关系均可称兄道弟，并没有特殊要求。对于有名有字者必须用字加称谓以表严谨。写给小辈，有亲属关系的，可用名字加称谓，也可称呼其名；无亲属关系的，可称呼"某某同志"、"小王"、"小李"之类的。

要有热情的问候语。信的开头要有问候语，问候语可长可短，即使只用"你好"两字，也会体现出发自内心的一片真诚。

要诚恳地祝贺。写信结束后，犹如向朋友告别，道一声"珍重"，同样是非常重要的。祝贺语有格式上的规范要求，一般分两行书写，上一行前空两格，下一行顶格。祝贺语可以套用约定俗成的句式，如"祝你健康"之类，也可另辟蹊径，触景生情。

正确地使用敬语、谦语。敬语、谦语在书信中的使用频率很高，如称别人的书信为"大礼"、"惠书"，读别人的信为"捧读"，信末署名自称"后学"、"愚弟"等。

信封书写要正确、清晰。这是一种对邮递员的尊敬。收信人的名字后面，要写上"同志"、"先生"等称谓，不能写"外公"、"阿妹"之类，因为这不符合邮递员与收信人的关系。

2. 回复信件应注意的礼节

信件本来就是一种相互往来的过程，收信后必然要回复。复信要注意的事项有以下几点。

（1）要及时阅读来信。见信如见人，收到信件后一连几天不看，犹如把客人拒之门外，这是很不应该的，而且拖延看信可能会延迟某些重要的事项和信息。根据来信内容，决定是否复信、何时复信和如何复信。在复信时，最好说一句是几月几日收到你的信，以免让对方担心信件是否送达。

（2）有些来信可能是求教某个问题或托办某件事情，收信人应明确予以回答。凡是应该帮助而自己又能帮助的，应尽可能伸出援助之手；如果爱莫能助，则应坦诚地说明情况，以取得对方的谅解，并且不致耽误对方及事先寻找其他方法。自己可以助一臂之力时又办不好的事，也应先给对方复信，以免对方久等。总之，对来信提出的要求，收信人应该坦诚相对，置之不理或避而不答，是不合礼仪要求的。

（3）有时由于种种原因，例如地址更换、出差在外、转信人耽搁等，导致收信人没能及时收到来信，甚至因此贻误了办事的时机。对此，收信人应在收信后立即向对方说明事实情况，取得对方的谅解，并尽可能设法采取一些弥补的措施。

（4）对于社会知名人士来说，由于经常收到一些不相识的崇拜者的来信，最好请人专门帮助回复，或者挑出部分信件自己回复，保持与大众的交流与联系。因为对这些信件一一答复，显然是不可能的，一概不理不问，视而不见或视若包袱，也是不合适的，同时还可以选择适当的机会和方式，如通过新闻媒介，向来信者表示自己的谢意。

第17章

商务活动礼仪
——在财富的河流上搭建金钱流动的桥梁

向对方发出正式的邀请

在商务交往中,因为各种各样的实际需要,商务人员必须对一定的交往对象发出约请,邀请对方出席某项活动,或是到对方处做客。这类性质的活动,被商务礼仪定义为邀约。

邀约有时还被称为邀请或邀集。从交际的角度来看待邀约,它实质上是一种双向的约定行为。当一方邀请另一方或多方人士,前来自己的所在地或者在其他某地方约会,以及出席某些活动时,他不能仅凭自己的一厢情愿行事,而是必须取得被邀请方的同意与合作。作为邀请者,不能不自量力,无事生非,自寻烦恼,既麻烦别人,又自讨没趣。作为被邀请者,则需要及早地作出合乎自身利益与意愿的反应。不论是邀请者,还是被邀请者,都必须把邀约当做一种正规的商务约会来看待,对它绝对不可以掉以轻心,大而化之。

对邀请者而言,发出邀请,如同发出一种礼仪性很强的通知一样,不仅要力求合乎礼貌,取得被邀请者的良好回应,而且还必须使之符合双方各自的身份,以及双方之间关系的现状。

在一般情况下,邀约有正式与非正式之分。正式的邀约,既讲究礼仪,又要设法使被邀请者备忘,故此它多采用书面的形式。非正式的邀约,通常是以口头形式来表现的,相对而言,它要显得随便一些。

正式的邀约有请柬邀约、书信邀约、传真邀约、电报邀约、便条邀约等具体形式,它适用于正式的商务交往中。非正式的邀约有当面邀约、托人邀约以及打电话邀约等不同的形式,它多适用于商界人士非正式的接触之中。前者可统称为书面邀约,后者则可称为口头邀约。

根据商务礼仪的规定,在比较正规的商务往来中,必须以正式的邀约作为邀约的主要形式。

礼貌地回答对方的邀约

任何书面形式的邀约,都在邀请者经过慎重考虑,认为确有必要之后,才会发出。因此,在商务交往中,商界人士不管接到来自任何单位、个人的书面邀约,都必须及时地、正确地进行处理。自己不论能不能接受对方的邀约,均须按照礼仪的规范,对邀请者待之以礼,给予明确、合"礼"的回答,即或者应邀,或者婉拒。置之不理,厚此薄彼,草率行事,都有可能自作自受,自找麻烦。

鉴于同时受到邀请的往往不止一方,任何被邀请者在接到书面邀请之后,不论邀请者对于答复者有无规定,出于礼貌,都应尽早将自己的决定通知给对方。

事实上,为了了解被邀请者对邀约有何反应,许多邀请者在发出书面邀约时,就对被邀请者有所要求,请对方对能否到场必须作出答复。

通常,类似的规定往往会在书面邀约的行文中出现。例如,要求被邀请者"如蒙光临,请予函告"、"能否出席,敬请答复",以及"盼赐惠复",等等。

为了确保被邀请者准确无误地将有关信息反馈给邀请者,在书面邀约正文的左下方,循例要将与邀请者联络的具体方式,一一详尽地提供给被邀请者。它们通常包括:联络电话号码、传真号码、电传号码、电子邮箱号码(网址)、邮政编码、电报挂号、寻呼机号码、联络地点以及通信地址等。以上这些内容不必一一全部列出,可以根据具体情况从中选择。不过,联络或咨询的电话号码这一项,原则上是不能缺少的。

有些善解人意的商界人士为了体谅被邀请者,在发出书面邀约时,往往会同时附上一份专用的"答复卡"。上面除了"接受邀请"、"不能接受"这两项内容外,再没有其他任何东西。这样,被邀请者在答复时,只须稍费举手之劳,在以上两项之中,做一回"选择题",在两者之一画上一道钩,或是涂去其一,然后再寄回给邀请者即可。

在没有接到书面邀约的同时接到"答复卡",并不意味着不必答复。答复是必要的,只不过需要自己亲自动手罢了。

对书面邀约所进行的答复,通常采用书信的形式。在商务礼仪中,它被称为回函。回函基本上都需要亲笔书写，以示重视。如果打印回函，则至少应当亲笔签名。

所有的回函，不管是接受函还是拒绝函，均须在接到书面邀约之后三日之内回复，而且回得越早越好。

在回函的行文中，应当对邀请者尊重、友好，并且应当对能否接受邀约这一关键性问题，作出明确的答复。切勿避实就虚，让人觉得"难解其中味"。如果拒绝，则讲明理由，就可以了。

回函的具体格式，可参照邀请者发来的书面邀约。

接受邀约的回函示范：

中岛公司董事长兼总经理郗烈兴先生非常荣幸地接受成功影视广告公司总裁袁伟超先生的邀请，将于1月20日上午9时准时出席成功影视广告公司开业仪式。谨祝开业大吉，并顺致敬意。

在写接受函时，应将有关的时间与地点重复一下，以便与邀请者"核实"无误。在写拒绝函时，则不必这样做。

回函通知邀请者自己决定接受邀请后，就不能届时失约了。这类临时的"变卦"，会给邀请者增添许多麻烦。

拒绝邀约的理由应当充分，如卧病、出差、有约在先等，均可采用。在回绝邀约时，万勿忘记向邀约者表示谢意，或预祝其组织的活动圆满成功。

拒绝邀约的回函示范：

尊敬的王优嘉先生：

我深怀歉疚地通知您，由于本人明晚将乘机飞往德国法兰克福市洽谈生意，故而无法接受您的邀请，前往波特曼饭店出席贵公司举办的迎春茶话会。

恭请见谅，谨致谢忱。

你是对方想象中的拜访者吗

有效的拜访顾客，是营销迈向成功的第一步。只有在充分的准备下拜访顾客才能取得成功。上门拜访顾客尤其是第一次，难免相互存在一点儿戒心，不容易放松心情，因此销售人员要特别重视留给别人的第一印象，成功的拜访形象可以在成功之路上助你一臂之力。

张林是市外办的一名干事，有一次，领导让他负责与来本市参观访问的某国代表团进行联络。为了表示对对方的敬意，张林决定专程前去对方下榻的饭店拜访对方。

为了避免出现得仓促，他先用电话与对方约好了见面的时间，并且告之自己将停留的时间长度。随后，他对自己的仪容、仪表进行了修饰，并准备了一些本市的风光明信片作为礼物。

届时，张林如约而至。敲门后，他主动向对方问好并与对方握手，随后做了简要的自我介绍，并双手递上自己的名片与礼品。简单寒暄后，他直奔主题，表明自己的来意，详谈完后握手告辞。

像张林这样的做法是符合商务拜访的常规礼仪的，由此可见他训练有素的交际风采。成功的拜访首先得益于良好的专业形象，它包括以下内容。

外部形象：服装、仪容、言谈举止乃至表情动作上都力求自然，就可以保持良好的形象。

控制情绪：不良的情绪是影响成功的大敌，我们要学会遥控自己的情绪。

投缘关系：清除顾客心理障碍，建立投缘关系就建立了一座可以和顾客沟通的桥梁。

诚恳态度："知之为知之，不知为不知。"这是古语告诉我们的做人的基本道理。

自信心理：信心来自于心理，只有做到"相信公司、相信产品、相信自己"才可以树立强大的自信心理。

与对方面谈之前要注意什么

与对方面谈之前，首要规则是准时。让别人无故干等无论如何都是严重失礼的事情。如果有紧急的事情，不得不晚，必须通知你要见的人。如果打不了电话，请别人为你打电话通知一下。如果遇到交通阻塞，应通知对方要晚一点到。如果是对方要晚点到，你将要先到，可以充分利用剩余的时间整理一下思路，耐心等对方到来。

当你到达时，告诉接待员或助理你的名字和约见的时间。冬天穿着外套的话，如果助理没有主动帮你脱下外套或告诉你外套可以放在哪里，你就要主动问一下。

在等待时要安静，不要通过谈话来消磨时间，这样会打扰别人工作。尽量不要来回紧盯着手表。如果你等不及，可以向你的助理解释一下并另约一个时间。不管你对要见的人有多么不满，也一定要对接待或助理有礼貌。

当你被引到约见者办公室时，如果是第一次见面，就要先递上名片，做个自我介绍；如果已经认识了，只要互相问候并握手就行了。在和客户面谈时，送给客户一张名片，不仅是很好的自我介绍，而且与客户建立了联系，既方便，又体面。名片除在面谈时使用外，还有其他一些妙用。例如，去拜访客户，对方不在，可将名片留下，对方回来看到名片，就知道自己来过了；还可以在名片上留言，向客户致意或预约拜访的时间；把注有时间、地点的名片装入信封发出，可以代替正规请帖，又比口头或电话邀请显得正式；向客户赠送一份礼物，如让人转交，则随带名片一张，附几句恭贺之辞，无形中关系又深了一层；熟悉的客户家中发生了事情，不便于当面致意，可寄名片一张，省时省事，又不失礼节。

对方如果不开口说让座不能随便坐下。如果对方不坐，自己不能先坐。对方让座之后，要口称"谢谢"，然后采用规矩的礼仪坐姿坐下。对方递上烟茶要双手接过并表示谢意。如果对方没有吸烟的习惯，要克制自己的烟瘾，尽量不吸，以示对对方习惯的尊重。对方献上果品，要等对方动手后，自己再取用。即使在最熟悉的朋友家里，也不要过于随便。

拜访中一言一行都要注意

一个举止得体、行为优雅的人不仅代表公司的形象，也是自身良好素质的体现。一个行为举止文明、严谨、做事干练的办事人员，也会深得对方的喜欢。一个人的行为习惯往往在给人的第一印象中就能反映出来，因此，在与对方进行初次接触时就应注意行为习惯上的礼节。下面是你在拜访客户时应注意的细节：

1. 谈吐要大方

态度诚恳热情，表达自然亲切，措辞准确得体，语言文雅谦恭，不含糊其辞、吞吞吐吐，不信口开河、出言不逊，这些都是交谈的基本原则与礼节。首先说话的声音要适当。交谈时，音调要明朗，咬字要清晰，语言要有力，频率不要太快。如果觉得自己的声音不好听，最好每天花5分钟时间来练习发音，不间断地练习一个月，就会有很大改善。与对方交谈要尽量使用普通话。与对方交谈时，应双目注视对方，不可东张西望。说话时可适当做些手势，但不要手舞足蹈，不能用手指人，更不能拉拉扯扯、拍拍打打。与对方保持适当距离，讲话时不要唾沫四溅。交谈中要给对方说话的机会。在对方说话时，不要轻易打断或插话，应让对方把话说完。如果要打断对方讲话，应先用商量的口气问一声："请等一下，我可以插一句话吗？""我提个问题好吗？"这样可避免对方产生你轻视他或不耐烦你的讲话等不必要的误解，如对方谈到一些不便谈论的问题，可以转移话题，不要轻易表态。谈话要注意他人的禁忌。与对方交谈，一般不要涉及疾病和死亡等不愉快的事情。不要直接询问对方工资、家庭财产等生活情况，这容易使对方反感。对方若犯过错误或有某种生理缺陷，言谈中要特别注意避免损伤对方自尊心的话语。对方不愿谈的话题，不要穷根究底，引起对方反感的话题应表示歉意，或转移话题。谈话对象超过三人时，应不时与在场其他人攀谈几句，不要只把注意力集中到一两个人身上，以免其他人产生冷落感。习惯性的口头禅会使对方产生反感，交谈中要注意避免。交谈要口语化，这会使客户感到自然亲切。

2. 举止要得当

销售人员到客户办公室或家中，进门时要按门铃或轻声敲门。按铃或敲门的时间不可过长，无人或未经主人允许，不要擅自进入室内。见到对方时，如非事先约定，应向对方表示歉意，然后再说明来意。进入对方办公室或家中，应主动向在场的人表示问候或点头示意。在对方家中，未经邀请，不能参观住房，即使熟悉的人，也不要随意翻动室内的书籍、花草、陈设及其他物品。和对方在一起，不要乱丢果皮纸屑，注意保持地毯、地板的清洁；千万不能随地吐痰；吸烟要把烟灰弹入烟灰缸；不用脚蹬踏桌椅沙发；雪雨天进入室内，注意擦鞋底，防止将雨水、雪水、泥巴带入室内。

3. 其他事项

此外，还有一些行为礼仪，如握手、问候等，都需要拜访者一步一步地去练习。在与对方握手时，不要久握不放，也不要握得过紧，更要避免的是一边握手一边谈论业务，或者握手时目光移到别处，这都是不尊重对方的表现。

谈话结束起身告辞时，要向主人表示"打扰"之歉意。出门后，回身主动伸手与主人握别，说："请留步。"待主人留步后，走几步，再回首挥手致意："再见。"

如果你希望自己给对方留下美好的形象，就应该经常注意这些细节，尽量避免举止失当。

全方位接待来访者三步骤

一般来说，商务接待工作主要分三个阶段。

1. 候客阶段

以客户为中心的服务理念，应充分体现在接待客户的每个环节上。在等待客户光临期间，你可以抓紧时间做以下工作：

（1）整理环境卫生。环境卫生可能因为客户的到来留下点儿泥土、纸屑、果皮等，因此，你可以利用等待的时间先清理一下环境卫生。

（2）整理货品。顾客的光顾可能会把一些商品弄乱，或者有些产品原本是完好无损的，可是经过众多顾客抚摸，也可能受到污损。利用空闲时间整理商品，认真检查商品的质量，把有毛病或不合格的产品挑出来，并尽可能地遮掩或移至相对隐蔽的位置，这样可以避免影响店面声誉。

（3）准备其他工作。如果等待的时间较长，你还可以做一些其他的准备工作，如制作产品标签和一些简单的宣传品；学习、充实有关产品/服务方面的知识；注意竞争产品/服务的销售状况和市场活动等。

2. 迎客期间的接待服务

当有顾客光临时，抓住接待时机是十分关键的。顾客不喜欢自己一进门就给自己施加有形或无形的压力，因此你最好不要用提问的口气与顾客打招呼，比如"你好，买东西吗？"或者"请问需要我服务吗？"等等。用这种压力比较大的问句招呼顾客会给顾客制造必须回答问题的压力，而大多数顾客不喜欢多说话，通常以沉默或其他借口来保护自己。

接近顾客的最佳时机，是在顾客对商品有兴趣，并且有问题需要提供帮助的瞬间，此时接近顾客成功率最高，对于选择性商品购买的顾客来说尤其如此。所以，当顾客走向你的柜台，你应该问候一下，但不宜过早地逼近顾客，应尽可能地给顾客营造一个轻松购物的环境。当顾客停留在某节柜台并注意去看商品时，你应轻步靠近顾客，建议不要站在顾客的正前方，最佳的位置是顾客的前侧方，这样既减轻了面对面时可能造成的压力，也便于与顾客交谈，因为侧脸讲话要比面对面时顾客抬头给你讲话省力得多。

如果你能亲切地接待顾客的陪伴人员，即使他本人并无购买商品的愿望，这时在热情的感召下也可能要买点什么，或者成为下次购买的顾客。因此，在接待准顾客时，不要冷落了顾客的陪伴人员。

3. 送客阶段不能忽视的细节

当顾客心满意足地选购好自己的商品即将离店时，送客礼节也不能忽视。首先，你要帮助顾客打包商品，为了避免包装破损，可以多添加一些防损措施。当销售过程完成后，应将顾客送出店门外，并且礼貌地说："您拿好，欢迎下次再来！""您慢走，有什么需要的再到我这儿来！"如果顾客在你这里并没有买到自己所需的商品，你也不能任由顾客失望地走开，而是热情地为顾客推荐其他销售区域或门店，帮助顾客买到所需的商品。如果顾客不熟悉周围的销售区域环境，你应该亲自把顾客带到他所需商品的门店或柜台处。

总之，接待服务工作是商务往来不可忽视的细节。无论处于哪个接待阶段，你都不能马虎粗心，更不能随意处理。

接待服务礼节和言行举止示范

对于接待方来说，要注意以下一些礼仪规范。

声音：声音洪亮，底气充足，容易感染客户，带给客户朝气蓬勃的感觉。

眼神：眼神诚恳，双眼看着对方，客户感受到尊重！

微笑：脸带微笑，让客户心情放松，容易拉近距离！

接近：主动接近顾客，不要让顾客有被冷落的感觉。

询问：询问声音要轻柔（但不低沉），让客户感觉是在拉家常！

展示：拿商品给顾客看，宜双手递上，以示诚恳。

解说：解说产品时，要重点突出，语速适中，语速太快给人感觉推销意向明显；语速太慢，则无法感染客户。

陪同：在客户身边120厘米左右，（太远不行，太近了客户有压抑感）让客户感觉到你随时都可以为他服务！

成交收款：谢谢！收您多少钱，产品是多少钱，找您多少钱。请点好！

包装：商品送交顾客，小心包装，双手递上，以示尊重！

送客：送客户到门口，并说"您慢走！欢迎再来！"

在接待顾客时的言行与表现，甚至对销售业绩能起到决定性的作用。不同类型的顾客接待用语要小心谨慎，否则因"祸从口出"而流失顾客。

慎重型：这类顾客在选购材料、食品或其他商品时，都是挑挑这个、选选那个的，即拿不定主意的顾客。对于这类顾客，不能急急忙忙地说："您想买点什么啊？"而应该拿出两种以上的商品来，以温和的态度对比介绍。

反感型：尽管你介绍的都是真实情况，顾客也认为是说谎骗人。对于这类顾客，你不应抱着反感的态度，更不能带气来对待顾客。

挑剔型：对于介绍的商品"这个也不行、那个也不是"比较挑剔的顾客，不要加以反驳，而要耐心地去听他讲。

傲慢型：经常在你跟前摆来摆去的，意思好像在说："我是顾客啊!你的上帝。"如果稍稍表现不耐烦或者没有面对着顾客，他就要发怒地脱口说出："喂，怎么没人理我。"对于这类顾客，最好采取镇静沉着的态度。

谦逊型：当你介绍商品时，他总是听你作介绍，并且说："真是这样，对，对。"对待这样的顾客，不仅要诚恳有礼貌地介绍商品的优点，而且连缺点也要介绍。例如，有的牙齿不太好的顾客购买食品，不仅要介绍某种食品味美价廉的优点，而且连"稍微有点硬"等缺点也要一并介绍。这样就更能取得顾客的信任。

高效商务谈判的七个重要原则

交谈是商务谈判的中心活动。而在圆满的交谈活动中，遵守交谈礼仪具有十分重要的作用。

1．尊重对方，谅解对方

在交谈活动中，只有尊重对方，理解对方，才能赢得对方感情上的接近，从而获得对方的尊重和信任。因此，谈判人员在交谈之前，应当调查研究对方的心理状态，考虑和选择令对方容易接受的方法和态度，了解对方讲话的习惯、文化程度、生活阅历等因素对谈判可能造成的种种影响，做到多手准备，有的放矢。交谈时应当意识到，说和听是相互的、平等的，双方发言时都要掌握各自所占有的时间，不能出现一方独霸的局面。

2．与他人保持适当距离

说话通常是为了与别人沟通思想，要达到这一目的，首先必须注意说话的内容，其次必须注意说话时声音的轻重，使对话者能够听明白。这样在说话时必须注意保持与对话者的距离。另外还存在一个怎样才更合乎礼貌的问题。从礼仪上说，说话时与对方离得过远，会使对方误认为你不愿向他表示友好和亲近，这显然是失礼的。然而，如果在较近的距离和人交谈，稍有不慎就会把唾沫溅在别人脸上，这是最令人讨厌的。有些人有凑近和别人交谈的习惯，要知道别人顾忌被自己的唾沫溅到，于是先知趣地用手掩住自己的口。这样做形同"交头接耳"，样子难看也不够大方。因此，从礼仪角度来讲一般保持一两个人的距离最为适合。这样做，既让对方感到有种亲切的气氛，同时又保持一定的"社交距离"，在常人的主观感受上，这也是最舒服的。

3．恰当地称呼他人

无论是新老朋友，一见面就得称呼对方。每个人都希望得到他人的尊重，人们比较看重自己业已取得的地位。对有头衔的人称呼他的头衔，就是对他莫大的尊重。直呼其名仅适用于关系密切的人之间。你若与有头衔的人关系非同一般，直呼其名来得更亲切，若是在公众和社交场合，你还是称呼他的头衔会更得体。对于知识界人士，可以直接称呼其职称。但是，对于学位，除了博士外，其他学位，就不能作为称谓来用。

4．及时肯定对方

在谈判过程中，当双方的观点出现类似或基本一致的情况时，谈判者应当迅速抓住时机，用溢美的言辞，客观肯定这些共同点。赞同、肯定的语言在交谈中常常会产生异乎寻常的积极作用。当交谈一方适时中肯地确认另一方的观点之后，会使整个交谈气氛变得活跃、和谐起来，陌生的双方从众多差异中开始产生了一致感，进而十分微妙地将心理距离拉近。当对方赞同或肯定己方的意见和观点时，己方应以动作、语言进行反馈交流。这种有来有往的双向交流，易于双方谈判人员感情融洽，从而为达成一致协议奠定良好基础。

5．态度和气，语言得体

交谈时要自然，要充满自信。态度要和气，语言表达要得体。手势不要过多，谈话距离要适当，内容一般不要涉及令人不愉快的事情。

6．注意语速、语调和音量

在交谈中语速、语调和音量对意思的表达有比较大的影响。

交谈中陈述意见要尽量做到平稳中速。在特定的场合下，可以通过改变语速来引起对方的注意，加强表达的效果。一般问题的阐述应使用正常的语调，保持能让对方清晰听见而不引起反感的高低适中的音量。

7．使用敬语、谦语、雅语

敬语，亦称"敬辞"，它与"谦语"相对，是表示尊敬礼貌的词语。除了礼貌上的必须之外，能多使用敬语，还可体现一个人的文化修养。

敬语的运用场合：

第一，比较正规的社交场合；

第二，与师长或身份、地位较高的人的交谈；

第三，与人初次打交道或会见不太熟悉的人；

第四，会议、谈判等公务场合等。

我们日常使用的"请"字，第二人称中的"您"字，代词"阁下"、"尊夫人"、"贵方"等，另外还有一些常用的词语用法，如初次见面称"久仰"，很久不见称"久违"，请人批评称"指教"，请人原谅称"包涵"，麻烦别人称"打扰"，托人办事称"拜托"，赞人见解称"高见"，等都是常用的敬语。

谦语，亦称"谦辞"，它是与"敬语"相对，是向人表示谦恭和自谦的一种词语。

谦语最通常的用法是在别人面前谦称自己和自己的亲属，如称自己为"愚"，称家人用"家严、家慈、家兄、家嫂"等。自谦和敬人，是一个不可分割的统一体。尽管日常生活中谦语使用不多，但其精神无处不在。只要你在日常用语中表现出你的谦虚和恳切，人们自然会尊重你。

雅语，是指一些比较文雅的词语。雅语常常在一些正规的场合以及一些有长辈和女性在场的情况下，被用来替代那些比较随便，甚至粗俗的话语。多使用雅语，能体现出一个人的文化素养以及尊重他人的个人素质。在待人接物中，要是你正在招待客人，在端茶时，你应该说："请用茶。"如果还用点心招待，可以用"请用一些茶点"。假如你先于别人结束用餐，应该向其他人打招呼说："请大家慢用。"雅语的使用不是机械的、固定的。只要你的言谈举止彬彬有礼，人们就会对你的个人修养留下较深的印象。只要大家注意使用雅语，必然会对形成文明、高尚的社会风气大有益处，并对我国整体民族素质的提高有所帮助。

营造成功谈判气氛的艺术

一个成功的谈判会引领重要合作的顺利开始，要想成功地进行谈判，掌握如何创造良好的会谈气氛是十分必要的。

首先，抓住会谈开始的前奏，营造一个有利于自己的氛围。良好的开端是成功的一半。双方人员见面之初，免不得要互相介绍、寒暄。这时，就应抓紧时机，对会谈气氛施加影响，同时谈判人员应特别注意礼仪修养，态度应热情诚恳，以便先入为主，消除距离感。一般以中性话题作为开场白，设法引起双方的共鸣，使双方在感情上接近许多，然后再进入正题就比较自然了。但应注意开场白的时间不宜过长，应控制在谈判时间的5%之内。

其次,选择一种比较自然、随和进入会谈正题的方式。以轻松自然的语气先谈些双方容易达成一致意见的中性话题,引起双方的共鸣。这种容易获得肯定回答的方式,有助于创造一种"一致"的气氛,有利于最终达成一致意见。

再次,双方谈判要体现出真诚的合作态度,尊重对方,双方争取在一个友好、平等的位置上展开谈判。任何性质的谈判,最终目的都是想取得符合双方利益的积极成果。因此,谈判过程中,谈判人员要做到以下几点:

第一,要诚恳、积极的沟通,使人感到有诚意。

第二,尽量地适应对方需要,满足对方的合理要求,求得双方的共同利益,避免正面冲突,巩固已形成的良好气氛。

第三,要简单明了地发表意见,切忌长篇大论,滔滔不绝。盛气凌人的讲话态度很容易引起对方的反感,不利于谈判的发展,甚至会陷入僵局。注意倾听对方发言,不要随意打断别人谈话,更不能不等对方讲完话就批驳,待对方发表完意见后,再阐述自己的见解。

谈判中要有礼有利地让步

谈判是双方不断地让步最终达到价值交换的一个过程,也许一个小小的让步会涉及整个战略布局。但是让步也要遵守原则,草率让步和寸土不让都是不可取的。

1. 不草率让步

谈判就是谈判,在工作之外你可以和对方促膝谈心,成为莫逆之交,但在谈判桌前就要针锋相对,要清楚你代表着是企业行为而决非个体,你的一个轻易让步可能会使企业利润降低或者亏损,减少市场的投入甚至影响到员工的收入都说不定,也许没有人认为自己的行为会有如此的后果,但如果每一名谈判者都抱着如此的心态,那么再优秀的企业也会垮台破产。

因性格而改变谈判结果的例子比比皆是,性格软弱的谈判者更容易做出让步,买家很愿意和这类谈判者共事,他们总会提出一些难以接受的要求,随后不断地施加压力,迫使谈判者一次又一次地接受。只要把握正常的心态、强化谈判的决心,你就不会轻易地让步,即使你处于弱势。

谈判总需要有一方做出让步,否则谈判将无法进行下去。这种理念听起来确实不错,但问题是为什么一定是你先让步呢?你的让步或许使对方会认为你在表示诚意,但老谋深算的对手决不会这么看，他们不会被你的诚意所感动，相反，他们会认为你软弱可欺，谈判的态度会越发强硬起来，会变本加厉来迫使你再次让步。

不要以为你善意的让步会感动对方，使谈判变得简单而有效，这只是一厢情愿的想法，事实上恰恰相反，在你没有任何要求的让步下，对方会更加有恃无恐、"据理力争"，并且还会暗示你做出更大的让步，想以让步来换取对方的同情是绝不可行的。

也许你经历过这样的情景。你千辛万苦开发了一个重要客户，对方虽然认可了你的产品，但始终不同意接受产品的价格，你当然不能让煮熟的鸭子飞了，无奈之下做出了价格让步，但你有言在先，下次订货时要按标准价格执行，对方满口答应。好容易盼到他们再次要货了，出乎你的预料，他们不但不认可标准价格，还威胁你如果不给予相当的折扣，他们会与其他的供应商合作，而且永远不再和你来往了。所以，当对方要求你让步时，应该索要一些回报，否则绝不可让步。

2. 让步遵循的原则

谨慎让步，要让对方意识到你的每一次让步都是艰难的，使对方充满期待，每次让步的幅度不能过大。

尽量迫使对方在关键问题上先行让步，己方则在对手的强烈要求下，在次要方面或者较小的问题上让步。

不做无谓的让步，每次让步都需要对方用一定的条件交换。

了解对手的真实状况，在对方急需的条件上坚守阵地。

事前做好让步的计划，所有的让步应该是有序的，将具有实际价值和没有实际价值的条件区分开来，在不同的阶段和条件下使用。

谈判过程中商讨与辩论的尺度

谈判过程中最重要的环节和核心当数商讨与辩论，通过双方之间的商讨与辩论，可以解决许多牵涉双方利益的实质性问题，最终达成一致。商讨和辩论，无非是通过构思和辩论得出一个对双方都有利的解决方法。谈判双方都希望得到一个满意的结果，所以要心平气和、头脑冷静，共同商讨，得出一种双赢的效果。

首先，要明确自己的观点和立场，以便于更好地沟通，获得彼此的信任。双方都有自己独到的观点，所以在立场问题上争执不休是不明智的。谈判的重点是利益，最终目标是为了满足双方潜在的利益，如果一味地把谈判立场与真正利益混淆不清，仅仅在立场的冲突上双方获得妥协，则有可能使谈判毫无结果。

其次，针对具体问题展开商讨，要把人与问题分开，不要含混不清，对发表不同意见的人纠缠不停。成功的谈判是建立在双方充分的了解和沟通、尊敬和信任的良好工作关系上的。参加谈判的人要把自己看成是双方工作的人，所要解决的是问题，而不是攻击人。

商讨与辩论过程中，在重视双方实质的利益并寻求一种能满足其实质利益的方式的同时，也不能忽视谈判双方关系的利益，一种潜在的继续合作，维持一种双方持续关系的结果。

要想在商讨中取得胜利，要重视谈判的人性层面，直接处理人的问题。一方面要对对方的想法有一个充分的了解，在讨论彼此的看法的同时，设身处地为对方设想，给对方谈判者保留一定的余地和面子；另一方面要充分了解对方的情绪，容许对方发泄情绪，控制好自己的情绪，还要增加双方的沟通，建立一种良好的工作关系，谈判对事不对人，携手寻求对双方都有利的协议。

第 18 章

宴会餐饮礼仪
——简单的吃喝中深藏着为人处世的学问

赴宴和入席之前的礼仪事项

应邀参加宴会，要适当地妆扮自己，以示对主人以及参加宴会者的尊重。对于夫妻同赴宴的情况，应该注意男女双方衣着的式样、颜色，尽量保持协调。这样会为主人的宴会增光添彩，既受到其他客人的欢迎，也会使主人内心欣喜。

决定接受邀请前去赴宴，要做的第一件事就是搞清楚宴请的时间和地点。从时间上讲，提前一二分钟、正点，或迟一二分钟到达是最为适宜的，过早或过晚都是失礼的。其二，对宴请的地点以及行车的路线事先应该做到心中有底，因为这是准时到达宴请场所的重要保证。再者，一定要对请柬上注有的桌次号码牢记在心，免得到宴请场所后东张西望，有失风度。如果有其他事情耽搁不能参加宴会，应事先向主人说明。如果参加宴会时不小心迟到了，应向主人致歉。

一旦到了宴请场所，并找到了入座的桌次以后，要注意桌上的座位卡是否写着自己的名字，不可随意乱坐。只有确认自己的桌次、座位无误，而主人或主宾又已经入座的情况下，才可从椅子的左方入座。但是不同情况要不同对待，在主人没有到场的情况下，即使请柬上写着你的桌次和座号，也应以听主人招呼和安排为好；若没有安排座次，你可以与你的朋友和熟人坐在一起。就座时，要向其他客人表示礼让，不要旁若无人地就座。

就座后，要保持坐姿端正，不可用手托腮或将双臂肘放在桌上，也不要随意翻动菜单，摆弄餐具或餐巾，这些举动都会给人以迫不及待的坏印象，最好是将一双空手放在自己的大腿上。尽管脚是别人看不见的，但同样也应该守规矩，要平放在自己的座位下，把脚搁在椅档上或伸出去踢着别人会使旁人和自己都感到尴尬。就座后尽量不要与他人随便交谈，如要交谈声音不可太高。

有时，坐定以后，服务人员还会递上一方湿毛巾，此时应礼貌地接下来并轻轻擦拭自己的双手和嘴角，不可用它擦脸，更不能用它擦颈脖或手臂。

宴会一般来说都会有上菜的空隙时间，在这段时间里，通常主客之间常有简短的交谈。作为客人，要认真答对，不可一入座就只等进食，或玩弄敲打碗筷，或左顾右盼、东张西望，要保持优雅和稳重。

宴会桌次和座位的礼仪事项

宴会桌次的安排最为讲究。中国人习惯用圆桌。两桌和两桌以上桌次的安排有横、竖、花三种方式，可根据餐厅的不同形状来确定，长方形餐厅采用直排或横排利用率较高，而正方形餐厅采用花排则更为美观。西式宴会则一般采用长桌。桌形的各种变化，以参加人数的多少和餐厅的大小形状而定。

但不论是中式宴会还是西式宴会，不论是两桌还是十桌、百桌，桌次排定的大致原则基本相同，即主桌排定以后，其余桌次的高低以离主桌位的远近而定，离主桌越近的桌次越高，离主桌越远的桌次越低。平行桌以右桌为高，左桌为低。桌次排定以后，更重要的是排定每一桌上就餐人员的席次，这项工作既复杂，礼仪要求又十分严格。

1. **中式宴会席次安排**

中式宴会席次的安排相对容易。席次的高低与桌次的高低原理基本相同，即右高左低，先右后左。主宾应安排在第一主人的右侧，副主宾应安排在第二主人的右侧，以此类推。如有夫人同桌就座，按国际惯例，应将男女穿插安排，第一主人的右侧和左侧安排主宾夫妇，第二主人的右侧和左侧安排副主宾夫妇，依此类推。我国的习惯是以个人本身职务排列，以便谈话，如夫人出席，常把女方排在一起，主宾夫人坐女主人的右侧。如遇一些特殊情况时便要灵活掌握。比如主宾身份高于主人，为表示对他的敬重，可以把主宾排在第一主人的位置，而主人则坐在主宾位置上，第二主人坐在主宾的左侧。假如需要配译员时，一般应将译员安排在主宾的右侧；同一桌上需安排第二译员时，可将其安排在第二主人右侧与第三宾客隔开的座位上。

2. **西式宴会席次安排**

西式宴会席次的安排有两种。这与圆桌席次的安排原理如出一辙。但要注意，不要把宾客排在桌端，如果有译员，自然也安排在第一或第二主人的右侧，与主人席间隔一席，以便主客交谈。也有译员不上席的，为便于主客交谈，可安排其坐在主人和主宾的背后。

冷餐台的菜台一般都用长方桌，靠餐厅四周或摆在餐厅的中央都可以。就餐者通常是自由走动用餐。如需坐下用餐，也可摆四五人一桌的方桌或圆桌，座位略多于全体客人数，以便与席者自由就座。

酒会一般摆小圆桌或茶几，以放置些花瓶、烟缸、干果、小吃等。无坐席时，参加者可自由选择对象交谈。

客人抵达和离去的礼仪事项

宴请大都要发出请柬，事先口头约定的也要补发，这既是礼节、礼貌上的需要，也是起提醒、备忘之用。请柬要在宴请前1～2周发出，以便被邀请者有所准备。国际上习惯对夫妇两人发一张请柬，我国习惯每人发一张。宴请的时间应对主、客双方都合适。

宴请开始，主人应在门口迎候来宾，有时还可由少数其他主要人员陪同主人列队欢迎客人。客人抵达后，宾主相互握手问候，随即由工作人员将客人引进休息厅。休息厅内安排有相应身份者接应客人，并以饮料待客。若无休息厅，可请客人直接进入宴会厅，但不落座。

主宾到达后，主人应陪同主宾进入休息厅与其他客人见面。当主人陪同主宾进入宴会厅时，全体客人就座，宴会即可开始。

如果主人和主宾要发表讲话，一般安排在热菜之后，甜食之前进行。主人先讲。双方讲话有时也可安排在一入席时进行。吃水果后，主人与主宾离座，宴会即告结束。

西方习俗中客人抵达宴会厅时，有专人负责唱名。而在宴会上以女士为第一主人，人们入座、用餐、离席，均应以女主人的行动为准，不得抢先。

客人离去时，主人应送至门口，热情话别。在较正式场合时，门口列队欢迎客人的人们，此时还应列队于门口，与客人一一握手告别，表示欢送之意。

席间开宴要注意的礼仪事项

当主人示意用餐可以开始,便可将桌上的餐巾抖开,平摊在自己的双腿上。但要注意,中餐是将餐巾全部打开,西餐的午餐也是如此,而西餐的晚餐则是将餐巾打开到双折为止。将餐巾塞在颈脖里或系在腰带上的做法早已过时。拿餐巾来擦餐具或酒具的做法更是失礼的行为,因为这至少表明你对餐具的清洁持怀疑态度。假如中途需要离开一会时,可将餐巾稍微折一下放回到桌上,也有人将其放在椅子上。

1. 开宴

按照主人安排的座次入席,不能乱坐座位。入座时,要和其他客人礼让,并从椅子左边入座。开宴之前,可与邻座交谈,不要摆弄碗筷、左顾右盼。等主人、同席年长者招呼以后,才能动筷。

2. 进餐

总的来说,进餐时吃相要文雅,举止要得体,一般礼仪如下所述。

(1)用餐时须温文尔雅,从容安静,不能急躁。

(2)不要两眼盯着菜只顾吃,要照顾到别的客人,谦让一下,尤其要招呼两侧的女宾。

(3)与邻座交谈时,切忌一边嚼食物,一边与人含含糊糊地说话。

(4)必须小口进食,不要大口地塞,食物未咽下,不能再塞入口。

(5)闭嘴咀嚼,不要发出咀嚼声。

(6)汤、菜太热时,不要用嘴去吹,要等稍凉后再吃;喝汤时,也不要发出声音。

(7)吃进口的东西,不能吐出来,如遇烫的食物,可喝水或果汁冲凉。

(8)取菜舀汤,应使用公筷公匙。

(9)在餐桌上,手势、动作幅度不宜过大,更不能用餐具指点别人。

(10)自己手上持刀叉,或他人在咀嚼食物时,均应避免跟人说话或敬酒。

(11)好的吃相是食物就口,不可口就食物。食物带汁,不可匆忙送入口,否则汤汁滴在桌布上,极为不雅。

(12)切忌用手指剔牙,应用牙签,并以手或餐巾纸遮掩。

(13)若要咳嗽、打喷嚏,将头转向一边,用手帕遮捂口鼻。

(14)不要伸懒腰、打哈欠,毫无控制地打饱嗝。

（15）喝酒宜随意，敬酒以礼到为止，切忌劝酒、猜拳、吆喝。

（16）如欲取用摆在同桌其他客人面前的调味品，应请邻座客人帮忙传递，不可伸手横越，长驱取物。

3. 应付意外

进餐过程中有时会遇到一些意外事件，如何处理好这些意外才能不失礼仪呢？以下列举了一些常见的事件，供读者参考。

（1）自己的餐具掉在地上，可向服务员索取。

（2）不慎将酒、水、汤汁溅到其他客人衣服上，表示歉意即可，并递上手帕或餐巾。不必恐慌赔罪，反使对方难为情。

（3）失手打翻了酱碟，应向注意到你的人婉言致歉，不要大声嚷嚷，也不要没完没了地自责。

（4）席间一般关掉手机，或把手机调至震动。离席回电时，应向主人或左右的客人致歉，轻轻拉开座椅离去。

4. 离席

等主人宣布宴会结束时，客人才能离席。客人应向主人道谢、告别，如"谢谢您的款待"、"您真是太好客了"、"菜肴丰盛极了"，并向其他客人告别。如果客人有事要提前离席，则应向主人及同席的客人致歉。

安排菜单的礼仪事项

根据中国人的饮食习惯，与其说是"请吃饭"，还不如说成"请吃菜"。所以对菜单的安排是马虎不得的。它主要涉及点菜和准备开宴两方面的问题。

点菜要适量，不仅要吃饱、吃好，而且必须量力而行。如果为了讲排场、装门面，而在点菜时大点、特点，甚至乱点一通，不仅对自己没好处，而且还会招人笑话。这时，一定要心中有数，力求做到不超支，不乱花，不铺张浪费。可以点套餐或包桌，这样费用固定，菜肴的档次和数量相对固定，省去很多麻烦，也可以根据"个人预算"，在用餐时现场临时点菜。这样不但自由度较大，而且可以兼顾个人的财力和口味。

被请者在点菜时，一是告诉做东者，自己没有特殊要求，请对方随便点，这实际上正是对方欢迎的做法，或者是认真点上一个不太贵的而又不是大家忌口的菜，再请其他人点。别人点的菜，无论如何都不要挑三拣四。

一顿标准的中餐大菜，不管它是什么样的风味，上菜的次序都是相同的。通常，首先上桌的是冷盘，接下来是热炒，随后上的是主菜，然后上点心和汤，最后上的是果盘。如果上咸点心的话，讲究上咸汤；如果上甜点心的话，就要上甜汤。不管是不是吃大餐，了解中餐标准的上菜次序，不仅有助于在点菜时巧作搭配，而且还可以避免因为不懂而出洋相、闹笑话。

在宴请之前，主人需要事先对菜单进行斟酌。在准备菜单的时候，主人要着重考虑哪些菜可以选用、哪些菜不宜选用。

优先考虑的菜肴有以下四类。

第一类，是有中餐特色的菜肴。在宴请外宾的时候，这一条更要高度重视。比方说，中餐里的龙须面、煮元宵、炸春卷、蒸饺子、狮子头、宫爆鸡丁等，并不是佳肴美味，但因为具有鲜明的中国特色，所以受到很多外国人的推崇。

第二类，是有本地特色的菜肴。比如，西安的羊肉泡馍，湖南的毛家红烧肉，上海的红烧狮子头，北京的涮羊肉，在这些地方宴请外地客人时，上这些特色菜，恐怕要比千篇一律的生猛海鲜更受好评。

第三类，是本餐馆的特色菜。很多餐馆，都有自己的特色菜。上一份本餐馆的特色菜，能说明主人的细心和对被请者的尊重。

第四类，是主人的拿手菜。在举办家宴时，主人一定要当众露上一手，多做几个自己的拿手菜。其实，所谓的拿手菜不一定十全十美。只要主人动手为来客烧菜，单凭这一条，就会让对方感觉到你的尊重和友好。

在安排菜单时，还必须考虑来宾的饮食禁忌，特别是对主宾的饮食禁忌要高度重视。这些饮食方面的禁忌主要有以下四方面。

（1）宗教的饮食禁忌，一点也不能疏忽大意。例如，穆斯林不吃猪肉，并且不喝酒。国内的佛教徒不吃荤腥食品，它不仅指的是不吃肉食，而且还包括葱、蒜、韭菜、芥末等气味刺鼻的食物。

（2）出于健康的原因，对于某些食品，也有所禁忌。比如，心脏病、脑血管动脉硬化、高血压等病人，不适合吃狗肉；肝炎病人忌吃羊肉和甲鱼；胃肠炎、胃溃疡等消化系统疾病的人也不宜吃甲鱼；高血压、高胆固醇患者，要少喝鸡汤等。

（3）不同的地区，人们的饮食偏好往往不同。对于这一点，在安排菜单时，也要兼顾。比如，湖南人普遍喜欢吃辛辣食物，少吃甜食。英美国家的人通常不吃宠物、稀有动物、动物内脏、动物的头部和脚爪。

（4）有些职业，出于某种原因，在餐饮方面往往也有各自不同的特殊禁忌。例如，国家公务员在执行公务时不准吃请，在公务宴请时不准大吃大喝，不准超过国家规定的标准用餐，不准喝烈性酒。再如，驾驶员在工作期间，不得饮酒。要是忽略了这一点，还有可能使对方犯错误。

在隆重而正式的宴会上，主人选定的菜单也可以在精心书写后，每人一份，让用餐者不但餐前心中有数，而且餐后也可以留作纪念。

家庭宴会的礼仪事项

举行家庭宴会，要注意以下一些基本的礼仪：

1. 家宴待客的一般礼仪

在家里宴请亲朋好友一般来说比较随意，但也应注意一些必要的礼仪。

首先，要注意席位的排法。席位的排法要有所讲究，特别是比较重要的家庭宴请。中式宴会的席位安排，因正房为坐北朝南，所以方桌北面（向门一面）为主宾席，以迎门一方的左为上、右为下，是为首席和次席。两旁仍按左为上、右为下依次排位。主人则背门而坐。

我国的习惯是按每人本身的职务排列，以便于交谈。如果夫人也出席，通常把女方排在一起，即主宾坐男主人右上方，其夫人坐女主人右上方。

其次，要注意上菜的顺序。进餐时，一般比较郑重的家庭宴会都十分讲究上菜的顺序，即在客人呷酒叙谈时，先摆冷盘以佐酒，然后再上热炒、大菜、甜菜、点心和汤。

再次，要注意敬菜的礼仪。当菜端上桌时，主人应该大致介绍一下这道菜的风味或特色，如果客人对某一道菜特别有兴趣时，主人还可以简单介绍此菜的烹饪方法。每一道菜上来时，如果在餐桌上客人有主次长幼之分时，主人应先请主客或长者首先品尝。当客人出现相互谦让、不肯下箸的情况时，主人可站起来用公筷、公匙为客人分菜。注意不论什么情况下都不要用自己的筷子分菜或夹菜。分菜时，一方面要注意分配的顺序，即要先分给在座的长者，然后按照就座的秩序依次分下去；另一方面要注意分菜量适当，不要分得过多，导致客人不喜欢吃，感到为难。部分菜肴可能得借助刀叉，或请在座的客人协助，千万不要用力撕扯，那样是很不雅观的。不要强迫客人或把菜硬推到客人的碗里而不考虑客人的口味及喜好，当客人对某道菜表示婉谢时，应予以谅解。实际上，用餐时候的这种过分热情，实为不礼貌。

2. 家中举行自助宴会的礼仪

自助餐有两种类型。第一种类型的自助餐采用坐式并且享受部分服务，这是最美妙和优雅的。它可以集优雅的环境和轻松的气氛于一体，这样的聚会需要一定的服务，除非它规模小得女主人可以足够应付，同时也需要足够的空间容纳餐桌。第二种类型的自助餐是不需要餐桌的，这里没有服务或者很少，客人们自娱自乐，他们将自带碟子、餐具和餐巾到一个最舒适的地方，他们可以随时讨论碰到的某些问题。

需要提到的是，除了解决由于额外服务产生的问题，自助餐解决了女主人安排桌位的问题。当客人自己选择地点时，先后次序是否合意并不是主人的责任，坐在烦人的人边上这只能怪自己，同时主人也不必担心菜单是否符合所有人的胃口，因为主人提供了很多菜肴，客人可以避开那些他们不喜欢的。

人们举行的自助餐舞会的类型必须取决于主人所具有的资源，如房间的大小、瓷器、餐具和玻璃杯的数量，是否有家人帮忙以及烹调的能力。空间的大小可以根据客人和服务而变化，但是食物（除了特别大的舞会）通常是在家里先准备的。

商业中餐的礼仪事项

举行商业中餐宴会，应提前发出请柬。其内容包括活动形式、举行的时间及地点、主人的姓名（以单位名义邀请，则用单位名称）。请柬行文不用标点符号，所提到的人名、单位名、节日名称都用全称。请柬格式与行文，中外文本差异较大，注意不能生硬照译。如果宴请外宾，则宴会时间的选定应避开外宾的忌讳，如对信奉基督教的人士不要选13日，伊斯兰教在斋月内白天禁食，宴请宜在日落后举行。此外，菜肴的选择应兼顾外宾的饮食习惯和宗教信仰，如宴请印度教徒不能用牛肉；伊斯兰教徒不饮酒，用清真席；佛教徒只食素，不吃海参和动物内脏。

中餐的餐具主要有杯、盘、碗、碟、筷、匙几种。在正式的宴会上，水杯放在菜盘上方，酒杯放在右上方。筷子和汤匙最好放在专用的小架上。酱油、醋、辣油等作料应一桌数份，并要备好牙签和烟灰缸。有时宴请外国宾客时，除放置筷子外，还应摆上刀叉，一桌数份。

上菜应按照下述顺序，即先上冷盘，后上熟菜，最后上甜食和水果。宴会上桌数再多，各桌也要同时上菜。上菜的方式大体上有以下几种：一是把大盘菜端上，由各人自取；二是由招待员托着菜盘逐一往每个人的食盘中分上；三是用小碟盛放，每人一份。

用餐时要注意文明礼貌。对外宾不要反复劝菜，可向对方介绍中国菜的特点，任对方自由夹取，不可强为对方夹菜。

一般在正式宴请时，应先用公筷或汤匙将所需菜肴接夹到自己的盘碟中，然后再用自己的筷子慢慢食用，而不能直接到菜盘中夹菜送入嘴里。正确使用筷子用餐有八忌：

第一，每次一筷夹的菜不宜太多；

第二，夹菜后接夹到自己盘碟途中不能滴汤不止；

第三，不能用筷子如"拨草寻蛇"似地在菜盘中胡搅一气；

第四，不能在用餐前将筷子放入汤中"洗涮"；

第五，不能用嘴吮筷子的菜卤；

第六，不能用筷子代替牙签剔齿缝；

第七，不能用筷子敲打盘碗；

第八，不能用筷子指点人。

若同时需要使用汤匙时，应先将筷子放下。右手握筷，左手持匙的做法同样是忌讳的。

假如遇有鱼刺肉骨之类的杂物需要吐出时，也必须用筷子放在嘴唇间将杂物接送到自己的碟盘中，直接吐于桌布上的行为是不礼貌的。

另外还应注意，吃东西要把嘴闭上咀嚼，不要拿筷子和汤匙整个往嘴里塞；喝汤不要发出声音，汤若太烫，可过一会再喝，不要用嘴去吹；不要一边吃东西，一边找人聊天；用牙签剔牙时，应用手或餐巾掩住嘴；不要让餐具发出任何声响。

客人入席后，不要立即动手取食，而应待主人打招呼，再与大家一同开始用餐。不要无故在中途离去。吃饱后，应等众人都放下筷子，并见主人示意散席时，方可离座。

西式宴会的礼仪事项

无论你是出国旅游还是出差，如果有人邀请你参加正式宴会，那么你需要了解一些西方宴会的基本礼仪。

（1）到达。你最好按时到达，迟到四五分钟也可以原谅，但千万不能迟到一刻钟以上，否则到时为难的不是别人，而是你自己。如果你去的是富裕而讲究的人家，进大门时遇到的第一个人可能是个管家，负责帮你挂衣服或者是给你带路的，所以你先别急着跟他握手，观察一下再决定。

（2）准备。进了客厅，你不要着急找位子坐。西方人在这种场合一般都要各处周旋，待主人为自己介绍其他客人。你可以从侍者送来的酒和其他饮料里面选一杯合适的边喝边和其他客人聊天。等到饭厅的门打开了，男主人和女主宾会带着大家走进饭厅，女主人和男主宾应该走在最后，但如果男主宾是某位大人物，女主人和他也许会走在最前面。

（3）入席。西餐入席的规矩十分讲究，席位一般早已安排好，这时和你同来的先生或女士绝不会被安排坐在你身边。欧美人认为熟人聊天的机会多得很，要趁此机会多交朋友。男女主人分别坐在长方形桌子的上、下方，女主人的右边是男主宾，男主人的右边是女主宾。其他客人的坐法是男女相间。男士在入座之前要帮右边的女士拉开椅子，待女士坐稳后自己再入座。

大家落座之后，主人拿餐巾，你就跟着拿餐巾。记住：不管这时出现什么情况（如主人有饭前祷告的习惯），主人没拿餐巾之前你不能拿餐巾。

（4）用餐。一般的情况下是3~5道菜，前三道菜应该是冷盘、汤、鱼，后两道菜是主菜（肉或海鲜加蔬菜）、甜品或水果，最后是咖啡及小点心。吃饭的时候不要把全部精力都放在胃口的享受上，要多和左右的人交谈。甜品用完之后，如果咖啡没有出现，那可能是等会儿请你去客厅喝。总之，看到女主人把餐巾放在桌子上站起来后，你就可以放下餐巾离开座位。这时，懂礼貌的男士要站起来帮女士拉开椅子，受照顾的女士不必对这一前一后的殷勤有特别的想法，这是男士应该做的。

（5）告别。如果你不想太引人注目，最好不要第一个告辞，也不要最后一个离开，在这其间你什么时候告辞都可以，只是一旦告辞就应该爽快地离开。

西餐的进餐礼仪事项

普通西餐的上菜顺序是：面包、汤、各类菜肴、布丁、咖啡或红茶。在正式宴会上，内容可能会更加丰盛。就餐者应熟悉一下菜单，不要一上来就吃饱，接下来便无力他顾了。

餐巾在用餐前就可以打开。点完菜后，在前菜送来前的这段时间把餐巾打开，往内折1/3，让2/3平铺在腿上，盖住膝盖以上的双腿部分。最好不要把餐巾塞入领口。

用餐时不要狼吞虎咽，要一小口一小口地吃，咀嚼食物、喝汤，都不要发出声响，口内含有食物时，不要说话，以免食物落出。如果汤菜太热，不要用嘴吹，可稍等片刻待凉时再享用。

遇到吃面包,可用手撕下一块。用刀涂上黄油或果酱,把面包托在手上吃,用叉子叉着面包吃或把面包浸在汤中捞出来再吃,都是不合适的。吃面包吃到连调味汁都不剩,是对厨师的礼貌。注意不要把面包盘子"舔"得很干净,而要用叉子叉住已撕成小块的面包,再蘸一点调味汁来吃,这才是雅观的做法。

吃豆子时,可用叉面就食,不要一粒粒地叉着吃。吃面条可用汤匙辅助叉子,也可只用叉子。不能用刀把面条切断再吃,可以用叉子把面条卷起来送入口中。吃点心必须用叉子,即用叉面铲起来吃,但千万不要用手给别人拿点心,需为他人取点心,可以刀、叉托住送过去。

吃有骨头的肉时,可以用手拿着吃。遇有烤鸡、龙虾时,也可用手撕着吃。用手取食前,有时会送上一小水盆(铜盆、瓷碗或水晶玻璃缸),水上漂着玫瑰花瓣或柠檬片,这是专供洗手用的,切不可误解为饮用水而闹出笑话。当洗手水和带骨头的肉一起端上来时,意味着"请用手吃"。用手指拿东西吃后,应将手指放在装洗手水的碗里洗净。吃一般的菜时,如果把手指弄脏,也可请侍者端洗手水来,洗手时两手轮流沾湿指头,轻轻刷洗,然后用餐巾或小毛巾擦干。

弄脏嘴巴时,也要用餐巾擦拭,应避免用自己的手帕。用餐巾反折的内侧来擦,而不是弄脏其正面,是应有的礼貌。若餐巾脏得厉害,可请侍者重新更换一条。侍者会经常注意客人的需要。若需要服务,可用眼神向他示意或微微把手抬高,侍者会马上过来。如果对服务满意,想付小费时,可用签账卡支付,即在账单上写下含小费在内的总额再签名。最后别忘记口头致谢。在一流餐厅里,客人除了吃以外,诸如倒酒、整理餐具、捡起掉在地上的刀叉等事,都应让侍者去做。在国外,进餐时侍者会问:"How is everything?"如果没有问题,可用"Good"来表达满意。

对自己喜欢吃的食物,不要站起身子到餐桌的另一头去夹或主动要求添加。自己不爱吃或不能吃的食物,当服务人员或主人分夹给你时,一般也不要拒绝,可取少量放入盘内,并表示"谢谢,够了"。不想再添酒或根本不喝酒时,只要轻微做一个手势就可以了,切不可用手蒙住酒杯或干脆将酒杯倒扣在桌上。

在进餐过程中,不宜倚靠在椅背上,也不要紧贴餐桌。把胳膊放在桌子上,也是不太文明的;不要边抽烟边进餐;进餐时旁若无人地大声喧哗也是极失礼的行为。万不得已要中途离席时,最好在上菜的空当,向同桌的人打声招呼,把餐巾放在椅子上再走,别打乱了整个吃饭的程序和气氛。吃完饭后,只要将餐巾随意放在餐桌上即可,不必特意叠整齐。

西餐餐具的礼仪事项

吃西餐使用的餐具有刀、叉、匙、盘、杯等。一般讲究吃不同的菜要用不同的刀叉，饮不同的酒要用不同的酒杯，因此不懂不要装懂，跟着主人去做不会有错。

西餐具的摆法是：正面放着汤盘，左手放叉，右手放刀；汤盘上方放着匙，再上方放着酒杯。餐巾放在汤盘上或插在水杯里，面包奶油盘摆在左上方。

吃西餐时应右手持刀，左手握叉，先用刀把食物切成小块，再用叉送入嘴里。用刀叉切割食物时必须用叉子牢牢按住所切的食物，刀紧贴在叉边上一面划开；不要用力过猛而撞击盘子发出刺耳的声响。一般应切一块吃一块，每一块以一口的量为宜。待全部切好后再一块块吃是美国人的习惯。假如你习惯用右手持叉进食，那么盛取食物时，通常是叉尖朝上，每一次盛取的量也应以一口为宜，叉上堆得满满的是不雅的。吃正餐时，刀、叉的数目与上菜的道数是相等的，并按照上菜的顺序由外至内排列，刀口向内。取用刀、叉时，应按照由外向内的顺序，吃一道菜换一套刀、叉。当吃完一道菜后，应将刀、叉平行排放在盘子上，刀右叉左，叉尖向上，刀口向内，这就表示这道菜已用毕；而若暂时离席，刀、叉应交叉摆放或摆成八字，叉尖向下，表明这道菜尚未用毕。用餐过程中，餐具一定要适情作出正确的摆放，以免服务员或宾客误解造成难堪。

西餐中的匙是专门用来喝汤的（喝咖啡用的小匙例外），俗称汤匙。它不宜用来进食，但可以与叉并用，帮助叉盛取食物。匙、叉并用盛取食物与刀、叉并用盛取食物有一点相同之处，即匙应将食物拨到叉的内侧，而不是外侧。用匙喝汤也颇有一番讲究。尽管今天不会有人想直接用嘴对着盘子喝汤，但真正知道怎样喝汤才是合乎礼仪规范的也不尽然。喝汤时，应当右手持匙左手扶着盘子，由汤盘沿朝着中心的方向慢慢舀去；喝得剩少许时，可以用左手把汤盘靠自己的一边稍稍提起，再用匙轻轻地由里向外舀去。喝完以后，汤匙应放在盘里，匙心向上，匙柄置盘子右边缘外。

另外需要注意的是，用餐时不论是用叉进食或用匙喝汤，均不能将叉、匙的整体放入嘴里。一般用叉进食时，嘴唇是碰不到叉齿的；用匙喝汤时，只将匙的1/3放入嘴里。

喝酒劝酒的礼仪事项

饮酒是各种宴会中必不可少的一个项目。斟酒的顺序是先主宾，然后才是其他客人。斟酒时，酒杯应放在餐桌上，酒瓶不要碰到杯口。拿酒杯的姿势因不同种酒杯而有所不同。有的要用整个手掌握住，而高脚杯则应以手指捏住杯腿。

会喝酒的人饮酒前，应有礼貌地品一下酒。可以先欣赏一下酒的色彩，闻一闻酒香，继而轻啜一口，慢慢品味。不要为显示自己的海量，举起酒杯看也不看便一饮而尽；也不宜一边抽烟，一边饮酒。鉴于酒后易失言、失礼，故宴请活动中饮酒的酒量要控制在自己平日酒量的一半以下。

在宴会上不会喝酒或不打算喝酒的人，可以有礼貌地阻止他人敬酒，用手轻轻敲击酒杯的边缘，这种做法的含义是"我不喝酒，谢谢"。或以茶、饮料代酒，使举座尽欢。当主人或朋友们向自己热情地敬酒时，东躲西藏，或把酒杯翻过来放，或将他人所敬的酒悄悄地倒在地上，都是失礼的。

祝酒是席间的一个重要礼仪程序。正式宴会中主人皆有敬酒之举，会饮酒的人应当回敬一杯。敬酒时，上身挺直，双腿站稳，以双手举起酒杯，待对方饮酒时再跟着饮，敬酒的态度要热情大方。祝酒时，应主人与主宾先碰杯，碰杯时应目视对方（眼鼻组成的三角区）以示致意，不目视对方被认为是不礼貌的。人多时可同时举杯示意，不一定碰杯。交叉碰杯是必须避免的。

参加外方宴请，应事先了解对方饮酒习俗和祝酒的讲究。在宾主双方致辞祝酒时，应停止饮酒和交谈。奏国歌时更不能饮酒。在国外正式的宴会上，通常应由男主人首先举杯，并请客人们共同举杯。若是他要为在座的女士们的健康而干杯，就不应忘掉任何一位女士。客人、晚辈、女士一般不宜首先提出为主人、长辈、男士的健康干杯。女士接受他人祝酒时，不一定要举起自己的酒杯，以微笑表示感谢即可，自然稍微喝上一点更好。当为尊贵的人物的健康而干杯时，酒杯中的酒最好一饮而尽；若自己的酒量不行，事先应只斟少许酒。

一般情况下，敬酒应以年龄大小、职位高低、宾主身份为先后顺序，一定要充分考虑好敬酒的顺序，分明主次。即使和不熟悉的人在一起喝酒，也要先打听一下身份或是留意别人对他的称呼，避免出现尴尬或伤感情。即使你有求于席上的某位客人，对他自然要倍加恭敬。但如果在场有更高身份或年长的人，也要先给尊长者敬酒，不然会使大家很难为情。

饮茶须知的礼仪事项

茶是中国人最喜爱的饮料之一，亦为外宾所接受。在办公室、家里接待来访者，茶水是必备的。专门举行茶话会招待来宾也是谈判活动中经常采用的。

为客人沏茶之前，要洗手，并洗净茶杯或茶碗，要特别注意茶杯或茶碗有无破损或裂纹，残破的茶杯、茶碗是不能用来待客的。还要注意茶杯、茶碗里有无茶锈，有的话，一定要清洗掉。茶具以陶瓷制品为佳。

沏茶前，可事先征求客人意见，是喜欢红茶、绿茶还是花茶。就外宾的习惯，一般美国人爱喝袋泡茶，欧洲人爱喝红茶，日本人爱喝乌龙茶。

茶水不要沏得太浓或太淡，每一杯茶斟得八成满就可以了。正规的饮茶，讲究把茶杯放到茶托上，一同敬给客人，杯把要放在左边。若是饮用红茶，可准备好方糖，请客人自取。

喝茶时，不允许用茶匙舀着喝，而应直接端起茶杯、茶碗喝。

上茶时可由主人向客人献茶，或由招待人员给客人上茶。主人向客人献茶时，应起立，并用双手把茶杯递给客人，然后说一声"请"。客人亦应起立，以双手接过茶杯，道以"谢谢"。不要坐着不动，任主人为自己张罗。添水时亦应如此。

由招待人员上茶时，要先给客人上茶，而后再给己方人上茶。若客人较多，应先给主宾上茶。上茶的具体步骤是，先把茶盘放在茶几上，从客人右侧递过茶杯，右手拿着茶托，左手轻附在茶托旁边。若茶盘无处可放，应以左手拿着茶盘，用右手递茶，注意不要把手指搭在茶杯边上，也不要让茶杯撞在客人手上，或洒客人一身。如果妨碍了客人的工作或交谈，招待人员要说一声"对不起"。客人则应对招待人员的服务表示感谢。

如果用茶水和点心一同招待客人，应先上点心。点心应给每人上一小盘，或几个人上一大盘。点心盘应用右手从客人的右侧送上，待其用毕，即可从右侧撤下。

不论是主人还是客人，喝茶时只宜小口仔细品尝，切忌大口吞咽，发出声响。遇到漂浮在水面上的茶叶，可用杯盖拂去，或轻轻吹开，不可用手从杯中捞出扔在地上，也不要吃茶叶。

举行茶话会招待宾客时，通常在下午4时左右开始，设在客厅之内。准备好座椅和茶几就行了，不必安排座次。茶话会上除饮茶外，可以上一些点心或风味小吃。

我国旧时有以再三请茶作为提醒客人应当告辞了的做法，因此在招待老年人或海外华人时要注意，不要一而再、再而三地劝其饮茶。

饮咖啡时的礼仪事项

咖啡可以自己磨好咖啡豆用咖啡壶煮制，也可以用开水冲饮速溶的。一般认为自制的咖啡档次较高，而速溶的咖啡只是节省时间罢了。

饮用咖啡时可以加入牛奶和糖，称为牛奶咖啡；也可以不加牛奶和糖，称为清咖啡。加入咖啡的糖通常都用方糖，它被放在专门的器皿里，砂糖可用咖啡匙舀取，直接加入杯内；也可先用糖夹子把方糖夹在咖啡碟的近身一侧，再用咖啡匙把方糖加到杯子里。如果直接用糖夹子或手把方糖放入杯内，有时可能会使咖啡溅出，从而弄脏衣服或台布。

咖啡匙是专门用来搅拌咖啡的，饮用咖啡时应当把它取出来。不要用咖啡匙舀着咖啡一匙一匙地慢慢喝，也不要用咖啡匙来捣碎杯中的方糖。如果嫌刚刚煮好的咖啡太热，可以用咖啡匙在咖啡杯中轻轻搅拌使之冷却，或者等待其自然冷却，然后再饮用。用嘴把咖啡吹凉是不合礼仪的动作。

在餐后饮用的咖啡，一般都是用袖珍型的杯子盛出。这种杯子的杯耳较小，手指无法穿出去。但即使用较大的杯子，也不需用手指穿过杯耳再端杯子。盛放咖啡的杯碟也是特制的，应把它们放在自己的面前或右侧，杯耳应指向右方。咖啡杯的正确拿法，应是拇指和食指捏住杯把儿将杯子端起。喝咖啡时，用右手拿着咖啡杯耳，左手轻轻托着咖啡碟，慢慢地向嘴边轻啜，避免发出响声。不宜举杯大口吞咽，或俯首去吸咖啡。有时也会遇到一些不方便的情况，例如，坐在远离桌子的沙发中，不便双手端着咖啡饮用，此时可用左手将咖啡碟置于齐胸的位置，用右手端着咖啡杯饮用。饮毕，应立即将咖啡杯置于咖啡碟中，不可将两者分别放置。添加咖啡时，不要把咖啡杯从咖啡碟中拿起来。

有时饮咖啡可以吃一些点心，但不要一手端着咖啡杯，一手拿着点心，吃一口、喝一口地交替进行。饮咖啡时应当放下点心，吃点心时则应当放下咖啡杯。

第19章

公共活动礼仪
——每个人都是社会文明形象的代言人

公共活动场所：你是公众的形象代言人

公共场所的礼节众多，通常来说，一些基本礼节是人人都要遵守的。

1. 保持安静

公共场所是众人共同使用的地方，这就要求大家共同配合，一起共同利用。如果众人都只为自己考虑，高声谈笑，一人盖过另一人的声音，最终的结果是谁都听不清对方的说话，所以它是一种很不文明的行为。人群越是集中的地方越要求交谈者低声细语，声音的大小以不引起他人的注意为宜。交谈时使用的手势不应过多或是不用，否则会吸引他人的注意力。在庄严肃穆的场合里，一定要保持绝对安静，不得在他人讲话时，分心、注意力不集中、一心二用、与其他人随意交谈或翻阅书刊。

保持安静是公共场合最重要的，走路时鞋子的质地不同会产生不同的声响，所以脚步要放轻，更不能故意走得咯咯作响。遇到急事时，也不能急不择路，慌张奔跑。特别是穿短裙或旗袍的女士，要临危不乱。

2. 讲究卫生

对交际而言卫生是最基本的，你可以服饰与发型、妆容不配，你的衣服可以不是高档次的，但是要做到头发和服饰的整洁，包括个人卫生还有你居住的环境卫生，都是无声说明你为人的东西，所以都不能掉以轻心。

戴隐形眼镜或者是爱上火的人、上了年纪的人，要注意经常检查眼角是否有异物，并及时清洁异物。

如果要参加交际，一定要先做好个人卫生，洗澡、刷牙等浑身上下都不能有任何的异味。吃了大葱、大蒜等气味浓烈的食物，会让人对你退避三舍。如果实在无法避免或者因为身体的健康原因，可以用口香糖或爽口剂等去除异味。

洗净头发，梳理好整齐适合的发型，时刻要留意你的头皮屑，不要让你的上衣领子或是衣服的背后落下头皮屑。头皮屑是破坏形象的头号杀手。

手是人的第二张脸，所以要时常保持手干净。即使是繁忙和劳累；对手也不能有丝毫的马虎。即便自己的手指非常好看，很适合留指甲，也要忍痛割爱修剪整齐，因为在交际活动中不宜留过长的手指甲。

掏鼻孔、挖耳朵更是交际活动中的大忌。吃饭后也不准许在众人面前，用牙签去剔牙齿，这样做只会倒别人的胃口。

自己的居住环境最基本的是要保持室内卫生，经常给室内通风换气，保持室内空气新鲜，有益于自己的身体健康。室内目光所及之处和摆放的物品，不允许有灰尘或污痕。室内的纺织品，如窗帘、桌布等要保持洁净；烟灰缸、杯子这些常用的器皿使用之前要清洗干净。

同一问题的两个方面是个人卫生与环境卫生，两者是互相制约的，两者要平衡。个人卫生再好，居室搞得像狗窝，也不能算是讲卫生的人，就好像"金玉其外，败絮其中"是否真的是好东西呢？

3. 保护环境

现在经常提到的"可持续发展"，狭义一点说就是环境的保护。环境是人类赖以生存的空间，也是社会存在和发展的物质基础。

全球的变暖，臭氧层的空洞，日益破坏的生态环境，这些现象使许多有识之士奋起为保护环境而斗争，不甘人类社会为环境污染所毁灭。现在西方各国大都建立了环保组织，其中包括世界性的环保组织，领导着此起彼伏的环保运动。保护环境是全人类的义务，也是社会公德的一个重要组成部分。

这里所讲的保护环境主要分以下几个层次。

（1）保护人类的生存环境。

（2）保护自然环境。在公园里不准乱扔果皮纸屑等，否则会受人指责、干预。人们在这类地方游览和休息完毕，要自觉地把自己产生的废弃物带走。毁坏树木、践踏绿地、采折花朵、污损雕塑等行为不仅为人们所唾弃，还应该用法律手段来约束。

（3）爱护公共场所的卫生。在高速公路和铁道旁边都不能抛废弃物品。对公共场所的公用物品要倍加爱惜，对此污损、偷窃都为公德不容。下雨或下雪时进入公共场所，人们要自觉地将雨具留在室外或前厅。应在门外的擦鞋垫上擦干净鞋子，拖泥带水地入内，是很失礼的举动。到受保护的场所参观、游览，要穿上鞋套后再入内。

4. 爱护动物

动物和人类一样是有着生命和灵魂的，理应受到了社会的关爱和保护。西方各国建立了各式各样的动物保护组织，其成员都是义务的来自社会各阶层。他们利用自己的业余时间宣传保护生态平衡和爱护动物的重要性，并积极采取行动阻止滥杀动物，拯救濒危的珍稀动物。他们的行为不止仅限于本国，他们的博爱和信仰使他们不辞辛劳，到世界各地救助即将灭绝的动物，如海牛、海龟、鲸鱼等，他们的行动受到普遍尊敬，也带动了更多的人加入他们的行列。

在西方，残杀、虐待动物都是不能被容忍的非人道的行为，不但会遭到社会舆论的谴责，而且可能会面临法律的起诉。裘皮一直以来是西方国家服装设计师眼中最好的设计灵感，是永远不会被淘汰的时尚。但是，裘皮服装和象牙饰品需求的迅速提高会诱使人们滥杀象、狮、虎、豹。所以，现在在一些国家人们以穿着真皮服装和佩戴象牙饰品为耻，也有一些国家明令禁止类似的动物制品的生产贸易和进出口。

猫、狗甚至小猪、蜥蜴等在西方都是被认为具有灵性的，是人们经常饲养的宠物。狗的地位尤其尊贵，它自古被视为人类的忠诚伴侣和家庭成员之一，备受怜爱。用欧美人的眼光看中国人吃猫、吃狗大补的食疗法，简直是不可思议的。

还有一些国家，某些动物受到特殊的照顾乃至宗教式的崇拜。例如在欧洲各国的广场上，成群的鸽子可以旁若无人地踱步甚至抢食行人手中的食品，这是他们那里特有的街头景观。然而在印度，牛是神，只许牛欺负人，不许人欺负牛。印度人还崇拜老鼠，把它称做神的使者，神圣不可侵犯，所以在印度的老鼠比中国的金贵。

公共服务场所：小空间蕴藏大礼仪

在公共服务场所，要注意以下一些礼节。

商场、购物区：自觉遵守购物公德，在购物商场和商店不大声喧哗，不追逐打闹，不损坏商品，不随地吐痰，不乱扔垃圾。购物态度平易亲切，尊重他人，交易自愿和谐。不强买，不恶意诋毁商品，不故意找碴压价。对服务员的问候，要礼貌答复；对服务员的帮助，要及时得体地表示感谢。进超市购物，按规定存包；购物时，对已选购的商品感到不满意，不能随意放置，应主动将其放回原货架区；贵重商品，要轻拿轻放。超市内的商品不得随意品尝和试用，不"顺手牵羊"，不占小便宜。付账时要自觉排队，对有急事的顾客应该照顾和礼让；离开时，要有礼貌地向服务人员致谢。

电梯间：伴随客人或长辈来到电梯厅门前时，先按电梯按钮；电梯到达门打开时，可先行进入电梯，一手按开门按钮，另一手按住电梯侧门，请客人们先进；进入电梯后，按下客人要去的楼层按钮；行进中有其他人员进入，可主动询问要去几楼，帮忙按下。电梯内尽可能不寒暄，尽量侧身面对客人。到达目的楼层，一手按住开门按钮，另一手做出请出的动作，可说，到了，您先请！待客人走出电梯后，自己立刻步出电梯，并热诚地为客人引导行进的方向。

乘坐自动扶梯，应靠右侧站立，空出左侧通道，以便有急事的人通行；应主动照顾同行的老人与小孩踏上扶梯，以防跌倒；如需从左侧急行通过时，应向给自己让路的人致谢。乘坐箱式电梯，应先出后入。如果电梯有司机，应让老人和妇女先进入；如无电梯司机，可先进入轿厢操控电梯，让老人和妇女后进电梯以确保安全。先进入轿厢的人要尽量往里站。与同乘电梯人不相识时，目光应自然平视电梯门；在电梯里不高声笑谈，保持安静。在没有明令禁止宠物乘电梯的地方，宠物应由主人抱起乘坐；大宠物应在没有其他乘客的情况下方可由主人带乘电梯。

上下楼：男女同时上下楼时，是男士在前还是女士在前呢？礼仪专家给出的答案是：上楼时，男士应该走在女士的前面；而下楼时，则女士优先。上楼时男士优先的原因在于，如果还让女士先请，那么走在后面的男士的视线正好落在女士的臀部上，这会让女士感到不舒服，属于失礼行为。

公厕：公共厕所可以说是文明礼仪最直接的见证。使用公共洗手间要自觉排队，便后一定要冲洗干净。洗手时不要将水溅到外面。洗完手后，不要将水珠甩在洗手间的地板上，以免弄脏、弄湿地面。公厕的门通常是封闭式的，如果门上显示"有人"，则应耐心等待；如显示"无人"，则进门后应关紧并拉上插销，便后出来时一般不需关门。如果没有"有人"或"无人"的显示标志，如厕前应敲一敲门并询问是否有人，不可莽撞误闯。当门外有人询问时，你应及时大声地回应，不要故意不做声。

公共浴池：在公共浴池内洗澡，应注意节约用水。在不需要大量水冲洗时，可将水流调小一些。浴池内不要大声喧哗，也禁止说笑或打闹，尤其是带儿童洗澡，避免呛水。由于浴池内的地面和台阶都比较滑，因此走路时一定要小心谨慎，不要抢道和撞倒别人。在公共浴池内，要爱护公共设施，使用完用品应放回原处，比如公用拖鞋。不随便拿或使用别人的用品。

户外活动区：让礼仪像阳光一样温暖

到户外活动区参观游览，要注意以下一些礼节。

公园：在公园内游玩，要维护公园设施，爱护公园卫生；参与公园活动或使用公园设施时，要为他人着想，遵守社会公德。公园内的花草树木要爱护，不要随意践踏草坪，不在草坪上躺卧、滚动以及吃东西。公园文物及建筑上不要胡乱涂写和刻字，那些"某某到此一游"的字迹并不受欢迎。不要攀登具有危险性的山、峭壁或爬墙。不要以为向"游客禁区"等禁止游客出入的地带挑战是勇敢的行为，否则后果自负。公园内如果设置动物参观区，则不要随便给动物们喂食，动物开放区内不要捕捉、驱赶或恐吓动物。严格遵守游园时间。在进出公园时要遵守秩序，从入口、出口进出园门，禁止翻越院墙或"不走正门"。

游乐场：游乐场是孩子们的集中区，所以严格遵守礼仪道德更为重要。在游乐场内，不要互相追逐打闹，避免伤害到他人。公共娱乐设施是供大家娱乐的，你不能独自占有某个位置尽情享乐，要照顾其他人的感受，学会礼让他人。要严格服从游乐场内的各种规章制度，和场内工作人员的要求，不违规，不对工作人员无礼和叫骂。对场内明文规定"禁止××年龄以上的游客"使用的游乐项目，不能强行使用，以免损坏设施，也给人身造成伤害。对于"水上活动区"，游客应保持水环境的清洁，不要往水中扔杂物或垃圾。在多人共同参加娱乐项目活动时，避免争抢和拥挤，在排队等候买票、进场期间不要抢先和加塞。

广场：广场宽阔而平坦，是人们茶余饭后的最佳休闲场所。由于广场四周建筑物较少，所以人们往往喜欢在广场上追逐嬉戏、健身运动、跳舞娱乐等。在广场上运动时应注意，奔跑、运动的速度、幅度不宜过大，以免撞到他人或小孩。尤其是年轻人在骑车、轮滑运动时，速度更应放慢，避开人多的聚集区，在拐弯或躲避行人时不可运动过猛。不要在广场上做打斗、击剑、射击、投掷性的运动，避免误伤他人。在广场上休息时，应注意体姿，避免不雅举止。保持广场的环境卫生，不乱扔杂物垃圾，不随地吐痰。

古建筑群：包括古建筑群地带、古遗址等地区，游人应尊重当地的传统文化习惯，不随意破坏古文物，不对古遗址环境做恶意评价或讨论。

文化场所：做个有品位有内涵的人

在影剧院、图书馆、博物馆等文化场所，要注意以下的一些礼节。

影剧院：观看电影或演出时，要准时入场，不迟到，不早退，不随便走动；如果自己的座位在中间应当有礼貌地向已就座者示意，使其让自己通过。通过让座者时要与之正面想对，切勿让自己的臀部正对着人家的脸，这是很失礼的。注意坐姿，不要将脚跷到前排椅子上；保持安静，不交头接耳，不议论、不评价演员或剧情；每一个节目结束时，应该热情鼓掌；演员谢幕后方可退场，退场时要礼让有序；讲究卫生，不带食物进场，退场时要清理自己所用的物品，不乱扔垃圾。演出结束后观众应有秩序地离开，不要推搡。

图书馆、阅览室：图书馆、阅览室是公共的学习场所，要注意整洁，遵守规则。不能穿汗衫和拖鞋入内。就座时，不要为别人预占位置，查阅目录卡片时，不可把卡片翻乱或撕坏，或用笔在卡片上涂抹画线。不要弄脏和损坏图书馆、阅览室内的书籍，除了允许借阅的图书可带出室外，其他的图书不能私自带出室外。另外，图书内的任何文字、图片、附带光盘等都不可随便裁剪、撕毁或拿走。馆内、室内应保持安静。走动时脚步要轻，不要高谈阔论，不要吃有声或带有果壳的食物。对图书馆、阅览室的图书桌椅板凳等属于公共财产，也应该注意爱护，不要随意刻画、破坏。

博物馆：博物馆是供人参观和欣赏有价值的、历史上珍藏的名贵的物品的地方，入馆时应保持严肃和礼貌。如果是集体参观，则应按秩序一一参观，不可前呼后拥，争先恐后地拥挤。当工作人员或导游对每一处物品做详细介绍时，应认真聆听，不可大声喧哗或说笑。不可损坏或破坏博物馆内的物品。

纪念堂：纪念堂是供人们瞻仰和怀念先人的地方，如毛主席纪念堂。到纪念堂参观时，应按秩序排队进入，进入堂室瞻仰时，应脱帽，表示对先人的尊敬。如需要，可敬献鲜花等。纪念堂内要保持肃静、整洁、文明，不可交头接耳，也不要来回在人群中穿梭走动。纪念堂内禁止拍照。

佛殿：在佛殿、香阁游览或烧香叩拜时，应按顺序逐个参观，同时保持文明有礼的态度。不往佛龛、佛像上投掷物品或随便刻画文字，不乱投硬币，不随便拿供桌上的物品和食品。上香叩拜时，应遵守秩序，不能争抢。

寺院、教堂：到清真寺、教堂等场合参观时，应遵守当地的风俗习惯和礼节。不要对其妄加评论和嘲讽，对其中的工作人员要表示尊敬，不随意乱动乱拿物品和摆设，不对其中的日常活动进行干预，当然对方允许参加的活动例外。尊重对方的民族宗教信仰。

行路的礼节：让礼仪之花一路盛开

人的一生，会绕地球走70多圈，走那么多的路，应该注意些什么问题呢？那些常被我们忽略的、不以为然的事情和细节，其实是没有礼貌的表现。在平常的走路中，同样包含着一系列的礼仪要求。

（1）人行道的右侧即内侧是安全又尊贵的位置，应将其让给女士或长者，男士或年轻者行于外侧。若男士与女士同行，男士应主动地走在外侧；若两位男士与一位女士同行，则女士应走在中间。若夫妇二人陪长辈外出，行走的位置应是：丈夫走在外侧，长辈居中，妻子走在内侧。主人陪客人外出，应让其走在内侧尊贵的位置。

（2）如果一个人独自在街道上行走，行进的路线要固定。不要东倒西歪，若非寻觅遗失之物，切莫在行进中左顾右盼，东张西望。

（3）如果街道上的人较多或者狭窄，行进中的夫妻或情侣、好朋友最好不要挽手而行。迎面有人走来应向外侧躲避，大家互相避让即可以过去。

（4）路遇在街道另一边行进的朋友，同他打招呼，点头致意即可，切忌高呼狂叫。

（5）不要站在人来人往的街道上与熟人谈个没完没了。有话要讲，可慢慢行进，边走边谈。

（6）若提着东西行走，要留神不要让自己的东西阻挡或碰撞到他人。我们都靠右行，所以提东西一般用右手，不会妨碍他人的行走，最好不要左右开弓地双手都拿东西。如果一群人并行宜走在外侧。

（7）在人多的街道上行走，最好要保持一定的速度，至少不要挡住后边人的去路。不要在行进中大吃大喝。这样既不卫生，又不好看。吃东西的地方最好是在室内，或在销售摊点吃完再走。

（8）遇人问路应尽力帮助，为其指示方向，不要由于自己很忙而置之不理，不知则予以说明。

（9）如路遇车祸或其他变故，不要驻足围观起哄。遇到身穿奇装异服者不要频频回头看或者指指点点。

交通出行：做个文明礼貌的带头人

乘坐交通工具出行时，有很多礼仪要讲究。一般要注意以下的礼仪规范。

1. 体验骑脚踏车出行的快乐

自觉遵守道路交通安全法规、交通信号和交通标志。

礼让行人，红灯不越线，黄灯不抢行。

进出有人值守的大门，下车推行，以示尊重。

拐弯前先做手势示意。

在机动车专用道和人行便道行驶，不要勾肩搭背、相互追逐、比赛飙车，不在市区骑车带人和带超长、超宽物品。

骑车时最好不撑雨伞。

2. 乘火车、坐飞机、坐轮船，出门远行

（1）乘坐火车时。

放置行李应相互礼让，与人方便。

主动帮助老、幼、病、残、孕等特殊旅客。

在车厢里，自觉维护车内环境卫生，垃圾投入垃圾箱内；不随意脱下鞋子，更不可把脚跷放到对面座位上；车厢内禁止吸烟；不可长时间占用卫生间和盥洗间。

在车厢内不应大声喧哗，以免影响其他旅客。

（2）乘船。

在候船室里，要保持安静，不要大声喊叫。登船时要依次排队，不要乱挤乱撞。在船舱里不能随地吐痰，不能乱丢纸屑果皮，也不能让小孩随地大小便。

（3）乘坐飞机的礼仪要求。

按时登机，对号入座。进入机舱后保持安静。

不将超大行李和有异味的物品带上飞机。尽快放好随身行李，保持通道畅通。

登机后主动关闭手机等无线电设备。

不乱动飞机上的安全用品及设施。需要找乘务员时，可以揿按呼唤铃，不宜大声喊叫。接受乘务员服务应致谢。

在飞机上进餐时，主动将座椅椅背调至正常位置，以免影响后排乘客进餐。

保持舱内整洁卫生，因晕机呕吐时，应使用机上专用呕吐袋。飞行过程中尽量不要脱下鞋子以免异味影响他人；如果是长途飞行，脱下鞋后应在外面再罩上护袜。

机上读物阅后整齐放入面前插袋。

飞机未停稳时不抢先打开行李舱取行李,以免行李摔落伤人。

上下飞机时,对空中乘务员的迎送问候要有所回应。

3. 做公交车上的文明乘客

虽然上下班高峰的时候乘客较多是客观情况,但是守秩序可以让每位乘客顺利出行,而挤作一团只会耽误大家的时间。

车到站时应依次排队,不要蜂拥而上,也不要去加塞儿。对妇女、儿童、老年人及病残者要照顾谦让。上车后不要抢占座位,更不要把物品放到座位上替别人占座。遇到老弱病残孕及怀抱婴儿的乘客应主动让座。

上车后应将随身所带的物品放到适当位置,不要把它放在座位上或挡在过道上。

下车要提前准备,准备下车时,如需他人让路,应有礼貌地先打一声招呼,或说"借光"、"劳驾",不要默不作声地猛冲,更不要发脾气,或出言不逊。

为了乘车安全,不要随便乱坐,比如窗沿、地板、扶手、发动机盖等处。尽量别在车上吃东西。

如果车辆摇晃或自己不小心碰撞、踩踏了别人,应立即道歉;他人因此向你道歉,应大度地表示"没关系"。

4. 自驾车出行礼仪

自觉遵守道路交通安全法规、交通信号和交通标志。

保持车身整洁。

不抢道,不抢行,不斗气,不做猛拐、来回穿插、别车等危险动作,遇车队、非机动车或行人时,主动礼让。

雨天驾驶或蹚过路面积水时,应缓慢行驶,防止把水溅至路人身上。

夜间会车时,应主动转换成近光灯。

不向车窗外吐痰或抛掷杂物。

在允许或指定区域停放车辆。

在没有明确禁鸣喇叭的区域,也应尽量少按、轻按喇叭,不应长时间按喇叭。

给出门在外游客的几点礼仪忠告

旅游观光者应爱护旅游景点的公共财物。对公共建筑、设施和文物古迹,甚至花草树木,都不能随意破坏;不能在柱、墙、碑等建筑物上乱写、乱画、乱刻;不要随地吐痰、随地大小便、污染环境；不要乱扔果皮纸屑、杂物。

出门旅游避免不了要向别人问路，或者遇到他人问路的情况。向他人问路时，宜主动到距对方适当的距离内，根据对方年龄、性别等特征恰当地予以尊称，并对打扰对方表示歉意，然后清晰简明地说明自己的意图。得到答复后，表示谢意。如对方表示不清楚或不确定，也应表示谢意，并转问他人，不可纠缠不已。如果是他人向自己问路，应注意倾听对方请求，指明交通线路或需乘坐的交通工具；如口头表达不清，可征得对方同意后带路。自己不清楚或不确定的，应致歉意，并代为请其他人予以帮助。不可把他人招呼到自己跟前问路。不可对他人问路不理不睬或漫不经心随意指路，更不可指错路。

外出旅游，拍照是自然少不了的。在这些人多的公共场合照相，一定要注意动作迅速，迅速摆好姿势，迅速按下快门。不要像在影楼一样不断摆姿势，让旁边也想在此照相的人等得时间过长，或是使那些怕挡您镜头而在旁等着过往的人耽误太多工夫。同样，您也应该给其他正拍照留念的人以方便，在人家已摆好姿势后，不要贸然"抢镜头"。如果您需要路人帮忙给您按快门，一定不要忘记要先问好再请求，在事后也要道谢。

旅行中住店餐饮的若干礼仪细节

可能我们在工作中时常会遇到出差的情况，住宿大宾馆、大酒店好像没有什么礼节可言，但是酒店有的时候对我们来说不仅是休息的地方，还兼有接客、洽谈业务等作用，所以应注意以下礼节。

（1）入住之前最好提前打电话预约，明确告知对方自己入住的时间和房间要求，并问清房价。如果比预订时间晚到达，为避免被取消，就要尽快用电话通知宾馆处。如果你要取消房间，要及时打电话取消。

（2）讲究礼貌。在任何宾馆居住，都不要在房间里大声喧哗或举行聚会，以免影响其他客人。在走廊或电梯间遇其他人，无论认识与否，都应道一声"你好"。如遇他人首先向自己问候，应当立即应答。对服务人员以礼相待，对各种服务表示感谢。在任何娱乐场合要注意身份，欲去游泳池、网球场和各类游艺室应换相应的服装。要尊老爱幼。

（3）不妨碍他人。出入住宿的客房应随手关门，小心随身财物的丢失。休息的时候，可以在门外悬挂"请勿打扰"的牌子。到别的客房找人应提前预约。到达后轻敲房门。在厅、走廊走路、交谈或者在房间内收看电视不要影响他人。

（4）不懂就问。客房内不会使用的设备，可向他人或服务员请教，如情况不熟悉又去自行其是，往往会闹出笑话。

（5）保持卫生。虽然有专门的服务人员，会每天收拾房间，但是在客房内，衣物和鞋袜等私人物品不要乱丢乱放，吸烟要注意安全，不要损害房间内的物品。果皮纸屑要扔垃圾桶内，贵重的东西要放好，离开时不要遗忘。不在房间里喧闹或把电视音量开得很大而影响其他客人。不穿着睡衣睡裤、内衣内裤、拖鞋在走廊里走动或串门。

淋浴时，把围帘的下部放在浴盆里面，这样就不会把水弄到外面而把地板弄湿了。若你是用浴缸，用完之后，淋浴帘的下部要放在浴盆的外面。洗发膏、牙刷、肥皂、信封、信纸之类的小用品可以带走，但不能拿走毛巾或烟灰缸。

（6）享受服务。不少客房的冰箱内备有酒水，如饮用要付款。需要用自己的电器时则应提前征得同意。要互相交流，互相体谅。

进餐时，尊重服务员的劳动，对服务员应谦和有礼，当服务员忙不过来时，应耐心等待，不可敲击桌碗或喊叫。对于服务员工作上的失误，要善意提出，不可冷言冷语，加以讽刺。对服务人员，大家一般按性别不同称"小姐"、"女士"或"先生"。但由于"小姐"一词在某些地方有特殊含义，所以应谨慎使用这个称谓，可称呼"您"、"服务员"、"营业员"等。

不要触犯了公共活动的礼仪禁忌

公共活动就是许多人的集体活动，如欢迎、欢送、祝贺、参观、旅游、各种庆典等均属公共活动。要注意活动中的礼仪禁忌。忌奇装异服和不分场合乱穿衣；忌拖鞋歪帽，半披半挂，不修边幅，蓬头垢面；忌过分打扮，艳妆浓抹等。

在公共活动中免不了要签名，这有两种情况，一种是报到时在报到簿或纪念册上签名；一种是在活动期间应邀签名。前者忌抢先在最佳位置挥舞大字，后者忌意轻笔浮，漫不经心。签名一定要字迹工整。求人签名，特别是求名人签名，事前要分析有多大可能性，素不相识，贸然请求，如遇婉辞，则十分难堪，所以求者忌轻率求签，被求者忌轻率拒绝。

在公共活动中，忌频繁地自我介绍，更忌自我介绍时罗列官衔或自我炫耀，张扬自己的成就或"著作"。

公共活动中，如果是由主持人依次介绍，主持人必须事前进行周密调查，了解每个参与者的姓名和基本情况。一忌不知姓名就介绍，这会使被介绍者难为情；二忌介绍时表情有冷热差异；三忌介绍格局有别，对喜爱者多方赞扬，对别人只提名道姓。被介绍者要有表示，或起立致敬，或欠身微笑，或含笑点头；忌表情呆滞，不加理睬；忌言笑不停，对介绍置若罔闻。介绍某一人时，全体成员都应注目示敬，忌东瞅西看，毫不在意。

数人在一起，由熟识人介绍时，忌先男后女，忌先少后老，忌先官后民。被介绍双方要热情握手，忌一冷一热。若双方希望发展交情，可互换名片，忌一厢情愿。

公共活动中摄影留念，忌抢占前排中心位置，显露自己；忌按照官职大小、地位高低论资排位，应按照先女后男、先老后少、先矮后高、先客后主的礼貌原则排座，并按照衣服色彩进行审美调节。

慰问或接见时全体合影留念，应把慰问者与接见者安排在中心地位，体现活动主题，忌喧宾夺主，主从不分。

公共活动中，如果因为自己迟到而推迟活动进行，到场以后，忌洋洋自得地不道歉，更忌以迟到显示身份特殊。

公共活动中，发言忌夸夸其谈，时间过长；听发言忌精力分散，频频看表。

如需提前退会或有事临时退会，应尽量在转换发言人或发言告一段落时进行，忌在别人发言中去上厕所或起身做别的事情，这会使发言者误认为是不受欢迎，影响情绪。

公共活动都有主题，如慰问活动、对话活动、剪彩活动；各式各样的座谈活动、游艺活动；爬山、滑冰等体育活动；参加记者招待会活动等。既有总主题，又有每日活动的主题。参加活动的人的言语、行动，忌离开主题，节外生枝；忌旁敲侧击，进行干扰；忌失掉身份，越俎代庖。比如，以记者身份参加记者招待会，自己只能提问题，不应出风头抢镜头，借机发表演说，即使主人不表示反感，其他记者也难以忍受。又如，参加授奖活动，授奖者、受奖者、观礼者、记者和电台、电视台采访人员，都有适应自己身份的礼貌用语，忌一切失身份、离主题的言行。

公共活动中，特别是各种座谈会上，容易产生认识分歧和理论争论。在这种情况下，一忌进行人身攻击，因为人身攻击超越了座谈范围，既贬低了自己，又严重失礼，伤了和气；二忌自我卖弄，贬低争论对方；三忌用吹、捧、拍、拉、打手法制造分裂。这些做法往往会导致公共活动不欢而散。

出国游把良好的礼仪展现给世界

出国旅游,不同国家有着不同的习俗和礼仪。和国外同胞接触的时候,礼仪对你将会起到更为重要的作用。

出行欧美旅游、探亲、访友,首先要注意衣着整洁。纽扣一定要扣好,手要清洁,指甲要剪短,胡须应修剪好。和人交谈,要端庄和蔼,彬彬有礼。双方不可靠得太近,谈话声音不可太高;坐时忌跷"二郎腿",更不能抖腿部;谈话要专注,忌在大庭广众面前耳语。初次交谈切忌打听对方的收入、家产、年龄和婚姻;异性之间交谈时眼睛不能老是盯着对方;在路上与妇女交谈应当边走边谈,不能停下站着说话;与妇女同座时不要吸烟;同相识的妇女打招呼,男方应起立,女的可以坐着回答。

到别人家里做客,要先脱帽而后入室。雨天走访,雨具应放在室外,不可穿雨衣入室。夫妻同到别人家里做客,告别时应当由妻子先起身告辞。

当你身处欧美与当地人打交道时,了解一些他们的手势语言是很重要的。另外,还需要注意一些小动作。和别人讲话时,不要用手指点对方,尤其是不能用中指,这会被人视作极不礼貌的行为。翘拇指在我国和其他一些国家表示称赞、了不起、第一的意思,而在美国、法国表示拦路搭车;伸食指和中指,在我国表示第二或数字"2",在英国则有两种含义,当做这一手势时,手掌朝着对方,表示胜利,若手背朝着对方,则表示侮辱;单伸食指在我国表示数字"1",还用于提请注意,而在美国表示请对方稍等,在澳大利亚则表示"请再来一杯啤酒"。在我国,食指作弯钩状表示"9",在日本表示小偷;在泰国、菲律宾表示门匙、上锁;在印度尼西亚表示心肠坏、吝啬;在新加坡表示死亡、还表示拳击比赛中的击倒。拇指与食指在我国表示"8",中指、无名指、小指翘伸直表示"3"。这两个手势合在一起,日本、韩国、缅甸是表示金钱;美国则表示同意、了不起、顺利;印度尼西亚表示什么也干不成或干不了;突尼斯用来表示傻瓜、无用。

在我国,人们习惯用点头表示同意、认可,摇头表示否定、反对。但在斯里兰卡、印度、尼泊尔等国,人们却以摇头表示同意,点头表示不同意。

在正常的社交情况下,北美人站在一起时,一般相互间隔大约为一臂之遥。北美人不喜欢碰触。好朋友之间会偶尔碰一下对方的前臂或肘部。非常好的朋友之间也许甚至会把一个手臂围着对方的肩膀。但是点头之交决不会拥抱。

如果去英国旅游,千万不要问人家"您去哪儿?""吃饭了吗?"这类问题,中国人认为很热情，英国人会认为你很粗鲁，他们讨厌别人过问他们的个人生活，英国人更忌讳别人谈论男人的工资和女人的年龄，就连他家的家具值多少钱也是不该问的。在英国购物，最忌讳的是砍价。英国人不喜欢讨价还价，认为这是很丢面子的事情。如果你购买的是一件贵重的艺术品或数量很大的商品时，你也需要小心地与卖方商定一个成交的价钱。

中国人夸婴儿总爱说："看这对水灵灵的大眼睛。"到伊朗可千万别议论婴儿的眼睛，伊朗人对婴儿眼睛最敏感，来客若出言不慎，双亲会出钱让人挖掉婴儿的"邪眼"。

到西班牙去旅游，女同胞上街需要戴耳环，如果没有戴耳环，就会像个正常人没有穿衣服一样，会被人笑话。

去匈牙利旅游，不论是住店，还是用餐，千万别弄碎玻璃器皿，如果有人不小心打碎了器皿，就会被人认为是要交逆运的先兆，就成了不受欢迎的人。

在印度、尼泊尔、缅甸等国，黄牛是神明的"神牛"，对"神牛"，不准鞭打，不准伤害，不能役使，更不能宰杀吃肉；"神牛"走近身边，应把最好的食物送上，逢年过节，要举行祭牛仪式；在公路闹市遇到"神牛"要回避、绕行。

日本人用筷有八忌：1. 舔筷；2. 迷筷，手拿筷子，拿不定吃什么，在餐桌上四处寻游；3. 移筷，动一个菜后又动一个菜，不吃饭光吃菜；4. 扭筷，扭转筷子，用舌头舔上面饭粒；5. 插筷，将筷子插在饭上；6. 掏筷，将菜从中间掏开，扒弄着吃；7. 跨筷，把筷子骑在碗、碟上面；8. 剔筷，将筷子当牙签剔牙。

去印度或中东旅游，吃饭和接拿东西只能用右手，绝对不能用左手。因为这些国家的人一般是用左手洗澡、上厕所，左手是不洁净的。所以用左手接拿食品是对主人最大的不礼貌。

下 篇
你的口才价值百万

口才的力量具有神奇的魔力，它可以震撼人的心灵，操纵人的情绪，驾驭复杂的局面。拥有良好的口才不但使你轻松越过障碍，打破僵局，无往不利，而且还能提升你的个人形象，增强个人魅力，甚至创造奇迹，从而赢得机遇和成功。

口才的价值不可估量，求职的轻松过关，推销的业绩倍增，职位的直线上升，谈判的无往不利，都离不开良好的口才。说话能力的高低直接影响着事情的成败，甚至个人的前途和命运。口才是人生最基本的技能，是走向成功的基本保障。

口才是一个人一生中重要的财富，好口才会给你带来好人缘、好运气和好财气。好口才好前程，好口才好命运！

第 20 章

口才决定命运，口才决定成败

语言是人类力量的统帅

马雅可夫斯基曾说："语言是人类力量的统帅。"意即精湛的口语表达艺术在社会生活和人际交往中具有不可估量的魅力和伟力。

公元前14世纪，商朝明君盘庚用生动质朴、雄辩有力的语言，说服了难离故土的民众，实现了迁都的主张；周恩来、陈毅在风云变幻的国际政治生活中善于辞令，口才横溢，大大提高了新中国的国际地位和声望，长了中国人民的志气；国际金融家萨克斯循循善诱的言语说服美国总统罗斯福尽快研制生产原子弹，从而为尽快结束第二次世界大战奠定了重要的基础；在当今经济建设的过程中，商务谈判时中肯有力的言辞会迫使对方作出让步，或取得共识，以利于达成协议；慷慨陈词，促成外引内联，就会振兴一方经济。所有这些，都说明通过充分发挥口语表达技巧的口才艺术，能够创造巨大的精神财富和物质财富。

一个人想获得事业上的成功，必须具有能够应付一切的口才。你的言语可以谦逊，但决不可谄媚。你不可单是唯唯诺诺，使人觉得你的语言没有动人之处。你发表意见时不可肆意批评别人；更不可告诉对方说你的计划一定成功，如果雇用你，必可使业务发展等话语——这只能让对方心里称许你，不应由自己说出。自夸必连带着固执，这种态度只会使人厌恶。去访问一个人，把目的简单地说出之后，你就应该告辞。即使环境许可你逗留一些时间，你也应该立刻把话题转到别处。

比如求职应聘，最重要的是表现自己的资格和能力，不过打肿脸充胖子的行为是不宜的，只能虚骗一时。如果应聘令你胆战心惊，那么这也许是你深深地明白自己肚子里究竟有几滴墨水的缘故。这时谈话的范围要守在一定的界限内，不要谈办公室的陈设，不要谈对方的一身装束，而且要有一定的时间观念，你必须把你的资格和能力浓缩表达，在一个很短的时间内将其交代清楚，所以这时就是检验你所受训练、教育及能力如何的关键时刻。

在工作上，要能胜任并心情愉快，不要摆一副冷面孔，尽量减少情绪上的困扰及不切实际的空想。你可以和同事谈谈工作上所需要的知识，谈谈工作上的经验，要诚心诚意，不存任何成见。在一块儿工作的人，必须彼此尊重、关心、互道平安，态度温和，坦诚相待，心中有话，就要直言不讳。

再者，失言是常有的事。不要故作糊涂，或者虚张声势。应该立即承认自己犯了错误，认错同样能赢来尊重，而且还会大大增强你说话的力量，使你往后所说的每一句话都掷地有声。

语言是一个人综合素质的体现

语言是随着人类的出现为满足表达和交际的需要而产生的，具有社会性、工具性和符号性，其初始形成就是说话。

对于说话，古今中外的远见卓识者历来都给予了高度的重视。"一言可以兴邦，一言可以丧邦"、"一言之辩，重于九鼎之宝"、"三寸之舌，强于百万之师"等古语，把国之兴亡与舌辩的力量紧密联系起来，借"九鼎之宝"、"百万之师"强喻说话的力量，充分揭示了说话的巨大的社会作用。

第二次世界大战时期美国人把"舌头"、原子弹和金钱称为获胜的三大战略武器，进入21世纪又把"舌头"、金钱和电脑视为经济发展和社会进步的三大战略武器。这个比喻虽有牵强之嫌，但也不无道理，起码代表了两个时代的主要特点，而在这两个比喻中，"舌头"（即口才）能独冠于三大战略武器之首，可见口才的价值非同小可。因此我们每一个现代人都应清醒地认识到口才的重要性，进而更好地掌握口才这个随身携带、行之有效、战无不胜、攻无不克的神奇武器。

口才，简言之就是说话的才能，是一个人素养、能力和智慧的全面而综合的反映，而人之所以被称为万物之灵，是因为人与其他动物有一个最特殊和明显的区别，那就是人能说话，并能以语言符号作为交流思想、感情的工具。高尔基在散文《人》中歌颂作为万物之灵的人"眼睛里闪耀着大无畏的思想的光辉，雄伟的力的光辉，这力量能在人们疲惫颓唐的时刻创造神灵，又能在人们精神振奋的时刻把神灵推翻"。人"根据自身的经验创造科学，每走一步都要把人生装点得更加美好，就像太阳那样慷慨地用它的光芒把大地普照——不停地运动，不断向上，迈步向前"。这里歌颂的"人"，具有震撼人心的人格力量，是经过抽象的有思想、有创造力的人，是人类智能和勇气的化身。而使其化身于有形，并形成真正力量的因素之一，就是语言。

《论语·里仁》中讲：君子"讷于言而敏于行"。到了今天，这种旧的道德规范就不能不受到质疑和重新审视。"敏于行"当然无可厚非，只要这种行有利于国家和大众，有利于别人和自身的进步，可是"讷于言"却与现代社会人与人交往的需要明显地不相适应。良好的口才，不仅是宣传鼓动的需要，还是传授知识、增进人际关系的需要。能言善语，让世界多一些优秀的口才和妙语带来的笑声、赞叹声有什么不好呢？曾参加中央电视台《实话实说》节目创建的著名社会学家郑也夫谈到，《实话实说》要找到合适的"侃爷"真的不容易。多数人讲话刻板、干巴、模式化、冗长、没有风趣，甚至在学历高的人群中这种现象更突出。"我几乎可以断定，口语表达能力不足是个普遍性的社会问题。我们的中小学教育集中在书面表达能力的培养上，普遍轻视口语表达能力的锻炼。而在现实生活中，谋职、合作、讨论、请示汇报、讲课、谈判、争论、吵架，以至打官司，都毫不例外地依赖于口语表达。"

美国著名教育专家卡耐基非常强调口才的重要性，他说："假如你的口才好……可以使人家喜欢你，可以结交好的朋友，可以开辟前程，使你获得满意的结果。譬如你是一个律师，你的口才便吸引了一切诉讼的当事人；你是一个店主，你的口才帮助你吸引顾客。""有许多人，因为他们善于辞令，因此而擢升了职位……有许多人因此而获得荣誉，获得了厚利。你不要以为这是小节，你的一生，有一大半的影响，是由于说话艺术。"

所以人不能仅仅满足于用口说话，而要善于说话，真正能言善语，生活会变得更加绚丽多彩。

好的口才代表着一种实力

口才是一个人智慧的反映，是影响一个人事业成功、人际和睦、生活幸福的重要因素，是一种可随身携带永不过时的基本能力。口才活动离不开知觉、观察、记忆、思维、想象等心理活动的基本形式。一个人的气质、性格、能力等个性心理特征直接决定了其口才的高低、风格，甚至是社会价值。

"口才"一词，早在三千多年前的周朝已有所见。据孔丘门人所撰《孔子家语·七十二弟子解》称："宰予，字子我，鲁人，有口才著称。"正如古时也有将

"人才"写为"口材","口才"抑或写为"人材"。如宋·王明清《挥尘后录（十）》有载："周望，字仲弼，蔡州人，有口材，好谈兵。"我国自古以来，就有重视语言表达能力的传统，并已充分认识到口头表达在安邦定国、社会交际中的作用。

清朝著名的文艺批评家叶燮曾提出"才、胆、识、力"是人才成长的重要因素。这里的"才"，其一就是"口才"；这里的"胆"，更是在强调人在社会交往中敢于说话、在大庭广众前敢于演讲的"胆"。

进入21世纪，人们对口才的重视达到了前所未有的高度。有没有良好的口才，已成为衡量一个人素质的基本标准之一。从一个人的口才上往往能看出一个人的综合实力，口才几乎在每一个人的命运里都扮演着十分重要的角色。口才好，有可能改变你的命运。我们拿面试来说，现在国内外大小公司，已把面试作为人才招聘的必要途径，其中有大多行业尤其看重口试。在这种情况下，"口才"这门课程在许多高校已经属于必修课，即使设为选修课，选修的人也很多。因为，现在高校一般不包毕业分配，绝大多数学生根据人才市场需要来寻找职业，在最后一学年，也就是说在学习尚未完成、毕业论文尚未启动或刚启动的时候，他们已首先通过口才叩击着求职的大门，学生们越来越感到口才的重要性。

随着人们越来越认识并热衷于口才修炼和培养，口才学作为一门新兴学科一跃成为当今世界十分走俏的一门学问，而它的前身，或者另外一种形式或分支——演讲学，则是一门更古老的学问。在中世纪前的古代中国、古埃及、古希腊、古罗马、古巴比伦、古印度等具有悠久历史文明的古国，演讲已成为普遍的社会现象。在中国，演讲这一形式在先秦的古代社会已广泛盛行。中国传世最早的一部政治文献汇编《尚书》里面就记载了盘庚"动员民众迁都"的演说。这是中国至今发现的最早的一篇有文字记载的演说，也是世界演讲史上有文字可考的最早的演说稿。此演说稿分上、中、下三篇。中篇为迁都前的演说，上篇、下篇为迁都后的演说。其中以中篇最为精彩，它无论在构思立意、遣词造句上，还是逻辑思维的演绎、归纳和情感的发挥上，都相当成熟，真切感人。《尚书》中还有《甘誓》、《汤誓》、《牧誓》等好几篇演讲词。其中《甘誓》是公元前21世纪夏启与有扈氏战于"甘"这个地方的战前动员，文字虽简短，却义正词严、气势恢弘。

春秋战国时期是我国历史上经济制度和政治制度的大变动时期，各诸侯国之间及其内部的阶级斗争和政治斗争错综复杂，加上生产力的发展和经济的繁荣，促进了"士"这种阶层的出现。再加王权发生动摇，人们对"天"产生了怀疑，私学悄然兴起，促进了各种学术思想的发展。而其传播的主要途径无一不是通过学者的辩论和对学生的口授。儒家的孔子、孟子和荀子，墨家的墨子，道家的庄子，法家的韩非子，名家的惠施、公孙龙等，都纷纷表述自己对治理天下的政治见解和思想，对社会大众进行游说，形成了"百家争鸣"、游说风气极盛的时代。这也是我国古代演讲学、口才学的第一个鼎盛时期。

会说话，成就一生的财富

一个人有较好的语言表达能力，这也是一个人的财富。一个人才如果只会死干事而完全不善言辞、笨嘴笨舌的，这样是不利于做好本职工作的。

现如今的社会各个方面都需要沟通，需要交流，而人与人之间交流思想，沟通感情最直接、最方便的途径就是语言。只有通过出色的语言表达，才可以使相互熟识的人之间产生浓厚的情意，爱之更深；使陌生的人产生好感，结成友谊；可以使意见分歧的人互相理解，消除双方的矛盾；可以使彼此怨恨的人化干戈为玉帛，友好相处。

不管你生性是多么的聪颖；接受过多么高深的教育；穿的是多么漂亮的衣服；拥有多么雄厚的资产；如果你根本就无法得体恰当地表达自己的思想，那么将仍旧一无是处。要想让别人喜欢自己，必须培养自己的说话能力，只有这样，才能打开人与人之间沟通的大门，彼此的心灵才不会产生碰撞的现象，从而产生共鸣。在各种各样的人际交往中，会说话的人将会非常的受欢迎，能轻松地与他人融洽相处，在社会交往中如鱼得水。会说话常常会给一个人带来美好的人生，也是成就一个人一生的财富。

无论是在生活中，还是在职场中，我们都会经常听到别人这样说："我这个人，笨嘴笨舌，讲不好话。"却并不以为这是多大的缺憾。其实，这是一个错误的观点。现在的社会是个信息大爆炸的社会，信息的作用越来越大。一般来说，一项工作需要众多员工的合作、多个信息的综合。语言是比较普遍、方便，也是最直接的传递方式。语言能力强，双方就能顺利而准确地接受和理解信息，也能顺利地交流；语言能力弱，就不能很好地把信息传递给对方，交流会因此出现中断，甚至中止，进而导致失败。因此，若想在社会上游刃自如，不仅要有新的思想和见解，还要能在别人面前很好地表达出来。

在日常交往中，会说话的人能把平平常常的话题讲得十分的引人入胜；嘴笨口拙者即使讲的内容非常好，听起来也会觉得索然无味。有些建议，会说话的人一说就通过了；而那些不会说话的人却连诉说的对象都没有。

也就是说，会说话是打开成功大门的一把金钥匙，可以带来意想不到的效果，会说话的能力，可以成就一个人一生的财富！

会说话是成功的基石

其实，任何人每天都会遇到一些重要和不重要的场合，需要说一些必要的话，正由于所说的这些是必要的话，能帮自己很大的忙，才可以解决我们大大小小的问题。所以，更应该好好地运用自己会说话的能力来做事。会说话是一个人提高办事能力的必要手段，特别是那些身在职场中的人，更应该注意自己的说话能力，这样对于自己的工作有相当大的益处。

一个会说话的人，可以流利地表达出自己的意图，也能够把道理说得十分的清楚、动听一些，使别人也能乐意地接受。有时候还可以立刻从问答中觉察出对方语言的意图，从对方的谈话中得到一些启示，了解对方，与对方建立起良好的友谊。但是，由于我们通常会看到有很多不会说话的人，他们说话不能完全表达出自己的意图，使对方听起来既费神，又不能让人信服地接受，这样一来就给自己的交际带来了一些不可避免的麻烦。

遇到有事情和别人接头，或有事情需要跟别人合作时，说话流利的人，总可以非常愉快地谈判成许多事情，使人能够清楚地明白他的意图。而不会说话的人恰恰相反。

对于现在人类的社会生活来说，人与人之间及人与社会之间的关系是相当密切的。所以社交往来也是不可缺少的。随着人们互相合作机会的进一步增加，我们的说话表达能力显得更加重要了。

人类生活到了现在，会说话已成为了决定一个人生活及事业优劣成败的重要因素。因为一个人每天所说的话，可以判定他每天的工作生活情况；一个人每天的喜怒哀乐，一般都是由其言语来决定的。一生失败于不会说话的人有许多，我们和人接触时所说的话，是非常容易地就被人判定其价值的。会说话，说话流利会被人托付重任。有才干，即使没有会说话的能力，也可以达到成功的目的，但是那些有才干又会说话的人，比前者成功的概率更大。

一个人的才干可以通过言语谈吐充分地表露出来，使对方能够更进一步地了解你，信任你，这样对方才敢托付给你重任。一个有学问而不会说话的人和人交谈时，就有点儿难于应付，同时在无形中就失去了很多。一般的人，在繁忙的人事接触中，会感觉到别人说的话好像在威胁自己似的。或许别人的说话太圆滑多变，太富于煽动性，使自己的说话反倒感觉有些木讷结舌。一个滔滔不绝的说话者，颇有一种不可思议的力量，他的说话能力可以影响周围气氛的松弛与紧张。

　　说话流利的人是十分受人欢迎的，他能够使许多原先不相识的人携起手来一起做事；亦能使许多本来彼此不发生兴趣的人互相了解；能替人排忧解纷，消除人与人之间的隔阂。能医治他人的愁苦、忧闷，使大家生活得更美好、更快乐。我们知道，说话流利的人能把生活搞得特别的有趣味，十分开心和快乐，工作之余，他们会和朋友或家人快快乐乐地相处，常常会使大家得到许多意想不到的乐趣。

　　大部分人都感觉自己说话不怎么流利，在生活中感觉有些不方便。他们平时说话非常的少，如果是与交往的非常熟的朋友在一起东拉西扯还可以，可是一到要办事的时候，有时一句用上的话也说不上来。他们在社会生活中到处都感觉话不达意，时时感到困窘。由此，别人就会说他们是些老实人，他们也会渐渐地觉得自己确实是一个老实人，自己对自己说，或是对别人说：我是老实人，我不会说话。好像老实人就必定是不会说话，不会说话的必定是老实人一样。怪不得有些人取笑说："老实乃无用之别名。"社会上有许多不老实的人，利用了一般所谓的老实人不会说话的弱点，占他们的便宜。这样看来，会说话而不老实的人，也确实是非常可恨的。

　　会说话的人，最恨的就是这些人；骂他们花言巧语；骂他们尖嘴利舌的；骂他们滑头。然而，会说话的人也未必都是不老实的人。所以，那些不会说话的人，也不应自以为比那些会说话而不老实的人清高，不要想着："尽管不会说话，但自己是位老老实实的人。"所以，有些人就会因此而不肯去补救他们不会说话的弱点，错误地认为去学说话，就是去学滑头，学不老实一样。但是，多数老实人并不那样想，他们倒真是老实地承认，不会说话是他们自身最大的缺陷。他们想练习一下自己会说话的能力，因为他们知道只要有了很好的会说话的能力，才不会做一个"语不达意"的老实人；才不会在生活、工作上遇到许多不能自己解决的困难；才能促进自己的事业成功，使自己的生活顺利而愉快。

　　不会说话的人，就好比那些发不出声音的留声机一样，尽管是在那里转动，却不会使人感兴趣。工业社会是一个繁忙的社会，具有会说话能力的人，必然是现代社会中的活跃人物。会说话是一种技术，也是一种艺术。能干的大企业家，定要具备这种技术或艺术，律师、教师、演员、推销员等等，大都是那些会说话的人。会说话是人类生活中应用最普遍而最难能可贵的技术或艺术。

　　人类生活已经到了不能孤独生存的境地，语言的作用，更表现得不可或缺。无论在什么环境中，你都不可能避免跟人们交往，所以，你不能不依靠说话来作为交往的媒介。会说话的人，话说得使人佩服，通常能够使一个人的地位抬高许多，就是胸无半点常识的人，一般来说由于会说话，别人也会认为他是个能人。当然，并不是说如果一个人只要会说话，就可以对付一切事情，主要是由于如果具备很好的说话能力，不管是立身处世，还是交友待人，都一定会给自己许多帮助。

人之主张、见解是经过长时间才得以形成的，但却是可以改、可以变的。想通了这一点，当你遇到别人的意见和自己不同时，一方面，就不会过于心急地要求别人立刻表示同意，就会容人多多考虑一下，而且也还希望别人多多考虑一下才相信；另一方面，也不至于一听见别人的意见和自己不同，就说什么"话不投机半句多"。三言两语合不来，就断绝和别人交往、闭口不谈。相反地，你要很有兴趣地听听别人有什么不同的意见。

会说话可以决定一个人的人生作为。会说话可以使商家宾客盈门，财通三江，誉达四海；而不善言语者，店前门可罗雀，门庭冷落。

商务活动是企业间利益争夺的核心战场，是一种充满智慧的活动。从事商务活动，只要开口就有希望。沟通已成为商务活动中打开局面的核武器！沟通从"嘴"开始，你不会说，不会表达，纵有满腹经纶，想击败与征服对方也是十分困难的。

生意并不是做出来的，而是靠嘴巴谈出来的，如果你是一位老板，你必须拥有卓越的说话能力和演讲技能，让你的嘴巴充满智慧，才能说服对手，感化对手，征服对手，方显英雄本色和领袖气质。

不管什么时候请记住：会说话是一个人成功的基石。

你的世界由你的口才来建造

事业的成功和失败，往往决定于某一次谈话。这话绝不是过分夸张的，美国人类行为科学研究者汤姆士指出："说话的能力是成名的捷径。它能使人显赫，鹤立鸡群。能言善辩的人，往往使人尊敬，受人爱戴，得人拥护。它使一个人的才学充分拓展，熠熠生辉，事半功倍，业绩卓著。"他甚至断言："发生在成功人物身上的奇迹，一半是由口才创造的。"

在富兰克林的自传中，有这样两段话："我在约束我自己的时候，曾有一张美德检查表的实行，当初那表上只列着12种美德，后来，有一个朋友告诉我，说我有些骄傲，这种骄傲，常在谈话中表现出来，使人觉得盛气凌人。于是我立刻注意这位友人给我的忠告，我相信这样足以影响我的前途，然后我在表上特别列上虚心一项，我决心竭力避免一切直接触犯别人感情的话，甚至禁止自己使用一切确定的词句，像

'当然'、'一定'、'不屑说'……而以'也许'、'我想'、'仿佛'……来代替。"

"说话和事业的进步有很大关系，你如出言不慎，你如跟别人争辩，那么，你将不可能获得别人的同情，别人的合作，别人的动力。"这是千真万确的，一项事业的成败，常会在一次谈话中获得效果。你如出言不慎，无理跟别人争吵，那么，你就不会获得别人的同情，别人的合作，别人的帮助。无数成功者的事实证明，敢于当众讲话，善于说话是事业成功的催化剂，直接关系事业的成败。

1983年元旦，英国女王为多年给首相撒切尔夫人担任顾问的戈登·里斯授以爵位。其主要功绩是：有效地提高了撒切尔夫人的演说能力和应答记者提问的能力；为撒切尔夫人撰写了深得人心的演讲稿……一句话，为英国塑造了一位崭新的"风姿绰约、雍容而不过度华贵、谈吐优雅和待人亲切自然的女首相形象"。由此可见，英国王室和政界对政治家的口才是如何的重视。

在西方资本主义发达国家里，当前无不把会说话作为衡量优秀人才的重要尺度，每个公司、企业招聘各类人才，都要进行口试。在日本，一些大公司在招聘人才进行面试时，专门就说话能力规定了若干不予录用的条文。其中有：

应聘者声若蚊子者，不予录用；

说话没有抑扬顿挫者，不予录用；

交谈时，不得要领者，不予录用；

交谈时，不能干脆利落地回答问题者，不予录用；

说话无生气者，不予录用；

说话颠三倒四、不知所云者，不予录用；

……

日本大公司的这些规定也反映了这样一个事实：说话与事业的发展至为密切，它是胜任本职工作最重要的条件之一。知识就是财富，口才就是资本。能说会道，才能正确地领悟上级的意图并恰当地表达出来，一个唯唯诺诺、语无伦次的人一定不能胜任自己的工作。通过讲话让领导、同事、群众更深层次地了解你，才能让大家信任你，才有机会被提拔到更高的职位，胜任更重要的任务，才有施展才华、事业成功的机会。用好这种催化剂，事业成功也便指日可待了。

第 21 章

绝妙的口才像动听的乐曲，少不了修辞

绝妙口才的比喻技巧

比喻，就是打比方，即以彼物比此物。具体说，当人们在语言交际中要表达某一事物或道理时，运用联想或想象，引进另一种事物或道理，以便把要表达的事物或道理反映得更具体、更贴切、更生动、更富有感染力，使听者爱听，听得明白，从而留下深刻印象。

刘向的《说苑》中有这样一个生动的故事。

有人对梁王说："惠子这个人说话善于打比喻。假若大王您不让他打比喻，那么，惠子就没法说话了。"

于是，梁王对惠子说："希望你今后说话时不要打比喻了。"

惠子回答说："假若有个人不知道'弹'为何物，您告诉他弹就是'弹'，他能明白吗？"

梁王说："当然不明白了。"

惠子说："我要把我知道的事物告诉不知道这事物的人们，您说不打比喻行吗？"

梁王说："不打比喻是不行的。"

这个故事中，本来梁王是不让惠子再打比喻，可是惠子又悄悄地打了一个比喻，说服了梁王。

比喻一般由本体、喻体和喻词三部分组成。本体是被比喻的事物；喻体是用来作比的事物或对象；喻词则是标明比喻关系的词语，如"好像"、"恰似"、"像……一样"等。比如，毛泽东曾说，有些人写文章长而空洞，就像"懒婆娘的裹脚布，又臭又长"。这里，长而空的文章就是本体，臭而长的"裹脚布"是喻体，"就像"是喻词。

一次有人问爱因斯坦什么是相对论，爱因斯坦解释说："你同你最亲爱的人坐在火炉边，一个钟头过去了，你觉得好像只过了五分钟；反过来，你一个人孤孤单单地坐在热气逼人的火炉边，只过了五分钟，但你却像坐了一个小时。这就是相对论。"爱因斯坦用人们日常生活中的真切体验来解释高深玄妙的相对论原理，让普通人也能理解。

人们说话是为了描绘事物，或阐述道理，或表述情感等，要把这些东西表述得生动具体，使别人印象深刻，并不是一件容易的事。如果能运用贴切的比喻，就能化难为易，话半功倍，具有说服力。

庄子是我国战国时期著名的思想家。他一生都过着十分清贫的生活。一天，庄子家里一点粮食也没有，万般无奈，只好拎个袋子到朋友监河侯那里借点粮食。

监河侯正收拾行装要外出。庄子见了他，讲了借粮的事，监河侯满口答应：

"好说，好说，不过我正要进城收租金，等我回来，一定借给你三百两银子，好吗？"

庄子心想：你进城一趟，来回得半个月，等你回来，我一家人不就饿死了吗？

"老兄啊，刚才我见到一件事，很有意思，你不想听听吗？"庄子说。

监河侯问："什么事，你快说。"

庄子说："刚才我到你这儿来的时候，在路边听见求救的声音。我到处找，却没见人。原来在路旁的干河沟里，有一条小鱼，嘴巴一开一闭地在叫着。它说：'我从东海来，现在快干死了，先生能不能给我瓢水，救我一命啊？'我说：'那太少了！你再忍耐一下，等我去找赵国和吴国的大王，请他们堵住西江的水，然后开沟挖渠，把西江水引到这儿来，你就可以顺水游回东海了，你看这样好吗？'谁知那条鱼听了很生气地说：'我现在已经快干死了，只要一小瓢水就能活下去。你的计划虽然很好，但等到西江水来的时候，恐怕我早已变成鱼干了，先生只好到干鱼摊上找我了。'"

监河侯听到这里，满脸通红，连声向庄子道歉，喊来家人，给庄子装了满满一袋粮食。

运用比喻说理简洁明了，喻体非常广泛，俯拾皆是。只要与你说明的道理有内在性质的共同点，就可以信手拈来，达到目的。

绝妙口才的象征技巧

象征是比喻的延伸和扩大，它是借助于特定的具体事物，来寄寓某种精神品质或抽象道理的修辞手法。

一位在医学院里任职的教授，正在给刚入学的新生们讲第一堂课。

在暴风雨后的一个早晨，一个男子到海边散步。

沙滩上有许多被昨夜暴风雨卷上岸的小鱼，被困在浅水洼里，挣扎着，想要回到大海的怀抱。

走着走着这个男子发现远方有一条瘦小的身影，不知疲倦地忙碌着。走近一看，原来是一个七八岁的小男孩，他正弯腰躬背捡起水洼里的小鱼，然后再用力地扔回大海，一条又一条不停地重复着相同的动作。

男子问道："孩子，这海滩上有成千上万条小鱼，你一个人救不过来的。"

"我知道。"小男孩头也不抬地回答着，但并没有停下来。

"既然知道，干吗还这么做呢？"男人又问。

小男孩只是默默地捡着小鱼，再把它们扔回大海，并不回答。

男子忍不住又问了一句："你这么做，又有谁在乎？"

小男孩边扔边说："这条小鱼在乎？这条，还有这条……"

讲完这个故事，教授接着说：

"今天，你们在这里开始了大学生活，从此每一个人都将在这里学会如何去拯救生命。虽然你们救不了所有的病人，但是你们可以救一部分人，为他们减轻痛苦。

"因为你们的存在，人们的生活从此有所不同——你们可以使大家的生活变得更加美好，这是你们能够而且必须做到的。"

这位教授在演说中，先是讲述一个富有哲理的小故事，然后借助这个小故事所喻示的精神品质，告诫他的学生们作为一名医务工作者应该具有起码的职业道德。

一般来讲，象征可分为明征和暗征。明征就是象征客体、象征意义、联系词在话语中同时出现，这类象征意义较明显、固定。如人民英雄纪念碑是用17 000块坚硬的花岗石和洁白的汉白玉砌成的。它象征着先烈们的丰功伟绩，寄托着全国人民对先烈的怀念和敬仰之情。

暗征则只通过对象征客体的精细、巧辩的说法来暗示其象征意义，以期引发人们丰富的联想和想象。

绝妙口才的夸张技巧

夸张是为强调事物的某种特征而故意言过其实，或者夸大事实，或缩小事实，让听者对所要表达的内容有一个更深刻的认识和了解。合理地运用夸张技巧，一是便于揭示事物的本质；二是能加强说话的感染力；三是能启发听者的想象力。运用夸张，必须以现实生活为基础，不能漫无边际，做到言过其实而又合情合理，不似真实而又胜似真实。

> 楚国大夫申无宇的守门奴仆因偷酒被发觉而畏罪潜逃；为了逃避申无宇的追捕，他投靠楚王一跃成为细腰宫守卒。因为楚国的法律明文规定：任何人都不准到楚王宫里抓人。那名奴仆自以为有了上方宝剑，整日嚣张狂妄。可是，没想到申无宇却在楚王不知道的情况下径直到宫里把那位奴仆捉了回来。
>
> 楚灵王知道了之后非常气愤，命令申无宇把那个奴仆放出来。
>
> 申无宇说："天上有十个太阳，人分十个等级，上层统治下层，下层侍奉上层，上下互相维系，国家才能安定太平。如今臣下的守门奴仆畏罪潜逃，借王宫之地庇护犯罪之身。如果让他得到庇护，那么其他奴仆便会互相效法，盗贼盛行，谁还能禁止得了？长此以往，社会不安，大王江山不保啊！所以，臣下才不敢遵奉王命。"
>
> 楚灵王细细琢磨了一番，觉得很有道理，便下令处决那个奴仆。

上文中楚国大夫申无宇把窝藏一个奴仆与天上的太阳、社会不安、江山不保联系在一起，显然是夸大了事实，但却收到应有的效果。可见他的机智与果敢。

夸张既是在某些方面"言过其实"而又有真实性作为基础，这就有利于突出事物的特殊性，可以唤起人们的想象，收到突出个性形象的效果。如下面的例子。

有三个人在一起谈论如何节约，其中一个人说："我认识一个人，为了节约墨水，无论写什么，字都写得像芝麻粒儿一样大小。"第二个人说："我认识一个人，为了减少手表的磨损，天一黑，就把手表给停了。"第三个人说："你们说得都一般，我认识一位老先生，为了节约眼镜，连报纸都不看了。"

如果说为了节约墨水，字写得像芝麻粒儿大；为了减少手表磨损，天一黑，就把手表停了，还不为夸张，而为了节约眼镜连报纸都不看了，就不能不是夸张了。可以想象，这位节约眼镜的老先生用节约精神去做其他事情时，该又是何等节约啊？

还有一个笑话，说一个老人很健忘，去浴缸洗澡时竟忘了脱衣服，但衣服一点没打湿，原来他忘了开水龙头了。其实再健忘的人也不至于到这种程度。

夸张虽然言过其实，但不等于浮夸，它必须以客观事实为基础，必须反映客观事物的本质特征，做到"夸而有节"、"饰而不诬"，才能造成强烈的震撼效果。

绝妙口才的引用技巧

引用这种修辞方法用途十分广泛，是指在语言交际中引用名言警句、熟语、典故等，来证明事物、阐述道理。运用这种修辞手法可以增强说服力和感染力，使语言表达言之有据、生动形象。

引用可以接通古今中外的多种语言、多种智慧的精华，显示说话者知识的渊博。因为一个人的语言表达能力无论多么强，毕竟是有限的，引用就借助于多种多样的表达能力，使其融为一炉，产生以少胜多、言简意赅、韵味无穷、寓意深刻的表达效果。

引用的方式多种多样，常用的有暗引、正引、反引和撷引。

1. 暗引

暗引即暗示、引用。"鲁迅有两句诗'横眉冷对千夫指，俯首甘为孺子牛'应该成为我们做人处事的座右铭。"这句话中引用鲁迅的两句诗作为激励、警戒自己的格言，简洁凝练，令人回味。

2. 正引

正引即用其原意原句。如教师节的晚会上，一名女学生在回答教育的作用时说：

"'在一个文盲的国家里，是不能建成社会主义的。'（列宁语）'一个受了不良教育的孩童，等于走失了方向。'（肯尼迪语）'知识才是引导人走到光明与真实境界的灯烛。'（李大钊语）所以，'教育是廉价的国防。'（亚里士多德语）'教育的根是苦的，但它的果是甜的。'（约翰逊语）教育的根就是我的根。"这一段话引用了列宁、肯尼迪、李大钊、亚里士多德等几位历史风云人物的名言、警句，揭示了教育为本的深刻内涵，生动深刻，效果突出。

3. 反引

反引即反其意而用之。如毛泽东同志在《质问国民党》一文中讲道：

"照你们的说法，'破坏团结'的也是共产党，你们则是如何如何的'精诚团结'主义者，那末，你们以三个集团军的大兵，手持刺刀，配以重炮，向着边区人民前进，也可以算做'精诚团结'了？"

毛泽东同志这一段话，以其人之道，还治其人之身。没有比这精妙的反引更具说服力的了。

4. 撷引

撷引是撷取原句中部分词语而用之。

毛泽东同志在《论联合政府》这篇著名演讲中将"上以风化下，下以风刺王，王文而谲谏，言之者无罪，闻之者足戒，故曰风"句，巧妙地撷用成"言者无罪，闻者足戒"这一闪烁着真理光芒的名句。

这样的撷引精炼地阐述了人民内部对于批评所应采取的正确的态度，倡导和宣扬了民主作风和批评与自我批评的精神。不但言简意赅，而且通俗易懂。

运用引用技巧时，要力求精当，多少适宜；所引用的内容必须对阐述问题确有价值，其内容既具有权威性、说服力，又不是老生常谈。

运用引用应注意两点：一是保持引文的完整性，切忌断章取义；二是将引文与所要表达的意思融为一体，成为论说的有机组成部分，不能硬凑生拼，甚至"贴标签"。

绝妙口才的排比技巧

运用排比可使语意表达层次清晰、语势强劲、节奏鲜明、语意畅达。这种修辞手法一般是由三个或三个以上结构相同或相似、内容密切关联、语气一致的词组或语句排列而成，用以表达同一范围、同一性质的事物，以增强语势，增强节奏感和旋律美，加强语言的力度。

马丁·路德·金在1968年8月28日美国华盛顿黑人集会上发表了一场精彩的演说,其中有这样几段话。

"一百年前,一位美国伟人签署了《解放黑奴宣言》。现在我们站在他纪念像投下的影子里,这重要的文献为千千万万在非正义烈焰中煎熬的黑奴点起了一座伟大的希望灯塔。这文献有如结束囚室中漫漫长夜的一束欢乐的曙光。

"然而,一百年后的今天,我们却不得不面对黑人依然没有自由这一可悲的事实;一百年后的今天,黑人的生活依然悲惨地套着种族隔离和歧视的枷锁;一百年后的今天,在物质富裕的汪洋大海中,黑人依然生活在贫乏的孤岛之上;一百年后的今天,黑人依然在美国社会的阴暗角落里艰难挣扎,在自己的国土上受到放逐。所以,我们今天到这里来,揭露这骇人听闻的事实。

"这就是我们的希望。这就是我们带回南方的信念。怀着这个信念,我们能够把绝望的大山凿成希望的磐石;怀着这个信念,我们能够将我国种族不和的喧嚣变为一曲友爱的乐章;怀着这个信念,我们能够一同工作,一同祈祷,一同奋斗,一同入狱,一同为争取自由而斗争,因为我们知道我们终将得到自由。"

在马丁·路德·金的这几段演讲词中,第二段以"一百年后的今天"领起的排比句,从黑人没有自由,受着种族隔离和歧视,过着贫乏的生活乃至受虐待遭驱逐的政治、经济、人生、法律待遇等方面集中地揭露了黑人悲惨严酷的生活现状,给人以心灵的震颤;最后一段以"怀着这个信念"领起的排比句,表述了所要进行的不懈努力、斗争原则和奋斗目标。文中排比句式的运用,如江河奔腾,气势磅礴,既淋漓尽致地表达了演讲者的思想和感情,又产生了激动人心的修辞效果。

绝妙口才的比拟技巧

比拟,即根据一定的想象,把物当做人或把人当做物,或把此物当做彼物来表达的一种修辞技巧。

比拟能使人产生联想,以获得话语的形象感和生动感。毛泽东同志曾多次告诫全党同志不要因为革命胜利而骄傲自大起来，他曾用"牛皮不要吹得太大，尾巴不要翘起来"作比拟。尾巴本来只有动物才有，这里却用来比拟人的自大情绪，既形象生动，又引人联想。

比拟可分为拟人和拟物两种。

拟人又叫"人格比"，就是赋予大自然、动物、抽象事物等以人的言行或思想感情。拟物即把人当做物，或把此物比拟为彼物。

一位来自新加坡的老太太在游武夷山时，不小心被蒺藜划破了裙子，顿时游兴大减，中途欲返。女导游见状微笑着走近老人身旁说："这是武夷山对您有情啊？它想牵住您，不让您离去，好请您多看她几眼。"

几句话，把老人的不快吹得无影无踪。武夷山的热情好客是机敏的女导游所赋予的，这里就用了拟人手法，而且表达得十分得体。

在一个欢迎日本青年代表团的宴会上，热情的中国朋友用著名的"人参母鸡汤"来款待客人。不想这可为难了在场的翻译。原来，他没有记住日语"母鸡"这个词。只见他机灵地站起来，指着汤，笑着对客人介绍说："这是用公鸡的太太和人参做的汤，请诸位品尝。"

这里的"公鸡的太太"用的就是拟人手法，显示了翻译的机敏和幽默。

绝妙口才的借代技巧

三国时期，马家有五兄弟，这五个兄弟的名字里都有一个常字。五兄弟中，以马良的才学最高，刘备派他去办理外交事务，他每次都不辱使命地载誉而归。

因此，当时就流传一句话，叫做："马氏五常，白眉最优。"原来，马良的长相有个特点，眉毛像雪一样白得闪光。这里不说"马良最优良"，而是说"白眉毛最优良"，用"白眉毛"这个长相特征来代指马良。

借代就是不直接说出该人或该事物，而借与要说的人或事物有密切关系的其他事物来代替所说的修辞技巧。借代的客观基础是事物的相关性，运用这种技巧可以使语言具体形象，富于变化。

"1949年在这个地方（指北京，引者注）开会的时候，我们有一位将军主张军队要增加薪水，有许多同志赞成，我就反对。他举的例子是资本家吃饭五个碗，解放军吃饭是盐水加一点酸菜，他说这不行。我说这恰恰是好事。你五个碗，我们吃酸菜。这个酸菜里面就出政治，就出模范。解放军得人心就是这个酸菜，当然，还有别的。"

这段话是毛泽东在中共中央一次大会上讲的。"酸菜"，是一种表面性的个别事物，但实质上代表艰苦的生活，引申为艰苦奋斗的政治本色。用具体代抽象的借代方式讲述，不仅生动有趣，通俗易懂，还可以产生强化激励、深入人心的效果。如果不用借代的方式，作一番解释，说吃酸菜虽然过的是艰苦的生活，但保持了艰苦奋斗的政治本色，明确是明确，但缺少自然风趣的生动意蕴，也低估了听者的领悟能力。

绝妙口才的对照技巧

鲁迅在《战士和苍蝇》一文中这样说过："有缺点的战士终究是战士，完美的苍蝇竟不过是苍蝇。"这里鲁迅把"战士"和"苍蝇"拿来对照比较，尖锐地讽刺了那些诬蔑革命者的可耻奴才，坚决地支持了坚持革命的勇敢战士。

把两种不同事物或同一事物的两个不同方面放在一起相互比较，通过比较可使事物的性质、状态和特征等更加鲜明突出，并且鲜明地表现出说话人的立场和观点。这就是对照。

闻一多先生在《最后一次讲演》中多次运用这种技巧，如讲到国民党特务暗杀李公朴，还嫁祸于共产党，并说是什么桃色事件时，闻先生说："这是某集团的无耻，恰是李先生的光荣。"把国民党反动派的无耻和李公朴为革命而献身的光荣相对比，鲜明地表现了闻一多先生的爱憎之情。

战国时期，有一次齐宣王召见颜斶。
齐王对颜斶说："颜斶，你过来？"
颜斶以同样的语气对齐王说："齐王，你过来？"
齐王很不高兴。齐王左右的人指责颜斶说："齐王是国君，你是国君的臣下，你这样跟齐王说话成何体统？"

> 颜镯不慌不忙地说："我到国君面前是趋炎附势；国君到我面前是礼贤下士。与其让我趋炎附势，不如让齐王礼贤下士。"
>
> 齐王怒容满面，气势汹汹地质问："到底是国王高贵还是士高贵？"
>
> 颜镯说："士高贵，国王不高贵。从前秦国出兵攻打齐国，他们的军队路过士人柳下惠的墓地时，发布一道命令说：'有到柳下惠墓地五十步范围内打柴煮饭，割草喂马的，死无赦！'后来与齐国军队交战时，秦军又发布一道命令：'有能割下齐王脑袋的，封万户侯，同时赏黄金万两！'从这两道军事命令就可以看出，一个活着的国君的脑袋，还比不上死掉了的士人坟堆上的一根柴草！"
>
> 齐王瞠目结舌，无言以对。

颜镯用同样的语气呼"齐王，你过来"，这是需要一定的胆量和气魄的。"趋炎附势"与"礼贤下士"的对照，说明他胸有成竹，同时把说话的基点放在国王身上，即为国王考虑，重视士人，兴国利民，可惜齐王仍不能体察其良苦用心，竟还要提出国王与士相比谁高贵的问题。士人墓的柴草与活着的国王的脑袋的对比，形成了一种强烈的反差，有力地论证了他的观点。

在生活中我们将两种不同事物进行对比，通常是为了使好的显得更好，坏的显得更坏，大的显得更大，小的显得更小；将同一事物的两个不同方面进行对比，往往是为了把事物说得更透彻、更全面、更鲜明。

绝妙口才的双关技巧

双关就是有意识地使用同一个词或同一句话，在同一个言语环境中兼有两重意思：表面上是说这件事，实际上是指另一件事。一语双关，能使话语含蓄、幽默，饶有风趣，还能加深语意，引人思考，给人以深刻的印象。我们可从下面这一组故事中，体会一下双关语运用的技巧。

> 有个女婿，能言善辩，一次同媳妇一块儿到老丈人家去串门。
>
> 老丈人是个吝啬鬼，在午餐席上，只摆盘生柿子和几样蔬菜。
>
> 女婿伸手拿过生柿子，连皮一块儿吃。媳妇在屋里看见了，连连说："苦？"女婿一边吃，一边回答说："苦倒不苦，只有些涩（啬）。"

苦涩的"涩"与吝啬的"啬"同音，女婿借此讥讽老丈人的吝啬。他吃柿子连皮一块吞，逗引他媳妇发问，以讥讽他的丈人。

在词语的选择上，女婿也煞费苦心，不说柿子苦，而说涩，旨在运用谐音双关。虽然嘴受了点罪，却达到了讥讽以泄不满的目的，足显其机智了。

  纪晓岚与和珅同朝为官。纪晓岚任侍郎，和珅任尚书。
  有一次，两人同饮，和珅指着一条狗问："是狼是狗？"
  纪晓岚非常机敏，立即意识到和珅是在转弯抹角地骂自己，就给予还击。他泰然自若地回答道：
  "垂尾是狼，上竖是狗。"

这"是狼"与"侍郎"谐音，"上竖"与"尚书"谐音，和珅用谐音攻击纪晓岚，自以为稳操胜券，聪明卓绝，没想到纪晓岚用同样的技巧以其人之道，还治其人之身，使狡猾的和珅没有占到丝毫便宜。

  三个朋友到一家小酒店喝酒，店里只剩下一个空位子。三个人各不相让，争吵不休，最后商定："谁吹的牛大，谁就坐这个位子。"
  三个人中有一个是瞎子，他抢先说："我目中无人，该我坐这个位置。"
  另一个是矮子，他说："且慢，我不比常（长）人，应该由我来坐。"
  第三个人是驼背，他不慌不忙地说："你们都别争了，其实，你们都是直（侄）背（辈）的，这个位子，理所当然应由我来坐。"

三个人，皆用谐音技巧，真是各有千秋，难分上下。

绝妙口才的反问技巧

  美苏关于限制战略武器的四个协定刚签署，基辛格就在莫斯科一家旅馆里，向随行美国记者团介绍这方面会谈的情况了。当时已是当日的凌晨1点，他竟毫无倦意。
  "苏联生产导弹的速度是每年大约250枚，"基辛格微笑地透露道，

"先生们，如果在这里把我当间谍抓起来，我们知道该怪谁啊。"

敏捷的记者们于是接过话头，探问美国的秘密。

"我们的情况呢？我们有多少潜艇导弹在配置分导式多弹头？有多少'民兵'导弹在配置分导式多弹头？"一个记者问道。

基辛格耸耸肩："我不确切知道正在配置分导式多弹头的'民兵'导弹有多少，至于潜艇，我的苦处是，数目我是知道的，但我不知道是不是保密的。"

记者说："不是保密的。"

基辛格反问道："不是保密的吗？那你说是多少呢？"

记者傻了，只好"嘿嘿"一笑。

反问是用疑问的形式表达确定的内容的修辞方式。反问寓答案于问句之中，思想内容恰与句子的表面意思相反：语句表面意思是肯定的，内容则是否定的；反之亦然。运用反问能够加强语势，把原来确定的意思表达得更加鲜明且不容置辩，所以，容易集中听众的注意力，给人造成强烈的印象，容易唤起人们的想象和激情，比正面表达更能产生力量。

卡耐基说，如欲说服人，最好的方法就是举出例证反其问之，它远比正面辩驳要有更大的说服力。

有一次，拿破仑对他的秘书说："布里昂，你知道吗？你也将永垂不朽了。"

布里昂开始不解拿破仑的意思，拿破仑解释说："你不是我的秘书吗？"

布里昂明白后，笑了笑说："请问，亚历山大的秘书是谁？"

拿破仑答不上来，赞扬道："问得好！"

问得好，好在哪？

按拿破仑的意思：永垂不朽者的秘书，也是永垂不朽的，这是大前提。

你是我拿破仑的秘书，这是小前提。

结论："你也将永垂不朽。"

布里昂明白拿破仑的意思，虽并不寄希望于依靠名人扬名，但仍不忘作为秘书对主帅的尊重，所以采用表面请教，实则反问的方式："请问，亚历山大的秘书是谁？"证明了大前提的不可靠性，使拿破仑的结论不攻自破。

第 22 章

打动人心的魅力口才技巧

赞美赞得他心花怒放

赞美别人时如不审时度势，不掌握一定的技巧，即使你是真诚的，也会变好事为坏事。就像你本来用很昂贵的原料煲了一锅汤，但是如果火候掌握得不好，那么再好的原料也不会煲出味道鲜美的汤。只有火候掌握得好，赞美才会散发出最浓郁的香味。

特别是在赞美上级的时候，更需要掌握赞美的火候。我们赞美身边的普通人，即使话语不得体也没有太大的关系，别人也不会把你怎么样。但是当我们赞美上级的时候，如果火候拿捏得不好那么后果可能就会很严重了，也许你一辈子都会郁郁不得志；如果赞美得恰如其分，说不定就会使你加官晋爵。

在镇压太平军的行营中，一次，曾国藩用完晚饭后与几位幕僚闲谈，评论当今英雄。他说："彭玉麟、李鸿章都是大才，为我所不及。我可自许者，只是生平不好谀耳。"一个幕僚说："各有所长。彭公威猛，人不敢欺；李公精敏，人不能欺。"说到这里，他说不下去了。

曾国藩问："你们以为怎么样？"

众人皆低首沉思，忽然走出一个管抄写的青年来，插话道："曾帅仁德，人不忍欺。"人人听了齐拍手。

曾国藩十分得意地说："不敢当，不敢当。"青年告退后，曾氏问："此是何人？"幕僚告诉他："此人是扬州人，入过学，秀才，家贫，为事谨慎。"

曾国藩听后说："此人有大才，不可埋没。"不久，曾国藩升任两江总督，就派这位青年去扬州任盐运使了。

赞美别人，掌握尺度是最关键的。

在你开口赞美别人的时候，一定要遵循以下法则。

1. 真心诚意地赞美

每个人都珍视真心诚意，它是人际交往中最重要的原则。英国专门研究社会关系的卡斯利博士曾说过：大多数人选择朋友都是以对方是否真诚而决定的。

2. 讲究场合，合乎时宜

赞美的效果在于相机行事、适可而止。当别人计划做一件有意义的事时，开头的赞扬能激励他下决心做出成绩，中间的赞扬有益于对方再接再厉，结尾的赞扬则可以肯定成绩，指出进一步的努力方向，而达到"赞扬一个，激励一批"的效果。

3. 赞美的话不能千篇一律，要有特点

人的素质有高低之分，年龄有长幼之别，因人而异、突出个性、有特点的赞美比一般化的赞美能收到更好的效果。

4. 赞美一个人的行为或贡献比赞美他本人好

当你赞美一个人的行为或贡献时，你的赞许更显得真诚，而且，如果别人知道他的确值得被赞美，会获得最好的效果。赞美行为比赞美本人更可以避免功利主义或偏见。

5. 赞美要翔实具体

在日常生活中，人们有非常显著成绩的时候并不多见。因此，交往应从具体的事件入手，善于发现别人哪怕是最微小的长处，并不失时机地予以赞美。赞美用语越翔实具体，说明你对对方越了解，对他的长处和成绩越看重。

会说话的人都是懂幽默的人

有幽默感在现代社会确实是对人极高的赞赏，因为它不仅表示受赞美者的随和、可亲，能为严肃凝滞的气氛带来活力，更显示了其高度的智慧、自信与适应环境的能力。

幽默是一个人的学识、才华、智慧、灵感在语言表达中的闪现，是一种"能抓住可笑或诙谐想象的能力"，是对社会上的种种不协调、不合理的荒谬现象、偏颇、弊端、矛盾实质的揭示和对某些反常规言行的描述。幽默语言可以使我们内心的紧张和重压释放出来，化作轻松的一笑。在沟通中，幽默语言如同润滑剂，可有效地降低人与人之间的"摩擦系数",化解冲突和矛盾,并能使我们从容地摆脱沟通中可能遇到的困境。

在社交中,谈吐幽默的人往往能取胜,没有幽默感的人往往会失败。在交际场合,幽默的语言极易迅速打开交际局面,使气氛轻松、活跃、融洽。在出现意见有分歧的难堪场面时,幽默、诙谐便可成为紧张情境中的缓冲剂,使朋友、同事摆脱窘境或消除敌意。此外,幽默、诙谐的语言还可以用来含蓄地拒绝对方的要求,或进行一种善意的批评。

幽默被誉为现代人为人处世的重要法宝之一,也是用来衡量一个人的口才乃至智慧的标准。很多人都在想方设法使自己成为一个幽默的人、一个有情趣的人。但是,幽默要注意场合、对象,把握一定的尺度,切不可生搬硬套。最不可取的是无话不幽默,且不分场合,不分对象,弄得大家烦不胜烦,成为茶余饭后的笑料。滥用幽默可能会冲淡你真正的工作成绩,幽默过了头则会适得其反,伤害感情,因此开玩笑要掌握好分寸,幽默要遵循得体原则。

1. 内容高雅

幽默的内容取决于幽默者的思想情趣与文化修养。幽默内容粗俗或者不雅,虽有时也能博人一笑,但过后就会变得乏味。而内容健康、格调高雅的玩笑所产生的幽默,不仅能给对方启迪和精神享受,而且也是对自己美好形象的有力塑造。

2. 态度友善

对人友善是做人的一个原则,也是幽默的一个标准。一般来讲,幽默的过程,是感情互相交流传递的过程,如果借着开玩笑对别人冷嘲热讽,发泄内心厌恶、不满的感情,那么这种玩笑就无法称得上幽默。

也许有些人不如你口齿伶俐,表面上你占到上风,但别人会认为你不能尊重他人,从而不愿与你交往。

3. 区别对象

生活中每个人的身份、性格、心情不同,对玩笑的承受能力也不同。同样一个玩笑,能对甲开,不一定能对乙开;能对乙开,也不一定能对甲开。一般来说,晚辈不宜同前辈开玩笑;下级不宜同上级开玩笑;男性不宜同女性开玩笑。在同辈人之间开玩笑,则要掌握对方的性格特征与情绪信息。对方性格外向,能宽容忍耐,玩笑稍微过大也能得到谅解。对方性格内向,喜欢琢磨言外之意,开玩笑就应慎重。对方尽管平时生性开朗,假如恰好碰上不愉快或伤心之事,就不能随便与之开玩笑。相反,对方性格内向,但正好喜事临门,此时与他开个玩笑,幽默的氛围会一下凸显出来,效果也会出乎意料的好。

4. 分清场合

不分场合的幽默，结果只能适得其反。比如，老板开会，正在台上向职员们发表讲话，你却在这个时候突然冒出一两句逗人的话。虽然大家被你的幽默逗乐了，然而老板会认为你是一个不守纪律、缺乏礼貌和修养的人，会在心中留下对你的不良印象。又如，老板和职员欢聚在一起，说些幽默的话逗乐，而你却把这种幽默引向歧途，说了不雅的话，老板当然会认为你是一个不知高低的冒失鬼。

使用幽默一方面要看准对象，看准场合；另一方面还要抓住时机。发挥幽默也需要"素材"，就是特定的场合、情境等，这些就像机遇一样，可遇而不可求，关键在于能否随机应变。如果为幽默而幽默，就会显得生硬、不合时宜、不伦不类，不但不能成为沟通中的"润滑剂"，反而还可能增加沟通的"摩擦系数"。

说话含蓄让人回味无穷

社会生活纷繁复杂，人们总会遇到一些不便直言的事情或场合，这就要求我们要掌握委婉含蓄的说话技巧。含蓄就是在交谈或论辩中，不把本意直接说出来，而是采取曲折隐晦的方式表示本意，带有哑谜特色的一种当众讲话方法。

1. 不方便说的含蓄代之，帮你解围

在日常交际中，人们总会遇到一些不便说、不忍说，或者是由于语言环境的限制而不能直说的话，因此不得不"遁辞以隐意，谲譬以指事"（刘勰《文心雕龙·谐隐》），故意说些与本意相关或相似的事物，来烘托本来要直说的意思，使原本十分困难的交往，变得顺利起来。

在以下情形你可以试用委婉含蓄的方法表达自己的意见，往往会收到意想不到的后果。

当你要表达难以启齿的事物、行为或要求时，含蓄的方法可帮你解围。

《贵阳晚报》曾介绍过一位卖夜壶的老大爷与一个顾客的对话：

冬天，一个顾客见有久违的夜壶上市，而且质量很好，造型别致，便去挑选。但选来选去，总感到太大，便自言自语道："好是好，就是大了点。"

老大爷闻言，笑道："冬天——夜长啊！"

顾客一听，会心地笑了，于是买了一把。

对话中，这位老大爷用"冬天——夜长啊"一句话，含蓄地表达了"夜长尿多"的意思，幽默风趣。

2. 棘手的问题含蓄作答，维护了面子

对有些棘手的问题不便明言，但大家都能明白时，为照顾对方面子，维护自己的尊严，当众讲话时可含而不露，让听众自己去体会。

1972年2月21日，尼克松访华下榻在钓鱼台国宾馆。尼克松与基辛格及白宫来的工作人员被安排在18号楼，而国务卿罗杰斯等人住在不远的6号楼，基辛格以前两次来访时在这幢楼住过。尼克松从住处的安排就觉察出周恩来十分熟悉美国国情，知道美国权力设置的"三权分立，权力制衡"的制度。

到达宾馆后，大家在会客厅摆成大圆圈的沙发上落座，周恩来总理和美国客人一一打过招呼，寒暄中不时开几次小小的玩笑，以活跃气氛。

当时由于中美未正式建交及历史原因，很多问题的表达都让人感到棘手。如何才能既维护自己的尊严又不令对方过于难堪成了外交活动的理想境界。在谈判时，采用含蓄的方式既能表达自己的意思，令对方一思即得，又能使谈判顺利进行，周恩来的外交风采就鲜明地体现在对含蓄方式的运用上。

晚上，在欢迎尼克松总统一行的酒会上，周恩来说："由于大家都知道的原因，两国人民之间的来往中断了20多年……"

这一"大家都知道的原因"真是绝妙，它既使在座的人们知道造成这一事实的原因是美国对新中国的封锁和干涉，又不伤美国人的面子。听到这一"原因"，在场的美国人和中国人都心照不宣，相视而笑。

3. 劝导的语言含蓄表达，易被接受

当你发现领导或长辈确实犯了错误，又不便直接指出时，借助含蓄语言可以起到劝导作用。

齐景公滥用酷刑，百姓怨声载道。晏婴一直想借机劝谏。

一天，齐景公对晏婴说："先生的房子离集市太近，狭小潮湿，喧闹而多尘土，我想给你换一处好房。"晏婴推辞说："离集市近，也有好处，买什么东西出门就到，再说，怎么敢烦劳众乡里帮我盖房搬家呢？"

景公笑了笑，道："你离集市近，了解市价行情吗？"晏婴点点头。景公说："那你说现在市场上什么东西贵，什么东西贱？"当时齐景公对百姓采用的酷刑是砍掉双腿，因此市场上卖假腿的很多。于是晏婴趁机说："踊贵履贱。"

意思是说市场上假腿需求量增大而不断涨价，而鞋却十分便宜。齐景公意识到自己的过错，从此免了砍腿的酷刑。

4. 批评的话含蓄说出，避免误会

为防止产生误会，造成隔阂，也为了让对方接受建议，对一些特殊人物可采用婉言批评的技巧。

曹禺《日出》中方达生和陈白露有这样一段对话：

方：竹均，怎么你现在变成这样——
陈：这样什么？
方：呃，呃，这样地好客——这样地爽快。
陈：我原来不是很爽快么？
方：（不肯直接道破）哦，我不是，我不是这个意思……我说，你好像比从前大方得——
陈：我知道你心里是说我有点太随便，太不在乎，你大概有点疑心我很放荡，是不是？

在这段对话中，方达生本意是要批评陈白露"太随便"，但这样说怕伤害对方，而使用"好客"、"爽快"、"大方"等词语，婉转地批评了陈白露，使陈白露自然地警觉起来。这种婉言批评是一种正话反说，还有一种方法是先隐后现，即先引其亮出观点，而后提出事实，证明其观点错误，使其自我否定，达到教育目的。

当你不愿、不必或不需对一些错误言行进行直言批评时，运用含蓄的语言进行委婉、间接的批评，既可以给被批评者留面子，又能一语点透。永远要记住如果你不采用含蓄的语言进行委婉、间接的批评，而是严词厉句地批评别人，也许你早就忘记了。可是，被你伤害的那个人却永远不会忘记。

说服一个人要循序渐进

常言道：心急吃不得热豆腐。说服一个人不能急于求成，而要循序渐进，逐步有节奏地进行，这样才能起到应有效果。说服一个人通常要按照以下的几个步骤进行：

第一步：想要让对方同意你的意见，先要设法去了解对方的想法与凭据来源。

曾经有一位很优秀的管理者这么说："假如客户很会说话，那么我已有希望成功地说服对方，因对方已讲了七成话，而我们只要说三成话就够了！"

事实上，很多人为了要说服对方，就精神十足地拼命说，说完了七成，只留下三成让客户"反驳"。这样如何能顺利圆满地说服对方？所以，应尽量将原来说话的立场改变成听话的角色，去了解对方的想法、意见，以及其想法的来源或凭据，这才是最重要的。

第二步：先接受对方的想法。

如果感觉到对方仍对他原来的想法保持不舍的态度，其原因是尚有可取之处，所以他反对你的新提议，此时最好的办法，就是先接受他的想法，甚至先站在对方的立场发言。"我也觉得过去的做法还是有可取之处，确实令人难以舍弃。"先接受对方的立场，说出对方想讲的话。为什么要这样做呢？因为当一个人的想法遭到别人一无是处的否决时，极可能为了维持尊严或咽不下这口气，反而变得更倔犟地坚持己见，排斥反对者的新建议。若是说服别人的结果是这样，成功的希望就不大了。

曾经有一个实例，某家庭电器公司的推销员挨家挨户推销洗衣机，当他到一户人家里，看见这户人家的太太正在用洗衣机洗衣服，就忙说："哎呀！这台洗衣机太旧了，用旧洗衣机是很费时间的，太太，该换新的啦……"

结果，不等这位推销员说完，这位太太马上产生反感，驳斥道："你在说什么啊！这台洗衣机很耐用的，到现在都没有故障，新的也不见得好到哪儿去，我才不换新的呢！"

过了几天，又有一名推销员来拜访。他说："这是令人怀念的旧洗衣机，因为很耐用，所以对太太您有很大的帮助。"

这位推销员先站在太太的立场上说出她心里想说的话，使得这位太太非常高兴，于是她说："是啊！这倒是真的！我家这台洗衣机确实已经用了很久，是太旧了点，我倒想换台新的洗衣机！"

于是推销员马上拿出洗衣机的宣传小册子，提供给她做参考。这种推销说服技巧，确实大有帮助，因为这位太太已被动摇而产生购买新洗衣机的决心。至于推销员是否能说服成功，无疑是可以肯定的，只不过是时间长短的问题了。

　　善于观察与利用对方的微妙心理，是帮助自己提出意见并说服别人的要素。

　　一般来说，被说服者之所以感到忧虑，主要是怕"同意"之后，会不会发生意想不到的后果；如果你能洞悉他们的心理症结，并加以防备，他们还有不答应的理由吗？

　　至于令对方感到不安或忧虑的一些问题，要事先想好解决之道，以及说明的方法，一旦对方提出问题时，可以马上说明。如果你的准备不够充分，讲话可能模棱两可，反而会令人感到不安。所以，你应事先预想一个引起对方可能考虑的问题，此外，还应准备充分的资料，给客户提供方便，这是相当重要的。

　　第三步：让对方充分了解说服的内容。

　　有时，虽然你有满腹的计划，但在向对方说明时，对方无法完全了解其内容，他可能马上加以否定。另外还有一种情形是，对方不知我们说什么，却已先采取拒绝的态度，摆出一副不会被说服的模样；或者眼光短浅，不听我们说的也大有人在。如果遇到以上几种情形，一定要耐心地一项项按顺序加以说明。务求对方了解我们的真心实意，这是说服此种人要先解决的问题。

　　如果不能完全了解我们说的内容者，千万不可意气用事，必须把自己新建议中的重要性及其优点，逐步深入地介绍给他，让他确实明白。举一个例子加以说明，假如你前去说服别人，第一次不被接受时，千万不可意气用事地说：

　　"讲也是白讲！"

　　"讲也讲不通！浪费唇舌。"

　　一次说不通就打退堂鼓，这样是永远没有办法使说服成功的。

以情动人，情真言亦真

　　正如白居易所说："感人心者，莫先乎情。"说话时既以理服人，又以情感人。

　　人是感情动物，语言所负载的信息，除了理性信息外，还有感性信息。这种感性信息，内涵十分丰富。其功能不仅要诉诸人的理智，而且更要打动人的情感。"功成理定何神速，速在推心置人腹。"这里的推心置腹就是指话语真诚。所谓真，是指不矫揉造作，不言辞虚浮，能够保持说话人的自我本色。所谓诚，就是真心真意、不掩盖、真情流露。

林肯和美国上议院议员道格拉斯是竞选中的对手。他们曾在伊里诺伊州进行过一场轰动美国的著名辩论。在这场辩论中，林肯不仅取得了胜利，而且获得了誉满全美的"诚恳的亚伯"的称号，道格拉斯却被听众戏称为"小伟人"。道格拉斯是个阔佬，他为了推销自己，特地租用漂亮的专列，车后安放一尊大炮，每到一站就鸣30响，配以乐队的喧闹，声势之大，为历史之最。并口出狂言：

"要让林肯这个乡下佬闻闻贵族的气味。"

林肯则买票乘车，每到一站就登上朋友们为他预先准备好的马拉车。面对道格拉斯的强大挑战，他以退为进，沉着应战。在一次演讲中，他说道：

"有人问我有多少财产，我有一个妻子，三个儿子，都是无价之宝。此外，还租有一个办公室，室内有办公桌子一张、椅子三把，墙角还有一个大书架，架上的书值得每个人一读。我本人既穷又瘦，脸蛋很长，不会发福。我实在没有什么可依靠的，唯一可依靠的就是你们。"

林肯之真诚首先在不讲排场，与选民心距拉近；内容上，贴近常人之心。谁没有妻室儿女？他却称他们是无价之宝。这是情感认同。租用的办公室，家具少，书架大，契合选民们理想中的总统形象：廉洁，勤奋，富有学识。这样的自我介绍，不无幽默，这是形象的心理认同。最后，不把自己当做选民的救星，而把选民当做自己唯一的依靠，予以得体恭维，从而获得选民心理的亲近认同。通过这些推心置腹的讲话，获得选民的普遍认同，从而一举获胜。

在话语交际过程中，要使对方感受到情感的真实，说话人的话语一定要受到发自内心的充沛的情感支配。作家王潜先生论所谓"零度风格"时告诫我们："说话人装着对自己所说的话毫无情感，把自己隐藏在幕后，也不理睬听众是谁，不偏不倚、不痛不痒地背诵一些冷冰冰的条条儿，玩弄一些抽象概念，或是罗列一些干巴巴的事实，没有一丝丝的人情味，这只能是掠过空中的一种不明来历去向的声响，所谓'耳边风'，怎能叫人发生兴趣，感动人，说服人呢？"有人说得好："只有被感情支配的人最能使人相信他的情感是真实的，因为人们都具有同样的天然倾向，唯有最真实的生气或忧愁的人，才能激起人们的愤怒和忧郁。"

正当希腊面临马其顿王国的入侵，而又遭受亡国和失去自由的危机的时候，希腊著名演说家德摩斯梯尼作了一次著名的演说，他的每一句话、每一个词都充满着发自内心的极为丰富的爱国主义情感。他热情洋溢地说:"即使所有民族同意忍受奴役,就在那个时候,我们也应当为自由而战斗。"从这饱含着爱国热情的词句中,人们看到了一颗真挚的拳拳之心,因而他的演讲激励了无数的希腊人从聆听演说的广场直接奔赴战场,连向家人作一声道别也认为耗费了时光。他的敌人,马其顿的国王腓力见到这篇演说词,也不由感慨地说:

"如果我自己听过德摩斯梯尼的演说,连我也要投票赞成他当我的反对者领袖。"

能让对手击节赞叹,这其中蕴含了多么真挚、奔涌的情感,这炙热的爱国主义情感从心底喷薄而出,产生了惊天动地的力量。

给别人留下说话的机会

当马克·吐温还是一名普通船员的时候,罗克岛铁路公司打算建一座大桥,把罗克岛和达文波特两个城市连接起来。那个时候,轮船是运输小麦、熏肉和其他物资的重要工具。所以,轮船公司把水运权当成上苍赐予他们的特权。铁路桥修建成功,自然也就葬送了他们的特权,毁了他们的财路,因此轮船公司竭力对修桥提案进行阻挠。于是,美国运输史上最著名的一个案子开庭了。

轮船公司的辩护律师韦德,是相当有名的铁嘴。法庭辩论的最后一天,听众云集。韦德滔滔不绝,足足讲了两个小时。

轮到罗克岛铁路公司的律师发言时,听众就不耐烦了,怕他也说起来没完没了。这也正是韦德的计谋。然而,那位律师只说了一分钟。不可思议的一分钟,这个案子就此闻名。

他站起身平静地说:"首先,我对控方律师的滔滔雄辩表示钦佩!然而,陆地运输远比水上运输重要,这是任何人都改变不了的事实。陪审团各位,你们要裁决的唯一问题是,对于未来发展而言,陆地运输和水上运输哪一个更重要?哪一个不可阻挡?"

片刻之后,陪审团作出裁决,建桥方获胜。那位律师高高瘦瘦,衣衫简陋,他的名字叫做——亚伯拉罕·林肯。

韦德既想炫耀自己的口才,又想拖延时间,因此滔滔不绝、口若悬河，但是他却没有想到这样的喋喋不休会让听众厌烦，更没想到林肯有那么机智的反应，因此更让他的长篇大论惹人生厌。

任何人都不喜欢别人在自己面前喋喋不休，因为面对"优"于自己的人，我们都会油然而生抗拒心理，而对那些主动示"弱"的人，我们却非常愿意表达接近他的"爱"心。所以，见多识广的人往往要承受更多人的"反对"，因此也就屡屡饱尝失败的滋味，而表面上"无知无识"的人，却能减免许多人为的阻力，一步步迈向成功。

这种规律在营销领域尤其突出，我们常常发现一些说话滔滔不绝的业务员通常还不如那些沉默的业务员。

开始时，小李向别人推销时总是赖在别人面前不走，直到把对方累垮，但是业绩却毫无起色，久而久之，他对自己的推销能力也产生了怀疑。后来在别人的指点下，他决定："并不一定要向每一个我拜访的人推销保险。如果推销的时间超过预订的长度，我就要转移目标。为了使别人快乐，我会很快离开，即使我知道如果再磨下去他很可能会买我的保险一样。"

谁知这样做竟然产生了奇妙的效果："我每天推销保险的数目开始大增。还有，有些人本来以为我会磨下去的，但当我愉快地离开他们之后，他们反而会到另一间办公室来找我，并且说：'你不能这样对待我。每一个推销员都会赖着不走，而你居然不再跟我说话就走了。你回来给我填一份保险单。'"

俗话说："话多不如话少，话少不如话好。"许多的人不一定有智慧，且往往可能刚好相反。

怀着一颗兴奋的心，小张与同事们一起组团到外地做业务考察。一路上，不管是搭飞机或小巴士，总是听到其公司的王副经理不断地高谈阔论，唧唧喳喳地讲个不停，许多团员私底下都相视而笑，无奈地摇头说："这次碰上王副经理，完了，真够惨！"到了北京，拜会有关单位时，轮到王副经理做简报，只见他站在大众面前却脸红脖子粗，结结巴巴，讲不出像样的业务简报。

小张也曾与一位公关公司的女经理洽谈业务。这位女经理长得蛮漂亮，业务亦是做得响当当的，经常是海峡两岸跑，可是当她话匣子一打开，就滔滔不绝，如黄河决堤，一发不可收拾。小张虽亦是业务口才高手，但想插几句话，却始终苦无机会。这位女经理兴致高昂地叙述她这些年来的公关事业是如何蓬勃，小张则两手在餐桌上玩弄着吸管，心中觉得十分无趣。30分钟后，小张终于鼓起勇气对这位女经理说："对不起，待会儿我还有事，我先走了！"

你瞧，喋喋不休保证会把人给说跑了。

生活中，你也不能喋喋不休，说个没完没了。如果你是一位女性，尤其应该对此引起重视，因为你更易犯下这一错误，而且这一弱点危害甚重，直接影响或危及你的说服效果。所以，如果你想让自己获得成功，也让他人得到尊重，那就从现在开始——不再唠叨！

拿破仑的侄子拿破仑·彭纳派德与美女郁金妮·德伯伯爵相爱并成婚。他的朋友们认为，她不过是一位不重要的西班牙伯爵的女儿。但拿破仑·彭纳派德反驳说："那又怎么样？"她的青春，她的优雅，她的美貌，她的诱惑，使他沉浸在神仙般的幸福中。"我已经喜欢上了一位我所敬爱的女人，"他说道，"她不是一位我不了解的女人。"

拿破仑·彭纳派德和他的新婚妻子拥有健康、财富、势力、美貌、名誉、爱情与信仰——一切幸福的条件。但是，他们婚姻的圣火从未发过更加耀眼的光辉，而且没过多久，那炽热的圣火就熄灭了。拿破仑·彭纳派德可以使郁金妮成为皇后，他可以献出他爱情的全部力量，但他无法做到一点：使她停止喋喋不休。

由于嫉妒和多疑，郁金妮不听他的命令。正当他处理国政的时候，她闯入他的办公室，打断他最重要的讨论。她常常到她的姐姐家抱怨她的丈夫。她拒绝他独处，永远怕他与别的女人交往。她抱怨、哭泣、喋喋不休，甚至恫吓，并强行进入他的书房，向他发怒。拿破仑，这个法国的皇帝，纵然有许多富丽堂皇的宫殿，却不能找到一个小橱，以让自己在那里安静一下。

"以后拿破仑常在夜里，从一侧门偷偷地出去，戴一软帽，将眼遮起，带一亲信随从，真的前往等待他的美女那里去，或像古时人似的漫游于这大城市中，见些平时见不到的东西。"

这一切都是喋喋不休的郁金妮所造成的。她坐在法国皇后的位上，又是世界上最美丽的妇人，但在不良的气氛之中，皇后地位与美貌都不能再使拿破仑折服，都不能保持爱情的存在。

有人说林肯一生最大的悲剧不是被刺，而是他的婚姻。

林肯传记的作者这样写道："林肯夫人那尖锐刺耳的声音，就是隔一条街都可以听见。附近邻居常常听到她不断地咆哮怒喊，她的愤怒常常是以这种方法表现，而要形容她那副愤怒的神情，真是很不容易呢！"

所有的吵闹、责骂和喋喋不休，改变林肯了吗？在某方面来说，是的。那就是使林肯改变了对她的态度，他懊悔自己不幸的婚姻，同时他尽量躲避她。

话说多了，会显得夸夸其谈，油嘴滑舌；言多必失，祸从口出，这时最好的办法是学会静心倾听。注意听，给人的印象是谦虚好学，专心稳重，诚实可靠；认真听，能减少不成熟的评论，避免不必要的误解；善于听，让你拥有丰富的人脉资源。

所以西方人说："与人交谈，犹如弹弦一般，当别人感到乏味时，便要把弦按住，使它停止震动、发声。"当你忍不住要喋喋不休时，请多想想这样所带来的恶果吧。

征服人心的口才黄金定律

有些人说服人经常犯的弊病，就是先想好几条理由，然后去和对方辩论；还有的是站在长辈的立场上，以教训人的口吻，指点别人该怎么做。这样一来，就等于先把对方推到错误的一方，因此，效果往往不好。说服人的方法和技巧很多，以下几种是比较实用和简便的。

1. 用高尚的动机来激励他

在一般情况下，每个人都崇尚高尚的道德、正派的作用，都有起码的政治觉悟和做人道德。所以，在说服他人转变看法的时候，一个有效的办法就是，用高尚的动机来激励他。比如说这样做将对国家、公司带来什么好处，或将对家庭、对子女带来什么好处，或将对自己的威信有什么影响，等等。这往往能够很好地启发他，让他做应该做的事。

2. 用热忱的感情来感化他

当说服一个人的时候，他最担心的是可能要受到的伤害。因此，在思想上先砌了一道墙；在这种情况下，不管你怎么讲道理，他都听不进去。解决这种心态的最有效的办法就是，要用诚挚的态度、满腔的热情来对待他，在说服他的时候，要用情不自禁的感情来感化他，使他从内心受到感动，从而改变自己的态度。

3. 通过交换信息促使他改变

实践证明，不同的意见往往是由于掌握了不同的信息所造成的。有些人学习不够，对一些问题不理解；也有些人习惯于老的做法，对新的做法不了解；还有些人听人误传，对某些事情有误解，等等。在这种情况下，只要能把信息传给他，他就会觉察到行为不是像原来想象的那么美好，进而采纳领导者的新主张。

4. 激发他主动转变的意愿

要想让别人心甘情愿地去做任何事，最有效的方法，不是谈你所需要的，而是谈他需要的，教他怎么去得到。所以有人说："撩起对方的急切愿望，能做到这一点的人，世人必与他同在；不能的人，将孤独终生。"

探察别人的观点并且在他心里引起对某项事物迫切需要的愿望，并不是指要操纵他，使他做只对你有利而不利于他的某件事，而是要他做对他自己有利，同时又符合你的想法的事。这里要掌握两个环节：一是说服人要设身处地地谈问题，要把别人的事当做彼此互相有利的事来加以对待；二是在促使他行动的时候，最好让他觉得不是你的主意而是自己的主意。这样他会喜欢，会更加主动和积极。

5. 用间接的方式促使他转变

说服人时如果直接指出他的错误，他常常会采取守势，并竭力为自己辩护，因此，最好用间接的方式让他了解应改进的地方，从而让他达到转变的目的。所谓间接的方法是多种多样的，如把指责变为关怀；用形象的比喻来加以规劝；避开实质问题谈相关的事；谈别人的或自己的错误来启发他；用建议的方法提出问题，等等。这就要靠领导者根据实际情况创造性地加以运用。

6. 提高对方"期望"的心理

被说服者是否接受意见，往往和他心目中对说服者的期望心理有关，说服者如果威望高，一贯言行可靠，或者平时和自己感情好，觉得可以信赖，就比较愿意接受他的意见。反之，就会有一种排斥心理，所以作为领导者，平时要注意多与下属交往，和他们建立深厚的感情，这样在工作的时候，就能变得主动有力。

学会巧妙委婉地拒绝他人

若别人有求于你，而你出于各种原因却不能接受，又不好直说"不行"、"办不到"，怕因此伤害对方的自尊心；若对方提出一些看法，你不同意，既不想讲违心之言，又不愿直接反驳对方；若你看不惯对方的行为，既想透露内心的真情，又不愿意表达得太直露，以免刺激对方。要想处理好上述社交经常出现的情况，就要在社交活动中学会巧妙委婉的拒绝，根据不同的情境说"不"。

1. 非个人原因的谢绝

对人说"不"，最困难的就是在不便说出真实的原因时又找不到可信而合理的借口，那么，不妨在别人身上动动脑筋，比如借口你的家人方面的原因。在这种情况下，要拒绝、制止或反对对方的某些要求、行为时，可采取假托由于非个人的原因作为借口从而加以拒绝，这样对方就容易接受。

当一个推销员敲一户人家的家门时，女主人的态度礼貌而坚定："谢谢你的好意，可我丈夫不让我在家门前买任何东西。而不是因为我不愿意掏腰包。"

这样一来，推销员既不会因为女主人没买他的东西而怨恨她，同时也感到再说下去也是白费口舌，因为问题不在于她，而在于那个他并未晤面的丈夫。于是，推销员只好作罢。

2. 情非得已的谢绝

当有人真心请求你的帮助时，在力所能及的范围内，应该尽量给予帮助。但碰上实在无能为力的事，你无法给予对方帮助时，也不要急于把"不"字说出口，不要使对方感觉到你丝毫没有帮助他解决困难的诚意，否则，你在别人眼中会是一个自私而缺乏同情心的人。

保险公司的小李是处理协调客户赔偿要求事务的，小李的工作决定他要经常地拒绝客户的要求。然而，他总是对客户的要求表示同情，并解释说，从道义上讲他同意对方的要求，可自己实在是心有余而力不足。由于拒绝得法，小李的工作做得很出色。同样，当别人有求于你而你又无能为力时，先不忙拒绝他，而要耐心地倾听他的陈述，对他所处的困境表示同情，甚至可以给他提些建议，最后告诉他，你实在无法帮他，对方绝不会因此而生气，反而会被你的诚意所感动。

3. 通过诱导对方来谢绝

诱导对方，即当别人向你提出不合理的要求时，不要简单地拒绝他，而应该让他明白他的要求是多么不合适，从而自愿放弃它。一位业绩卓著的室内设计师声称，对于用户的不合实际的设想，他从不直截了当地说"不行"，而是竭力引导他们同意他希望他们做的事情。

一位妇女想要用一种不合适的花布料做窗帘，这位设计师提议道："你真是给了我们一种新的设计思维，不过让我们来看看你希望窗帘布置达到什么效果。"接着，他大谈什么样的布料做窗帘才能与现代装饰达成最好的和谐，很快，那位妇女便把自己的花布料忘了。

4. 谢绝后指明方向

这一点对担任一定领导职务的人尤其重要。比如你的下属向你提出的要求被你拒绝后,你不妨告诉你的下属他的努力方向,使他始终看到希望,与此相比,你的拒绝就显得微不足道了,不会挫伤他的自尊心,也不会伤害你与下属之间的感情了。

《成功的人际关系》一书的作者、美国的威廉·雷利博士在谈及怎样处理下属希望晋职而他本身的条件又不够的情况时,曾建议企业主管这样说:

"是的,乔治,我理解你希望得到提升的心情。可是,要得到提升,你必须先使自己变得对公司更重要。现在,我们来看看对此还要多做点什么……"

5. 不假思索地谢绝

一位热情奔放的老妇人决定与年轻的女邻居交朋友,她发出邀请:

"欣迪,你明天上午到我家来玩,好吗?"

欣迪脸上露出温和宽厚的笑容说:"谢谢了,但不行啊!明天,我还有事呢。"她的拒绝既友好又温情,但态度又是那么坚决,老妇人只好作罢。所以,当别人的请求你无法满足,就迅速作出反应,友善、真诚地谢绝他,不留任何回旋的余地。

6. 用拖延谢绝

一位女友想和你约会。她在电话里问你:

"今天晚上八点钟去跳舞,好吗?"

你可以回答:"明天再约吧,到时候我给你去电话。"

你的同事约你星期天去钓鱼,你不想去,可以这样回答:

"其实我是个钓鱼迷,可自从成了家,星期天就被妻子没收啦!"

7. 用沉默谢绝

当别人问:"你喜欢阿兰·德隆吗?"你心里并不喜欢,这时,你可以不表态,或者一笑置之,别人即会明白。

一位不大熟识的朋友邀请你参加晚会,送来请帖,你可以不予回复。它本身说明,你不愿意参加这样的活动。

8. 热情拒绝

明确表示你希望满足对方的要求,并表示同情,可是实际上是心有余而力不足,请对方谅解,而不直接拒绝。这样也能收到良好的效果。例如:

客户要求电信局安装市内住宅电话,由于供不应求,无法一一满足,但又不能拒绝客户的要求。回答时,应表示同情,并热情地说:

"满足客户的要求是我们应尽的责任,可是由于目前线路短缺,还不能全部解决，我们正创造条件，请你耐心等待。"

9. 用回避谢绝

你和朋友去看了一部拙劣的武打片，出影院后，朋友问："你觉得这部片子怎么样？"你可以回答："我更喜欢抒情点的片子。"

你正发烧，但不想告诉朋友，以免引起他的担心。朋友关心地问："你试体温了吗？"你说："不要紧，今天天气不太好。"

10. 用模糊语言谢绝

外交官们在遇到他们不想回答或不愿回答的问题时，总是用一句话来搪塞："无可奉告。"生活中，当我们暂时无法说"是与不是"时，也可用这句话。还有一些话可以用做搪塞，如，"天知道。""事实会告诉你的。""这个嘛……难说。"等等。

当我们羞于说"不"的时候，请恰当地运用上述方法。但是，在处理重大事务时，来不得半点含糊，应当明确说"不"。而在朋友的真心求助下，则不能用说"不"的方法应付，应尽力竭尽所能，若实在违反原则和自己力不能及时，才好说"不"。

说"不"不要打破禁忌

拒绝他人对人说"不"时，不要违反以下的禁忌，否则会招致他人的反感，给自己造成麻烦。

1. 忌没做好准备的说"不"

我们可分析一下，那些在别人不论提出多不合理的要求时都很难说"不"的人，通常是由于以下一种或几种原因。

首先，对自己的判断力缺乏自信，不知道什么是应该做的，什么是别人不该期望自己做的。

其次，渴望讨别人喜欢，担心拒绝别人的请求会让人把自己看扁了。对自己能力能够成功地负起多少责任也认识不清。

最后，是自卑作怪，因而把别人看成是能控制自己的"权威人士"。

然而，不论出于何种理由，这些不敢说"不"的人通常承认自己受感情所支配。不管过去的经历如何，他们从未在别人提出要求时有一个准备好的答复。

2. 忌说话绵软无力

拒绝别人时若说话绵软无力甚至哼哼叽叽半天讲不清楚，会让人很容易产生一种厌恶，认为你不是帮不了他，而是根本不想帮他，因为一般而言只有心虚的人才会如此吞吞吐吐。

3. 忌热情过头

既是拒绝别人就认真说出理由，之后无论表示惋惜也好，无奈也好，别人不乐意，但也不能对你的拒绝妄加指责，但你若为了弥补对方，一个劲"可惜可惜"、"下次下次"、"一定一定"，则未免有些虚伪。

4. 忌触动感情

据心理学家研究，"触动"是很容易产生共同感受的，故想说"不"时应注意避免。给人以"敬而远之"的态度，比较容易把"不"说出来并说得较好，或者说，对方试图与你套近乎，你要保持头脑清醒，以免做了感情俘虏，给对方可乘之机。一般说来，见一次面就能记住别人名字的人，常容易与人接近。故此，在交谈中不断称呼别人名字，并冠之以"兄"、"先生"等常能产生亲近感，那么，反过来你想说"不"时，便应杜绝这种亲密的表示，即对方的名字一概不提，这样加大和对方的心理距离，容易说"不"。还有谈话时尽量距离对方远些，使其不容易行使拍、拉等触动性的亲密动作。另外，最好也不要触摸对方递出来的东西。东西也和人一样，一经"触摸"就会产生"亲密感"，想要拒绝就不容易了。

5. 忌借口不当

有些人不想直接说"不"，便随便找些不值一驳的理由来暂时搪塞对方，以求得一时的解脱。这个方法并不好，因为对方仍可以找理由跟你纠缠下去，直到你答应为止。比如你不想答应帮某人做事，推说："今天没有时间。"他就会说："没关系，你明天再帮我做好了，事情就拜托你了。"又如你要拒绝对方想转让给你的一件衣服，你推说："钱不够。"那么对方会说："钱够了再说好了。"就把你轻易应付过去了。或者你不愿意和对方跳舞，推说："我跳不好。"那么他一定会说："没关系，我慢慢带着你跳好了。"因为这些都是小小的谎言，一经反驳，你定有所慌乱，"不"的意志便很难贯彻了。所以对付这种情况，你倒不如直截了当地用较单纯的理由明确地告诉对方："你托办的这件事办不到，请原谅。""这件衣服的颜色我不喜欢，很抱歉。""我已经另约了舞伴，不能跟你跳，对不起。"等等。这样虽说显得生硬些，但理由单纯明快，不会给对方可乘之机，倒可以免除后患。

6. 忌针对人说"不"

无论以何种方式说"不"，都是针对事件本身的拒绝，而不是对当事人个人的否定。

某造纸厂的推销员上某单位推销纸张。推销员找到熟悉的这个单位的总务处长，恳求他订货。总务处长彬彬有礼地说："实在对不起，我们单位已同某国营造纸厂签了长期购买合同，单位规定不再向其他任何单位购买纸张了。"因为总务处长讲的是任何单位，就不仅仅针对这个造纸厂了。

说话有分寸，进可攻退可守

说话要有分寸，分寸拿捏得好，很普通的一句话，也会平添几许分量。话少又精到，给人感觉深思熟虑。而说话的分寸决定与你谈话的对象、话题和语境等诸多因素的需要。换句话说，要言之有度。

有度的反面则是"失度"，什么叫做"失度"呢？一般说来，对人出言不逊，或当着众人之面揭人短处，或该说的没说，不该说的却都说了。这些都是"失度"的表现。下面简要介绍一些在谈话中禁忌的话题，接触这些话题容易导致谈话"失度"，产生不良效果。

（1）随意询问健康状况。向初次见面或者还不相熟的人询问健康问题，会让人觉得你很唐突，当然如果是和十分亲密的人交谈，这种情况不在此列。

（2）谈论有争议性的话题。除非很清楚对方立场，否则应避免谈到具有争论性的敏感话题，如宗教、政治、党派等易引起双方抬杠或对立僵持的话题。

（3）谈话涉及他人的隐私。涉及别人隐私的话题不要轻易接触，这里包括年龄、东西的价钱、薪酬等，容易引起他人反感。

（4）个人的不幸。不要和同事提起他所遭受的伤害，例如他离婚了或是家人去世等。当然，若是对方主动提起，则要表现出同情并听他诉说，但不要为了满足自己的好奇心而追问不休。

（5）讲一些不同品味的故事。一些有色的笑话，在房间内说可能很有趣，但在大庭广众之下说，效果就不好了，容易引起他人的尴尬和反感。

在人际交往中，谈话要有分寸，认清自己的身份，适当考虑措辞。哪些话该说，哪些话不该说，应该怎样说才能获得更好的交谈效果，是谈话应注意的。

同时还要注意讲话尽量客观，实事求是，不夸大其词，不断章取义。讲话尽量真诚，尽量不说刻薄挖苦别人的话，不说刺激伤害别人的话。

无论何时，我们说话的时候都要提醒自己把握分寸，要给自己留余地，使自己可进可退，这好比在战场上一样，进可攻，退可守。这样有了牢固的后方，出击对方，又可及时地退回，自己依然处于主动的地位。这样虽然不能保证自己就一定会是处于战无不胜的地位，但是至少可以保证自己不会败得一塌糊涂。

第23章

遇到不同场合、不同人物如何展示口才

好口才能够切合说话的语境

说话的语境,即语言本身所体现出来的环境、氛围等,是说话艺术中最不易把握的,也是最常见的一种现象。不同的言语表达不同的内容,产生不同的气氛,如果不注意说话的语境变化,我行我素,一意孤行,不知变通,不仅起不到所要表达的效果,有时反而会使谈话无法进行下去。

小李开了一家理发店,手艺一般,但由于他伶牙俐齿,生意十分红火。

一天,他给第一位顾客理完发,顾客照照镜子说:"头发理得太长。"小李在一旁笑着解释:"头发长,显得有风度,魅力四射,你没看到,那些大艺术家不都像你这样的发型。"顾客听了,心里很高兴,愉快地付钱走了。

小李给第二位顾客理完发,顾客照照镜子说:"头发剪得太短。"小李笑着解释:"头发短,显得有精神,朝气蓬勃,人见人爱。"说得这位顾客心花怒放。

小李给第三位顾客理完发,顾客一面付钱一面笑道:"时间挺长的。"小李笑着解释:"为'首脑'多花点时间,很有必要,你没看到,进门时白发苍苍,出门时一头乌发,好像换了人间。"顾客大笑,挥手告辞。

小李给第四位顾客理完发,顾客一边付款一边笑道:"动作挺利索,20分钟就解决问题。"小李笑道:"如今,时间就是金钱,'顶上功夫'

速战速决，为你赢得时间和金钱，何乐而不为？"顾客非常满意，说："以后就到你这儿来理发。"

好口才能够适应说话的时境

时境是诱发说话的欲望、内容的本源。

人们说出来的每一句话，都是观念形态的东西。马克思说："观念的东西不外是移入人脑的并在人的头脑中改造过的东西而已。"说话是意识活动的产物，不管是客观地介绍情况，还是主观地抒情议论，从根本上说，都只能来源于客观现实。因此，说话的欲望、内容等，都是说话人所感知的客观事物"移入"人脑之后产生的刺激诱发出来的。斯米尔诺夫在《心理学的自然基础》中指出："意识的根源不应到脑的外部，而应该到人的社会生活——人们最复杂的意识活动形式的真正源泉中去寻找。"

不爱说话的人，在令他兴奋的场合，也常常说起来没完没了。相反地，爱说话的人，在特殊的环境中，也会缄默不语。无论爱说或不爱说话的人，其说话欲望的诱发，都是与时境有关的。人们常说"有感而发"，就是有感于说话的时境而发的。

有一次，一位领导应邀参加"新世纪党员形象"演讲会，他根本不想发言，也没做准备。但在论辩到"党员可不可以下岗"问题时，他被其他演讲者几乎一边倒的否定意见所激怒，走上讲台，作了生平以来第一次"即兴演讲"，获得了极大的成功。

这位领导本来不想发言，没有在这次会上讲话的欲望，是演讲会场这个具体时境，特别是几乎一边倒的否定意见这个具体条件刺激了他，诱发了他的说话欲望。

所谓"即兴演讲"，大多是说话的时境诱发了演讲者的欲望，使他兴致勃勃地讲起话来。俗话说："鼓不敲不响，钟不撞不鸣。"没有特定时境的诱发，往往不会有说话的产生。

时境在诱发说话欲望的同时，也为说话提供了可资谈论的话题。

老舍的话剧《茶馆》的第一幕有这样一个场面：街上兵荒马乱，正搜查谭嗣同的余党，庞太监进来说："天下太平了。圣旨下来，谭嗣同问斩！"这话一下子打破了茶馆里"莫谈国事"的沉闷局面，出现了新的说话时境。于是：

茶客甲：谭嗣同是谁？

茶客乙：好像听说过？反正犯了大罪，要不，怎么会问斩呀？

茶客丙：这两三个月，有些做官的，念书的，乱折腾乱闹，咱们怎能知道他们搞的什么鬼呀？

……

王利发：诸位主顾，咱们还是莫谈国事吧？

（大家安静下来，都又各谈各的事）

这时，关于谭嗣同的谈论议题，是新的说话时境提供的，随着茶馆掌柜王利发"莫谈国事"的忠告，又回到原来的时境状态。新的说话时境没有了，关于谭嗣同的话题也就结束了。说话的时境是现实生活中与说话主体最切近的部分，能被说话人直接感知，是摆在身边的说话材料，随时可以参与进来，成为谈论的话题。

好口才能够懂得灵活地变通

原则，是一条待人接物的轨道。但是墨守原则，这条轨道便会成为碍手碍脚的束缚，不但窄化了你的视野，并且局限了你的人生。做人的最高原则，应该是"可以随时改变你的原则"。

从前有个读书人，自认学富五车，无论做什么事情，都喜欢引经据典、咬文嚼字一番。根据他的说法，是为了"不违古训"，展现读书人的"满腹经纶"。

一天，读书人的家里突然发生火灾，救火不及的大嫂气喘吁吁地对他说："快点叫你哥哥回来救火，他在隔壁王大爷家下棋。"

读书人出了大门，他心想："嫂子叫我快一点，这有违古训，圣贤书上不是都说'欲速则不达'吗？我怎么能匆匆忙忙的呢？"

因此，他慢慢吞吞地走到王大爷的家，看见哥哥和王大爷正在兴高采烈地弈棋，读书人走上前去，默默地站在哥哥身旁观棋。好不容易，这精彩的棋局总算下完了，读书人这才说道："哥哥，家里失火，嫂子叫你快点回去救火!"

哥哥一听,简直气得说不出话来,他浑身直抖,过了好一会儿,才咬牙切齿地骂道:"这么严重的事,你为什么不早点说?"

读书人一脸理所当然的样子,指着棋盘上的字说:"难道你没看见这棋盘上清清楚楚地写着'观棋不语真君子'吗?"

到了这个时候,还要什么斯文!哥哥听不下去,举起拳头正要打他,但想想,到了这种地步就算打了也无济于事,于是硬生生地将拳头缩了回来。

读书人见哥哥缩回拳头,反而把脸凑了过去,说道:"哥哥,你打吧!棋盘上写着'举手无回大丈夫',你怎么可以把手缩回去呢?"

每个人都有自己的原则,都有自己的习惯,但是当情况改变了,你若不能跟着改变,你就会被淘汰。

固守原则,未必是件坏事,但是不知变通,你的路便会越走越窄,只有纵观全局的人,才能进退得宜,海阔天空。

好口才能够换个位置来表达

说任何话之前,我们要在脑海中替别人想一想。这样说出的话才不会引起矛盾和误会,才不会犯错误了。

其实,生活中我们很多时候犯的错误往往是因为只从自己的角度思考问题。为了避免这样的错误,就得学会换位思考,并在此基础上调整行为的方式。换位思考就是完全转换到对方的角度思考,从而更理解人、宽容人,就是要求在观察处理问题,做思想工作的过程中,把自己摆放在对方的角度,对事物进行再认识、再把握,以便得到更准确的判断,从而说出的话也才能真正落到别人的心窝里。

即使是最没本事的人,在责备别人时往往也能够大发议论;即使是最聪明的人,在对待自己缺陷时也往往糊涂。我们只要经常用指责别人的态度来要求自己,用宽恕自己的心思去对待别人,就不会没有进步。

儿时常做一种游戏:两腿叉开,头向下从两腿之间往后看过去。本来习以为常的乡间景色便有了新意,让人百玩不厌,常玩常新。成年后多了些社会生活经验,又读了些书,知道那种看似简单的游戏实际上蕴藏着并不简单的道理:换位思考。

仔细想来,生活中诸多不快、诸多矛盾的引发,未必都有多么复杂、多么严重的理由，如果能够互相了解、互相理解，或许就根本不会发生。而换位思考就是达到互相理解的一种有效途径。

好口才能够察言观色巧说话

心有所思，口有所言。通过语言这个窗口，可以窥视人的内心世界，而社交正是在不同思想的支配下的语言交锋。因此，通过语言把握对方思想活动的脉搏，自然是获取人际交往胜利的关键。与察言同样重要的还有观色，考察对方的举止神态，有时能捕捉到比语言表露得更为真实的微妙思想。因为许多举止神态的变化都是下意识的。在某一瞬间，它们可能完全不受主观意识的控制。

心理学研究证明，外界事物对人大脑的刺激，往往会使人体内部某些相应组织的机能在一个短时间内出现异常现象。也就是说，人的喜怒哀乐，不仅是通过口头语言，在更多情况下是通过人的肌体来表现的。

另外，由于个性差异，每个人的思想和感情的流露，又多包含在一种与众不同的习惯性动作、神态当中。在论辩过程中，善于从两个方面洞察对方，那么，你就算成功了一半。尽管心理学为我们揭示了人的思想感情活动在人的肌体上的一般特征，但是，仅仅了解这一点，就想在社交中准确无误地把握对方，显然是不够的。应该看到，人不仅具有自然属性，而且具有社会属性。其表现之一就是人具有一种自控能力，即对言谈举止的制约和支配，这种能力对于那些政治家、外交家和社交人员尤为重要。

人们的言与色有时是简单外露的，对它的体察是容易的；有时是复杂隐蔽的，对它的体察就比较困难。一般来说有以下几点应注意。

首先，性格定向和语言定位。社交中的察言观色，说到底是对对方言谈举止、神态表情的微妙变化及其含义进行捕捉和判断，是一个"由表及里"的过程。

性格定向和语言定位，是这个过程的第一步。

性格定向就是通过对其表情、言语、举止的观察分析，掌握其性格类型。你可以甩出一两个对方很敏感的问题，静观一下他的反应方式和程度。值得注意的是，这种观察一定要细致入微，千万不要因为对方看上去似乎毫无反应，就断定他是傻瓜，正如看了悲剧，有人流泪，有人木然，你不能说木然的人就没有被感动。在摸透了对方性格类型之后，就要设法捕捉最能反映他思想活动的典型动作和典型部位，也就是"语言点的定位"。眼、手、腿、脚、身体每一部位的肌肉，都可能是"语言点"的所在。

有些现象的含义人们是很清楚的。如腿的轻颤，多是心情悠然的表现；双眉倒竖，二目圆睁，是愤怒的特征；而微蹙眉头，轻咬嘴唇，则是思索的含义。另外还应该特别注意对方的手，尽管许多人可以巧妙地掩饰许多东西但还是存在一些普遍性的动作。如愤怒时握紧双拳，或是将纸烟、铅笔之类的东西捏坏，甚至可能两手发颤；兴奋紧张时，双手揉搓，或者简直不知道该把手放在什么地方；思索时，手指在桌面、沙发扶手、大腿等地方有节奏地轻敲；等等。

其次，抓住"决定性瞬间"。任何一个人，对自己神情的掩饰，都不可能达到绝对的滴水不漏。关键问题是，你在对方错综复杂的神情变化中，能否准确判明哪一个变化是有决定性的。对于机智的人来说，其弥补失误的本领也是异常高超的，他不可能让你长时间地洞悉到他的破绽。

因此，时机对你非常宝贵。至于究竟什么才是这种"决定性瞬间"的具体显现，怎样才能将其判明并抓住，那只能具体情况具体分析，凭借你的经验和感觉来定夺，无固定模式可循。

最后，主动探察。察言观色，不能理解为被动式的冷眼旁观。

事实上，主动进攻，采用一定的方式、手段去激发对方情绪，才是迅速、准确把握对方思想脉络的最佳途径。这里包括以下几点。

一是闲谈探底。即在触及正题之前，漫无边际地谈些与正题无关的话，目的在于观察对方的兴趣、爱好、习惯和学识等情况，如果对方感到厌倦，那么你的漫谈还可起到扰乱其心绪的作用。

二是施放诱饵。你可以若有若无地用一些对对方具有吸引力的话题，判断出对方的心中所想，摸清对方神情变化及心理活动的一般特点和语言点位置。

三是激将法。你可用一连串的刺激性问题，攻击对方，使其兴奋，进而失去对自己情绪的控制；你还可以做出一些高傲、看不起对方的姿态，对他的自尊造成一种威胁，激发他的情绪。

四是逆来顺受。当你没有吃透对方的脾性时，在不违反大原则的情况下，不妨先逆来顺受，等待对方暴露更多的信息，你再对症下药，对方自然会心悦诚服地接受你。

好口才能够在什么场合说什么

任何人只要有一点长处，就值得同他交往。而事实上我们所交往的人，都或多或少地有些长处。心理学原理告诉我们，在不同场合环境中，人们对他人的话语有不同的感受、理解,并表现出不同的心理承受能力。例如,在小场合与大场合,家庭场合与公众场合,人们对于批评的承受能力有明显的差异。

通常在公众场合中使用指责性语气最易引起人们反感。正因为受特定人际关系和场合心理的制约,有些话只能在某些特定场合里说,换一个场合就不行。同样一句话,在这里说和在那里说也有不同的效果。这点对人的心境,也是一样。因此,在人际交往中,说什么,怎么说,一定要顾及场合环境,"三思而后说"才有利于沟通。

1. 在什么场合说什么话

生活中有些人在交际中对人说话直来直去,惹人生气,把事情办砸,完全是主观上缺乏场合意识的结果。他们对人很诚实,遇事时往往只从个人主观感觉出发,以为只要有话就应该说,心里有什么嘴上就说什么,从不想一下这话该不该说就不管什么场合、环境都往外捅,结果有意无意地冒犯了人,自己还莫名其妙,不知道问题出在哪里。

有这样两个老人平时爱开玩笑,几天没有见,一见面就说:"你还没有'死'呀?"对方也不计较,回一句:"我等着给你送花圈呢?"两个人哈哈一笑了事。后来甲因重病住进了医院,乙去医院看望,一见面想逗逗他,又说:"你还没有死呀?"这一次,甲的脸一下子拉长了,生气地说:"滚,你滚!"把他赶了出去。病人心理压力很大,在病房里对忧心忡忡的病人说"死",显然是没考虑场合,病人怎能不反感、恼火?其实,这位老人说这话也是好意,想让对方开开心,只可惜他缺乏场合意识,开玩笑弄错了地方,才闹出了不愉快。

有些人说话之所以惹恼人,并不是他们不会说话,而是场合观念淡薄,头脑中缺乏这根弦。因此,对于这些人来说,当务之急在于增强场合意识,懂得不同场合对说话内容和方式的特定限制和要求,时时不忘看场合说话。应当努力做到在每次投入交际活动时,要把场合大小,人数多少,及其相互关系搞清楚,据此确定自己的说话内容和方式。在具体说法上,既要考虑自己的交际目的,又要顾及他人的场合心理,追求主客观的高度一致。

2. 要养成随境而言的习惯

人们的言行往往带有一定的习惯。有些不当的话语并不是主观上想这样说,而是受习惯的支配一不留神顺嘴溜了出来,造成与场合环境的不协调,事后连他们自己也感到后悔。

小王陪妻子高高兴兴上街买东西。在熙熙攘攘的商场里,妻子兴致很高,从这个柜台到那个柜台,买了这件,又看那件,快到中午了仍没有打道回府的意思，小王有些不耐烦了。当妻子提出再买一件高档羊毛衫的时候，他忍不住生硬地说："你还有完没完，见什么买什么，你挣多少钱哪？"这句话刚出口，顾客们都朝他们身上看，妻子本来微笑的脸顿时变了样，生气地反驳道："怎么，我还没有花够钱呢，你急什么？我就要买，怎么着？"把小王顶得说不出话来，难堪极了。接着发怒的妻子也不买了，蹬蹬地自个走出商店。使小王不解的是，妻子的性格本来很温顺，在家里从来不大声说话，说她什么都不计较，更不要说发火了，可今天为什么她的火气这么大呢？很显然，是小王忽略了场合因素，把在家庭中惯用的说法拿到公众场合来，用生硬口吻指责妻子，刺伤了妻子的自尊心，才引发妻子为维护自己的面子表现出强硬的态度。

因此，心直口快的人必须有意识地摆脱自己口语表达上的惯性，养成顾及场合，随境而言的良好表达习惯。在交际活动中，要把交际对象、交际场合、交际时间等多种相关因素都考虑进去，想一想如何开口，选择最恰当的方式说话，以使自己的谈吐既符合场合要求，又符合对象的接受心理，最大限度地实现与交际对象的沟通。

好口才能在特定场合说好话

有篇报告文学记载了王震同志帮助诗人艾青的感人故事，其间王震与艾青的几次谈话，很能说明特定交际场合需要用特定的话语形式来表达。

1957年后期，王震找到被错划为右派的艾青，一见面就说："老艾，我又爱你又恨你？你是不反对社会主义的，你是拥护真理的嘛？离开文艺界，你到我们那里去吧？"艾青到了王震兵团所在的密山安定下来后，王震诚恳而严肃地对艾青说："老艾呀，你要是搞不好，我是要骂你的。等我死了你再写文章骂我？"这些都是在背地里谈的话，在大庭广众之中说法又不一样了。艾青刚到密山，参加向荒原进军的动员大会，王震站在卡车上对大家说："有个大诗人，艾青，你们知道不知道？他也来了，他是我的朋友。他要歌颂你们，欢迎不欢迎呀？"

还有一次，艾青不在身边时，王震对农场领导说："政治上要帮助老艾，赶快让他摘掉帽子，回到党内来。要让他接近群众，了解战士。"

前两次讲话，均为个别交谈的场合，王震的话语既有信任，亦有批评，既有鼓励，又不乏严格要求，也不乏朋友间的坦诚直率。后两次，交际场合为当事人不在场或大庭广众之中，话语更多热情、爱护与帮助，这对当时的艾青来说，真可谓久旱逢甘霖，使他一直半吊着的心安稳了，他觉得自己"开始了生命的新旅程"。没有老将军这些恰如其分的讲说，或许就不会有艾青的新生，这就是特定场合的说话艺术所产生的巨大魅力。

在特定场合讲话可利用以下几种技巧和原则，以达到理想的说话效果。

1．多角度

某些场合的变化是出人意料的。如果应对不好，会使自己陷于某种困境。这就要求说话者必须善于变换切入角度，灵活地应对和驾驭各种局面和场合。

里根就任美国总统后，第一次出访加拿大，时值加拿大正举行反美示威游行。一次，里根总统的演说为反美示威游行的人群打断。只见里根总统面带笑容对陪同的加拿大总理特鲁多说："这种事情在美国时常发生，我想这些人一定是特意从美国来到贵国的，他们是想使我有一种宾至如归的感觉。"双眉紧锁的特鲁多立刻眉开眼笑。

里根高超的说话水平，故作曲解、歪解，解脱了主人的窘迫，又体现了一位大国总统的胸襟与气度。

2．正话反说

利用情境的参与，正话反说，摆脱不利的话语交际环境。

萧何以谋反罪诛杀韩信后，又召集群臣，设下油锅，要韩信的谋士蒯通当众供认和韩信谋反的罪行。在这种特殊环境的制约下，蒯通无法直陈其词，便使用正话反说的方式先数了韩信的"十罪"，接着又列举了韩信的"三愚"："韩信收燕、赵，破三秦，有精兵四十万，恁时不反，如今乃反，是一愚也。汉王驾了成皋，韩信在修武，统大将二百余员，雄兵八十万，恁时不反，如今乃反，是二愚也。韩信九里山前大会战，兵权百万，皆归掌握，恁时不反，如今乃反，是三愚也。韩信负着十罪，又有此三愚，岂不自取其祸？"蒯通虚为数说韩信的罪状和愚蠢，实为韩信鸣冤叫屈，致使满朝文武为之动容，赢得了群臣的同情，迫使萧何难以下手烹杀。

3．利用歧义

利用特定场合，造成情境歧义。

鲁迅在厦门大学任教期间，校方曾召开一次专门会议，无理削减一半经费，遭到了与会人员的反对。校长林文庆不但不予理睬，反而阴阳怪气地说："关于这件事，不能听你们的。学校的经费是有钱人付出来的，只有有钱人，才有发言权！"他刚说完，鲁迅立即从口袋里摸出两个银币，"叭"的一声"拍"到桌子上，铿锵有力地说："我有钱，我有发言权！"致使林文庆措手不及，狼狈不堪。

鲁迅讲的"有钱"和林文庆说的"有钱"是两个概念，两者所包含的语意相差甚远，鲁迅正是巧妙地利用交际环境造成的歧义，给林文庆当头棒喝，压下了他的气焰，打乱了他的阵脚，实现了当众讲话的目的。

4．言此意彼

利用情境的微妙关系，言此意彼，使双方心领神会，从而实现交际目的。

第 24 章

处变不惊，神奇的口才化解尴尬困境

移花接木的应变口才

移花接木是辩论中常用的手法，意即巧妙偷换概念以彼之道还施彼身，使自己脱离困境的同时陷对方以困境之中。在我们日常生活中，使用移花接木的说话技巧也常有意想不到的效果。

著名诗人歌德在一条只能通过一个人的小径上散步，迎面来了个极不友好的人：

"我向来没有给傻瓜让路的习惯。"

歌德听到对方不友好的喊叫，连忙让到一旁，笑容可掬地说：

"我恰恰相反。"

歌德运用了"移花接木法"，一句话就把"傻瓜"的帽子从自己头上摘下，戴到对方头上。

有时候，移花接木还可给别人一个台阶下，让对方在开怀一笑中体会语言的含义。

一对夫妇结婚已经有十余年了，每个月他们都要给双方的父母寄生活费。这件事一直由妻子承办。可是妻子却每个月给自己的父母寄100元，给丈夫的父母寄50元。丈夫一直愤怒在心，却也不想因此而与妻子闹得不愉快。

以前，丈夫每天下班，什么事都不干，总要先抱抱小儿子，亲抚半天。可这天回家后，他见到一岁半的儿子正在摇车里哭，却假装什么也没看见，什么也没听到。他一反常态地走到5岁女儿的身旁，把5岁的女儿抱了起来。

正在做饭的妻子扭头看到了，急忙喊道："儿子都哭成那样了，你怎么还不赶紧去哄哄他？"

丈夫不紧不慢地说："这50元钱的，还是你来抱吧！我要抱100元钱的。"

聪明的丈夫风趣而又不失原则地请妻子进入了自己所预设的易位"圈套"，没有长篇累牍地发牢骚，却弦外有音地暗示了事情的实质和自己的不满情绪，从而巧妙地达到了说话的目的。

妻子一听，脸就红了，以后每月也给丈夫的父母寄100元了。

运用移花接木的说话艺术，关键的只有一句话，但这一句话往往紧紧扣住了对方的言行，所以分量很重，使对方几乎没有反击的余地。

一个被指控酒后开车，并被判拘留一周的司机，在法官面前申诉说：

"我只是喝了些酒，并没有像指控书中说的那样喝醉了。"

法官听后微微一笑，说：

"正因为这样，我们才没有判处你监禁七天，而只判拘留你一个星期。"

法官的解释，既回避了司机的无理纠缠，又让司机懂得对司机来说，"喝了些酒"开车与"喝醉了酒"开车的区别，就如"监禁七天"与"拘留一周"的区别一样，只不过是说法不同而已。

一位长官到连队巡查，正赶上士兵们吃中午饭。

"伙食怎么样？"长官问士兵们。

"报告长官，汤里泥土太多。"一个多嘴的士兵回答。

"你们入伍是为了保卫国土，而不是挑剔伙食！"长官非常生气地大声斥责道，"难道这个道理都不懂？"

"懂，"士兵毕恭毕敬地立正，又斩钉截铁地说，"但绝不是让我们吃掉国土。"一句话，说得长官顿时对这位士兵刮目相看了。

士兵们的伙食很快得到了改善。

"泥土"与"国土"意义相去甚远，但士兵却能抓住"土"这一信息，并将其生发开去，不无关联地与国家的形势、国土的沦丧和军人的职责密切地结合在了一起，既体现了一个军人对祖国的忠诚，又巧妙地达到了改善伙食的目的。

以谬制谬的应变口才

以谬制谬和移花接木有本质上的不同，但却有异曲同工之妙，以谬制谬就是以错制错，意即对方作出错误的言论，有意将对方的荒谬观点引发出来，使其表达得更为清楚，然后再由此推出错误的结论来反击对方，进而使对方的观点不攻自破。

下面我们来看一组故事。

在美国废奴运动中，废奴主义者菲利普斯到各地巡回演讲。一次，一个来自反废奴势力强大的肯塔基州的牧师问他：

"你要解放奴隶，是吗？"

菲利普斯："是的，我要解放奴隶。"

牧师："那么，你为什么只在北方宣传？干吗不去肯塔基州试试？"

"你是牧师，对吗？"菲利普斯反问道。

牧师："是的，我是牧师，先生。"

菲利普斯接着问："你正设法从地狱中拯救鬼魂，是吗？"

牧师："当然，那是我的责任。"

菲利普斯："那么，你为什么不到地狱去？"

牧师觉得一个声称要解放奴隶的人，总在没有奴隶的地方叫喊，目的显得不纯。菲力普斯认为以牧师的身份不应有过多功利的猜疑，于是便对他进行了有力的反驳，他用"以谬制谬法"轻而易举地战胜了对方。

逢年过节，船老板得按规矩弄几样菜，招待船员。这年端午，船老板端了四样小菜，提了一把长颈子锡壶，往船员们面前一放，说：

"伙计们，喝酒吧？"说完就走开了。

有个伙计顺手把酒壶一提，轻飘飘的，揭开盖子一看，只有半壶酒。他很恼火，随手拿起一把锯子，把酒壶上半截锯下来就往江中一扔，把底下半截照旧放好。

没过多长时间船老板来了，一看酒壶给锯了，气得吹胡子瞪眼，大声问道：

"怎么酒壶只剩半截啦，谁干的？"

锯壶的伙计不慌不忙地答道：

"我锯的，上半截又不装酒，留着没用？"

可见，运用"以谬制谬法"时，应注意发现对方的谬误，并对它进行全面的透视，然后寻找适当角度，进行有力反击。

两个乡下财主在村头谈话，农夫老田见了，同他们打过招呼就走开了。忽然，其中一个瘦财主喊道："黑老田，站住？"

农夫站住了，对匆匆赶来的瘦财主说："您有什么事儿？"

瘦财主喘了喘气说："你打断了我们的话把子，赔五石谷，折合洋钱五十块，必须三日之内交清。"

老田回到家里，愁眉苦脸，茶饭不进，只差没有寻短见。

他的妻子问怎么了，老田照实说了。

他的妻子就说："这有什么可怕的？到时由我对付！"

到了第三天，田妻叫老田上山打柴，自己便在门口等着。瘦财主来了，劈头就问："你家老田呢？"

田妻不慌不忙地回答说："他上山挖旋涡风的根去了。"

瘦财主一听，喝道："胡说，旋涡风怎么还有根？"

田妻反问："那么，话还有把子吗？"

瘦财主无言以对，只得愤愤地走了。

通过上面的这些实例，我们可以看出运用"以谬制谬法"有两个基本诀窍。

一是以谬制谬，模拟必须相当，谬说必须等值。如甲说："我家的狗会讲话。"乙便说："我家的驴会唱歌。"甲反问乙："驴怎么会唱歌呢？"乙反问甲："狗怎么会讲话？"这一反驳，由于驴和狗相当，唱歌与讲话等值，因而使甲张口无言。

二是无中生有的"无"，必须是绝对的"无"。反之，就会给对方留下反击的空子，使自己陷于被动。

如有人说:"我家公鸡下了蛋。"另一个说:"我家母鸡叫了夜。"这就出了漏洞,有懈可击了。因为母鸡不是绝对不叫夜的,而公鸡则绝对下不了蛋,这样的反驳就无法起到以谬制谬的效果。

巧用谐音的应变口才

谐音,是指利用语言的语音相同或相反的关系,有意识地使语句有双重意义,言在此而意在彼。巧用谐音,往往能使人摆脱困境化险为夷。

据传,从前有个宰相,他有一个名叫薛登的儿子,生得聪明伶俐。当时有个奸臣金盛,总想陷害宰相,苦于无从下手,便往薛登身上打主意。有一天,金盛见薛登正与一群孩童玩耍,于是眉头一皱,诡计顿生,喊道:"薛登,你像个老鼠一样胆小,不敢把皇门边上的木桶砸掉一只。"

薛登不知是计,一口气跑到皇门边上,把立在那里的双桶砸碎了一只。

金盛一看,正中下怀,立即飞报皇上。皇上大怒,立刻传薛登父子问罪。

薛登父子跪在堂下,薛登却若无其事地嘻嘻笑着。皇上怒喝道:"大胆薛登,为什么砸碎皇门之桶?"

薛登想了想,反问道:"皇上,您说是一桶(统)天下好,还是两桶(统)天下好?"

"当然是一统天下好。"皇上说。

薛登高兴得拍起手来:"皇上说得对!一统天下好,所以,我便把那只多余的'桶'砸掉了。"

皇上听了转怒为喜,称赞道:"好个聪明的孩子!"又对宰相说:"爱卿教子有方,请起请起。"

金盛一计未成,贼心不死,又进谗言道:"薛登临时胡编,算不得聪明,让我再试他一试。"皇上同意了。

金盛对薛登嘿嘿冷笑道:"薛登,你敢把剩下的那只也砸了吗?"

薛登瞪了他一眼,说了声"砸就砸",便头也不回奔出门外,把皇门边剩下的那只木桶也砸了个粉碎。

皇上喝道:"顽童,这又如何解释?"

薛登不慌不忙地问皇上:"陛下,您说是木桶江山好,还是铁桶江山好？"

"当然是铁桶江山好。"皇上答道。

薛登又拍手笑道："皇上说得对。既然铁桶江山好，还要这木桶江山干什么？皇上快铸一个又坚又硬的铁桶吧！祝吾皇江山坚如铁桶。"

皇上高兴极了，下旨封薛登为"神童"。

出其不意的应变口才

出其不意，就是出乎对方意料之外，运用这种方法讲究的是快和准，让对方始料不及，从而达到说话的目的。下面我们讲三个关于驴子的故事，虽然有辱人之嫌，但思维之方式则大可以借鉴学习。

德国诗人海涅是犹太人，常常遭到无礼的攻击，一次晚会上有一位旅行家对他说：

"我发现一个小岛，这个小岛竟然没有犹太人和驴子？"

这位旅行家知道海涅是犹太人，竟然当面把犹太人与驴子相提并论。旅行家说完见海涅默不作声，高兴地笑了起来。海涅明白旅行家是在讥讽自己，于是缓缓地说：

"那么看来，只有你我一起去那个岛上，才能弥补这个缺陷。"

海涅话刚说完，旅行家目瞪口呆地看着海涅，显然他被海涅出其不意的回答惊呆了，不一会儿就偷偷溜走了。

一次聚会上，一位诗人与一位富翁坐在一起，富翁想侮辱诗人，便问他：

"告诉我，你跟一头驴能差多少？"

诗人受到侮辱并没有发作，而是不动声色地目测了一下他们之间的距离，答道：

"不远，只有25厘米！"

听了诗人的答话，富翁四处看了看，立即起身走开了。

在这里，富翁原话是骂诗人与驴差不多，诗人的答话则是直接把富翁当做驴了。这一答话使富翁始料不及，只能悻悻而逃。

有一位老太婆正赶着驴子走路，年轻人嫌她挡了道，但又不好发作，想设法侮辱她一下，故意向老太婆打招呼："你好啊，驴的母亲？"老太婆当然听出话中有音，望一望那位青年人，笑着接口道：

"你好啊？我的孩子。"

一语双关的应变口才

一语双关是在一定的语言环境中，利用语音或语义而获得表里双重意义的修辞技巧。其特点是利用汉语词语的多义性或谐音，使一句话含两种可能的解释，即表面的意思和暗含的意思，而暗含的意思才是说话者所要表达的真正意思。

《红楼梦》第八回写了这样一件事。

宝玉欲喝冷酒，宝钗劝说宝玉不要喝，说喝冷酒对身体有害，宝玉觉得有理，便令下人热了方饮。黛玉在一旁听后，抿着嘴笑，看在眼里，妒在心里。恰巧黛玉的丫鬟雪雁来给黛玉送手炉，黛玉问是谁要她送来的，雪雁说是紫鹃姐姐怕姑娘冷，让送的。黛玉接过手炉时对雪雁说："也亏了你倒听她的话，我平日和你说的，全当耳旁风；怎么她说了你就依，比圣旨还快呢？"

黛玉的话表面看来，是说雪雁听信紫鹃的吩咐而不听她的话，实际上则是奚落宝玉听信宝钗的话没喝冷酒，而平时不听她的话。

一语双关由于含蓄委婉，生动活泼，话中有话，又幽默诙谐，饶有趣味，能给人以意在言外之感，又使人回味无穷，因而经常为人们所使用。

阿凡提在闹市租了一家店面开理发店，租期为一年。

店主仗着店面是他出租的，每次剃头都不给钱。

有一天店主又来了，阿凡提照例给他剃了光头，然后边刮脸边问道：

"东家，眉毛要不要？"

"废话，当然要！"

阿凡提"嗖嗖"两刀，把店主的两道浓眉剃了下来，说：

"要，就给你吧。"

店主气得说不出话来，埋怨自己不该说"要"。

"喂，胡子要不要？"

"不要，不要！"店主忙说。

阿凡提嗖嗖几刀，把店主苦心蓄养的大胡子刮下来，甩到地上。

阿凡提用双关语，把店主整治得无可奈何。

从前，有个县官带领随员骑着马到王庄去处理公务，走到一个岔道口，不知朝哪边走才对，正巧一个老农扛着锄头迎面走来。

县官（头也不回，神气十足）：喂，老头，到王庄怎么走？

老农头也不回，只顾赶路

县官（不悦，大声吼）：喂！老头，问你呢，长没长耳朵？

老农（停下）：我没有时间回答你，我要去李庄看件稀奇事！

县官：什么稀奇事？

老农：李庄有匹马下了头牛。

县官：真的？马怎么会下牛呢？

老农：世上的稀奇事多哩，我怎知道那畜生为什么不下马呢？

在论辩中，若遇到棘手的问题不好回答或不能回答时，一语双关往往能收到出人意料的效果。

有一次，美国总统里根决定恢复出产B-1轰炸机，引起许多美国人的反对。在记者招待会上，面对责问，里根答道："我怎么不知道B-1是一种飞机呢？我只知道B_1是人体不可缺少的维生素，我想我们的武装部队也一定需要这种不可缺少的东西。"

这句一语双关的妙言，一时竟使得那些反对者不知所措。

一个中年男子在火车站候车，看见坐在身边的一位少妇风韵照人，遂起邪念。他见少妇穿着一双肉色丝袜，便色迷迷地凑上前去搭讪。

男子：你这双袜子是从哪儿买的？我想给我的妻子也买一双。

少妇：我劝你最好别买，穿这种袜子，会招来不三不四的男人找借口跟你妻子搭腔的。

男子听后只得夺路而逃。

另辟蹊径的应变口才

生活中我们正面办不了的事情,只能从侧面去想办法,侧面如果再受阻的话,那就只能另辟蹊径了,或者曲径通幽,或者隔山打牛,总之是一种不得已而为之的办法,而若把它当做一种说话方式,就像半路杀出个程咬金,则会有出人意料的效果。

王小姐近来身体发福,颇为苦恼。一天,她对刘大姐发牢骚说:"你看,我是越长越胖。""你不算太胖,看起来很健康。"刘大姐安慰道。王小姐接着说道:"还不胖呢,前几天称体重都快70公斤了。""那你当时一定是在锻炼身体,手里正拿着两个哑铃吧?"刘大姐一席话把王小姐逗得前仰后合。

有一顽童,大年初一那天,一大早便出门找伙伴玩耍去了。玩了一段时间后,发现自己头上那顶崭新的帽子不知何时丢了。于是心惊胆战地跑回家去,对他母亲说了。要是在平时发生这情况的话,母亲一定会大声斥责他。可是今天是大年初一,不能骂孩子,尽管心里很火,也得硬忍着。这时来他家串门的邻居小王听了笑着说:"狗娃子的帽子丢了,这没关系,这不正好意味着'出头'了吗?今年你们家一定走好运,有好日子过了。"一句话,母亲转怒为喜。

小王应邀参加一位朋友的婚礼,可天公不作美,小雨从早到晚一刻也未停过。等赶到朋友家时,衣服上溅满了星星点点的泥水。当一对新人双双向他敬酒时,朋友看到他满身泥水,略带歉意地说:

"冒雨前来,你辛苦了。这都怪我没选好日子。"

小王赶忙接过话茬说:"自古道,'久旱逢甘雨,他乡遇故知,洞房花烛夜,金榜题名时',这人生的四大喜事,让你们小两口一天就赶上了两个,这才叫双喜临门呢!"一句话说得满堂喝彩。

有一次座谈会上，有几位同志为鬼戏喊冤，认为神戏早已搬上银幕，也已登台亮相，唯有鬼戏既未上演也未登台。大家正在愤愤不平之时，一位青年脱口点出其中缘由："这叫做'神出鬼没'。"此言一出，会场气氛顿时增色不少。

在当今人际交往日益紧密频繁的时代，语言起着越来越重要的作用，只要我们以雍容豁达的态度对待生活，就会发现，生活中处处充满趣味和温情，充满欢乐和笑声。

引石攻玉的应变口才

俗话说："他山之石，可以攻玉。"此话说的是办事的一种方略，运用在说话中，则更有奇效。

唐宪宗曾问李绛："谏官中有很多人毁谤朝政，却没有事实根据，我想贬斥其中一两个言辞较激烈的，来儆戒其他人，怎样？"

李绛回答说："这恐怕不是陛下的想法，一定是奸邪的臣子用这种话来蒙蔽您的耳目。大臣的生死，取决于君主的喜怒，因此敢开口谏诤的又有多少？即使有劝谏的，事前也要昼思夜虑，把准备说的话早晨删去一点，晚上又删去一点，等到呈奏上来时，剩下的根本不到十分之二三。所以君主孜孜不倦地寻找谏言，还怕找不到。何况还要加罪于敢谏的人呢？像陛下刚才所说的那样去做，就会杜绝天下人的正直言论，这不是社稷之福啊！"

宪宗听后，赞扬了李绛的话，取消了惩办进谏者的打算。

文中李绛明知这是宪宗的主张，但他怎么敢与宪宗在观点上争论对错，只有强把宪宗自己的主张引为臣子主张，加以毫不留情地反驳，让宪宗明白他的想法的利害关系，从而达到规劝的目的。引石攻玉，也可以说是言在此而意在彼，声东击西，假错他人之义，达到自己的目的。

宋太祖杯酒释兵权，就是一个典型的事例。

宋太祖夺得天下不久，就问赵普："从唐末以来，几十年间，换了十几个皇帝，征战不息，其原因何在？"

赵普回答说："因藩镇的势力太强大了，皇帝势弱而臣子势强，自然无法控制局面。当今之计，只有稍微削减他们的权力，控制他们的钱粮，收编他们的精兵，天下自然就会安定。"

话未说完，太祖就说："你不用再说了，我已经知道。"过了不久，太祖和老友故将石守信等人饮酒，酒酣耳热之际，命令左右伺候的人退下，对他们说：

"我如果不依靠你们的力量，不可能有今天的金殿龙袍，我将永远铭记大家的功劳，每时每刻都不忘记。然而做天子也十分困难，还不如当节度使快乐。我现在整夜寝不安枕啊！"

石守信等人问："为什么呢？"

太祖说："这不难知道，哪个人不觊觎这个位子哪？"

石守信等人惶恐万分，向太祖叩头说："陛下为什么说出这样的话呢？"

太祖说："不是这样吗？你们虽然没有这个野心，但你们手下的人想图富贵！一旦他们将皇袍披到你们身上，你们想不做皇帝，也不可能了。"

石守信等人叩头哭泣道："我们虽愚蠢之至，还未到这种地步，只求陛下怜悯，给我们指条出路。"

太祖说："人生短暂，如白驹过隙。想求富贵的人，不过多得些金钱，使自己优裕享乐，使子孙不受贫乏之苦。你们何不放弃兵权。选择些好田宅买下来，为子孙创立永久的产业，多多购置一些歌姬舞女，成天饮酒作乐，以终天年。我们君臣之间也免去互相猜忌怀疑，不也很好吗？"

石守信等人再次拜谢太祖："陛下能替臣等考虑得这般周到细致，真所谓同生死的亲骨肉啊！"

第二天，他们几个人都以自己有病为由，无法继续任职，请求太祖解除了他们的兵权。

引石攻玉，用谈判语言来说也叫"引起竞争"，是谈判者可资运用、行之有效的基本谋略。

如《围城》中三闾大学中文系的汪主任给假洋博士方鸿渐出的主意，就是如此。华阳哲学系是否真要方鸿渐，无须考证，只要让高校长知道华阳哲学系在跟他争方鸿渐，就已达到目的。作为一种说话技巧，引石攻玉，不一定要引起竞争，只要能用引来的"石"将"玉"攻开，就已达到目的。但运用之时必须选准自己所需之"石"。

虚张声势的应变口才

虚张声势是以夸张的语言造成严重的形势，给对方以强烈的震撼，以此说服对方，或使自己脱离险境。

第二次世界大战之初，德国于1941年制订的建造几十艘潜水艇的计划很快要成为现实，需要有几千名德国青年来操纵这些新式秘密武器。正当许多青年把当潜水兵作为一种崇高的职业，争先报名参加杜尼兹海军上将的潜水艇部队时，许多地方出现了一种精心设计的传单，潜水艇被画成一个"钢铁棺材"，上有这样的文字：

"当潜水兵极其危险，寿命短，长时期同外界隔绝……"

同时，英国人在无线电广播中，开办针对德国人的节目，告诉德国人如何假装患某种疾病以避免当潜水员。原来，这是英国海军部一个代号为OP-16-W的秘密部门，针对德国人很容易受到心理攻击的特点，运用心理学知识对德国进行的一次"心理战"。

这样一来，许多青年对当潜水兵产生了恐惧心理，放弃了报名。

由此可见虚张声势，让对方在心理上受到强烈的震撼，你的说服就会有效果。试想，聪明的英国人将潜水艇描绘成可怕的钢铁棺材，还会有谁愿意去白白送命呢？

战国时，有一个叫张丑的人在燕国当人质。

这一天，张丑听说燕王想杀死他，便急忙逃走。很快，他便来到燕国的边境，眼看离自由只有一步之遥了，不料却被燕国边境的巡官抓个正着，巡官以为这下立了大功，决定将张丑送回燕王处报赏。张丑心想，如果被送回去，肯定是死路一条，必须想办法逃走，思来想去，张丑终于想出一条妙计。

张丑对看守他的兵士说：

"快去叫你们的头儿，我有话跟他说。"

看守连忙前去禀报。不大一会儿，巡官过来了。

张丑神秘地对巡官说：

"你知不知道，你们燕王为何要杀我？"

"不知道。为什么？"

张丑故意压低了声音说："燕王之所以要杀我，是因为有人说我有很多珠宝，而燕王却想要得到它们。事实上那些珠宝已经没有了，但是燕王不信任我。"

"这跟我有什么关系？"巡官不解。

"如果你现在把我送给燕王的话，他必定还要问我珠宝藏在何处。到时我就说，你把这些珠宝全吞在肚子里了。到时候……"

张丑故意抬高了声音。

"燕王肯定让你剖腹取珠，你的肚肠将被一寸一寸地割开。"

这时，巡官早已吓得颤抖不已，赶紧放了张丑，让他逃出燕国。

生活中，假如跟你交谈的那个人固执己见，盲目自信，志得意满的话，要想使他改变主张，收回成见，转向你所设置的既定目标，有时你必须虚张声势，充分论述其原有想法或做法的危害，使其猛然警醒，继而听从于你。

第25章

好口才令你成为一个处处受欢迎的人

用口才广结天下朋友

我们常看到,许多人因为喜欢表示和别人意见不同而得罪朋友,更交不到朋友。因此,有些人总是规劝别人不可以在意见上与朋友作对、冲突。这种看法,其实很片面,很肤浅。无论一个人多么爱面子,几乎无一例外都更喜欢忠实的朋友。

俗话说,朋友多了好办事。人在社会中,与其说是与亲人在共处这个社会,不如说是与朋友在共处这个社会。朋友可以遍天下,可以在通讯录上记一长串,于是鱼龙混杂,亦属常事,关键看我们怎么去结交,这是一门真正的艺术,学会不易,但亦有迹可循。

1. 如何引起朋友的注意

要成为一个受欢迎的人,首先要做到仪容整洁。仪容整洁不但让别人看起来赏心悦目,自己也信心倍增。与人交往时,如果想了解对方的一切,就要适当提问,鼓励对方多谈,例如多用使人愉悦的词汇,像"快乐"、"相信"、"轻松"、"有趣"、"的确"之类。也可以迎合对方的兴趣,如注意找到对方感兴趣或擅长的话题,如球赛、钓鱼等。或直接主动提出你能给对方带来的好处,例如你在某方面熟人多,有事愿意帮忙等。还要满足对方的自尊,如果对对方的某一方面很欣赏,一定要告诉他。如果对方不愿意交往,不可操之过急,必须察觉对方亦愿意与你加深友谊,才可与他更进一步地交往。

2. 如何取得朋友的信任

如果交往中出了问题,你要先承担责任。知道你肯认错并肯负责,别人会放松对你的防范,也较愿意听你解释。当然,解释要和情况的严重性相符合,例如,约会迟到了10分钟，说你的"表停了"或"堵车了"都无妨，但如果你害得别人没赶上车或误了看演出，这些理由就说不过去了，如果自己都不能原谅自己，就别找什么理由了，不妨坦陈自己的错误，以取得朋友的谅解。

3. 如何在朋友面前做到坦诚

如果你在别人背后说人坏话被人知道了，不要否认你说过的话，否则人家不但不相信你，还会看不起你。你不妨承认道：

"很抱歉我说了那些话，更抱歉让你听到了。"

如果是因失言而受人责问，可以诚恳地说：

"对不起，我失言了。"或"真抱歉，我忘了，但我绝对不是故意的。"

当撒谎被揭穿时，只要说：

"真糟糕，被你识破了，我认错。"

如果你要解释为什么撒谎，只会使对方的气更大。如果在别人家做客，不慎打破了人家珍贵的装饰物，应该立刻表示你会设法买一个赔偿。假如你太太说错了话或做错了事使你当众难堪，切莫当众指责，否则会使大家不欢而散。如果你不懂别人在谈什么或笑什么时，可当场向一个人请教。

4. 如何在朋友面前保持信誉

最好尽量少下最后通牒，除非别人真正了解这件事对你非常重要，否则这一招不会见效。不到万不得已时，不要下最后通牒，如果有别的办法，要先试一试。不要轻率地把自己逼到背水一战的境地。如果有必要的话，在头脑冷静、思维清晰的时候下最后通牒，但绝不要在盛怒之下，或绝望之余下最后通牒。最后通牒发出后，如果对方还要与你争论，你就结论性地说："我已经受够了，现在就按我说的办。"然后离开。有时为了避免最坏的后果，也可以提供两种有明确区别的选择，例如你对别人下最后的通牒："一个小时内把你的文件整理好，否则统统丢到垃圾箱里去。"

如果通牒发出，也要有说到做到的决心，只要有一次没兑现，以后对方就不会把你的最后通牒当回事。切记结果不一定会如你所愿，换言之，对方不一定会按你所希望的那样去做。

初次见面与对方接近

当你与一个人初次见面时，如何说话才能引起对方的注意，使对方愿意与你交流呢？你可以运用以下的一些方法来达到愿望：

1. 投其所好

初次见面的人，如果能用心了解与利用对方的兴趣爱好，就能缩短双方的距离，而且加深给对方的好感。例如，和中老年人谈健康长寿，和少妇谈孩子、减肥以及大家共同关心的宠物等，即使对自己不太了解的人，也可以谈谈新闻、书籍等话题。

2. 说话平实

著名作家丁·马菲说过："尽量不说意义深远及新奇的话语，而以身旁的琐事为话题做开端，是促进人际关系成功的钥匙。"一味用令人咂舌或吃惊的话，容易使人产生华而不实、锋芒毕露的感觉。受人爱戴与信赖的人，大多并不属于才情焕发，以惊人之语博得他人喜爱的人。尤其对于一个初识者，最好不要刻意显出自己的显赫，宁可让对方认为你是个善良的普通人。因为一开始你就不能与他人处于同等的基础上，对方很难对你产生好感。如果你摆出一副超人一等的样子，别人也会用同样的态度对待你。

3. 避免否定对方

初次见面是建立良好人际关系的重要时期，在这种场合，对方往往不能冷静地听取意见、建议并加以判断，而且容易产生反感。同时，初见面的对象有时也会恐惧他人提出细微的问题来否定其观点，因此，初次见面应当尽量避免有否定对方的行为出现，这样才能形成紧密的人际关系。当然，这并不是让你不提相反意见。你应尽可能地避免当着他的面提出，或者可以借用一般人的看法，以及引用当时不在场的第三者的看法，这样就不会引发对方反射性的反驳，还能够使对方接受并对你产生良好印象。

4. 注意细节

在初次见面的场合中，如果有一方想结束话题，往往会有看手表等对方不易察觉的无意识动作。因此，当你看到交谈的对方突然焦躁地看着手表，或者望着天空询问现在的时刻，就应该及早结束话题，让对方明了你不是一个毫无头脑的人。你清楚并尊重他的想法，必能留给对方一个美好的印象。

5. 适时评价

心理学家认为，人是这样一种动物，他们往往不满足自己的现状，然而又无法加以改变，因此只能各自持有一种幻想中的形象或期待中的盼望。

他们在人际交往中，非常希望他人对自己的评价是好的，比如胖人希望看起来瘦一些，老人愿意显得年轻些，急欲提拔的人期待实现的一天。

6. 引导对方谈得意之事

任何人都有自鸣得意的事情。但是，再得意、再自傲的事情，如果没有他人的询问，自己说起来也无兴致。因此，你若能恰到好处地提出一些问题，定使他欣喜，并敞开心扉畅所欲言，你与他的关系也会融洽起来。

7. 以笑声支援对方

做个忠实的听众，适时地反映情绪，可以使对方摒弃陌生感、紧张感，从而发现自己的长处。尤其要发挥笑的作用，即使对方说的笑话并不很好笑，也应以笑声支援，产生的效果或许会令你大吃一惊，因为，双方同时笑起来，无形之中产生了亲密友人一样的气氛。

8. 关心对方

表现出自己关心对方，必然能赢得对方的好感。在招待他人或是主动邀请他人见面时，事先应该搜集对方的资料。这不仅是一种礼貌，而且可以满足他人的自尊，使他感受到你的诚意和热忱。记住对方说过的话，事后再提出来当话题，也是表示关心的做法之一。尤其是兴趣、嗜好、梦想等，对对方来说，是最重要、最有趣的事情，一旦提出来做话题，对方一定觉得愉快。

9. 先征求对方的意见

不论做任何事情，事先征求对方的意见，都是尊重对方的表现。在处理某一件事中，身份最高的人握有当时的选择权，将选择权让给对方，也就是尊重对方。而且，不论是谁，都希望得到他人的尊重，决不会因此不高兴或不耐烦。

10. 直呼对方的名字

我们都习惯在比较亲密的人之间才直呼名字，连名带姓地呼叫对方，表示不想与他人太过亲密的心理。所以，直呼对方的名字，可以缩短心理距离，获得意想不到的效果。

怎样提高交谈的效率

如何成功地与人交谈，如何使交谈产生更高的效率，其中有许多值得我们学习的规则。

1. 选择恰当的时机地点

保证充分的交谈时间，选择一个不受他人打扰的谈话地点，是交谈必备的两个首要条件。不同内容和性质的谈话应当选择不同的时机场合，当你们闲谈时，应找一个轻松愉快的环境。

当你与他人进行商谈时，应找一个正式的场合。良好的交谈必须慢慢开始，不可操之过急。当你走进老板的办公室，想谈谈自己的某一要求时，却看见他满脸怒色，这种情况下，你最好不要再提什么个人要求。当你发现某一员工工作心神不定时，切不可将一项重要的任务委托于他。

2. 明确自己交谈的目的

如果你对自己将要进行的谈话一无所知，就不大可能很好地参与交谈。你不仅要了解将要交谈的主题，而且应该了解交谈的性质，还有自己所期望达到的效果，即它是理论性的，还是实用性的，交谈的目的何在。

3. 选择合适的人选

当你与他人交谈时，不要企图与任何人都可以无所不谈。即使是最好的朋友，也不可能什么都能很好地交谈。有些谈话必须要求交谈者具有共同的兴趣和条件、共同的性格，或者一定程度的友情。如果你明知某人对将要谈论的话题持反对意见，那最好别让他来参加。明智地选择参与交谈的人员，对整个交谈的效果具有重要意义。

4. 避免毫无意义的讨论

在我们的生活和工作中，并不是所有问题都值得去讨论，也不是任何话题都可以拿出来讨论。在有些情况下，因为个人的性格、兴趣和偏好不同，对问题的看法也不相同。这时如果去引发一场讨论，那一定没有任何结果，也毫无意义，这样做只能是浪费时间。

5. 给别人讲话的机会

在日常生活中，我们也许都碰到过这种情况：当甲在说话时，乙似乎全神贯注地听着，而事实上，他只是礼节性地等着甲在讲完后将自己脑子里的东西倒出来。或许乙所讲的一切与甲所说的话题毫不相干。反过来，甲也会如此。这种情况下的交谈也是毫无意义的，它只是给各方提供了一个说话的对象和机会。在交谈中避免这种现象发生，要给别人讲话的机会，然后认真去听，真正达到交流。

6. 避免跑题

在交谈中听到提问时，首先弄清问题，然后根据自己的理解尽力回答，有些人把别人的提问当成是让自己说话的一种信号，于是当他听到提问时，脑子里正想着什么便说些什么，也不管自己的回答与他人的问题有无联系。其实，当你听到提问时，并不需要急于作出回答，应该首先弄清他人提问的内容和意图，然后再根据自己的知识和判断作出回答。急速而离题的回答也是毫无意义的。

7. 提问要清楚明白

当你向他人提问时，尽可能将问题提得明确易懂，不要做一个懒惰的提问者，也不要以为自己对某一问题十分清楚，就设想自己以任何简单的方式提出来都会让他人明白。不要接二连三地提问，所提问题不能毫无联系，也不要提问后对他人的回答不加任何评论，否则，这种提问方式就不是交谈，而只是某种形式的需要。也许你并不期望他人作出任何实质性的答复。面对不同的对象，你可能要采取不同的提问方式。

8. 不要打扰他人讲话

不要在他人话还没说完时，就将自己的话题接上去，然后使劲地将自己脑子里的东西全部倾出。如果你不尊重他人讲话，你也许会受到同等对待。因此，应让他人把话讲完，给他人说话的机会。

9. 尊重交谈

当你听别人讲话时，不要无礼地与他人交头接耳，在与他人交谈的过程中，你说话的声调和方式都应该保持有礼有节。

同时不要过于拘谨，否则会影响你的表达。假如你知道自己某些话非说不可，且说出后一定会冒犯他人，那应该注意一下方式，以避免伤害他人。如果你觉得某些话不得不说，而且必须此刻就说，那就大胆直言。

活跃交谈气氛的绝招

与人交谈时气氛很重要，在一个融洽活跃的气氛中，双方可以兴致十足地交谈，产生良好的沟通效果。运用下面的一些招数，可以活跃谈话的气氛：

1. 来一个小幽默

幽默是活跃谈话气氛的法宝，开场前有分寸地、善意地取笑别人并不是坏事。

善意的恶作剧具有出人意料的效果，它能博得众人的欢笑。人们在捧腹大笑之际，超脱了习惯、规则的界限，享受不受束缚的"自由"和解除规律的"轻松"，接下来的交谈自然会轻松愉快。

2. 亮出小道具

朋友相聚，也许在初次见面时因打不开局面陷于窘境，也许在中间出现冷场。

这时，你随身携带的小道具便可发挥作用。一个精致的钥匙链可能引发一大堆的话题；一把扇子，既可用来遮阳光，又可在上面题诗作画，还可唤起大家特殊的兴趣；一把小刀，可以让人联想起战争的事。小道具的妙用不可小瞧。

3. 上演拿手戏

成功的交谈应是众人畅所欲言，各自都表现出最佳的才能，做出最精彩的表演，最忌一个人唱独角戏，大家当听众。

为达到这一目的，就必须寻找能引起大家最广泛共鸣的内容。有共同的感受，彼此间才可各抒己见，互相交流看法，气氛才会热烈。所以，你若是社交活动的主持人，一定要把活动的内容同参加者的好恶、最关心的话题、最擅长的拿手好戏等因素联系起来，以免出现冷场。

4. 制造亲密接触

有时候，那些毕恭毕敬的夫妻未必就没有矛盾，而平日吵吵闹闹的恋人可能会更亲热。社交也是如此，若彼此谈得开心，开句玩笑，互相攻击几句，打一拳、拍两下，反倒显得亲密无间、无拘无束。

5. 不妨调侃自己

自我解嘲，顾名思义就是自己嘲讽自己，调侃自己，这也是正话反说的一种。它是一个人心境平和的表现。它能制造宽松和谐的交谈气氛，能使自己活得轻松洒脱，使人感到你的可爱和人情味，从而改变对你的看法。在交谈中，适时适度地"自嘲"，调侃一下自己往往会收到妙趣横生、意味深长的效果。

6. 相互吹捧一下

和朋友久别重逢后不免寒暄一番，你完全可以借此发表一番高论，把每个人的才能、成就做一番夸张式的炫耀与渲染，这会让朋友们感激你深深地了解、倾慕他们。这种把人抬得很高，但没有虚伪、奉承之感的介绍和相互吹捧会立即使整个气氛变得异常活跃，友情会加深一层。

7. 故意答非所问

交谈中，不时穿插一些意想不到的、貌似荒谬而实则有意义的问题，是很好的一种活跃气氛的形式。

那些一本正经的人会给人古板、单调、乏味的感觉，也会把交谈变得索然无味。也许会有人时常问你一些荒谬的问题，如果你直斥对方荒谬，或不屑一顾，不仅会破坏交谈气氛、人际关系，而且会被人认为缺乏幽默感。因此，答非所问，是一个极好的解决这类问题的办法。

8. 制造悬念

在相声里，悬念是相声大师的"包袱"。交谈中有意制造悬念，会使人更加关注你的一举一动。当大家精力集中、全神贯注时抖开"包袱"，让人们发觉这是一场虚惊，大家都会付之一笑，报以掌声。

9. 庄谐相间

社交需要庄重，但长时间保持庄重气氛就会使人精神紧张。寓庄于谐的交谈方式比较自由也比较轻松，在许多场合都可以使用。用幽默、诙谐的语言，同样可以表达较重要的内容。

10. 亦正亦反

运用反话正说的方法，重要的一点在于处理好一反一正的关系。在交谈中，准备对对方进行否定时，却先来一个肯定，也就是在表达形式上，好像是肯定的，但在肯定的形式中巧妙地蕴藏着否定的内容。正说时要一本正经，煞有介事，使对方产生听下去的兴趣。然后，再以肯定的形式抖出反话的内容，与原先说的正话形成强烈的对比，从而产生鲜明的讽刺意味，让人信以为真，增加谈话的效果。

反话正说能引人入胜，正话反说也颇意味深长。正话反说，就是对某一话题不作直接的回答或阐述，却有意另辟蹊径，从反面来说，使它和正话正说殊途而同归。这样便可以避免正面冲突，含蓄委婉，入情入理，收到一种出奇制胜的劝谕和讽刺效果。有时正话反说的曲折手法，可使人们在轻松的情境中相互沟通，使紧张的局面得到缓解。

交谈中糅合"太极拳"

"太极拳"是中华武术的精华，主要特点是柔中带刚、慢中有快，在和对手过招时，往往能收到以柔克刚、以慢制快的奇效。同样，在语言表达中，若能巧妙运用"太极拳法"，往往能四两拨千斤，从而避免言语交际中因语言碰撞而产生的"硬伤"，达到语言的"软着陆"。

1. 硬话软说

太极拳法的精髓就是以柔克刚，看似软绵绵的招式，却可收到力敌千钧的奇效。同样，在语言表达中有些硬话不宜硬说，可通过委婉的措词，温和的语气"软化"对方。

> 体育课结束后，同学们都陆续回到教室，吴盛明手拍篮球，最后一个走进教室。意犹未尽的他在教室里一会儿"胯下运球"，一会儿"三步上篮"，搞得教室里不得安宁。班长制止他道："教室里严禁玩篮球！"他却满不在乎，我行我素。紧接着纪律委员吼了句："要玩到外面玩去！"吴盛明非但不听，还和纪律委员吵了起来。
>
> 这时宣传委员申佳杰走过来温和地说："你的球技已达到出神入化的境界，这架势酷似'飞人乔丹'了，不过乔丹也要在球场上才能飞得更高哦！教室太窄了，严重妨碍水平的发挥，我看你不如等下课后，去球场一展'飞人'神威。"听完申佳杰的话后，吴盛明顺从地拿着球回到了自己的座位上。

在教室里拍篮球，严重影响其他同学，班干部有权维持秩序，但硬邦邦的语言公然恶狠狠地说出来，"捣蛋者"反而会产生逆反心理。在以上言谈中，班长和纪律委员"硬话硬说"，导致了吴盛明"硬碰硬"，宣传委员申佳杰"硬话软说"，以"只有在球场上才能飞得更高"、"在教室里玩影响水平的正常发挥"等一些温和的话，最终"软化"了吴盛明。可见"硬话软说"能磨平语言的"棱角"，在劝说时有着奇效。

2. 直话曲说

"太极拳"的拳形轨迹往往是圆形或是弧形的，以曲打直。在语言表达中有些话不能直说，直说不但达不到预期的言谈目的，反而会影响同学间的关系。鉴于此，我们不妨围绕某个问题，拐个弯，通过"直话曲说"的方式来实现表达意图。

李晓是个高中生，平时喜欢上网聊天，而且还经常游说其他同学网聊。一天午休，他又在寝室大肆吹嘘，说上网聊天是多么过瘾。这时一旁的刘辉鹏附和说："李晓，你说得对，我也认为网聊有很多好处：第一，它可以让你过'猜谜语'的瘾，你可以猜对方是男是女；第二，网聊可以使你看起来很有学问，因为大部分'网虫'都是戴眼镜的；第三，可以使你变得健美起来，经常上网的人，皮肤通常黝黑，能给人一种健康的'阳光美'。"

刘辉鹏直话曲说，把网聊的种种坏处都说成是好处，表面上看，他和李晓志同道合，都是一"网"情深，实际上，刘辉鹏利用"直话曲说法"巧妙地道出了网络的"庐山真面目"：虚假缥缈、有损健康，从而给那些蠢蠢欲动的同学一个警醒。如果刘辉鹏直谈上网的种种害处，极有可能引发一场"上网利弊"的激烈争议，说不定还会破坏同学间的关系。

3. 急话缓说

"慢"是太极拳的特点之一，但它能够以慢打快、以静制动，是与人交手取胜的一大"绝招"。在同学交往中，当被人非议或误解时，许多同学都想马上"沉冤昭雪"，急于争辩，但效果往往并不理想。我们不妨"急话缓说"缓解一下紧张气氛，然后再伺机消除误解。

一段时间内，在高一（8）班男生中掀起一阵看武侠小说的热潮，结果在晚自习时，班主任来了个"大扫荡"，班上的武侠小说差不多"全军覆没"。那些"受害者"怀疑是王文喜告的密，因为他从不看小说，又是

副班长。当晚,王文喜回到寝室,室友们指桑骂槐地对他展开了一场激烈的"批斗":

"大家都清楚是谁向老师告的密……""我看他是为了在老师那'得宠'才出卖我们……"面对大家的"狂轰滥炸",王文喜并没有急于分辩,等大家七嘴八舌说得差不多了,他才不紧不慢地说:"其实我也是受害者,我有几本名著也被没收了。"

"你不是从不看小说吗?"马上有人诘问道。

"大家可能并不知道我也看小说,不过我只看名著,而且是在周末不上课时看,那个时候大家都出去玩去了。"王文喜仍然慢吞吞地说道。

听他说完,室友们开始相信了,一场"批斗大会"慢慢地平息下来了。

王文喜被同学误解时,并没有急于辩解,等对方激动的情绪稍微缓和时,才摆出事实,为自己辩解。如果他一得知被同学误解,就马上分辩的话,恐怕又是另一番景象了吧。当然,运用"急话缓说法",除了掌握必要的技巧外,还需要良好的心理素质。

口语表达中的"太极拳法",除此之外,还有重话轻说法、粗话细说法和借力打力法等等,但不论哪种方法,都有个共同特点:都是一种"韧性"的说话技巧。在语言表达中,只要运用好"太极拳法",便可举重若轻,轻松收到言谈的最佳效果。

知己知彼,言出有方

"知己知彼、百战百胜"这句老话,是很有道理的。有人夸张地把社交场形容为"战场",意即舌锋之战。要想成功地取得战斗的胜利,就必须知己知彼。

1. 了解对方性格

不同性格的人,对接受他人意见的方式和敏感程度是不一样的。如:是性格急躁的人,还是性格稳重的人;是自负又胸无点墨的人,还是有真才实学又很谦虚的人。掌握了对方的性格,就可以按照他的性格特征,有针对性地工作。

2. 了解对方的长处

一个人的长处就是他最熟悉、最了解、最易理解的领域。如有人对部队生活熟悉,有人对农村生活熟悉,有人擅长文艺,有人擅长语言,有人擅长交际,有人擅长计算等。在说服人的时候,从对方的长处入手。①能和他谈到一起去;②在他所擅长的领域里,谈论起来他容易理解,便容易说服他;③能将他的长处作为说服他的一个有利条件，如一个伶牙俐齿、善于交际的人，在分配他做供销工作时可以说："你在这方面比别人具有难得的才能，这是发挥你潜在能力的一个最好机会。"这样谈既有理有据，又能表明领导者对他的信任，还能引起他对新工作的兴趣。

3. 了解对方的兴趣

有人喜欢绘画，有人喜欢音乐，还有人喜欢下棋、养鸟、集邮、书法、写作等，每个人都喜欢从事和谈论其最感兴趣的事物。从这里入手，打开他的"话匣子"，再对他进行说服便较容易达到说服的目的。

4. 了解对方的其他想法

一个人坚持一种想法，绝不是偶然的，他必定有自己的理由，而且他讲的道理一般都符合国家政策、集体的利益或人之常情。但这常常不是他的真实想法，他的真实想法怕拿出来被人瞧不起，难以启齿。如果领导者能真正了解他的"苦衷"，就能有针对性地加以解决。

5. 了解对方当时的情绪

一般说，影响对方情绪的因素有：一是谈话前对方因其他事所造成的心绪仍在起作用；二是谈话时对方的注意力正集中在别处；三是对说服者的看法和态度。所以，说服者在开始说服之前，要设法了解他当时的思想动态和情绪，这对说服的成败，是一个重要的环节。

凡此种种，你都要悉心研究，才能够有针对性地采取说服的方式。

了解对方是有如此多学问的。许多人不能说服别人，是因为他不仔细研究对方，不研究用适当的表达方式，就急忙下结论，还以为"一眼看穿了别人"。这就像那些粗心的医生，对病人病情不了解就开了药方，当然没有不碰钉子的。

投其所好，说中心坎

某文艺编辑曾讲过这样一个故事。

他曾邀一名作家写稿，该作家非常高傲，各报社的编辑对他大伤脑筋。因此，这个编辑在见面前也相当紧张。

一开始怎样都谈不拢。作家一味说："是吗……""也许是吧？""这我还真不清楚。"闹得这位编辑很是头痛，只好打定主意，改天再来，于是闲聊起来。

他把几天前在一本杂志上看到的有关该作家作品近况的报道搬出来，说："您的大作最近已翻译成英文，在美国出版了？"作家见对方如此关心自己，就很感兴趣地听下去。编辑又说："您的写作风格能否用英文表现出来？"作家说："就是这点令我担心……"他们就在这种融洽的气氛中继续谈了下去。本来已不抱希望的编辑，此时又恢复了自信，获得了作家答应写稿的允诺。

没有人会喜欢一个谈话时只讲他自己，而不关心对方的人。人们只愿意和那些与自己有共同话题的人交往。

耶鲁大学文学教授威廉莱亚·惠勒普斯，在《人性》这篇论文中这样叙述：

我在6岁那年，有一个星期六去斯托拉多姨妈家度周末。记得傍晚时分，来了一个中年男子。他先和姨妈嘻嘻哈哈谈了好一会儿，然后便走近我和我说话。当时我正迷上小船，整天抱着小船爱不释手地玩。以为他只是随便和我聊几句，没想到他对我说的全是有关小船的事。等他走了以后，我还念念不忘，对姨妈说："那位先生真了不起，他懂得许多关于小船的事，很少有人会那么喜欢小船。"

姨妈笑着告诉我，那位客人是纽约的一位律师，他对小船根本没有研究。我不解地问："为什么他说的话都和小船有关呢？""那是因为他是一位绅士，他想和你做朋友。知道你喜欢小船，所以专门挑你喜欢的话题和你说。"姨妈笑着告诉我其中的道理。

每个周末，公园门口就会有许多青年男女，他们中间有不少人是等待情侣相会的。公园的门口还有两个擦鞋童，高声叫喊着以招徕顾客。

其中一个说："请坐，我为您擦擦皮鞋吧，又光又亮。"

另一个却说："约会前，请先擦一下皮鞋吧？"

结果，前一个擦鞋童摊前的顾客寥寥无几，而后一个擦鞋童的喊声却收到了意想不到的效果，一个个青年男女都纷纷要他擦鞋。这究竟是什么原因呢？

第一个擦鞋童的话，尽管他的话礼貌、热情，并且附带着质量上的保证，但这与当时青年男女们的心理差距甚远。因为，在黄昏时刻破费钱财去"买"个"又光又亮",显然没有必要。人们从这儿听出的印象是"为擦鞋而擦鞋"的意思。而第二个擦鞋童的话就与此刻男女青年们的心理非常吻合。"月上柳梢头,人约黄昏后",在这充满温情的时刻,谁不愿意以清清爽爽、大大方方的形象出现在自己心爱的人面前?一句"约会前,请先擦一下皮鞋吧!"正是说到了青年男女的心坎上。可见,这位聪明的擦鞋童,正是传送着"为约会而擦鞋"的温情爱意。一句"为约会而擦鞋"一下子抓住了顾客的心,因而大获成功。

交际口才表达的八大忌讳

古人说:"舌为利害本,口是祸福门。""良言一句三冬暖,冷语伤人六月寒。"这几句话是说,言谈既能促进事业成功,生活如意,也能伤害别人,招来灾祸。口才表达失败的表现很多,这里列出其中的八大忌讳。

1. 表述不清

言谈失败者在表述自己的思想观点时,往往不惜字如金,而是喋喋不休,啰里啰唆,废话连篇;不提纲挈领,而是语序混乱,节奏缓慢,想起一句说一句;主次不分明,应该说的不说,应该重点的不重点说;吐字不清晰,言辞含糊,不知所云;不明白易懂,而是言语抽象,滥用新词,生涩难懂。

2. 未加糖衣

俗话说:"良药苦口利于病,忠言逆耳利于行。"可现实生活中有几个人愿意听逆耳的忠言呢?比如说,批评一个青年人讲话不文明,你可以这样说:"你长得很帅,我相信你的言语也应该与你的长相一样美丽。"这样说,要比大声吼叫、直接指出好得多。许多言谈失败者,一片好心,却得不到好报,就是因为没有将说出的话加上"好吃的糖衣"而已。

3. 戳人痛处

俗语说:"语言切勿刺入骨髓,戏谑切勿中人心病。""当着矮人,别说矮话。"就是讲,说话要有禁忌,切勿想怎么说就怎么说。言谈失败者往往反其道而行之,经意不经意地揭人隐私,伤人痛处。比如说,别人受过恋爱挫折,谈话失败者却偏偏和其大谈婚恋美好感受;别人受过纪律处分,谈话失败者却偏偏和其长侃纪律松弛现象;别人曾有工作失误,谈话失败者却偏偏在其面前经常提起此事。

4. 露出轻浮

在谈话时,自然适度地引用一些如"学而时习之"、"君子好逑"等具有文化教养色彩的词汇，确实可以起到改善自己形象的作用。但是，如果滥用这些语言，则会有损自己的形象，给人留下"浅薄轻浮"的感觉。

5. 弄巧成拙

节目主持人如果想使观众倒胃口，不妨在节目演出前后告诉观众："这是一个非常有趣可笑的节目……"这样的话，观众的期望值就提高了，假若听到或看到的内容一般，远没有达到所期望的程度，观众就会引起强烈反感："简直是乱七八糟，无聊至极。"可以说，主持人的开场白不但没有提高娱乐气氛，反而产生相反的效果。许多言谈失败者往往就是这样不仔细考虑听话一方的心理，一味地说动听的话、美妙的话，结果弄巧成拙。

6. 时机不当

王某买了一台电视机，不到一个月就因自己使用不当毁坏了。气冲冲的王某来投诉，不管售货员小李怎么劝导解释，就是不肯罢休。这时商场的芮经理走过来说："由于了解不够，改天再解决这个问题吧！"到了第二天，双方各自找出了自己的原因，一场争执就结束了。为什么小李处理投诉失败，而芮经理却圆满解决了呢？其原因在于小李劝导时机不当。对方在生气时，是非理性的，不可能以冷静的态度来听取你的意见。若想让对方心悦诚服，最好的办法是等待他的平静。

7. 未分对象

人们的心理最是微妙不过，人与人之间的心理距离决定了说话的表达方式要有不同。比如说，向亲密的朋友、同事传递令人不快的消息，不妨直言相告；但向与你交往不深的人，则要注意你的表达方式。在需要表示谢意时，如果对方与你关系密切，则嘴上不必说"谢谢"；如果对方关系和你并不深厚，则应真诚道谢。言谈失败者往往不考虑与对方的关系密切程度，在和不同的人交往时，单纯地用一种语言表达方式，或者该种语言表达方式用错了对象，其结果只能是与别人的关系越来越疏远。

8. 力度不够

由于别人的失误而使自己受到伤害，不论是谁，都想从失误者那里听到损失程度相当的道歉。然而，实际上这种期望值往往与"实际所得值"不十分吻合，后者或大于前者，或小于前者。面对这两种不同情形，受伤害者的反应是截然相反的。如果期待五分道歉，得到十分，受伤害者会在意外之余，化干戈为玉帛；如果期待五分道歉；受伤害者只得到二分，那么，他就会认为对方诚意不够，心中有了新的不满和怨愤。言谈失败者往往是由于自己说的话力度不够，才没有达到应有的目的。

以上几条，对于提高言谈的质量、纠正说话的毛病是有好处的。它能够使我们靠出色的谈吐跨上成功的台阶。

交际中十种不宜说的话

交际中最主要的工具是言语。常言道:"一句话让人笑,一句话叫人跳。"说的就是言语在交际中的重要作用。

当然谁都希望自己能口吐莲花,但是,就有人一发言,便让大家不痛快。为什么呢?不是他喜欢惹人嫌,而是他不知在交际场合哪些话不宜说。那么,交际场合哪些话不宜说呢?

1. 没道理的话

凡事皆应讲个"理"字,与人交往而不讲道理,是交际中之大忌。有的人孩子打伤了别人,人家来问情况,其人却说:"谁叫你孩子惹我孩子,别人不惹他,他怎会打别人。"这样蛮不讲理,人们岂愿与之交往?

2. 感情用事的话

与人言谈,平和为上。感情用事,言辞过激,为善交际者所不取。如果动辄便"看我不揍扁你"、"你是什么东西"、"我叫你活到三点,你别想活到三点零一分"、"我就是这样,看谁能把我牙筋挑了",谁还能跟你交谈,谁会愿意跟你交往呢?

3. 窥探隐私的话

人人皆有一方不愿被别人窥视的小天地,如果你想方设法去窥视打探,便会引起人家的反感。有一个人常爱打听别人隐私,一次问一个姑娘:"听说你和你对象闹翻了,是不是?"姑娘没好气地说:"闹不闹翻,关你屁事。"此人落个大红脸。

4. 自以为是的话

无论你本事有多大,切忌自以为是。否则会降低自己在别人心中的地位。有一位年轻人常在别人面前谈自己本事怎样怎样大,人家一开口,他便接话茬。结果大家在背地里称他为"常有理",他一出现,大家便取笑说:"百事通、常有理来了。"

5. 让人扫兴的话

大家在吃葫芦头,皆觉味美可口,于是便高兴地谈论此种饭食的渊源做法,烹调配料。在大家兴致高涨、同声称赞食物味美之时,其中一人幽幽地说:"有什么好,只不过是猪大肠头,排粪的地方。"一语既出,大家倒了胃口,顿时寂然无声。

6. 低级庸俗的话

在任何场合都忌讳言语粗俗。某单位有一个人,自以为很聪明,只要在人多的地方,便欲博大家一笑,说些不堪入耳的话。他能围绕男女生殖器说半天而不重复。大家虽在听时哈哈大笑，但都用鄙视的目光和不尊重的语气表示不屑一顾。

7. 拨弄是非的话

生活中，人们最怕的人，就是爱拨弄是非的人。而有一些人，不说是非就好像心里难受嘴发痒。有一个小心眼人，对甲说乙说甲坏话，对乙说甲认为乙没涵养。甲乙两人本是好友，故意一起找他对质。他张口结舌，闹得很被动尴尬。

8. 过度玩笑的话

生活中开几句玩笑，如果得体，不但无伤大雅，而且会增添许多不可言说的乐趣。但是，如果玩笑过度，便会伤人感情，令人不快。有人为儿媳报名，对管报名的人说："把我儿媳妇报上。"这话本是语境中十分正常的一句。管报名的人却借助这一语音，开玩笑说："你就把你儿媳妇抱上。"周围的人哄堂大笑。弄得此人很窘，过去就是一拳说："你也把你妈抱上。"一句过度的玩笑，几乎酿成一场血战。

9. 不识相的话

交际言谈，何时开口，何时不语，十分讲究。但是有人就是没眼色，不识相，在不该说话的时候常冷不丁冒出一句，把事情搞糟弄砸。

10. 没意思的废话

说话，要言之有物，即使说闲话，也应看内容能否让大家感兴趣，如果废话不断，喋喋不休，就会引起别人的反感。我曾遇过一个老太婆因事来我们单位，一坐下来，便天南地北，说个不停，我欲上厕所，她却一手牵着我的衣袖，让我既如坐针毡，又不得不洗耳恭听。这样一直延续到天黑，她不觉嘴累，可我有点受不了了。后来，我只要碰见这个老太婆，便避之唯恐不及。即使碰上，只打招呼，绝不停步。

总之，与人交往，千万要注意莫说以上所列类型的话。若能知哪些话不可说，那么，哪些话可说便可想而知了。

第 26 章

有口才好办事
——说好难说的话，办好难办的事

会说话天下没有难办的事

生活中我们经常遇到这样的情形，同样一件事，同样身份的人，甲去办则顺顺利利，事情也办得妥妥当当，乙去办则困难重重，事情也一塌糊涂。为什么会这样呢？有人说这是人的因素；有人说这是办事技巧问题。其实这两种因素都不能排除，请人办事是社交中非常重要的一环，它囊括了一个人的综合素质，包含了许多做人做事的艺术，其中有很多讲究。

1. 要注意礼貌

请求别人办事，无论大事还是小事，都要注重一个"请"字，不要认为是别人"理所当然"的事。如果对人开口称"喂"，闭口称"喂"，那非碰壁不可。另外，对别人的帮助表示感谢应该说得真诚。如你请朋友帮忙找到了一本早想要的书，你可以这样说："谢谢了，没有你的帮助，我恐怕不能这么快就看到它了。"

2. 要注意方式

如果不是紧急的事，最好是在别人愉快或空闲时提出；当别人情绪不佳或事务繁忙的时候，最好不要打扰别人，因为此时的请求效果可能适得其反。另外，在请求方式上，说话要婉转，给对方充足的时间，不要催促过紧，以免使对方左右为难。

3. 要注意场合

请求别人帮助解决某些问题，要根据问题的性质，该上门拜访的不要到对方单位询问；该个别交谈的不要影响家人；该借助书信请教的不要电话联系。要尽量体谅对方的难处，特别是自己曾帮助过对方的，更不能有意无意给对方施加心理压力，以免使对方感到为难和尴尬，影响帮你办事的积极性。

4. 要注意原则

当你请求别人帮助解决某些问题时，对你本人来说可能是正常的，但对别人来说，由于工作性质和部门不同很可能有"开后门"之嫌。在这种情况下，要全面考虑，掌握求人办事的原则，以免给别人增加负担，影响别人正常的工作，造成不良的后果。

5. 要注意真诚

请求别人帮助的事，要真实地向对方讲清楚办事的目的，不能有意把事情的难度缩小，更不能掩盖事情的真面目，使对方只知其一，不知其二。这是对朋友不信任和自己不诚实的表现。

没话找话借题搭讪把事办成

与人交谈中，找话题如同写文章一样，有了一个好题目，往往会文思泉涌，一挥而就。请人办事，因目的性太强，往往会出现没话说的尴尬场面。此时，若能迅速找一个能与对方进行良好沟通的话题，无疑便有了一个成功的开端。那么，怎样找到能够使双方或多方顺利畅谈的话题呢？不妨从以下几个方面着手。

1. 选择众人关心的事件为话题，把话题对准大众的兴奋中心

这类话题是大家想谈、爱谈、能谈的，人人有话，自然就说个不停，以致引起许多人的议论和发言，导致"语花"飞溅。

2. 巧妙地借用彼时、彼地、彼人的某些材料为题，借此引发交谈

有人善于借助对方的姓名、籍贯、年龄、服饰、居室等，即兴引出话题，常常取得好的效果。"即兴引入"法的优点是灵活自然，就地取材，其关键是要思维敏捷，能作由此及彼的联想。

3. 先提一些"投石"式的问题，在略有了解后再有目的地交谈，便能谈得略为自如

如在聚会时见到陌生的邻座，便可先"投石"询问："你和主人是老乡呢，还是老同学？"无论问话的前半句对，还是后半句对，都可循着对的一方面谈下去；如果问得都不对，对方回答说是"老同事"，那也可谈下去了。

4. 问明陌生人的兴趣，然后投其所好顺利地进入话题

如对方喜爱象棋，便可以此为话题，谈下棋的情趣，车、马、炮的运用等。如

果你对下棋略通一二,那肯定谈得投机;如果你对下棋不太了解,那也正是个学习机会,可静心倾听,适时提问,借此大开眼界。

引发话题方法很多,诸如"借事生题"法、"即景出题"法、"由情入题"法等。可巧妙地从事某事、某景、某种情感,引发一番议论。引发话题,类似"抽线头"、"插路标",重点在引,目的在导出对方的话茬儿。一旦打开对方的话匣子,就应当抓住时机与对方进行情感沟通,突破对方的心理防线,让他顺着你的意愿听从你的说服,达到为你办事的目的。

对症下药各个击破事半功倍

通过对手显示出来的态度及姿态,了解他的心理,有效地捕捉他所发出的各种信息,分析研究,然后对症下药,可起到事半功倍的效果。

例如,对方抱着胳膊,表示在思考问题;抱着头,表明一筹莫展;低头走路,步履沉重,说明心灰气馁;昂首挺胸,高声交谈,是自信的流露;女性一言不发,揉搓手帕,说明她心中有话,却不知从何说起;真正自信而有实力的人,会探身谦虚地听取别人讲话;抖动双腿常常是内心不安、苦思对策的举动,若是轻微颤动,就可能是心情悠闲的表现。

当然,对请托对象的了解,不能停留在静观默察上,还应主动侦察,采用一定的侦察对策,去激发对方的情绪,才能够迅速准确地把握对方的思想脉络和动态,从而顺其思路进行引导。

针对不同的办事对象谈话或请托应考虑以下几个方面。

1. **年龄差异**

对年轻人宜采用鼓动性的语言;对中年人应讲明利害,供他们斟酌;对老年人应以商量的口吻,尽量表示尊重的态度。

2. **性别差异**

男性需要采取较强有力的劝说语言,女性则可以温和一些。

3. **地域差异**

生活在不同地域的人,所采用的劝说方式也应有所差别。如对我国北方人,可采用粗犷的态度;对南方人,则应细腻一些。

4. **性格差异**

若对方性格豪爽,便可单刀直入;若对方性格优柔,则要"慢工出细活";若对方生性多疑，切忌处处表白，应不动声色，使其疑惑自消等等。

5. 职业差异

要运用与对方所掌握的专业知识关联较紧密的语言与之交谈，对方对你的信任感就会大大增强。

6. 文化差异

一般来说，对文化程度低的人所采用的方法应简单明确，多使用一些具体数字和例子；对于文化程度高的人，则可采用抽象说理方法。

7. 兴趣差异

凡是有兴趣爱好的人，当你谈起有关他的爱好这方面的事情时，对方都会兴致盎然。同时，对你无形中也会产生好感，为你办事成功打下良好的基础。

软磨硬泡促成事业

有些人脸皮太薄，自尊心太强，经不住人家首次拒绝的打击。只要前进一受阻，他们就脸红，感到羞辱气恼，要么与人争吵闹崩，要么拂袖而去，再不回头。

看起来这种人很有几分"骨气"，其实这是过分脆弱的自尊，导致他们只顾面子而不想千方百计达到目的，这样于事业无益。

因此，我们在求人时，既要有自尊，又不要过分自尊。为了达到交际目的，有时脸皮不妨厚一点，碰个钉子，脸不红，心不慌，不气不恼，照样微笑与人周旋，只要还有一丝希望就要全力争取，"软磨硬泡"。

"软磨硬泡"是一种特殊的求人术。它能以消极的形式争取积极的效果，可以表现自己不达目的不罢休的决心和毅力，给对方施加压力，也可以增加接触机会，更充分地表明自己的态度、思想和感情，以影响对方的态度，实现求人的成功。这种战术看似简单，里面的学问却不小，主要表现在以下几个方面。

1. 足够的耐心是"软磨硬泡"的前提和基础

当交际受阻出现僵局时，人们的直接反应通常是烦躁、失意、恼火甚至发怒，然而，这无助于事情的解决。你应理性地控制自己，采取忍耐的态度。

一方面，忍耐所表现的是对对方处境的理解，是对转机到来的期待和对求人成功的自信。有了这种心境，你就能在精神上使自己处于强有力的地位，能够方寸不乱，调动自己全部的聪明才智，想方设法去突破僵局。即使消耗一定的时间也在所不惜。

另一方面，"软磨硬泡"消耗的是时间，而时间恰恰是一种武器。时间对谁都是宝贵的，人们最耗不起的是时间。所以，如果你以足够的耐心，摆出一副"打持久战"的架势与对方对垒时，便会对对方的心理产生震慑。以"泡"对"拖"，足以促其改变初衷，加快办事速度。所以，你要沉住气，耐心地牺牲一点时间，反而可以争取到更多的时间。

2."软磨硬泡"不仅要能"泡"，还要会"泡"

换言之，"泡"，不是消极地耗时间，也不是硬和人家耍无赖，而是要善于采取积极的行动影响对方、感化对方，促进事态向好的方向转化。

俗话说："人心都是肉长的。"不管双方认识上的差距有多大，只要你善于用行动证明你的诚意，就会促使对方去思索，进而理解你的苦心，从固执的框子里跳出来，那时你就将"泡"出希望。

3."软磨硬泡"中要适时巧言攻心

有时候你去求人，对方推着不办，并不是不想办，而是有实际困难，或心有所疑。这时，你若仅仅靠行动去"泡"，很难奏效，甚至会把对方"泡"火了，缠烦了，更不利于办事。

如遇这种情形，嘴巴上的功夫就显得十分重要了。要善解人意，抓住问题的症结，巧用语言攻心。

话是开心的钥匙。当你把话说到点子上时，就会敲开对方心灵的大门。

那么你的"软磨硬泡"也就真正起到作用了。

强取豪夺、口气凌厉，"事"在必得

在求人办事时，还有一种"强取豪夺"的说话方法。下面的例子即是这一方法的巧妙应用。

革命家黄兴，一生为了革命辛苦奔波，历经无数次风险，但每次在危难之中都能化险为夷。这其中，当然有革命群众的舍生相救，但更多的是黄兴凭借自己的智慧，得以安然脱险。

一次，黄兴回到湖南长沙发动群众起义。不料，就在起义前夕，消息泄露，湖南巡抚率兵镇压。由于黄兴是首要分子，巡抚下令，全城戒严，务必将其捉拿，胆敢藏匿者与黄兴同罪。

一场全城大搜捕的行动开始了，黄兴无处藏身，形势万分危急。猛然，黄兴看见一间出租花轿仪仗的商店，他灵机一动，知道自己这次又可平安脱险了。

他直接来到这家商店，指名要见店主，小二不敢怠慢，连忙引见。一见面，黄兴直接表明身份，说明来意，请店主帮自己一把。黄兴原本想说出自己是革命者，应该会得到群众的热心帮助。

哪知这位店主天生胆小怕事。一听说是黄兴，吓得直哆嗦，不仅拒绝了黄兴，还一个劲地催促他赶快离开，以免惹火烧身。

黄兴一看不行，便换了一种严厉的口气，大喝一声：

"今天巡抚下令全城戒严抓捕我，抓不到我，他们不会罢休，你可知隐匿者与我同罪，现在我就待在这儿不走了，等他们找到我，我就说你是同党。"

掌柜一听，吓得要给黄兴下跪，不住求饶。

黄兴接着说：

"为今之计只有你用花轿抬着我，配上仪仗和鼓手，送我出城，只要出了城，我立刻就走，你也就不用担心了。而且，我加倍付你工钱。"

店主一听，也只好这么做了。就这样黄兴又一次躲过一劫。

"强取豪夺"意即给对方以泰山压顶的气势，表明你的用心、决心和信心，这样使对方在你的强硬气势下，知晓你的实力和果敢以及雷厉风行的办事风格，从而与你达成某种共识。这种办事方法，最好在双方利益均衡的情况下施行。否则，运用不好，会弄巧成拙。

办事交谈要避免的七大忌讳

在求人办事的过程中，说话不能信口开河，不能不顾场合、不顾他人的感受按自己的想法说话，这样不但会招致他人的不悦，也会给自己带来麻烦，难以达到办事的目的。求人办事说话时要力求避免以下七大禁忌。

1. 忌大话

生活中常常见到有的明明是主动找上门来求人，但为了顾全自己的脸面和维护个人的声誉，在介绍情况时，故意把大事化小，难题化易。有的还加上几句"像这样的问题我本来是完全可以自己解决的，只是由于一些原因，所以只好求你帮忙"之类的冠冕堂皇的话，这样求人帮助是没有好结果的。应如实讲明目前所处的困难和自己无力解决的实际情况，恳切地提出要帮助的请求。

2. 忌争辩

你喜欢和人争辩，是否以为你可以用议论压倒对方，就会得到很大的益处呢？其实，你不必压倒对方。即使对方表面屈服了，心里也必愤愤不平，你任何好处也得不到。好争辩会损害别人的自尊心，因而对方会对你产生反感，因此失掉一些朋友。好胜是大多数人的特点，没有人肯自认失败，所以一切争辩都是没有必要的。如果能够常常尊重别人的意见，你的意见也必被人尊重。如此，你所主张的，就会很容易受到他人的拥护。你可以实现你的主张，你可左右别人的计划，但不是用争辩的方法来获取。

3. 忌质问

用质问式的语气来谈话，是最易伤感情的。许多夫妻不睦，兄弟失和，同事交恶，都是由于一方喜欢以质问式的态度来与对方谈话所致。除遇到辩论的场面，质问是大可不必的。如果你觉得对方的意见不对，你不妨立刻把你的意见说出，何必一定要先来个质问，使对方难堪呢？有些人爱用质问的语气来纠正别人的错误，这足以破坏双方的情感。被质问的人往往会被弄得不知所措，自尊心受到大大的打击。尊重别人，是谈话艺术必须的条件，让对方为难，图一时之快，于人于己皆无好处。你不想别人损害你的尊严，你也不可损伤别人的自尊心。

4. 忌挑理

千万不要故意地与人为难，有的人专门喜欢表示自己与别人意见不同。这种处处故意表示自己与别人看法不同的人，和处处随声附和的人一样，都是不老实的。口才是帮助你待人处世的一种方法，没有人愿意做一个口才很好却到处不受欢迎的人。不要为了要表现你的口才，而到处逞能，惹人憎厌，口才一定要正确而灵活地表现。

5. 忌虚伪

对于你不知道的事情，不要冒充内行。不懂装懂是一种不老实的自欺欺人的行为，你知道多少，就说多少，没有人要求你作一个百科全书。即使一个很有学问的人，也必有所不知。所以，坦白地承认你对于某些事情的无知，这绝不是一种耻辱，相反，别人会认为你的谈话有值得考虑的价值，因为你不虚伪，没有吹牛。

6. 忌直白

与对方谈话中不妥当的部分，需要加以指正，妥当的部分也须加以显著的赞扬，对方因你的公平而易于心悦诚服。改变对方的主张时，最好能设法把自己的意思暗暗移植给对方，使他觉得是他自己修正，而不是由于你的批评。对于那些无可挽救的过失,站在朋友的立场,你应当给予恳切的指正,而不是严厉的责问,使他知过而改。纠正对方时,最好用请教式的语气,用命令的口吻则效果不好。要注意维护或激励对方的自尊心。

7. 忌炫耀

别对陌生人夸耀你的个人生活,例如你个人的成就,你的富有,或是你的儿子怎么了不起。不要在公共场合把朋友的缺点和失败当做谈话的资料。不要老是重复同样的话题,不要到处诉苦和发牢骚,诉苦和发牢骚并不是一种良好的争取同情的手段。

第 27 章

用你的口才开辟你的锦绣前程

用你的口才推销你的才华

战国时,七雄逐鹿中原以争天下,布衣毛遂自我推销,前往楚国游说,把自己的说话才能发挥得淋漓尽致,终于使楚王派兵救赵,解赵之围,为中国历史上留下了毛遂自荐的千古佳话。我国的茅台酒饮誉海内外,可当初它在万国博览会上却因包装粗糙而遭冷遇。面对如此尴尬的局面,富于推销意识的华商急中生智,故意失手打翻酒瓶,使茅台酒"脱颖而出",飘香五洲四海。

戴尔·卡耐基说:"不要怕推销自己,只要你认为自己有才华,你就认为自己有资格担任这个或那个职务。"

推销是一门学问,也是一门艺术。一个人要是能成功地推销自己,就能推销任何有价值的东西。而推销自己的目的,就是为了要别人能接受你、肯定你,接受你的理念、做事的方法、推荐的产品等。能被别人认可与配合,那你就成功了。你的理念能被别人接受,就使得工作与沟通非常容易进行,工作完成后大家的默契增加,理念更加一致。

所以,我们必须丢开包袱,勇敢地推销自我。经过对自己的推销,使自己的理念、人格、做事方法被别人接受与肯定,于是在做任何事情的时候,一方面可以得心应手;另一方面成功的机会也就增大了。

推销自己,说得简单一些就是展示自己,这和吹嘘自己是完全不同的。你的言谈举止、社交礼节、学识修养的展示不仅使别人对你的言行有一定的印象,也使你能更有效地改进自己,顺应社会。

由于每个人的生活经历不同,所受的环境影响不同,受教育的程度不同,因此每个人的个性特征和相关的能力也不同。在心理学上，影响活动效率的基本因素被称做能力。

交际能力、专业能力、组织管理能力等不是天生的，不是静止不动的东西，而是后天勤奋学习、实践锻炼的产物。一个人即使不具备某种能力，或某种能力较差，但是只要不断努力，能力是可以增加的。相反，如果具备了一种能力条件，没有很好地发挥，不在实践中继续提高，原有的能力也会退化。另外，如果能力缺少正确的引导，会出现劳而无功的现象，有的能力甚至会用到歧途中去，"聪明反被聪明误"就是指这种现象。

同样，推销自己就是推销自己的能力，在各种各样的细节上表露自己的品行和价值。

在推销自己的时候，每个人都会经历失败和挫折。从某种意义上说，这也是社会这个大环境对你的推销作出的反应。而聪明的人就好比推销员能拿出适销对路的商品满足客户一样，他们及时调整自己，总结经验，吸取教训，重新包装自己，从而获得更大的利益。

能说会道在面试中出奇制胜

当前就业市场的竞争十分激烈，除了少数社会急需、特别紧缺的人才外，如果还采用大众化的求职方法，有时很难获胜。以下办法不同一般，有时能出奇制胜。

1. 以柔克刚

求职，谁都想一次成功，但在大多数情况下并不能如此，因此，求职者就应有不怕失败的韧性。

松下电器创始人松下幸之助，年少时去一家大电器厂求职，请求安排一个工种最差、工资最低的活给他。人事部主管见他个头瘦小又很脏，不便直说，随便找了个推托的理由：

"现在不缺人，过一个月再说吧。"

一个月后，松下真的来了。人事部主管又推托有事，没空见他。

过了几天，松下又来了。如此反复多次，人事部负责人说："你这样脏兮兮的是进不了我们厂的。"于是松下回去借钱买了身衣服，穿戴整齐地来了。对方没办法，便告诉松下：

"关于电器的知识你知道得太少,不能收。"

两个月后,松下又来了。

"我已学了不少电器方面的知识,您看哪方面还有差距,我一项项来弥补。"松下说。人事部主管看了他半天才说:"我干这项工作几十年了,今天头一次见到你这样来找工作的,真佩服你的耐心和韧性。"

松下终于打动了人事主管,如愿以偿地进了工厂,并经过不懈努力,成为日本经营之神。

2. 分步到位

前香港特区行政长官董建华在用自己的成功经验勉励港人时说:"如果今日能找到工作,先不要斤斤计较薪水高低,或者与以前的工作是否相差很远,因为你要先取得这个机会,然后多学点知识,充实自己,机会再来时,你便可以取得一个更好的职位。"

有着大专文凭和财务工作经验的小金,满以为在深圳可以找到一份公务员的工作或到大型企业去做一个会计。没想到整整一个多月的时间里,她踏遍了深圳、东莞也没能如愿。后来,她获得了一家韩国电子公司招清洁工的信息,便果断地放弃了原来的打算,去争得了这份工作。一幢7层的大楼,要把每一个角落都清扫得清清爽爽的,得头不抬、腰不直地做十来个小时才能完成,待遇却不高,不包吃住,月工资才1 000元。可是,小金一点也不轻视这份工作,每天抹布、拖把不离手,把大楼的每一个地方都擦得像镜子似的干净。一天,总经理视察,注意到了她认真负责的态度,赞扬了她,她便趁机表述了自己以前的工作经历和心愿。

后来,她成了这家公司的财务总监。

3. 直言相告

通常情况下,求职应试总是要说恭维话,以引起对方的好感而达到谋职的目的。但一味说好话也未必能打动人,有时发现对方有错误,直言相告,指出对方不足之处,且令对方口服心服,也能达到求职的目的。

南京大学天文学系一名女毕业生在参加宝洁公司主考官最后一轮面试时,大胆指出宝洁公司的不足并列举国外的事例加以佐证,使对方不得不折服,结果她被首先选中。

这位大学生之所以能从众多求职中胜出，不仅是因为真诚地运用了说话的技巧，由"贴金"转变为说不足，而且表明：①你已经在关心、研究该单位，并投身于该单位未来发展之路的探索了；②你想到这个单位来的态度是认真的，目标是专一的，而不是抱着"进得了再说，进不了拉倒"的心态来随便试试看的。另外，你说得令人信服，还表明你研究之深、水平之高。这些都能帮助你获得求职的成功。但必须注意，直言相告必须态度诚恳，着眼于对方做得更好，具有建设性、可行性，且实事求是，说到点子上。

4. 坚持主见

求职应聘不附和、不随俗、不从众，是有主见的表现，也是胜过别的应聘者的长处。

有一家公司招聘办事处人员，老总对每位通过初试者都说了这样一句话：

"如今像我们这样好条件的单位不多，你运气真好，已经跨进了一只脚。"

结果所有赞同此话的应聘者均被淘汰，只有一位持不同意见者反被入选。她说：

"其实我并不觉得贵公司条件有多好，只是感到比较适合我的专业，而且觉得最后能不能入选，关键在实力而不在运气。"

老总对此大加赞赏，认为像这样有主见、敢于提出不同看法的表现，难能可贵。

5. 坦诚制胜

小王高考落榜后到南方的一个城市去打工。然而，几乎所有的招聘单位不是要求应聘人有大专以上的文凭，就是要求有专业职称，而他什么都没有。正当他一筹莫展时，朋友给他出了一个主意："搞张假大学文凭"，并给了他办假"大学毕业证"的地址。朋友的建议被他当场否定了，但在好奇心的驱使下，还是决定去看看。

第二天，小王经过一家工厂，看见厂门前围着一群人，原来这家工厂正在招聘仓库管理员。他看自己的条件都符合招聘栏上的要求，于是强压住内心的激动，挤上前去高高举起自己的证件——身份证和已经起皱的高中毕业证书。负责招聘的小姐把所有应聘人的证件都收了进去，过了一会儿,她又退出一叠证件来。原来那些毕业证书全是假的。结果小王被选中面试了。

小王无疑是靠自己的真诚谋得了一份工作,假如他也弄一个假大学文凭,注定是要失去这次机会的。

6. 主动出击

如果考官问完了问题,又没立即结束谈话的意思,你可以礼貌地问一句:"不知道我说清楚了没有?请问你还有什么需要我介绍的?"这样主考官会认为你是一个反应灵敏、主动性强的有心人,从而对你刮目相看,你成功的机会也就大一些了。

不会说话你很难与上司相处

有人说,和上司交流本身就是一项工作,是一项正常的、必需的也是必要的工作。可生活中许多人不这么认为,他们有的觉得这是一种攀附,有的认为只要干好工作,交流与不交流没什么意义,有的甚至认为这是工作无能的表现,人心各异,当然说法不一,其实谁说的都有自己一定的道理。但这主要还是要看交流的心态,也可以说是交流的用心。心态正常,交流自然正常,而且也容易使交流变得轻松愉快,使工作更加有序和顺利地开展下去,而怕与上司交流或有别的什么原因不愿与上司交流,一是不利工作的顺利开展,二是不利个人能力的发挥和潜力的挖掘。这是非常客观的分析,而且已经成为取决一个员工素质高低的标准。因此,我们与上司交流,首先要保持一个正常、平和的心态,其次再注意一些交流的方式和方法。

1. 语气适当,措词委婉

在和上司交流中,因为说得过火或过于渲染,涉及领导的尊严与权威,尺度掌握不准,搞得不好就会有嘲讽、犯上之嫌,被领导误以为心怀不满,另有所指。所以你一定要注意使自己的口气比较和缓,显示自己的诚恳和尊敬之情。特别是要使领导明确地认识到,你的所作所为都是出于做好工作的动机,是为领导设身处地地着想,而不是对领导者本人有何不恭的看法。

2. 言辞简短,干脆利落

俗话说:"言多必有失。"因此假如你在劝谏,只要指明大意就已足矣,其中的推理不妨由领导自己来做,越是语言简短、语意含蓄,就越能引起领导的深思,又不至于引起领导的猜忌。况且,言辞简短不至于使你引用的领导的话淹没在解释论证的海洋中，要知道，正是这些引用极大地满足了领导的成就感。当你的领导清楚地了解到，一句他本人也不曾在意的话却被下属郑重地记在心上，或者他十分重要的观点的确受到了下属的重视，他一定会增加对你的好感，从而能够仔细地倾听你的建议，对你的相反的看法郑重对待。因此，言简意赅，不失为引起领导重视和好感的一个好办法。

3. 分清场合，选准时机

用领导自己的话来批驳他的某些观点，最好是在私下场合中使用，不宜在公开场合或者是有他人在一旁的情况下运用。而且要选准时机，即上司当时情绪和周围环境等。因为在私下里，即便你对领导有所触痛，但如果言之有理，领导也会采取比较宽容的态度，而在公开场合，这就会演化为领导的尊严和权威问题，他会为此而战，从而使情绪压过理智，面子高于道理，这对下属无疑是自找麻烦，"好心难得好报"。

4. 善提建议，善于换位

通常来说，你所考虑到的事情，你的上级早已考虑过了。因此如果你不能提供一个即刻奏效的方法，至少应提出一些对解决问题有参考价值的看法。要想与上级相处得好，重要的是你必须考虑到他的目标和压力，如果你能把自己摆在上级的地位看问题、想问题，做他的忠实合作者，上级自然而然也会为你的利益着想，有助你完成自己的目标。

威望一半靠品行，一半靠口才

讲话的艺术，对一个领导者而言，十分重要。坦率真诚，向下级善意地表示接近的良好愿望，使下级感到受尊重、被重视，不仅会激发下属的积极性，还会使下属对领导的思想修养、工作作风、领导意图有所了解，下级对上级习惯性的心理距离由此逐渐缩小，领导的威望自然应运而生。

1. 言简意赅

如果不是特殊需要，作为领导，讲话一定要言简意赅。会长话短说的领导，很容易得到下属的认可和喜爱。

2. 最后出场

"重点置之于后"的心理因素在中国最具有代表性。开会时，官阶越高的人越后到；舞台上角儿露脸，最后出场的角儿，便定是最重要、最顶尖儿的。其实说话也一样，越将重点放在后面，越能显出所说的话的重要性。

3. 说出个性语言

一般人都有自己的习惯用语，即口头禅。口头禅是人们常挂在嘴边的口头语，总是以这句话来介绍自己，来强调自己，使别人听来亲切自然，也为自己树立了一个独特的形象。

4. 幽默风趣

幽默的话，易于记忆，又能给人以深刻印象，正是自我标榜的商标，借此可以使人们记住你，并使你的话产生更大的力量。

5. 句子短些

短句子说起来轻松，听起来省力，吸引力也强。最好一句话一个意思，一句话的含义过于复杂，听者费力，交流就多了一层障碍。

6. 通俗易懂

选择什么线索来整理说话内容，可看需要而定。要注意通俗易懂，忌讳古词语、中国洋文、专业用语。至少要吐字清晰，语速适当。

7. 坚定自信

说话时要坚定而自信，眼睛正视对方，这样才能显示出你是充满自信和颇有能力的。若讲话时眼睛不敢正视，握手软弱无力，会使人觉得你意志薄弱，容易支配。

8. 姿态端正

开口说话时端正姿态，给听者留下一个好印象。与别人谈话时，身体稍往前倾，会让别人更容易接受你的意见。

9. 手势有力

作强调时运用手势，但不可指着别人的脸晃动手指。讲话慢而清晰，语言简短，等于告诉对方："我有能力控制一切。"

10. 关注听众

注意对方的眼睛。研究显示，一个人紧张，目光会游离不定，而且眨眼次数增加。注意对方的小动作，一个人可以做到喜怒哀乐不形于色，但他的小动作会透露他的心情。例如你在谈话时发现对方的腿在轻轻晃动，这表示他对你的话不以为然。

11. 扩大知识面

知识面越广，话的内涵越丰富，也越能令你在各种场合充满自信地加入别人的谈话。

除此之外，你还要注意行动轻捷，笨手笨脚对你的形象损害最大。穿着上要整洁，避免刺眼的色彩和繁复的配饰，保持干净、挺括。并要注意身姿，含胸显得畏缩，昂首挺胸可以创造出你居于领导地位的形象。

这样说才能叩开下属的心扉

下属对领导和领导安排的工作通常持一种防范和排斥的心理，与下属沟通如果没有方法，会难以取得下属的信任，得到下属的支持，使工作难以顺利进行。与下属交流，是需要一些方法和窍门的，说话得法，得到下属的喜欢，你就找到了打开下属心中的那把钥匙。

1. 激发员工讲话的愿望

谈话是领导和员工的双边活动，员工若无讲话的愿望，谈话难免要陷入僵局。因此，领导首先应具有细腻的情感、分寸感，注意说话的态度、方式以至语音、语调，旨在激发员工讲话的愿望，使谈话在感情交流的过程中完成信息交流的任务。

2. 启发员工讲实话

谈话所要交流的是反映真实情况的信息。但是，有的员工出于某种动机，谈话时弄虚作假，见风使舵；有的则有所顾忌，言不由衷。这都使谈话失去意义。为此，作为领导者一定要克服专制、蛮横的作风，代之以坦率、诚恳、求实的态度，并且尽可能让对方在谈话过程中了解到：自己所感兴趣的真实情况，并不是奉承、文饰的话，消除对方的顾虑或各种迎合心理。

3. 利用一切谈话机会

谈话分正式和非正式两种形式，前者在工作时间内进行，后者在业余时间内进行。作为领导，也不应放弃非正式谈话机会。在无戒备的心理状态下，哪怕是片言只语，有时也会有意外的信息。

4. 利用谈话中的停顿

员工在讲述中出现停顿，有两种情况，须分别对待。第一种停顿是故意的，它是员工探测一下领导对他讲话的反应、印象，引起领导作出评论而做的。这时，领导有必要给予一般性的插话，以鼓励他进一步讲述。第二种停顿是思维突然中断引起的，这时，领导最好采用"反响提问法"来接通原来的思路。

5. 抓住主要问题

谈话必须突出重点，扼要紧凑。一方面，领导本人要以身作则，在一般的礼节性问候之后，便迅速转入正题，阐明问题实质；另一方面，也要员工养成这种谈话习惯。要知道，多言是对信息实质不理解的表现，是谈话效率的大敌。

6. 掌握评论的分寸

在听取员工讲述时，领导不应发表评论性意见。若要作评论，应放在谈话末尾，并且作为结论性的意见，措辞要有分寸，表达要谨慎，要采取劝告和建议的形式，以易于员工采纳接受。

7. 适时表达对谈话的情趣和热情

正因为谈话是双边活动，一方对另一方的讲述予以积极、适当的反馈，能使谈话者更津津乐道，从而使谈话愈加融洽、深入。因此，领导在听取员工讲述后，应注意自己的态度，充分利用一切手段——表情、姿态、插话和感叹词等——来表达出自己对员工讲话内容的兴趣和对这次谈话的热情。在这种情况下，领导者微微的一笑，赞同的一点头，充满热情的一个"好"，都是对员工谈话的最有力的鼓励。

8. 克服最初效应

所谓最初效应就是日常所说的"先入为主"，有的人很注意这种效应，并且也具有"造成某种初次印象"的能力。因此领导在谈话中要持客观、批判性的态度，时刻警觉，善于把做给人看的东西，从真实情形中区分出来。

9. 克服自己，避免冲动

员工在反映情况时，常会忽然批评、抱怨起某些事情，而这在客观上又正是在指责领导。这时领导要头脑冷静、清醒，不要一时激动，自己也滔滔不绝地讲起来，甚至为自己辩解。

优秀的员工是你激励出来的

领导者对于下属取得的成绩，要给予及时的肯定和表扬，这符合管理中激励原则的要求。适当的表扬能使下级更深刻地理解上级的指示，并通过对其成就感的满足，使其更加相信自身的能力，而且能够激发下属之间的良性竞争，营造一种积极向上的工作气氛。但是，好话好听，却未必好说，要艺术地说出表扬的话，难度是相当大的，但有一些基本的原则则值得揣摩和借鉴。

1. 实事求是，措辞适当

下属在工作中完成了目标，取得了成就，当然应给予适当的肯定和表扬，但如何把握其中的度，则应予以考虑。如果不适当地高估下属的成绩，人为地赋予成绩本身不具有的意义，乃至流于庸俗的捧场，那就会产生一系列负面作用；会使受肯定和赞扬的下级产生盲目自我陶醉的情绪，自以为自己的成就真的具有那么高的意义和价值，损害了励精图治的开拓意图；会使其他下级产生不满情绪，对于人为树立起来的名不副实的样板，同事们会从不服气到猜忌，进而产生厌恶感，不仅不能起到示范作用，反而影响下属之间的团结；会使下属中间滋生不务实、图虚名的不健康风气，当下属看到小有成就也可得到极高的赞扬，便会动摇脚踏实地、孜孜以求的信心，难免产生浮夸、造假、沽名钓誉、邀功讨赏，从而使本来作为一种激励手段的表扬异化为下属心目中的目的，其本来的意义被极大地扭曲。因此，肯定和表扬下属的语言，决不可套用滥调，任意拔高，"惟陈言之务去"应当是一条基本要求。

2. 真诚恳切，具体深入

美国著名心理学家威廉·詹姆士说："人类本性上最深的企图之一是希望被赞美、钦佩、尊重。"渴望被肯定是每个人内心中的一个基本愿望。所以，我们生活在社会当中，要想在自己身边形成一种善意和谐的气氛，就应当去努力寻找别人的价值，并设法告诉对方，这也正是肯定别人的意义所在。适时适当地表扬下级，也正是基于这样的目的。

值得重视的是，这种赞美和表扬只有是发自肺腑的情真意切之辞，才能发挥出最大的效力。虚伪与委婉，不着边际地套用一些溢美之词，难免产生负面作用。但在现实生活中，有些领导者对于下属所取得的出色成绩和表现出的不俗才华，却往往抱有一种极其微妙甚至阴暗的心态，比如害怕优秀的下属会危及自身的地位，对与自己意见相左的下属的缺点缺乏宽容，不肯承认其成就；或者低估下属的能力，一旦他们有所成就便莫名惊诧，难以接受。

凡此种种，都会使得领导者在赞扬下属时，不能做到真诚恳切，而是言不由衷；不是"情动于中而形于色"，而是味同嚼蜡，起不到增进交流、沟通心灵的作用。而作为下属来说，一旦从领导者的赞语中感觉到领导并不因为其取得的成绩而由衷地高兴，甚至还带有妒忌、猜疑时，无疑会使其积极性大为受挫，难以在今后的工作中投以百分之百的努力。所以作为领导者，必须克服这种心理，一是在事情上认识到已然的和未然的不可分割，该肯定的成绩就应该及时肯定，不能过河拆桥；二是在情感上推己及人，把下属的成功看做自己的成功，把自己的喜怒哀乐和下属的喜怒哀乐熔铸在一起，只有这样，才能对下属的成绩产生由衷的高兴，发出真诚的赞扬。

3. 全面分析，扬长论短

老子云："声一无听，色一无文。"下属取得了成绩固然可喜可贺，但单一的强调成绩往往不能起到增进认识的作用，而且还有可能滋生下属的骄傲自满情绪。事实上，正如瑕瑜互见的道理一样，任何长处都与某种短处相连，绝对肯定和绝对否定都是有害的。领导越是在常人不易察觉之处，独具慧眼地发现下属的长中之短，那么领导的威信和可信赖度就越高。而在表扬的同时给予适当的意见,既会使下属在心理上更容易接受,又使赞扬的话语显得刚柔并济。

某经理在其辖区内,通过积极的工作争取到一批新客户,成绩斐然。但与此同时,一批老客户正悄悄流失却未曾引起他的重视。总经理在了解到这一情况之后,把他叫进办公室说:"你最近干得不错,业务上有了很大的拓展,客户数量正在迅速增加,我对你感到满意。"这位经理听后很高兴,立即表示了要进一步搞好工作的决心。这时,总经理不失时机地提出:"对了,有件事想请你注意一下,有一批老客户最近很少与公司往来,不知是什么原因。"这位经理立即答允进行调查处理,很愉快地接受了这一任务。

这样的表扬就使下属始终保持着动力和压力,心情畅快地完成工作。

4. 注意技巧,方式多样

任何一种表达方式,如果千篇一律毫无变化,或者过于直接,往往产生负面作用。赞扬也是一样,不能永远都是"你干得不错"这类的陈词滥调。有时候同一种意思换个表达方式,往往会产生完全不同的效果。这里提供几种基本的赞美方法。

(1)对比性的赞扬。就是把赞扬对象和其他对象比较,以突出其优点。这种方法能给人一种很具体的感觉。"有比较才有鉴别",正说明了这个道理。但也正因为如此,从另外一个角度看,它会产生负面影响,从而容易引起人际关系的矛盾,所以在比较时,就不应用贬低来代替赞美。例如两个学生各拿着自己的一幅画请老师评判,老师若对甲说:"你画得不如他。"乙也许比较得意,而甲一定不悦,不如对乙说:"你画得比他还要好。"乙固然高兴,甲也不至于太扫兴。

(2)断语性的赞扬。就是给被赞扬者一个总结性的良好评价,语气要以肯定判断的形式表示。实际上,对别人的工作进行肯定就是一种赞扬。但是由于这种赞扬是较为全面的、总结性的评价,所以容易抽象,而且领导者也会给人一种高高在上的感觉,因此一般要与其他方法结合使用。

(3)感受性的赞扬。就是领导者就某一点表示自己的良好感受。因为他陈述的只是赞扬的感受,不受其他条件的限制,所以这种形式能充分发挥出赞扬的优势。实施这种赞扬有两个步骤:一是把被赞扬者值得肯定的优点"挑出来";二是让被赞扬者知道你对他的优点很满意。这样,赞扬的作用就自然而生,而且令人信服。

批评有方法，让下属心服口服

"人非圣贤，孰能无过？"在日常工作中，下属的工作常常会出现某些偏差和错误。从哲学的高度而言，各种主客观原因的存在使得错误难以完全避免。问题的关键在于出现错误并不可怕，必须及时加以改正。

但是囿于外部条件的限制，下属自身往往难以觉察到这些错误，这时领导就必须及时提出批评，来拨正航向，纠正偏差，保证工作目标的顺利实现。

由此可见，领导适时而恰当地批评下属不仅是必要的，而且是很重要的。那种毫无原则，恣意放纵下属的做法，与科学的领导方法是背道而驰的。但是，与赞扬下属时一样，如何把批评的话说得有水平，既达到效果又避免矛盾的激化，就是我们所要面对的问题。

1. 切忌恶语伤人

无论任何团体，当员工犯下不可原谅的错误时，作为领导无可避免地要对其加以斥责。但是每个人都有自尊心，批评应是在平等的基础上进行的，态度上的严厉不等于言语上的恶毒，切记只有无能的领导才去揭人疮疤。因为这种做法除了勾起一些不愉快的回忆，于事无补，而且除了被批评者寒心外，旁观的人也一定会不舒服。因为疮疤人人都有，只是大小不同，见到同事的惨状，只要不是幸灾乐祸的人，都会有"兔死狐悲，物伤其类"的感觉。更何况，批评的目的是搞清问题，而且恰当的批评语言，还牵涉到一个领导的心胸和修养问题，绝不能以审判官自居，恶语相向，不分轻重。

2. 切忌捕风捉影

"闻过而喜"是中国的一句古训，但并不是每个人都能愉快地接受别人的批评。上级批评下级，要使下级达到心悦诚服，没有用权压人，以势压人之感，很重要的一条就是要做到实事求是。在批评之前先考虑一下有几分的事实根据，这是比批评的态度和方法更为基本的东西。如果事先调查不够，事实真相与得到的情况有差异，被批评者就难以接受；如果有人提供了假情况，打"小报告"，领导者以此为据，大加批评，那就更难以理服人了。所以，上级批评下级，责任要分清，事实要准确，原因要查明。从实际出发，弄清事情的本来面目，找出问题的原因，恰当地分清责任，这样的批评有理有据，既不夸大，又不失察，下级当然口服心服了。所以，上级批评和否定下级，必须以事实为依据，以政策为准绳，不能随心所欲，更不能以感情代替原则。这就要求领导者必须心胸豁达，最忌讳神经过敏、疑神疑鬼、听信流言、无中生有。

3. 切忌喋喋不休

批评的质量与其数量之间，并不存在正比的关系。有效的批评往往能一针见血地指出问题的实质，使下属心悦诚服，而絮絮叨叨的指责却会增加下属的逆反心理，而且即使他能接受，也会因为你缺乏重点的语言而抓不住错误的症结。

严重的是，有些领导似乎就是喜欢"痛打落水狗"，下属越是认错，他咆哮得越厉害。这样的谈话进行后会是什么结果呢？一种可能是被批评者垂头丧气，另一种可能则是挨骂的下属，认为自己已经认了错，领导还要抓住不放，实在太过分了。这时性格怯懦者会因此丧失信心，较刚强者则说不定会愤怒起来。显然，领导这么做是不明智的。

费尽口舌之功，化干戈为玉帛

下属之间发生纠纷，势必影响工作。此时，作为领导应及时出面调解。调解纠纷是一门艺术，是协调人与人关系的艺术，也是教育人、团结人的艺术。善于调解纠纷是领导者必备的基本功。

首先要周密调查、认真分析。"没有调查就没有发言权。"要调停纠纷，首先得做周密的调查，既要了解纠纷的起因、经过、现状和趋向，又要了解各方的观点、理由、要求和动向。通过调查分清纠纷是"公务型"还是"私愤型"，是无原则纠纷还是原则冲突，是认识上的分歧还是利益上的对立。经过分析，抓住纠纷的本质，以便得出正确的结论。其次要坚持原则，以理服人。此外，调解纠纷，忌带私心。领导者应该依据事实，按照政策，力求公正无私。最后要因势利导，因人而异。主要方法有以下几种：

1. 春风化雨法

既要"春风熏得游人醉"，说些好听的，又要不失时机地"料峭春风吹酒醒"，使纠纷双方对你心悦诚服。

2. 含糊处置法

在某些特定条件下，对一些无原则的纠纷，可"各打五十大板"，采用此法使纠纷双方受到批评、教育和处分，让其从噩梦中醒来，以维护团结。

3. 情感感化法

在调解纠纷的过程中，为缓和矛盾，避免大的冲突，让一方采取高姿态去感化另一方，实施"将相和"。采取此法的前提是，纠纷一方尽管有一时之感，但觉悟较高，一经点拨，便能识大体，顾大局。另一方虽然一时八匹马拉不回头，但也并非顽石一块。

4. 单刀直入法

对不太复杂的纠纷，可把当事人一起召来，当面锣，对面鼓，把矛盾揭开，"打开窗户说亮话"，当场解决。

5. 缓期处理法

如果调解时机还不成熟，不妨暂缓一步，待以后择机行事。但这必须是纠纷已经处于比较稳定的状态，暂缓处理不会出问题。

6. 高温加热法

对当事双方在批评、教育、晓以大义的基础上，采取行政手段或组织措施，限期他们改正、和解。且可采取民主会诊、责令检查、通报批评等方式。采用此法，应考虑当事人的心理承受能力，不能盲目"加温"，以免"欲速则不达"，出现意料不到的问题。

7. 侧面入手法

有时纠纷复杂，问题棘手，正面强攻难以奏效，此时，应灵活机动地从侧面入手，迂回前进。或让对当事人极有影响力的人去做工作，"一把钥匙开一把锁"。

8. 似退实进法

有时为了缓和矛盾，顾全大局，在说清理由之后，可对纠纷双方的要求做些不损害大原则的妥协和让步。

9. 回避让路法

在处理纠纷时，如因调停者措施不妥，而使调解工作陷入僵局时，调停者要从大局利益出发，主动回避让路，由领导班子中的其他人出面调停解决问题。

10. 彼此退让法

通过协商，迫使矛盾双方各自退让一步，达成彼此可以接受的协议，但应注意公平、公正、公开的原则。这种方法是调解下属纠纷最常用也是最有效的方法。

会议好不好在于你说得好不好

很多人都认为，会议只不过是一种形式而已，主持会议很容易。其实，这是一种误解。要真正主持好会议，充分调动与会者的积极性，达到预期效果，并不是件容易的事情。

领导是会议的"舵手",要随时把握、驾驭好会议之舟,启发引导大家,始终遵循会议既定的议题、日程,进行充分地研讨,才能如期达到预想的目的。这就要求领导必须使与会者充分了解议题。开始就要讲明会议共有哪些议题,怎么个开法,有哪些要求,与会者要承担什么任务等诸多环节,无论哪个环节处理不好,都会影响会议的效果。有效地主持好会议,是领导说话水平的一个重要方面,也是领导的一项基本功。要做好工作会议的主持,领导者需注意做到以下几点:

1. 明确话题

领导者在开口前,略加思索,尽可能选择合适的话题,这对即席讲话的成功是十分重要的。在讲话的全过程中,围绕话题展开,就不会信口开河,前言不搭后语。选择话题,总的来说要审时度势,紧扣会议主题,根据会议进行的情况合理取舍。

2. 言简意赅

即席讲话时间都不长,多则五六分钟,少则两三分钟;内容相对集中,一次只说一个问题,力求说深说透。许多人并不明白精炼的重要性,几分钟可以讲完的内容偏要洋洋洒洒地谈上半天,如同温斯顿·丘吉尔对他儿子兰道尔夫的性格所作的评价一样:"他空有一门大炮,却没有多少弹药。"只要把自己想要表达的意思说清楚,讲透彻,不必长篇大论,一样会给人留下深刻的印象,这正是"言简意赅"的精妙所在。

3. 声音洪亮,语调多变

领导者在会议上讲话,要让自己说出的每个字、每句话都传到与会者的耳朵里,这是最为基本的要求。我们说话的声音洪亮,不光是指音量,还包括说话应该有力度,吐字清楚,节奏感强。能在声音中表现出领导的自信以及奋斗的力量。领导讲话如果声音少气无力,语调平铺直叙,就显得缺乏活力。领导者通过语调的变化,能表达出丰富的思想情感和观点,使与会者在思想情感上产生一种共鸣,使自己的讲话有较强的感染力、震撼力。庄重、严肃的会议,要求语调平缓、稳重;欢快、轻松的会议,要求语调轻快、随意。

4. 务必让每个与会者都发言

务必让每个与会者都参加讨论,参与决策。如果你知道某个与会者喜欢会后议论,设法让他在会上发言,明确表态。这样,会后他再也不能说不同意了。这点要取得其他与会者的配合。这是一种领导艺术,这种领导艺术能节省许多开会时间。

开会时私下交谈只会引起冲突和不和。主持会议者不能允许任何人把会议分裂成一个个小组讨论会。应使所有与会者都能听到每个人的发言。如果窃窃私语者继续存在,可以把大家的注意力引到他身上,和蔼地请他把所讲的告诉大家。

5. 应付分歧意见

对分歧不要视而不见，也不要设法回避。承认分歧，并提请与会者注意。把分歧意见公布于众，供与会者进行明智的选择。可以问争论的双方："你到底站在哪一方？"然后再问："你为什么采取那个立场？"最后问："你建议我们应做些什么？"这样，他们坚持自己观点的强烈度就会减弱。

6. 防止"冷场"

一发现要出现"冷场"，立即用评论、提问或解释的方法，鼓励大家继续讨论。要知道与会者发表的意见逐步减少，意味着他们对处理问题的紧迫感和能力也随之下降。

7. 经常归纳提醒

开会时往往有这种情况：有时大家意见比较集中，而会议主持人却不能及时总结，提请大家转入另一项议题，出现了冷场，拖延了时间；有时在征求大家意见时，有的人一声不吭，有的人翻来覆去，谈不到点子上，越扯越远；也有时人们争论不休，互不服气。

归纳是向大家报告会议进展情况的一种技巧。主持人也可以把分歧意见进行归纳，以提请与会者注意。否则，不同意见会在讨论中被忽视。如果到会议结束时才冒出来，会使大家感到沮丧。

游刃有余驾驭各种会议局面

会议主持者尽管事先对会议进行了认真的准备，但在会议进行中往往还会出现一些意想不到的局面和情况。对这些情况，主持者要沉着冷静，靠自己的应变能力恰当地加以处理。

1. 开局冷场的局面

在讨论中遇到无人发言或无任何反应，陷入冷场时，主持人应分清原因，分别采取相应的对策措施。

一是与会者无思想准备，一时难以发言。特别是事先没有打招呼，临时召开的会议容易出现冷场。这时会议主持者可以鼓励大家先谈不成熟意见，在讨论中再补充完善，也可以让大家先做短暂的准备，然后发言。

二是与会者对所讨论的议题不理解、不明白而感到无从开口。会议主持者应详细、明确地交代议题，对与会者进行耐心启发。

三是会议议题直接涉及与会者多数人的利益，因有顾虑而造成的冷场。会议主持者应先启发与其利益关系不太大的，或者是大家公认比较正直、公道的人发言，然后再逐步深入。只要有人开了头，冷场就会变成热场。

四是会议议题有一定的难度和复杂性，一时不易提出明确意见而出现冷场。这时会议主持者可以由浅入深，启发大家开动脑筋，逐步接触问题的实质，也可以选择分析能力强、比较敏锐的人员率先发言，打开突破口再引导大家讨论发言。

2. 气氛沉闷的局面

会议中经常会出现沉闷的现象，这很正常。但是作为主持人，如果让会议陷入沉默那就是失败的、不合格的主持人。当一部分人在会议上沉默时，主持者应当思索沉默的原因，有针对性地采取对策。会议中的沉默通常有以下几种情况：

（1）害羞、胆小的沉默。有些人胆小，当他们想在众人面前讲话时，舌头就发紧。不要问一些使人难于回答的直接问题使这种人感到难为情。相反，问一些你认为他们能够回答的问题。例如，有关他们的工作、家庭或他们如何处理某一特殊情况的问题。有机会就表扬他们，拍拍他们的肩膀，帮助他们克服发言时的不安心理。

有的人有较好的意见和看法，但因为某种顾虑而沉默不语。对于这种情况，主持者应想办法打消这些人的顾虑，支持他们发言。有的人怕讲不好，被人讥笑，既想讲又不敢讲，会议主持者要寻找机会鼓励他发言，表示出对他的发言很感兴趣，促使他大胆发言。

（2）清高的沉默。如果是与会人员清高保守、不肯多言而保持沉默，这一类人往往是阅历较深、比较严谨、有自己的见解。他们一方面想表现自己；另一方面又摆出一副清高不凡的架子。对这类人，主持者应该多给他们一些鼓励和尊重，让他们感觉到自己的意见很重要。

（3）无所谓的沉默。当会议议题与部分人关系不大时，有人会认为议题与己无关，抱无所谓的态度而不愿开动脑筋。会议主持者应采取恰当的方法把他们引导到会议议题上来，促使其思考问题。

（4）对立的沉默。这类人要么是对议题有不同意见不想说，要么是对主持人有意见不愿说，就会采取不予理睬的态度。主持人应从团结的愿望出发，不计个人恩怨，主动、热情地引导他们发言，以亲切的感情和语气使他们改变态度，并对他们的发言持重视态度，鼓励他们讲出自己的真实看法，对不正确的意见也不要介意。

当然，会议中还有一些出自其他原因的沉默现象。如有的人不吭声是表示同意，有的暂时不表态是想听别人意见后再说，有的人不表态是没有新的意见等。这些情况均属正常，不必在意。

（5）离题万里的局面。开会时经常出现离题的现象，甚至最出色的主持人也要想尽办法制止。这种现象出现过多的时候，会议就会脱离轨道，进程很慢。作为主持人，你的职责是善于把会议引上正轨。离题时不可强扭，也不能不扭。强扭会挫伤积极性，不扭就可能开成无效会议。你可以采用下面这几种方法：

接过讨论的某句话，顺势巧妙自然地引回到正题上来。你可以说："这是个颇有意思的意见。可这对讨论我们的问题适用吗？"这样可能会使别人察觉到他们离题了，使他们回到讨论的议题上。

联系议论的某一层意思，提出新的话题引入到正题中。

用一句风趣的话截住议论而引入正题。

对付离题现象的处理绝对不能简单粗暴，而应尽可能采用不影响情绪和气氛的方式，用礼貌的形式提醒发言者。或者，如果可能的话，逐步把较远的讨论与眼前的问题结合起来，可以把大家引回轨道上来。如果还不行，就总结一下到目前为止已经说过的内容。这就会调整其方向，把注意力集中到主要议题上来。

（6）窃窃私语的局面。当一个人开始与周围的人交谈干扰了会议时，你该怎么办？最好的办法是尽可能不理睬他。总有些人不体谅他人的感受，你不得不容忍他们。

如果交谈达到必须加以制止时，你可以通过直接提问来试着打断交谈者。或者你也可以停止发言，等着他们安静下来。如果这也不管用，你可以对他们说："如果你们有什么要说的，请大声说出来，好让每个人都能从你们的讨论中获益。"

还有，如果你想制止他们，就请他们总结一下最后几个建议，并估计其可行性。他们在脑子里对这些或许不大清楚，说出来，他们就会注意了。

第28章

巧舌如簧
——辩论会上用口才驳倒所有对手

打好基本功，提高论辩力

论辩的特点，决定了论辩的训练内容。只要辩手多在表达流畅、语言纯正、思路敏捷、即席发挥等几个方面下工夫，论辩能力自然会有很大的提高。

1. 诵读训练

诵读训练，主要是训练辩手的语言、语调、语气等基本功。所选的诵读材料一般以议论文为主，也可用散文、诗歌等较易发挥感情的材料。

2. 限时表达训练

让两个辩手互相问答，提问只能用一句话，回答也只能用一句话，互相问答不能超过一定的时间。这其实也是一种自由论辩的模拟训练，只是省却了双方的陈述。一旦辩手在规定的时间没有表达完整，可以让他立即悟到自己语言的缺陷，同时也给予了积极的锻炼。

3. 提炼主题训练

论辩要求辩手有不同一般的悟性，即在极短的时间内对对方的语言作出归纳、判断，同时也组织反攻。这一系列的过程当然牵涉到逻辑、反应能力，但不可否认如何将对方主题归谬抓漏，再正确表达己方观点也是表达的任务。提炼主题法即是为这一目标设计的。

4. 即兴演讲训练

即兴演讲在各种论辩训练中无疑是最有挑战性的，它能锻炼辩手在短时间内语言的组织、表达以及仪态等各方面的能力。论辩队的主攻手——四辩尤其要进行此项训练。

下面请欣赏中国首届名校大学生辩论邀请赛，决赛反方复旦队的一段辩词：

历史证明了……

主席、各位，大家好！对方一辩告诉我们，外来文化是有优劣之分的。那我请问，你如何判断呢？南欧人认为裸体运动是好的，你就认为好吗？当然不能接受。所以外国人好的东西，对你来说也不一定好。对方二辩告诉我们，文化的推广有文明和野蛮之分，野蛮当然就是大炮长枪，这一点我们待一会儿再谈。就看它文明的那一部分吧，说说西欧的传教士，他们把西欧的宗教传到了中国，而《四库全书·天文略》上说，对那些传教士他"盖欲借推测之有验，以证天堂之不诬，其用意极为诡恶啊"！（掌声）所以这也不好啊！对方辩友，再看对方三辩，他告诉我们一个文化的发展，它不能独立地发展，要靠外界的需求，这点我们也同意，我们吸收外来的文明而不是外来的文化。好的，先让我回顾历史：①面对先进民族的文化殖民，非洲文化哪里去了？几内亚人只会讲法语，而贝宁桑海古国消失了，"故国不堪回首月明中"，利在何处？②面对古老民族的文化破坏，古希腊、古罗马文化哪里去了？日耳曼铁骑一夜之间将悠悠百年文化一扫而光，只留得"白云千载空悠悠"，利在何处？③面对同等民族间的文化移植，传统文化哪里去了？佛教传入后竟自喻为月亮。而将儒道两家比作众星陪衬，"南朝四百八十寺，多少楼台烟雨中"。我再问，利在何处呢？（掌声）让我们环顾历史，阿以为何战争？说明民族性超越了种族渊源。英美为何摩擦？说明民族性超越了地域国界。现在许多学者强调，当今世界的冲突不再是政治经济，不再是意识形态，而是文化。任何一个具有清醒意识的民族，都认识到文化是自己安身立命的根本。我请问一个失去了文化依托的民族，它还是民族吗？最后，让我们审视中国，我请问，改革开放的目的是什么？当然是为中华民族强大起来，而外国希望看见中国强大起来吗？不会。美国一位学者明目张胆地说：一个日本已够让人心烦，绝不能让中国再发展起来。我再请问，改革开放的最终目的是什么？是依托于民族文化的底蕴，那么外国文化以强劲的跨国资本为后盾，对民族文化进行强势入侵，妄图以一种文化、一种观念、一种制度来统一世界。如果中国的商店一定要命名为罗娜、利莎，如果中国的影院一定要把太平门改成非常口的话，这还是我们的国家吗？这还是生我养我的故乡吗？"天行健，君子以自强不息。"只要我们立足于本民族的文化精神，一定能走出中华民族的富强之路。

谢谢！（掌声）

先确立论点，站稳脚跟，再据理力争

在辩论中，确立论点的必须有针对性、明确性、科学性和创见性。

1. 针对性

辩论是具有对立面的社会语言的互动，所以论点的提出，首先必须与对立方的观点、主张针锋相对，要紧紧扣住争论的焦点，对方是正，我方必反，对方是反，我方必正。这就是论点的针对性。具有针对性，要求论点必须集中。

辩论是针对一定的辩题展开的，辩题总有一定的复杂性，不然，就不必辩论了。复杂的辩题都有各种矛盾，矛盾的各个方面，存在着内部的和外部的千丝万缕的联系，具有各种属性和规律。辩者提出论点不可能也不必要面面俱到，应该抓住主要矛盾和矛盾的主要方面，抓住本质和核心问题去确立论点，这样有利于集中论题，促使辩论更深入地展开。

具备针对性，要求提出的论点，必须切中对方要害，这样才能集中力量，驳倒对方，使我方处于有利地位，最终摘取胜利的桂冠。

2. 鲜明性

论点的鲜明性，是强化针对性的需要。因为要与对立方展开攻守，这就必须丁是丁，卯是卯，来不得半点含糊，也不能闪烁其词。我们所说的鲜明性，是指提出论点必须做到：清楚明确，不含糊其辞，不产生歧义；论点中的概念、判断应始终保持同一；态度明朗，该肯定就肯定，该否定就否定，不模棱两可。

在日常生活中，我们不时遇到说这类话的人，他们赞成什么反对什么，肯定什么否定什么，连他们自己也不清楚，作为一般的议论，什么也没有议论清楚。如果是辩论，对方肯定不知其所云，怎么展开"辩论"呢？因此，论点的鲜明性是展开辩论必不可少的条件之一。

3. 科学性

要使论点具有科学性，最根本的在于辩者要树立科学的世界观和方法论，即辩证唯物主义和历史唯物主义。因为它是关于自然、社会、人类意识活动的本质与规律的最正确、最科学的概括和反映。只有掌握辩证唯物主义和历史唯物主义的立场、观点、方法，才能在辩论中提高分辨是非的能力，增强自觉性，减少盲目性，从而提出并坚持正确的论点。

科学性，首先表现为论点正确，即正确地反映客观事物的本质和规律。如果论点不正确，在辩论中就失去了取得胜利的基础。即使用尽技法，侥幸取胜，亦会造成不良影响，出现负效应。其次表现在知识运用和材料选取的准确上。如果是专业型辩题的辩论，这一点更为突出，不然，小则贻笑大方，大则将辩论引向歧途，甚至阻碍辩论的顺利进行。如果是专业型以外的其他类辩题的辩论，有关的生活知识、社会知识等也应力求准确，才能使辩论正常进行。再次表现在表述论点的语言上。语言要准确地恰如其分地将论点表述清楚，使论点不生歧义，一目了然。

4. 创见性

创见性是指论点要新颖，有独创的见解，不人云亦云，不拘泥前说，也不主观臆断，能提出新主张、新观点，解决新问题，表现出远见卓识。创见性，主要表现为提出新论点，即能提出别人没有提出过的见解和主张。当然，提出新论点，并不是臆想妄断、随意的标新立异，而必须是在继承前人正确观点的基础上，符合客观发展规律的创新。这种创新的论点，是符合客观规律与本质的真知灼见，它是对真理的发展，是人类认识的进步，是能够解决随着客观世界的发展而出现的新问题的观点。

客观世界不断发展变化，真理长河永无尽头。任何一种主张和见解，不论它曾闪烁过多么灿烂的光辉，它总是在一定客观条件下产生的，总不免带有一定的历史局限性。人类认识的发展，总是需要后人对前人已有的认识加以继承并不断创新去推动。在辩论中，作为探寻和宣传真理的论点，必须体现出人类认识的发展，要随着客观世界的发展而有所创新。

稳操胜券的十大辩论技法

辩论不仅是双方言语的交锋，更是双方智慧的较量，技巧的对决。在辩论中掌握一些技巧和窍门，能够帮助你占据辩论的主动权，立于不败之地。常用优势辩论技巧如下。

1. 抢占先机

辩论场上谁掌握了主动权，谁就有了取胜的保证。掌握主动权，首先应当在程序发言中力求稳扎稳打，尽量讲一些四平八稳、留有余地的话，不给对方留下可乘之机；其次在自由辩论中拣对方最薄弱的环节攻击，力求先声夺人；最后不给对方"空子"钻。

2. 穷追猛打

穷追猛打，是辩论中占有先机一方惯常采用的方法，其关键招式就是有答必有问。没有经过专门训练、不够老练的队员，在自由辩论中往往不能处理好答与问的关系：或是只答不问，被对方牵着鼻子走，既先用完了自己的时间，又缺乏对对方的攻击力；或是只问不答，让评委和观众感到明显是在回避对方的问题，导致最终的失败。有答必问，即以机智的答辞反驳对方观点从而赢得全场掌声时，立即"反问"，使对方无任何喘气机会，最终在你的穷追猛攻，败下阵来。

3. 攻其矛盾

对方的矛盾一般分为三类：首先是对方的论点论据与客观事实发生了矛盾。这时应当及时运用可靠的事实材料，指出对方的观点有漏洞，材料不真实。其次是对方不同辩手的言论相互发生了矛盾。这时应当马上挑明对手自相矛盾、逻辑混乱，抓住对手的自相矛盾之处猛攻，使对手阵脚大乱。最后是对方的论述与他们应持的立场发生了矛盾。这时可以"真诚"地感谢对方帮助论证了本方的观点。

4. 诱其说"是"

"是"，即指在论辩的开头切勿涉及有争议的观点，而应顺应对方的思路，强调彼此有共同语言的一面，从对方的角度提出问题，诱使对方承认你的立场，让对方连连说"是"。与此同时，一定要避免让对方说"不"，慢慢就能将对方引入"陷阱"。

5. 预设埋伏

商人威尔斯向皮箱行订购3 000只皮箱，取货时却说，皮箱内层有木材，不能算是皮箱，并向法院起诉，要求赔偿15%的损失。在威尔斯强词夺理、法官偏袒威尔斯的情况下，律师罗文锦出庭为被告辩护。

罗文锦取出一只金怀表问法官："法官先生，这是什么表？"

法官说："这是伦敦名牌金表。可是，这与本案没有关系。"

罗文锦坚持说与本案有关，并继续问：

"这是金表，事实上没有人怀疑。但是，请问内部机件都是（黄）金制的吗？"

法官知道中了"埋伏"，哑口无言。

预设埋伏，既出其不意，攻其不备，又简洁明了，使对方无话可说，无辞可辩。

6. 借题发挥

借题发挥指的是在论辩中受到攻击时，可以不直接从正面答辩，而借助论敌提供的话题进行还击，从而改变论辩的局势。

7. 釜底抽薪

古人说："扬汤止沸，沸乃不止；诚知其本，则去火而已。"锅里的水沸腾，是靠火的力量，而柴草则是产生火的原料。止沸的办法有两种：一是扬汤止沸，二是釜底抽薪。论辩时，论辩双方所持的论题，都是由一定的论据支持的，如果将论题的根据——论据抽掉，那么，论题这座大厦就会像釜底抽薪，其论点必然不攻自破。

8. 以退为进

在论辩中，有时不急于以眼还眼，针锋相对地直言对抗，而是先承认对方的分析和指责是对的，让对方认为自己似乎同意了他论据的合理性，然后出其不意，或指出对方的矛盾，或说出事实的真相，或作出另外的分析，最终达到证明自己论点正确性的目的。

9. 顺水推舟

顺水推舟即顺着对方的思维逻辑推下去，最后得出一个荒谬的结论，以证明对方的观点站不住脚。

10. 逼其亮底

在论辩中，你可想办法逼对方把你想了解的东西尽快说出来，以便早点对付之。其办法之一是把话说到一半就故意停下来，然后让对方接下去说，如"这么说，你的意思是……""照您的说法，它的意思是……"。当你用这些半截子话去诱发对方时，对方十有八九会不假思索地把这句话按意思说完。这时，你就轻而易举地又多了一张"底牌"。

打出反驳的炮弹，让对方无还口之力

反驳是辩论制胜的关键，也是辩论最重要的组成部分，其艺术魅力往往能给人一种绝佳的享受。

1990年第三届亚洲大专辩论会，南京大学对澳门东亚大学队，赛题是"儒家思想是亚洲四小龙经济快速成长的重要推动因素"。

南京大学队持反方，也就是要说明儒家思想不是主要推动因素。针对这场比赛，南京大学队设计了一个令对手头痛的问题：

"儒家思想在东亚存在了几千年，为什么偏偏到了近二三十年才推动经济的快速成长呢？"

这是他们掌握了亚洲四小龙经济快速成长的许多资料后反驳对方的一个纲领性问题，目的自然是要说明儒家思想不是亚洲四小龙经济快速成长的重要推动因素，从而使澳门东亚大学队的反驳无立足之地。此外南京大学队在这场比赛中还设置了如下问题供对方回答，并以此反驳，如"新加坡20世纪60年代大力发展劳动密集型产业，七八十年代又提倡高科技产业发展，请问儒家思想到底主张发展哪种行业？""四小龙中有的注重政府干预经济生活，如韩国、新加坡；有的奉行自由放任政策，如中国香港，请问儒家思想是提倡自由放任政策呢，还是政府干预？"接着南京大学队在讲了新加坡1985年经济衰退后召开了一千多位学者参加的"经济对策讨论会"后，马上幽默地反驳道："如果儒家思想真有对方所说的功效，那么他们召开的不就应该是儒家思想研讨会了吗？"在指出了四小龙都奉行着"出口导向战略"时，连带着反驳道："如果儒家思想能够推动经济的快速成长，那么其他国家只要多进口几本《论语》、《孟子》，保证人手一册，经济快速成长不就十拿九稳、万事大吉了吗？"而当对方指出"儒家提出'修身、齐家、治国、平天下'，修身和齐家虽然不能推动经济增长，可是它也有治国、平天下的思想啊？"南京大学队则反驳："还是让我们来看看什么是儒家所谓的天下大治吧，按照孔子的说法，无非是行周代的礼法，乘商代的车子，戴夏代的帽子，再来上一段尧舜时期的歌舞，这怎么能带来经济快速增长呢？"一阵掌声过后，南京大学队又说："据我们所知，新加坡用的是公元历法，乘的是奔驰和三菱牌轿车，并没有戴帽子的习惯，这怎么能说是儒家的天下大治呢？"

一席话博得了台下一片掌声和笑声。南京大学队的设问、反问、追问，形成的反驳，如"排炮攻击"之势，可以说每一个小层次的结束处，都发出一发"反驳"的炮弹。因此评委称赞有"排山倒海之势"。

步步逼问，层层推进，问倒对方

提问直接构成了辩论的过程，无论有疑而问，还是无疑而问，或者明知故问，都是为了通过"问"达到论辩的目的。这个目的或"问"本身就是对对方的反驳，或是为进一步去驳倒对方扫除障碍。因此，"问"本身就是论辩的一种重要方式。

1. 诱敌深入提问法

目的是使对方落入自己设计的圈套，从而迫使对方承认或否定某种观点。除了利用概念不明确来使对方陷入圈套的提问法外,还有两种方法。

一是"复杂问语"法。就是不能肯定或否定回答的问语。"复杂问语"中预设着回答者不能接受的前提,无论对它作肯定的回答或作否定的回答,都意味着回答者承认了问语中所预设的前提。

二是由远及近、步步逼问法。即在提问时,不立刻说出自己真正要问的内容,而是从远离实质的内容问起,从那些看起来与所问内容没有关系的小事问起,由远及近,层层推进,步步逼问,从而牵着对方的鼻子进入自己的伏击圈。

2. 左右为难提问法

对方对所提问题不管作肯定回答,还是作否定回答,都感到为难,都与其愿望、要求相背离。使对方左右为难提问的高妙之处,在于利用对方观点或行为的矛盾之处,通过设问使其陷入进退两难、不能自拔的困境,逼迫对方自己否定自己的观点或行为。

3. 逗引漏洞提问法

有时在开始反驳之前先发问,让对方说出自己希望他说的话,然后以此为话题,寻找漏洞去反驳对方,这样做更有力。在运用引出反驳话题提问法时应注意:既要使自己提出的设问与下面的反驳直接相连,又要使对方能按自己要求的去回答。这样,下面的反驳才能得以进行。

直问:所谓"直问",是指开门见山、单刀直入、直接抓住要害反驳诘问。

曲问:即转弯抹角、迂回诘问,来诱使对方说出前后矛盾的话,从而迫使其承认自己观点的荒谬。

反问:反问可以说是明知故问。其特点有二:一是用问句表达自己确定的思想;二是反问不要求回答。

在论辩中,如能灵活运用以上问话技巧来反驳对方,会比陈述性的反驳更有力,更有助于攻垒破敌。

4. 揭示矛盾提问法

在论辩中,有些观点表面上看不出矛盾,但通过提出一个问题,就可以使内在矛盾暴露无遗,为我们驳倒对方提供有利依据。

让对方露出破绽,让诡辩不攻自破

在辩论中,诡辩是最难应付的一种论辩,但只要仔细审视推敲,就会发现其前提、推理、结论，都是有着虚假的成分。而此时，你若能及时摆出事实，诡辩自然不攻自破。

《纽伦堡：1945年审判纳粹主要战犯实录》一书的作者艾雷·尼夫，曾参加纽伦堡国际军事法庭工作，他生动翔实地记录了纽伦堡国际军事法庭对希特勒第三帝国20名活着的纳粹党头目作为战犯审判的事实，其中对德军元帅、德国空军总司令戈林的审讯有下面一段记载：

当盟国检察当局开始审讯戈林时，他已经在证人席上待了一个时期。第一个起诉人是美国方面的罗伯特·杰克逊，审讯开始不到10分钟，杰克逊就陷入了困境，他很快就被文件搞得晕头转向，而戈林则看出了每个问题后面的企图，他甚至用洪亮的声音表示愿意帮助杰克逊。在整个审讯中，戈林越来越主动，而杰克逊则越来越被动，他多次在法庭上出现失态的举动，怒气冲冲地摔耳机，有一次几乎要哭了，而戈林则仿佛仍然是第三帝国的元帅。在这个斗争回合里，戈林获胜了。他先在证人席上待了一个星期，对审讯程序特点有所了解，也有所准备，同时，他熟悉盟国所缴获的全部文件，知道自己的弱点在什么地方。相比之下，杰克逊对文件没有准确的把握，同时主动权掌握得也不好，不仅没有能发挥自己的能力，诱使证人陷入预先设好的圈套，反而允许他长时间地夸夸其谈。结果，本该以雄辩获胜的杰克逊反而败在了戈林的诡辩之下。

在下一个星期天，戈林故伎重演。在作证时，戈林坚持说，当50名英国皇家空军的战俘军官于1944年春被枪杀时，他正在休假。此事是对这位前帝国元帅最明确的战争罪行的指控之一，可是他声称，在他们被处死之前，他对此事一无所知。

但是，英国的起诉人戴维·马克思韦尔·法伊夫爵士对材料烂熟于心，他像审讯小偷似的套出了戈林的一个"口供"。戈林声称他是3月29日到达大本营的，这时越狱发生已有5天。法伊夫当即指出，枪杀飞行员是分批进行的，一直持续到4月13日（针锋相对，以事实戳穿谎言），接着他向戈林出示了文件。文件证明，德国空军作战部曾就此事告知他们的总司令戈林（以物证、事实进一步戳穿谎言）。至此，戈林阵脚已乱，而法伊夫则不紧不忙，稳扎稳打，一步一步将其逼进了死胡同。

作为诡辩的老手，戈林对盟国掌握的材料又非常熟悉，不难想象，仅凭一般性审问是难以制伏他的，但法伊夫则凭着对材料的高度熟悉，以戈林难以否认的文件和他自己口供的矛盾，用事实最后击败了戈林的诡辩。

重视细节，把握局面，克敌制胜

重视辩论中的细节，并通晓细节之妙，往往可以迅速把握局面，克敌制胜。在辩论中以下细节值得注意。

小心应对面无表情的对手，这类辩手以强手居多。

辩论前绕着弯子来对你的私生活问个不停。你要注意，对方有掌握你弱点的企图，这可能是对方在寻找某个突破口。

对方如果动不动就说"知道了"，你要小心对方可能无意听你说话。对策是，你把对方看做"所知不多"的人，把你的论点说得更详细、更动听，这叫"以柔克刚"。

如果一见面，对方态度不恭谨，举止粗野，表示对方可能心有不安，或有理亏之处，也可能是故意做出这种举动来扰乱你的心绪。所以，你务必要冷静以对，切莫心有怒气，上了对方的当。

对方说出狂妄的话，甚至伤害你自尊的话，其用意是激怒你，使你失去理智的论辩能力。你不妨"超脱"一些，如心中暗暗数一下，对方一共用了多少句刺激性的话，轮到你说时，你可以把它揭示出来，千万别为那些话而冲动。

如果对方突然把论点叉开，你要立即分析其情况：一是一时不慎；二是突然联想起另一件事；三是有意把论点扭到另一个方向。

不管哪一种情况，只要对方当时的注意力都集中在叉开的话题上，就可以让他说下去。过了一段时间，你可根据下面的方法判明他的用意。如果是第一种情况，对方说不了多久，就会自己发觉而显出尴尬之情；如果是第二种情况，对方只是一时离开原来论点，很快就会自动回到原先的论点上；如果是第三种情况，对方会朝着叉开方向说下去，毫无"回心转意"的迹象。你可以据此推断，叉开的论点对他较为有利，而原来的论点对他不利，从而你可以作出相应的对策。

如果对方在论辩中出现"若有所思"的样子，你不妨直问他"所思何事"，以探知他当时的心理。

对方若说些含义暧昧的话，你要敏锐地捕捉住，反复追究，以探出其真意。

对方出语如连炮，不曾稍歇，用意可能是不让你多说，想一鼓作气占尽优势。特别有些"恶人先告状"的人,最善于以这一手先声夺人。你不妨冷静听他说,等他说完之后,你再开口问:"你说完了吗?完了就该我说了,希望你不要中途打断我。"

在论辩过程中,你有时不明对方的用意,可以采取"投影法",即突然停止你的话,然后让对方接下去说。如"如此说来,这个论点是……""照你的说法,它的意思是……"用这种语句不全的话去诱发对方,让对方把话说完,你就可以进一步了解对方的想法,掌握对方的"底牌"。

第29章
口若悬河演讲中，用口才掀起如雷般的掌声

台上一分钟，台下十年功

演讲是一个很困难的事，因为当演讲人讲话的时候，有很多双眼睛都集中在演讲者的身上，一举一动，一言一笑，将受到很多人的瞩目，以至有很多演说者，都有一些不安。无论谁，第一次在众人面前演说时，总会面红心跳，情绪不安，说话不自然。为了解决这些问题，人们在演说前，应做一些准备工作。

当然准备不是把一些没有错误的词句完全写了出来，或是完全熟记，也不是把一切表现自己的思想堆积起来，准备只不过是聚集你的意见信念和努力罢了。这些信念和努力，本来是你平时所有的。当你醒着之时，它们都在你的心灵中，你睡熟了，也许它们曾爬入你的梦境中。所以准备演说是去思想、考虑、回忆、选择你认为最有兴味的加以修饰，以一种新的面貌，出现在听众面前。所以预备演说，并不是困难的事，你只需把思想集中在某一种目的上就行了。

题材的选取是一个主要的问题，就是说你应当说些什么。凡属于你所感兴趣的，都可以做题材。不过要注意，在简短的时间中，不要说得太空泛，选取了一个题目以后，在题目的正反面发挥就够了。

对于题材的选择，应注意下列原则：

（1）积极性，进取性。人们都是喜欢光明这一面的；

（2）无论学术、政治、社会的题材，应该注意的是建设性的，而不是单纯破坏性的；

（3）必须是乐观，而不是悲观的；

（4）适合于自己演说的身份，和听众的需要；

（5）题材的感动性。包括新奇趣味以及有吸引听众的潜力。

在收集了许多思想或可以讲述的材料之后，怎样能把这些材料系统地讲出来呢？当然不能没有纲要或程序，就开始你的演说。一篇演说，等于一段有目的的航程，非有航行的路线图不可，这就是材料排列的重要性。那么，材料要如何排列呢？

关于排列材料的方法，下面的几条原则可供参考：说明题目的原委；利益的陈述；弊害的提醒；实行的方法；结论。譬如我们讲增进工作效率的题材，就可以依照下列的程序来叙述：效率的意义；增进工作效率是不是必要；如何才能增进工作效率；增加工作效率的实际方法；对于听众的希望。

演讲的成功与失败，全赖于自己的决定，其中最重要的是毅力。你在练习演说时，常常会感觉到一种进步，或是停止，甚至是一种退步，这种心理上的现象，是不可能避免的。但是你尽可不理会这些，应该拿出毅力，无论怎样，你总可以获得成功。许多演说者在演说时，觉得有一种说不出的恐惧，而也有若干人物，虽然接连演说了好几次，但还是有些战战兢兢。这些困难，不多时就可以克服了的，只需要你有毅力。

其次是你的决心和勇气。凭着决心，任何障碍都能够战胜；有勇气的人，他们不论做什么事，都可以获得胜利。

你演讲的时候，首先应使听众的脑海中留着一个值得赞美的好印象，自然足够吸引住听众了。所以应在礼貌上加以注意，这礼貌也是代表你的品性的表现，倘若粗暴无礼，使听众有不良的成见先入于脑海中时，多少将影响你的说话效能。服装整洁是礼貌中的一部分，服装不宜过于奢华，因为奢华可以使人产生不良的观念，头发梳得整齐，面部修得清洁，这样才能使听众见你的时候，就觉得你是个庄重朴实的人。

许多演说者常在开始演说时频频咳嗽、摇头摆体，这种行为，不是因为做作，便是因为预备不充分，而在掩饰自己。可是这种行为，只有引人憎厌，使人难堪。有些人说不到两句话，便唾沫四溅，这种恶习应当革除。在演说开始之时，先说了一套道歉客气的虚文是可笑且幼稚的。听众既然是在听你的演说，那么你说上一大套的废话，只有浪费宝贵的时间；倘若你真因没有预备而要求大家原谅，那更是空想，所以你开始就得说到正文，而且一定要一针见血地抓住听众的心。

演说的时候，演说者常常带着一些不良习惯，这些不良习惯，不但会分散听众的注意力，而且会引起他们的厌倦：无论四周发生什么事情，演说的人切勿举头回顾，或用眼光注意那里；勿常常看钟表；有人进场，也勿中途停止；听众中途退场时，必须依旧保持原状；遇到听众鼓掌时，应暂停，等掌声停止时再继续；勿因听众的鼓噪或讥讽，而加以驳斥，或表示胆怯；当演说完毕时，你的态度必须从容、镇静，无论听众有没有发出掌声，你都应该面带微笑，表示愉快。

许多人常认为把事理说明清楚是一件容易而且并不怎么重要的工作，一般演说者的失败，常由于这种观念所致。

英国大物理学家罗滋博士说："我有四十年演说的经验了，最主要的诀窍是应该有充分的准备及努力说得清楚。要说得很清楚，请记住用譬喻来帮助是十分必要的，你把下面的例子比较一下，看看哪一个来得清楚：

离开地球的星球，最近的距离为35万亿英里；

要是火车一分钟可走一英里的话，那么从我们这里到最近的星球去，要走到三千八百万年才可以到达，如在那星球中唱一首歌，要在三百八十万年以后，才能够听得到。用比喻来说明事理，不但使听众容易明白，而且也可以引起听众的兴趣。"

听众的文化程度是不一样的，有高有低，在演说中，必须竭力避免专业名词。倘若你是一个医生、工程师，更应注意你的演说中应避免专业名词，就是普通名词，也必须详加解释。许多学问渊博的学者，他们的演说常常不受人们欢迎，就是因为他们所用术语太多，名词过于难懂，使听众不明白。

一位有经验的演说家说："你如果能够在听众中，遇到个知识程度最低的，而使他对你的演说，觉得很有兴趣，这是一种十分有益的练习。要达到一个无知识的人对于你的演说感兴趣，那只有用清楚的字句来讲明事实，和用极浅显的名词解释意义，才能收效。"

现代社会随着民主与自由的深化，新闻传播媒介的快速发展，领导者时刻处于组织内外部的舆论中心，而舆论对领导者评价的好坏，常常成为领导者事业成功的关键，所以领导者不能不掌握一定的舆论控制技巧，使之利于自己。

演讲的形象决定演讲效果

演讲者的形象是演讲者思想道德、情操学识及个性的外在体现，是演讲者的仪表、举止、礼貌、表情、谈吐的综合反映。演讲者一经上场，就会把自己的形象诉诸听众的视觉，直接影响听众的评价和审美。

因此，聪明的演讲者从上台到下台，应该特别注意自己的一举一动，给人以完美的印象。

1. 走进会场

在一般的演讲场合，走进会场时要面带微笑，不论听众是否在注意你；如果是重要的演讲者或被邀请的，往往由大会主持者陪同，则更要雍容大度，谦和诚挚，用眼神和微笑与听众交流，步履稳健地向安排的座位走去。

2. 就座前后

演讲时如需提前上台就座，演讲者将和大会主席或陪同人员一起走到座位前，演讲者应先以尊敬的态度主动请对方入座，对方也会礼貌地恳请演讲者坐，这时方可坐下。坐下后不要前探后望，也不要和台上台下的熟人打招呼。

3. 介绍之后

主持人或大会主席介绍之后，演讲者应自然起立，并向主席点头致意，并要由衷地从面部、眼神表示出谦虚之意和感激之情。

4. 登上讲台

演讲者向主席点头致谢后，稳健地走到台前，自然地面对听众站好。此时应端庄大方，举止从容，精神饱满，也可面露微笑，尤其是女性演讲者。

5. 演讲开始

演讲开始前，先以友好、诚恳、恭敬的态度向听众敬个礼，以表示对听众的致意。然后不要急于开口，暂停几秒钟，以亲切、尊敬的眼光遍视一下听众，表示光顾和招呼的意思，这能起到组织听众、安定听众情绪的作用。同时深吸一口气，平静一下自己的心情，以免心率过速。

6. 站姿

若会场未设演讲台，演讲者一般以站在前台中间为合适，这可以统观全场，最大限度地注意到周围听众的情绪，使处在不同位置的听众都能从各自的角度看到演讲者的表演。另外，站位也要考虑光线，要让光线照在脸上，使听众看到演讲者的真实表情，但必须合适，不能刺激演讲者，使他看不到听众。

至于站法，没有固定模式，但要保证演讲者的表演。较好的有两种。

一是前进式站法。即一脚在前，一脚在后，两足成45度角，身躯稍向前倾，给人一种振奋、向上的感觉。

二是自然式站法。即两足平行，足距与肩等宽，给人一种注意力集中、精神抖擞的印象。

7. 走下讲台

演讲完毕，应说句"谢谢大家，再见"，接着向听众敬礼致意，向大会主席致意，然后走回原座。坐下后，如果大会主席和听众以掌声向演讲者表示感谢，则应立即起立，面向听众致礼，以示回谢。

8. 走出会场

大会主席陪同演讲者往外走的时候，听众常常出于礼节鼓掌欢送。这时演讲者更应谦虚，用鼓掌或招手表示答谢，直到走出会场。

演讲要力求通俗易懂

清晰的语言，是保证信息传输的根本条件，也是演讲语言的首要特征。概念要准确，表意要清晰，才能真实反映出现实面貌和思想实际，才能为听众所接受，达到宣传、教育、规劝、影响听众的目的。

演讲稿的语言要力求做到通俗易懂，首先要用通俗的说法，尊重多数人的语言习惯。其次要规范化。

演讲稿中的语言讲出来要让别人听得懂，这是对演讲语言的基本要求，否则演讲就失去了听众，失去了意义和存在的价值。语言不准确，意思表达得不清楚，话说得不明白，往往造成听众理解上的困难。因此准确的语言，即规范化的语言，就是"统一的、普及的；无论在它的书面形式或口头形式上，都具有明确的规范的汉民族共同语"，对一些外来词语要少用、慎用。特别是考虑到领导者的特殊身份，在语言上更要严把关，通俗易懂。

我国著名作家老舍先生作为一代语言大师，其语言通俗晓畅，独步于现代文坛。他曾多次向青年作者这样介绍："我写作中有一个窍门，一个东西写完了，一定要再念再念再念，念给别人听（听不听在他），看念得顺不顺？准确不？别扭不？逻辑性强不？……看句子是否有不够妥当之处。……语言的创造，是用普通的文字巧妙地安排起来的，不要硬造字句，如'他们在思谋……''思谋'不常用；不如用'思索'倒好些，既现成也易懂，宁可写得老实些，也别生造。"这个窍门应当在所有演讲者中间推而广之，付诸实践。

做到演讲语言的通俗和规范，可以从以下四方面入手：首先把生僻的词换成常用的词；其次不用生造的古里古怪的词语；再次恰当使用文言和方言词语；最后用明白的语言解释难理解的术语，以浅显的形象事物解释抽象的概念，也可以用举例来说明听众陌生的事物。

就第一点，上文老舍先生改"思谋"为"思索"即为一例。

至于生造词语，物理学大师爱因斯坦对于深奥难懂的相对论的形象阐述，使即便是物理学的门外汉也能铭记于心。

而无产阶级革命运动的伟大导师列宁，在面对劳动群众发表演讲时，最善于运用听众日常生活中能够感知的形象来表达复杂深奥的政治问题。在《什么是苏维埃政权》这篇广受欢迎的演讲中，他说："日益吸引每个国家工人的新政权的实质就在于：从前管理国家的总是富人或资本家，而现在第一次是由遭受资本主义压迫而且人数最多的阶级来管理国家。在世界上，我们俄国第一次这样建立了国家政权，没有剥削者参加，只有工人和劳动农民组成群众组织——苏维埃。而国家的全部权力都交给苏维埃。"这些再朴实不过的语言，直观明了，准确实在地回答了"什么是苏维埃？这一新政权的性质是什么？"这两个关键问题，解除了人们心头的疑惑。

我国民主革命的伟大先驱孙中山先生，在一生坎坷而漫长的革命生涯中，演讲始终是他宣传民主的有力武器。他以演讲阐明观点，宣传真理，以演讲发号施令，激励斗志。1905年，他在《民报》发刊词中首次公开提出了"民族、民权、民生"三大主义的革命号召，建立起了中国资产阶级民主革命的理论基础。

孙中山博学多识，才高八斗，青少年时代就积累了广博的学识。在香港西医书院学习的五年时间里，除刻苦钻研医学本科知识外，还广泛研读了西方国家的政治学、军事学、历史学、物理学、农学等，尤其爱读《法国革命史》和达尔文的《物种起源》，同时，在课余时间，他还十分重视进修中文。尽管如此，中山先生在这篇演讲中都没有用"之乎者也"来卖弄自己，而是以最朴实，最通俗易懂的语言和比喻类比这样的修辞方法，来形象化的说明：革命要成功，首先就要唤起民众的觉悟，获得民众的支持，让民众做革命的主力军。革命理论的传播就成为必要的前提，革命理论要为人民理解和掌握，才能发挥它的无穷威力。孙中山的演讲以听众为中心，要以听众接受为目的，他深入浅出的演说正符合了大多数人的知识水平和理解能力，他的理论才能深入人心。

以简洁准确而又通俗易懂的语言痛陈时弊深刻揭示社会现实，在这方面，我国现代文学的旗手鲁迅先生堪称楷模。

鲁迅的演讲，其友人许寿棠评价说："深入浅出，要言不烦，恰到好处。"许广平在《鲁迅回忆录》中描述说："以朴素的、质直的、不加文饰的讲话，款款而又低沉的声音，投向群众。""雄辩地驳斥了异端邪说，摒弃了弥漫世间的乌烟瘴气，给听众如饭醇醪，如服清凉散。"在鲁迅的一生中，曾多年执教，多次演讲，直接谆谆教导青年，鲁迅的每一篇演讲，都是一篇精彩的战斗檄文。

演讲要力求生动形象

　　一篇好的演讲稿，光有语言的通俗、明白还不够，讲出的话能被听众所理解，这是最基本的要求，但与成功的演讲还相去甚远。好的演讲还要能吸引人，让听众爱听，这就要求语言的生动形象，要求语言表达"言之有物"，使人获得真切实在的感受。如果演讲中使用过多空泛的概念，过多虚幻的描绘，听众往往不得要领，难于理解和消化。要用形象化的语言把抽象化为具体，把深奥讲得浅显，使枯燥变得有趣。

　　运用形象化的语言可以从多方入手，或选用形象化的词语，或用形象化的修辞方法。形象化的词语就是形象色彩比较浓厚的词语。我们谨以恩格斯《在马克思墓前的讲话》中的开头部分为例：

　　　　3月14日下午两点三刻，当代最伟大的思想家停止思想了。让他一个人留在房里总共不过才两分钟，等我们再进去的时候，便发现他在安乐椅上安静地睡着了——但已经是永远地睡着了。

　　这段质朴无华的语言给人的印象是极为深刻的，全世界爱戴马克思、尊敬马克思、信仰他创立的科学共产主义的人们，都在恩格斯形象的描述中重温了伟大导师去世时的情形，人们屏住呼吸，默默地送别他的灵魂，在绵绵哀思中整理着对这位伟人的片段回忆。形象生动的语言能够有效地渲染出事件发生时的气氛，使人有身临其境之感。

　　这个时候，也许大家会产生这样的疑问：让大家听得懂，要求语言要朴素，现在又主张语言要形象化，是不是有些矛盾呢？其实，这两者并不矛盾而是辩证的统一。朴素未必失去形象，形象也未必就一定不朴素，语言的选用要依据演讲者所要讲述对象的特点，要具体描述的就不该吝啬笔墨，只需简要说明的就不必冗言赘语，最根本的是要服务于演讲的主题，既能准确地表情达意，又让听众觉得生动感人。形象化的语言绝不是堆砌形容词，这样只会适得其反，影响表达的效果。

　　要使语言形象化，各种修辞手法的合理运用也十分有效。比拟、比喻、夸张等都可以增强语言的形象色彩。

　　当演讲者向听众讲大家不熟悉或不很熟悉的话题时，就可以引用一个生动而容易理解的比拟，以收到事半功倍的效果。例如毛泽东在《改造我们的学习》中，把那种只知背诵马恩列斯著作中若干词句、徒有虚名的人比拟为："墙上芦苇，头重脚轻根底浅；山间竹笋，嘴尖皮厚腹中空。"一副对联两个比拟，把教条主义者模拟得活灵活现。

生动活泼的比拟是演讲者贯常使用的修辞方法。

1924年1月17日，在北京师范大学附属中学校友会上，鲁迅作了一篇著名的演讲——《未有天才之前》，在这篇演讲中，他针对当时文艺界"要求天才产生"的"盛大呼声"，通俗生动、深入浅出地阐述了天才与民众的关系，批驳了当时社会上的一些错误论调。

"天才并不是自生自长在深林荒郊里的怪物，是由可以使天才生长的民众产生、孕育出来的，所以没有这种民众，就没有天才。有一回拿破仑过阿尔卑斯山时说：'我比阿尔卑斯山还高！'这何等英伟，然而不要忘记他后面跟着许多兵；倘若没有兵，那只有被山那面的敌人捉住或者赶回，他的举动、言语，都超出了英雄的界限，要归入疯子一类了。所以我想，在要求天才产生之前，应该先要求可以使天才生长的民众。——譬如想有花木，一定要有好土；没有土，便没有花木了，所以土实在较花木还重要。花木非有土不可，正如拿破仑非有好兵不可一样。"

"天才得以生长于民众"是鲁迅的主要论断。

这是一个充满唯物主义和辩证法的立场。在这里使用的两个精短、易懂、确切的比拟有效地阐明了这一立场，揭示出天才与民众的关系。

比喻也是常用到的修辞方法。比喻有两个成分，一个是被描绘、被比喻的事物，叫"本体"，一个是用来打比方的事物或现象，叫"喻体"。"本体"、"喻体"是不同的东西，有本质差别，但两者之间又有一定相似处。本体大多比较抽象深奥，或是生疏而不易理解，喻体则具体、浅显、为人们所熟悉。

郭沫若演说喜欢用比喻。1937年他从日本只身潜回祖国参加抗日，上海地下党组织各界人士集会，欢迎他与获释的"七君子"返沪。会上，有人喜欢鼓吹"一党专政"和抗日必须依于"政府"之下。郭沫若作了一个精彩的发言，说："政府好像是个火车司机，人民好比火车上的乘客，司机、乘客是向着同一目的地的，乘客应该一致服从司机开车，才能达到共同的目的地。但是如若说我们开车的司机，是个喝了酒的醉汉，或者他已经睡着了，这个时候全车乘客都将有生命之危，怎能安全到达目的地？这样我们就不能再服从他了。我们不但不服从他，而且应该叫醒他了！"会场上掌声雷动，他接着说："即使他没喝醉，没有咋着，则这个司机不是个好司机，那他也是不会注意安全行车的。像前面轨道上，堆放着许多石块、障碍物，他还是硬向前开，全车乘客的生命安全危在旦夕，这时我们全体客人，为着自己的生命，为着胜利到达目的地，也就不能盲目地服从他，大家应该命令他停车，应该赶快下车，一齐动手把石块、障碍物搬掉。"

郭沫若的这个比喻，取自日常生活，明白易懂，又说理透彻、无可辩驳。他有力地回击了"一党专政"的鼓吹者，大快人心，赢得全场长久不息的掌声和欢呼声。

在演讲中，引用一些成语、名言、典故、诗词、神话等，也可以加强演讲的生动性，形象感。一个好的演讲者，不仅要有雄辩的逻辑思维，还应有完美的形象思维；当两者结合在一起时，即如车之两轮、鸟之双翼；才能行驶、才能腾飞。通过形象的引用，比讲抽象的道理收效更大。

我们先来看几个简单的例子：

1971年美国总统尼克松访华，出席专为他举行的欢迎宴会。他在致祝酒词时就引用了毛主席的名句："一万年太久，只争朝夕。"既表达了对主人的尊敬，又体现出中美两国要抓住历史的机遇，共同努力，实现两国关系的改善。

1988年6月在北京举办的中美工业、贸易和经济发展研讨会是中美经贸合作的里程碑。美方代表在答谢宴会行将结束之时，用刚学会的汉语朗诵中国的古诗，作为他演讲的结束："白日依山尽，黄河入海流。欲穷千里目，更上一层楼。"这首在中国几乎妇孺皆知的古诗，用来表达宾主双方对中美关系更进一步发展的共同心愿，真是再贴切不过了。

这些外国友人在演讲过程中，都不约而同地引用了中国的成语或诗词名句，贴近了与中国听众的距离，沟通了情感，又贴切地表示出了自己的心情、愿望，表现了他们对异国文化的理解和运用。

演讲要力求简洁有力

自信心强、办事果敢的人一般都说话干脆，不拖泥带水；思维和认识能力突出的人说话简洁精致，不长篇大论。在现代交往中，社会节奏快，时间观念强，说话简洁会给人一种生机勃勃的感觉。说出的话自然就有力度，而演讲因其特殊的存在形式，更是如此。

美国前总统尼克松，生前做过多次演讲，下面的《人类历史上最珍贵的一刻》，是他诸多演讲中颇具特色的一篇：

"因为你们的成就，使天空也变成人类世界的一部分。而且当你们从宁静海对我们说话时，我们感到要加倍努力，使地球上也获得和平与宁静。

"在人类历史上这个最珍贵的一刻，全世界的人都已融合为一体，他们对你们的成就感到骄傲，他们也与我们共同祈祷，祈望你们平安返回地球。"

1969年7月16日，美国"阿波罗11号"宇宙飞船发射成功。7月21日，乘坐该飞船的两名宇航员在月球首次登陆。尼克松的这篇演讲，就是通过电视向他们发表的。但全篇只有百余字，极其简短。

1984年7月17日，37岁的法国新总理洛朗·法比尤斯发表的演说，更是短得出奇，演讲词只有两句：

"新政府的任务是国家现代化，团结法国人民。为此要求大家保持平静和表现出决心。谢谢大家。"

上述这些演讲，大师们驾驭语言的功力都是非凡的。同时，这也说明了简洁精练在语言交际中的举足轻重。

在我们实际生活中，演讲要想得到较佳的效果，语言必须简洁、精炼，要能使听者在较短的时间里获取较多而有用的信息。反之，空话连篇，言之无物，必然误人时光。

演讲要力求以情动人

人是有感情的动物，感情在认知活动中的作用有时是很大的，它可以敞开理性的大门，从积极方向来理解演讲内容，也可以关闭理性的大门，或者抗拒性地、消极地对待演讲内容。演讲过程中，听众的注意力、理解和记忆选择性，很大程度上是由感情因素决定的。林语堂曾说："对中国人来说，一个观点在逻辑上正确还远远不够，它同时必须合乎人情。"其实何止是中国人，只不过中国人更加重视罢了。

演讲者充沛的感情可以通过他的肢体动作、面部表情、语调高低、口气轻重、语速快慢表现出来，但最重要的还是要以语言为载体传达出来。一篇演讲，无论内容如何丰富，语言怎样准确、清楚、简洁、明了，如果缺乏情感，那还是很难打动听众的。俗话说"晓之以理，动之以情"，成功的演讲不仅能把道理说得清楚明白，使听众不得不信服，而且还能以自己真挚的感情感染听众，引起听众的共鸣，使听众心悦诚服地接受演讲者的思想感情。

情感的表达既要靠语意，也要靠语音。因此，一些演讲名家，他们在遣词用语的时候，总是字斟句酌，选用那些适合表现思想内容，蕴含着炽烈情感的语言，并以这些带有强烈感情色彩的语言，来叩动听众的心扉，引起共鸣。

林肯总统是一位具有超人的演讲才能的政治家，他1863年11月29日的"葛底斯堡讲演词"直到今天不论任何大文豪，仍不能在这篇名文上增加一词，被人们当做模范讲演词。

这篇不足300字的讲演之所以被世人所称赞，成功之处不仅在于简短精妙，更重要的是注入了林肯的情感。

让我们重温一下林肯的这篇演讲词吧。

1789年前，我们的祖先在这块大陆上创造了一个新的国家，她在自由之中成长，并为人人生而平等的主张而献身。

如今我们已从事一场伟大的内战，考验这个国家，看为何如此成长和如此献身的国家能否长存于世。

我们在这战争的战场上聚会，奉献出战场的一部分土地，作为那些为国家生存而捐躯的人的最后安息之所，这全然是必须而正常的，也是我们应该做的。

世人不会太注意也不会太长久记忆我们此刻所说的话，但永远不会忘记，他们在这里所做的一切。

我们面对这些光荣为国家奋斗牺牲的人，我们更应该发挥我们的爱国热忱。换句话说，我们绝对不能让这些爱国者白白牺牲，我们要祈求我们的国家在上帝保护之下，能获得更新更大的自由。

我们只要能树立起民有、民治、民享的理想政治，我们的国家就不会从地球上灭亡。

整篇演讲只用了5分钟,却给听众留下了深刻的记忆。林肯简短的演讲词之所以激发人心、具有强烈的感染力,主要有三方面的原因。首先林肯是站在听众立场上说话,每段开头、中间、末尾都离不开"我们怎样",用他的切身体会来表明他对人民的关心、爱护;其次是语言的真诚朴实,乃是发自内心的肺腑之言,道理虽简单,听众却有如饮甘泉的畅快感觉;再次是林肯对民众的热爱促使他把听众当做上帝,通过语言的力量,团结人民,为美国的解放而斗争。

总之一句话,林肯把感情投到演讲的主题和内容上,并适当地通过有声语言把这种感情表现出来,产生了心理的"共振效应",达到了演讲预期的交流、鼓动和说服的目的。

英国前首相丘吉尔素以非凡的雄辩天资和演说能力闻名遐迩。在第二次世界大战期间,他以出色的军事才能领导了英国对法西斯德国的斗争,其间发表了许多演讲,对鼓舞英国军民和全世界人民奋勇抗战,具有重大意义。1941年6月,苏德战争爆发。尽管丘吉尔是一个一贯仇视苏联社会主义制度的资产阶级政治家,但在当时的情况下,他审时度势,认识到要消灭德国法西斯,就要团结一切反法西斯力量,支持一切受法西斯迫害的国家和人民,否则将重蹈绥靖政策的覆辙。用他自己的话说:"如果希特勒入侵地狱,我至少也要在下院发表一篇同情魔王的声明。"为了向全国表明他的态度,丘吉尔通过广播发表了著名的《关于希特勒入侵苏联的广播演说》。

……希特勒是个十恶不赦、杀人如麻、欲壑难填的魔鬼,而纳粹制度除了贪得无厌和种族统治外,别无主旨和原则。它横暴凶悍,野蛮侵略,为人类一切形式的卑劣行为所不及。

过去的一切,连同它的罪恶,它的愚蠢和悲剧,都一闪而逝了。我看见俄国士兵站在祖国的大门口,守卫着他们的祖先自远古以来劳动的土地。我看见他们守卫着自己的家园,他们的母亲和妻子在祈祷——啊,是的,有时人人都要祈祷,祝愿亲人平安,祝愿他们的赡养者、战斗者和保护者回归。

我看见俄国数以万计的村庄正在耕种土地,正在艰难地获取生活资料,那儿依然有着人类的基本乐趣,少女在欢笑,儿童在玩耍,我看见纳粹的战争机器向他们碾压过去,穷凶极恶地展开了屠杀……我还看见大批愚笨迟钝,受过训练,唯命是从,凶残暴戾的德国士兵,像一大群爬行的蝗虫正在蹒跚行进。

这里一美一丑的生动刻画,对照鲜明,字里行间充满着对法西斯令人发指罪行的控诉,对灾难深重的人民的同情,饱含演讲者激情的语言使一切正义、善良的人们对侵略者更加深恶痛绝,对受害的苏联人民及其国家更加同情,并抛弃一切旧有的偏见。正所谓"感同身受",丘吉尔自身鲜明的爱憎,通过他流畅的语言表达出来,产生了强大的感染力。

接着他以准确有力的语言,阐述了英国所要采取的政策和所要达到的目标。丘吉尔以战略家的眼光看到了这次大战的世界性:"这不是阶级战争。这是一场整个大英帝国和英联邦,不分种族,不分信仰,不分党派,全部投入进去的战争。希特勒就要迫使西半球屈服于他的意志和他的制度了,而如果做不到这一点,他的一切征服都将落空。"丘吉尔通过演说,晓之以理,动之以情,对动员英国人及世界人民大力援助苏联,彻底打败德国法西斯具有重要意义。

他在演讲的最后说:

因此,俄国的危难就是我们的危难,也是美国的危难,正如俄国人为保卫家乡而战的事业,是世界各地的自由人民和自由民族的事业一样。让我们吸取通过残酷的经验得来的教训吧。让我们加倍努力,只要一息尚存,力量还在,就齐心协力打击敌人吧!

这诚恳真挚,感情热烈的号召极为鼓舞人心,我们今天似乎还依然感觉到余音不绝于耳。

演讲中要懂得应变与控场

演讲者要想取得良好的演说效果,还应该具有应变和控场能力。即善于临场察言观色,以便把握住听众的心理变化、兴趣要求,及时修正补充自己的演讲内容,为演讲成功打下良好基础。

那么,一个成功的演讲者需要哪些应变与控场能力呢?

1. 控制感情,掌握分寸

当发现意外情况时,要镇静,要有好的心理素质,能控制感情,掌握分寸。不要在讲台上惊慌失措,更不要因急躁而冲动行事。

2. 从容答题,妙语解脱

演讲时,常有听众提出较尖锐的问题,欲"将你一军",这时候该怎么办呢?要学会从容地回答听众提出的问题,特别是那些乍看起来十分棘手的问题。有的人采取压制的方法,发火批评,喊"别吵了,安静下来",这样只会使自己陷入窘境。有的人则采用以诚相待、妙语解脱的办法,变被动为主动。

3. 巧妙穿插,活跃气氛

如果会场沉闷,要尽快调节,巧妙穿插,活跃气氛。演讲者使用穿插的方法,除了把事理说得更形象、更深刻外,还可活跃现场气氛,增加听众兴趣。比如,讲个笑话、讲个故事、谈点趣闻、唱支歌等。

4. 将错就错,灵活处理

要想在演讲中不说错一句话是相当困难的。如果一旦出错,在这种情况下最忌讳两点:一是搔头挠耳,二是冷场过久。有人观察得出这样的结论:在演说过程中冷场15秒以上,听众群中就会有零星笑声;冷场30秒以上,就有少数听众的笑声;冷场时间再长一点,听众就会普遍不耐烦了。

演说过程中,如果是漏了个别字句的小错误,只要无伤大雅,不予更改为好。如果是讲了一段之后突然忘了下一段该说什么,那该怎么办?卡耐基介绍了几种方法,我们可以借鉴一下:

(1)就地换掉话题,用上段结尾中的句子来发挥。

(2)向听众提出问题。

(3)如果实在是大脑一片空白,就应该临时编一段较完整的结束语,有礼貌地结束。

第30章

口才舌灿莲花——谈判中用口才打败对手凯旋而归

赢得谈判的第一局

任何谈判都始于开局导入阶段,这一阶段,谈判双方见面、寒暄、打招呼、相互问候、谈论一些与谈判无关的轻松话题。

表面看来好似无关紧要的寒暄,虽然本身并不正面表达某种特定的意思,被人们称为非实质性谈判现象,但是它在整个谈判中的作用却是不可低估的,它对谈判双方的思想、情绪和行动都有着相当大的影响。

首先,要使谈判顺利地进行,就必须先要营造友好的、和谐的谈判气氛,寒暄正是营造这种气氛的契机。谈判者主动与对方打招呼、寒暄,就等于在向对方宣布:我坦率地打开心扉,我愿意与你建立良好的人际关系。这样做,自然很容易获得对方的好感,消除谈判双方的紧张情绪和敌对戒备心理,使双方都能以轻松的姿态开始谈判。

毛泽东就善于在寒暄中发挥出他独特的魅力,缩短与谈判对手的心理距离,并让对方自然产生一种受到尊重的快感。

寒暄不仅可以营造友好和谐的谈判气氛,而且也是谈判之始观察对方情绪和个性特征,获取有用信息的好方法。有这样一个案例:

日本松下电器公司创始人松下幸之助先生"出道"的时候,就曾被对手以寒暄的形式探测到了自己的底细,因而使自己产品的销售大受损失。

当他第一次到东京找批发商谈判时,刚一见面,批发商就友善地与他寒暄说:"我们是第一次打交道吧?以前我好像没见过您。"批发商想用寒暄托词,来探测对手究竟是生意场上的老手还是新手。松下先生缺乏经验,恭敬地回答:"我是第一次来东京,什么都不懂,请多多关照。"正是这番极为平常的寒暄答复却使批发商获得重要的信息:对方原来只是一个新手。批发商接着问:"你打算以什么价格卖出你的产品?"松下又如实地告知对方:"我的产品每件成本是20元,我准备卖25元。"

批发商了解到松下幸之助在东京人地两生,又暴露出急于要为产品打开销路的愿望,因此趁机杀价:"你首次来东京做生意,刚开始应该卖得更便宜些,每件20元如何?"没有经验的松下先生在这次交易中吃亏了。

究其原因,是那位老练的批发商通过表面上的寒暄探测到对方的虚实,在谈判中赢得了主动。而松下先生由于在寒暄试探中暴露了自身的底细,从而导致了被动与失利。因此,在双方寒暄之时就要避免无意之中泄露自身关键的信息。

当然,一个有经验的谈判者能通过相互寒暄时的那些应酬话,去掌握谈判对象的背景材料:他的性格爱好、处事方式、谈判经验、工作作风等等,进而找到双方的共同语言,为相互间的心理沟通做好准备,这些都是对谈判成功有着积极意义的。

正是基于对寒暄所起作用的认识,人们应该着意选择寒暄的话题。

最容易引起对方兴趣的话题莫过于谈到他的专长。被美国人誉称为"销售权威"的霍伊拉先生,就很善于这样做。一次他要去梅依百货公司拉广告,他事先了解到这个公司的总经理会驾驶飞机。于是,他在和这位总经理见面互做介绍后,便随意说了一句:"您在哪儿学会驾驶飞机的?"一句话,触发了总经理的谈兴,他滔滔不绝地讲了起来,谈判气氛显得轻松愉快,结果不但广告有了着落,霍伊拉还被邀请去乘了总经理的自用飞机,和他交上了朋友。

谈判中陈述的技巧

陈述是谈判的主要内容,也是实现谈判目的最重要的手段。谈判者在整个谈判过程中,必须对自身严格约束,不允许有任何自由主义作风。这就要求谈判者在陈述时既不能信口开河,又不能把对方想知道的情况坦诚相告,而且还要准确地表达自己的观点与见解,并表达得有条有理、恰到好处。

1. 转折语

转折语是谈判中陈述某种观点的技巧之一,谈判中如遇到问题难以解决,或者有话不得不说，或者接过对方的话题转向有利于自己的方面，都要使用转折用语。

例如"可是"、"但是"、"虽然如此"、"不过"、"然而"等，这种用语具有缓冲作用，可以防止气氛僵化。既不致使对方感到太难堪，又可以使问题向有利于自己的方向转化。

2. 解围语

当谈判出现困难，无法达成协议时，为了突破困境，给自己解围，可以运用解围用语。例如："真遗憾，只差一步就成功了？""就快要达到目标了，真可惜！""行百里者半九十，最后的阶段是最难的啊！""这样做，肯定对双方都不利。""再这样拖延下去，只怕最后结果不妙。""既然事情已经到了这个地步，懊恼也没有用，还是让我们再做一次努力吧？"

这些解围用语，有时能产生较好的效果，只要双方都有谈判诚意，对方可能会接受你的意见，促使谈判的成功。

3. 弹性语

无论何种谈判，话不能说得太过，更不能说得太死，对不同的谈判者，应"看人下菜碟"。如果对方很有修养，语言文雅，己方也要采取相似语言，谈吐不凡。如果对方语言朴实无华，那么己方用语也不必过多修饰。如果对方语言爽快、耿直，那么己方就无须迂回曲折，也应打开天窗说亮话，干脆利落地摊牌。

总之，在谈判中要根据对方的学识、气度、修养，随时调整己方的说话语气、用词。这是双方沟通思想、交流感情的有效方法。从人的听觉习惯去考察，在某一场合，他对听到的第一句话与最后一句话，常常能留下很深的印象。在谈判中假如你以否定性话语来结束会谈，那么，这否定性话语会给对方一种不愉快的感受，并且印象深刻。同时，对下一轮谈判将会带来不利影响，甚至危及上一轮谈判中谈妥的问题或达成的协议。所以，在谈判终了时，最好能给予谈判对手以正面的评价。

例如："您在这次谈判中表现很出色，给我留下了深刻的印象。""你处理问题大刀阔斧，钦佩，钦佩！"不论谈判结果如何，对参与谈判的人来说，每一次谈判都是谈判各方的一次合作过程。

因此，一般情况下谈判结束时对对方给予的合作表示谢意，既是谈判者应有的礼节，对今后的谈判也是有益的。

谈判中提问的技巧

在谈判中,获得信息的一般手段是提问。为了解对方的想法和企图,必须十分机警,利用各种方法和技巧去探知对手的需要。通过提问,除了可以从中获得众多的信息之外,还常常能发现对方的需要,知道对方追求什么,这些都对谈判有很大的指导作用,另外,提问还是谈判应对的一个手段。

不同的谈判过程,获得信息的提问方式不同。一般提问有以下几种方式:

一是一般性提问,如"你认为如何?"等;

二是直接性提问,如"谁能解决这个问题?"等;

三是诱导性提问,如"这不就是事实吗?"等;

四是探询性提问,如"是不是?""你认为呢?"等;

五是选择性提问,如"是这样,还是那样?"等;

六是假设性提问,如"假如……怎么办?"等。

这六种类型的提问方式,是有用的谈判工具,我们必须有选择地、灵活地运用这一工具。

1. 提问题要恰当

如果提问题规定的回答方式能够得到使对方接受的判断,那么这个问题就是一个恰当的问题,反之就是一个不恰当的问题。所以,在磋商阶段,谈判者要想有效地进行磋商,首先必须确切地提出争论的问题,力求避免提出含有某种错误假定或敌意的问题。下面这个故事可以说明提出恰当问题的重要性。

有位牧师问一位长老:"我可以在祈祷时吸烟吗?"他的请求遭到严厉的拒绝。另一位牧师再问同一位长老说:"我可以在吸烟时祈祷吗?"因为提出问题的措词不同,投长老之所好,他被允许了。

2. 问题要有针对性

也就是说一个问题的提问要把问题的解决引到某个方向上去。在磋商阶段,一方为了试探另一方是否有签订合同的意图,是否真正需要这种产品,谈判者必须根据对方的心理活动运用各种不同的方式提出问题。比如,当买主不感兴趣、不关心或犹豫不决时,卖主应问一些引导性问题:"你想买什么东西?""你愿意付多少钱?""你对于我们的消费调查报告有什么意见?""你对于我们的产品有什么不满意的地方?"……提出这些引导性的问题后,卖方可根据买方的回答找出一些理由来说服对方促成对方与自己成交。

例如,卖方看到买方对他们生产的洗衣机不太满意,就问对方在哪些方面不满意。

买方答:"我不喜欢产品的外形,乍看上去不结实。"

卖方说:"如果我们改进产品的外形,使之增加防腐能力,你会感到满意吗?"

买方答:"就这一点而言,那当然好,不过交货时间太长了。"

卖方问:"如果我们把交货时间缩短,你能马上决定购买吗?"

买方答:"完全可以决定。"

这样,卖方针对买方的要求,提出一些可供商榷的问题,使买方接受了自己的观点。

提出问题是很有力量的谈判工具,因此在应用时必须审慎明确。问题决定讨论或辩论的方向,适当的发问常能指导谈判的结果。发问还能控制收集情报的多寡并可以刺激你的对手慎重地考虑你的意见。为了答复你的问题,你的对手不得不想得深入一点——他会更谨慎地重新检测自己的前提,或是再一次评估你的前提,审慎运用问题,使你能轻易地引起对手立即的注意和使之对问题保持持久的兴趣。此外,经常地提出问题,你的对手会被导向你所期望的结论。

谈判中应答的技巧

谈判中的问答,是一个证明、解释、反驳或推销本方观点的过程。"问"有艺术,"答"也有技巧。问得不当,不利于谈判;答得不好,同样也会使己方陷于被动。通常,同样的问题会有不同的回答,而不同的回答又会产生不同的谈判效果。在谈判桌上,发问者的提问动机是十分复杂的,而答复者的回答同样需要十分谨慎。它不同于日常生活中的一般问答,也不同于学术研究或知识考试中的回答,一般不以正确与否来论之,而是基于谈判效果的需要,要准确把握住该说什么,不该说什么,以及应该怎样说。因此谈判者要十分讲求谈判中答复的原则与技巧。虽然我们不能肯定地说学会了答复就等于学会了谈判,但是可以肯定地说,不会回答,就等于不会谈判。在某种程度上,答比问更为重要。

在谈判中,人们应该遵循的答话原则有以下几种。

1. 回答问题之前,要给自己留有思考时间。

在谈判中,提问者提出问题,请求对方回答,很自然地会给答话者带来一种压力，似乎非马上回答不可。很多人有这样一种心理，就是如果在对方问话与己方回答问题之间停留的时间越长，就越容易给对方以己方对这个问题没有考虑和准备的感觉。而对答如流，就显示出己方的准备很充分。其实，在谈判的过程中对问题回答的好与坏，不是看你回答的速度快慢，它与竞赛抢答是性质截然不同的两回事。

面对对方的提问，谈判者应该给自己留一些思考的时间，搞清对方提问的真实意图，再决定自己的回答方式和范围，并预测在己方答复后对方的态度和反应，考虑周详之后再从容作答。如仓促回答，很容易进入对方预先设下的圈套，或是暴露己方的意图而陷于被动。可以借鉴的经验是，在对方提出问题之后，你可以点支香烟或喝口茶水，或调整一下自己的坐姿，也可以挪动一下椅子，整理一下桌子上的资料文件，或翻一翻笔记本，借助这样一些很自然的动作来延缓时间，考虑一下对方提出的问题。对方看见你这些得体自然的举动，自然也就减轻和消除了上述那种心理。

2. 不要随便回答没有了解真正含义的问题。

谈判者为了获取信息，占据主动，自然会利用提问来套取有利于他的信息，所以问话中往往深藏"杀机"，如果贸然作答，很可能会掉进陷阱。因此，在不了解问话的真正含义之前，千万不要贸然回答，以免暴露己方的底细，把不该说的事情说出来。在谈判中，答话一方的任何一句话都近似于一句诺言，一经说出，在一般情况下很难收回，因此，对问题一定要考虑充分，字斟句酌，慎重回答。

3. 不要"全盘托出"，毫无保留地作答。

在谈判中有时回答越明确、全面，就越是愚笨，回答的关键在于该说什么不该说什么。有些问题不值得回答，有些问题只需局部回答，如果你老老实实地"全盘托出"，就难免暴露自己的底细，给己方造成被动。同时，当你"全盘托出"之后，对方不需继续提问就获得了对他们有用的信息，这样就堵塞了对方向你继续反馈交流的通道。

一般情况下，当对方提出问题，或是想了解我方的观点、立场和态度，或是想确认某些事情时，我们应视情况而定。对于应该让对方了解，或者需要表明我方态度的问题要认真作出答复，而对于那些可能有损己方利益或无聊的问题，则不必作出回答。总之，谈判者为了避免答复中的失误，可以将对方问话的范围缩小，或者对回答的前提加以修饰和说明，以缩小回答的范围。

4. 尽量减小对方追问的兴致和机会。

在谈判过程中，提问者常常会采取连续提问的方式，环环相扣，步步紧逼，使答话者陷于被动，落入他们的圈套。因此，谈判者在进行答复时尽量不要留下尾巴，授人以柄，让对方抓住某点继续提问，而要尽量遏制对方的进攻，使其找不到继续追问的借口。例如在答复中点明"我们考虑过，情况没有你说的那么严重"来降低问题的意义；或是表达"现在讨论这个问题还为时过早"，以时效性来抑制对方的追问等。

答话虽然受到问话的限制，在谈判中处于被动地位，但是一个优秀的谈判者可以通过巧妙的答话，变被动为主动，在谈判中抢占上风。

谈判攻防口才三十六技

谈判的方法很多，不一而足，下面是一些常用的方法，在平常的谈判实践中可以运用，能起到很好的效果。

（1）请求参加。即要求对方和你一道共同解决问题，其中关于你们怎样才能照他们的要求做要征求他们的意见。

（2）蚕食活动。即不断地提出进一步的小要求，一点一点地接近你的谈判目标，直到最终掌握全部情况。

（3）提出假设。即以假设性的提议小试舆论和对方的反应，这对于在准备工作完全就绪之前避免许诺是有用的。

（4）虚张声势。即提供假材料，给人造成一种有比实际更多信息的假象。

（5）声东击西。即表面上向一个方向行动，实际上意在将对方的注意力转移出已被他们关注或察觉的你方的真正的目标。

（6）自相矛盾。即以假装你不想让他或她做的方式使对方做了某事。

（7）拖延时间。即要求休会，一直往后拖延会期，千方百计不回答问题。其目的在于制造一个冷却期，以松弛紧张情绪，争取时间进行深入的思考，获得更多材料等。

（8）表面退席。即假装你已经退席，但实际上是人离席位不离会，或是正在幕后实施控制。

（9）发出最后通牒。即作出你的最后提议，明确说出"要么接受，要么放弃"（但谨防听起来火药味太浓）。

（10）引起竞争。挑拨对方与第二个真正的或假冒的竞争对手的关系，用竞争巩固你的地位。

（11）幽默。一个常常被遗忘的策略是，幽默能够减轻谈判的紧张程度或问题的严重性，通常最好开自己的玩笑（记住要微笑）。

（12）威胁策略。即公然表示除非对方作出让步，否则将以一种不利于对方利益的方式行事的意图。

（13）总结立场。即在谈判中转而对谈判的目前状况或共同话题作出简洁但全面的总结，这是一种通过给予对方成就感而将谈判推向实现最终提议的有用策略。

（14）坚忍不拔。即在谈判中不断增加要求并下定决心坚守到底，不作丝毫妥协。运用这种策略需要信心和乐观精神，同时避免顽固地不知何时收场。

（15）木已成舟。即行动已达目的，然后等待，看对方对此是否作出反应。如果他们抱怨，就有礼貌地退席或假装你是无辜的。

（16）知错必改。即如果遇到困难的局势，为缓解矛盾公开声明自己曾犯了一个错误现已纠正。这时对方对你的诚实一般会表示钦佩并作出友善反应。

（17）示弱防守。即当处于弱势时，发出投降信号并请求对方宽大。运用此策略时，要表示出你相信对方会原谅你，不会因为你的示弱而拼命讨价还价。

（18）转退为进，又称祈求互惠策略。即在谈判中先由你方作出许多微小让步，如果对方没有作出相应让步，你便声称对方缺少友善和诚意转退为进展开攻击。

（19）假装生气（或真的生气）。即使用一种令人信以为真的气愤表情来吓唬人，或是表明你认为此局势已严重至极。

（20）显得荒谬。即以一种异乎寻常的荒谬方式行动，使对方惊慌失措。

（21）公开挑衅。公开挑衅或许能够得到短期让步，也许反而加强了对方坚持到底的决心。

（22）保持沉默。即以无言和面无表情的、不可思议的行动展示你的不满，主要的是保持沉默以避免过多交谈。沉默会令人难以忍受，引起并增加焦虑。这时，缺乏经验的谈判者或许等不到你说话便先行作出妥协反应。

（23）运用情感。即根据对方身份、双方关系的特征等，通过呼吁爱国主义、兄弟般关系、睦邻关系、共同宗教理想等特殊情感来实现谈判意图。

（24）引经据典。谈判中有意识地给人留有引经据典的印象，如引证权威性的典籍支持你的方案，述说行业惯例、法律观点、公司政策和先例等。

（25）炫耀成绩。如果对方敢问你以往的经历（有时是为了攻击或蔑视），你就在假装震惊之后，引证你以往的最佳成就给他们听。

（26）增加实际利益。即把你提出的安排与对方的实际利益联系起来，如提高对方的威信，增加生意等。

（27）与丧失信誉联系。即把对方或他们的方案的某一方面与某些不光彩的事件联系起来，类似的策略如作否定的评论等。

（28）作否定的评论。对对方的立场、条件等，提出质疑并以评论方式加以否定，从而使对方处于守势。

（29）反其意而用之。即对对方认为适当的、平常的、可望的事情作反向思维，常可出人意料地得出一个更好的方案。

（30）避难就易。即撇开分歧，此策略有益于迅速消除分歧和试验对方反应。该策略常在决定最终方案时使用。

（31）漫海渡舟。即在争论尚未大规模正式展开之前，向对方提供覆盖面很广的大量信息，以便未及争论就突围而出。

（32）香饵诱鱼。即在谈判中提供带有倾向性的、对对方最有利的实例来支持自己的方案并使对方点头称是。

（33）装聋作哑。即在佯装不知、对方不提防的前提下拖延程序、做假动作，以无心取有心之利。

（34）故意曲解。即故意曲解对方的意思和行为，就好像被曲解了的东西才是事实。

（35）暗度陈仓。即己方的两个谈判者扮演两个不同的角色，假装是内部分歧，一个谈判者扮演坏蛋（主张强硬路线，坚决不让步，似感情用事），另一个人扮演好人（显得合情合理，似乎愿意妥协）。

（36）旧话重提。即重新讨论以前已决定的事情，但放弃以前的立场，提出追加要求或是重新讨论假定决定的事情。

谈判语言要规避七大忌

谈判是经济合作双方为实现某种交易或为了解决某种争端而进行的协商洽谈活动。谈判双方的说话方式与言谈技巧，对于谈判的进程与结果都起着举足轻重的作用。根据商务谈判的特点和实践经验，特提出商务谈判语言的"七忌"，以帮助商务谈判人员减少语言失误，提高语言技巧。

一忌欺诈隐骗

有些人把商务谈判视为对立性的你死我活的竞争，在具体洽谈时，不顾客观事实，欺、诈、隐、骗，依靠谎言或"大话"求得自身的谈判优势。如一位业务员同一家商店进行推销洽谈，业务员为了促销，在介绍产品质量时声称已经获得"省优"和"部优"，商店看样后认为有一定市场，于是双方达成买卖意向。商店后来了解到这种商品既非"省优"也不是"部优",产品虽适销,但商店也怕上当受骗,于是未与其签订合同,一桩生意告吹。可见欺骗性的语言一旦被对方识破,不仅会破坏谈判双方的友好关系,使谈判蒙上阴影或导致谈判破裂,而且也会给企业的信誉带来极大损失。所以说,谈判语言应坚持从实际出发,应给对方诚实、可以信赖的感觉。

二忌盛气凌人

有的谈判者由于自身地位、资历"高人一等"或谈判实力"强人一筹",在谈判中往往颐指气使,说话居高临下、盛气凌人。有一位大公司的业务经理在同另一家企业谈判出售产品时,发现对手是几位年轻人,随口便道:"你们中间谁管事?谁能决定问题?把你们的经理找来!"一位年轻人从容答道:"我就是经理,我很荣幸能与您洽谈,希望得到您的指教。"年轻人的话软中带硬,出乎这位业务经理的意料。这位业务经理本想摆摆谱,没想到谈判刚开始就吃了一个小小的败仗。盛气凌人的行为易伤对方感情,使对方产生对抗或报复心理。所以,参加商务谈判的人员,不管自身的行政级别多高,年龄多大,所代表的企业实力多强,只要和对方坐在谈判桌前,就应坚持平等原则,平等相待,平等协商,等价交换。

三忌道听途说

有的谈判者由于与社会接触面大,外联多,各种信息来源渠道广,在谈判时往往利用一些未经证实的信息。如"据说"、"据传"等作为向对方讨价还价的依据,缺乏确凿的实际材料,其结果很容易使对方抓住你的谈话漏洞或把柄向你进攻。就个人形象来讲,也会使对方感到你不认真、不严谨、不严肃,不值得充分信赖。在一次业务洽谈中,某买方代表为了迫使对方降价,随口便说:"据说你们单位的产品返修率一直高于同类产品,能否给我们在维修费用上再提高2个百分点?"卖方回答:"这说明您对我们的产品并不了解,据最近统计,我们的产品返修率仅为1‰,大大低于同类产品,我们不但不能提高维修费,正设想在原来的基础上降下1个百分点。"买方遭到迎头痛击。

四忌攻势过猛

有的谈判者在谈判桌上争强好胜,一切从"能压住对方"出发,说话锋利刻薄,频繁地向对方发动攻势,在一些细枝末节上也不甘示弱,有些人还以揭人隐私为快。一位年轻采购员在采购某商品时,自认为生产厂家有求于零售商店,在洽谈交易条件时不断向对方发动攻势:"第一,产品必须实行代销;第二,厂家必须对产品实行'三包';第三,厂家必须送货上门;第四……"最后对方说:"上述条件我方均可以破例接受,鉴于我方产品在市场上的优势地位,我方只有一个条件,即贵方必须保证设专柜销售本厂产品并保证高质量的售后服务,否则我们将寻找新的合作伙伴。"

结果使采购员很被动。

在谈判中攻势过猛的做法极容易伤害对方自尊心。遇到生性懦弱的人可能一时得逞；遇到涵养较深的人，尽管暂时忍让，让你尽情表演，但他欲擒故纵，到关键时刻将迫使你付出代价；遇到强硬、进攻性很强的对手，小的进攻就会惹起更大的反击，反而对自己不利。因此，在谈判中说话应该委婉，尊重对方的意见和隐私，不要过早锋芒毕露、表现出急切的样子，避免言语过急过猛、伤害对方。

五忌含糊不清

有的谈判者由于事前缺乏对双方谈判条件的具体分析，加之自身不善表达，当阐述自身立场、观点或回答对方提出的某些问题时，或者语塞，或者含含糊糊、模棱两可，或者前言不搭后语、相互矛盾。如："我们这种产品出厂价是每吨1 000元上下。""运输费用应该由我们负担，但你们也应该负担一部分。""同行业的盈利水平大约是15%，我们可以低于这个水平出售。"等等。这些模棱两可的语言容易给对方留下一种"不痛快"、"素质不高"的感觉，也容易使对方钻空子，使自己陷入被动挨打的境地。所以，谈判者事前应做好充分的思想准备和语言准备，对谈判条件进行认真的分析，把握住自身的优势和劣势，对谈判的最终目标和重要交易条件做到心中有数。同时做一些必要的假设，把对方可能提出的问题和可能出现的争议想在前面。这样，在谈判中不管出现何种复杂局面，都可以随机应变，清楚地说明自己的观点，准确明了地回答对方的提问。尤其是在签订谈判协议时，能够把握关键，使合同条款订得具体、完善、明确、严谨。

六忌枯燥呆板

有些人在谈判时非常紧张，如临战场。因此说话时表情呆板，过分地讲究针对性和逻辑性。这对谈判是很不利的。商务谈判不同于某些对立性强的军事、政治谈判，它是一种合作性交往，应该在一种积极、友好、轻松、融洽的气氛中进行。因此，谈判者在正式谈判开始前应善于建立一种良好的谈判气氛，比如随便谈谈双方的经历，谈谈对方感兴趣的社会热点、趣闻轶事、典故等，使谈判自然地进入正题；在正式谈判过程中也应恰当地运用一些比喻，善于开一些小玩笑，使说话生动、形象、诙谐、幽默、有感染力。通过活泼的语言创造并维持一种良好的谈判气氛，这对整个谈判格局及前景会起到重要的促进作用。

七忌以我为主

在人际交往中说话以我为主、以我为中心，这是有些人的通病，在商务谈判中表现更突出。在洽谈时，有些人随意打断对方谈话，抢话说；有些人在对方说话时左顾右盼，或不屑一顾；有些人自己说话时滔滔不绝，不考虑对方的反应和感受；尤其当洽谈某些交易条件时，只站在自己的立场上，过分强调自身的需要，不为对方着想。如当一场谈判开局时，一方夸夸其谈，离题万里，无法进入正题；另一方打断对方说："行了，我没有时间听你的天方夜谭，还是来真格的吧！"这种做法极不礼貌，极容易引起对方反感。所以，谈判者应学会倾听别人谈话的艺术，对别人的谈话应表现出浓厚的兴趣，多进行一些角色互换，语言应委婉，留有商量的余地。这样既表明自己有修养，容易赢得对方的喜爱，同时也能更好地了解对方，摸清对方的底细和意图，一举多得。

第31章

铁嘴铜牙
——用口才打开顾客紧闭的钱包

如何练出推销的铁嘴

口才是推销的关键。对于许多营销人员来说,训练推销口才是十分重要的。针对这一点,业内人士指出如下一些原则。

要设身处地为顾客着想;说话速度以每分钟120字为宜;扬弃推销员滔滔不绝的习惯;尽量回避单刀直入的商谈;以质疑方式探寻想知道的内容;设法帮助顾客解决其困扰。

要直陈主题,有理有据,有产品样本、说明书做自己的证明物;谈话要紧扣主题,表达完自己的意思后,听对方的意见,以防言多有失;一般不急于表白自己内心的目的;了解对方的大致情况,最好交谈时提及一些,使对方感到亲切。

使用商品说明便览的要点。

不要让顾客去触摸。

确认顾客的理解度。

铅字印刷出来的文字,要转化成口语字眼来向顾客说明。

说明的时候要表达得流畅。

不要打断别人讲话。只有在别人征求你看法时再发表意见,这样效果可以事半功倍;不要正面反对对方的某些观点,注意避免使用"不必你说"、"不行"、"你不对"等指责性的词语,最好从侧面指出别人的缺点;推销时不必争论,现代人都有明显个性,你要争,只会越争越糟;在别人高兴的时候,指出别人的错误,往往不会让人反感。

拿出证据让对方看；别家产品也要彻底研究分析；"滞留时间久"不如"面谈次数多"；收集商谈的材料；相信顾客就是买东西的人。

让对方介入你的生活领域；避免位置对立，最好采取斜面角度；场所换了气氛也会改变；展示实物能制胜；展示实物的要点；商谈时不可忘带一些小道具。

少说多听；不要打岔；不要太好争论；不要急着说出你自己的观点；当你了解对方的目的和处境后，最好再复述一遍。

别说让顾客生气或发生不愉快的言辞，如宗教观点，有关顾客的缺点、弱点；用角色实际演练法来增进技巧；将顾客捧到上位；用美丽的语言同顾客商谈；委托专家负担部分工作；勿让对方有"推销"的印象；正确对待顾客的反对和拒绝。

抓住重点牢记在心，避免谈论时遗忘了它们；讨论时避免双方脱离主题；不要正面反对对方的某个观点。

冠军推销员的口才技巧

在市场经济中，推销商品是企业走向市场的唯一途径。

推销的过程，实际上是推销人员运用各种推销技巧，说服顾客购买其商品或劳务的过程。俗话说："十分生意七分谈。"谈生意主要是一个"谈"字，"谈"就是口才交际过程。下面就介绍几种推销口才技法。

1. "诱"的技巧

一般来说，推销员推销商品，是在短时间内完成的。在短短几分钟里，你的话能留得住顾客并打动他的心，生意就成交了；留不住，一笔买卖就吹了。此外，在市场竞争中，突出自己，把顾客吸引到自己的身边，也需要与众不同的鲜明的语言。所以，推销人员的话具有强烈的诱惑性和渲染色彩。例如：

在集市上，鱼贩子早晨高声叫"新鲜活鱼，两元一斤"，极力突出"新鲜"二字。下午则变成"快来买呀！一元钱两斤"，这是突出便宜的信息。

2. "激"的技巧

当用户产生购买商品的欲望，但又犹豫不决的时候，适当使用"激"的技巧，激发对方的好胜心理，促其迅速作出决断，但要把握好"激"的火候。

3. "比"的技巧

俗话说："不怕不识货，就怕货比货。"我们在推销的时候，带来合适的同类产品（或假冒伪劣产品）进行对比，让客户在对比中产生差别感觉，这样就会增加你的说服力。但在比的过程中要以事实为依据,不能言过其实。

4. "问"的技巧

在推销过程中,我们经常发现有的顾客会不假思索地拒绝推销,因此,"推销是从拒绝开始的"这话半点不假。

遇到这种情况,推销员不应"退避三舍",而应"迎难而上",这时,巧妙设问是关键。提问,可以消除双方的强迫感,缓和商谈气氛,摸清对方底牌;可以确定推销过程进行的程度;可以了解顾客的障碍所在,寻找应对措施;可以留有情面地反驳不同意见……提问是推销应对口才最有力的手段,一定要熟练掌握、运用。

5. "演"的技巧

有的问题如果仅凭三寸不烂之舌还难以让顾客明白,那就要采用实物、图片、模型等来加以说明和演示。小的商品可以随身携带,在顾客面前充分展示。而大的商品如电器、汽车、机床等,或抽象的商品如证券、劳务、服务等,因无法随身携带,需要将其好处具体化、形象化。必要时请顾客亲临现场,将商品的功能、特点、使用方式逐一演示,充分展现商品的魅力,这比言辞说明更有吸引力和说服力。例如一位推销员走进客户的办公室,向主人打招呼以后,指着一块粘满油渍污垢的玻璃,有礼貌地说:"请允许我用带来的清洁剂擦一下。"结果,由于不用水就毫不费力地把玻璃擦得干干净净,从而引起了客户的兴趣,于是生意便很快做成了。

6. "贴"的技巧

有人说,"一句贴心话,招来万户客。"这话十分有道理。

在推销商品中,一句贴心话,会使顾客完全"忘记"你是推销员,而把你当成他们的知心朋友;一句贴心话,可以缩小你与顾客之间的距离,使顾客对你言听计从。这样,既为产品打开了销路,又和顾客交了朋友,帮助了顾客,也使自己受益。

要让客户喜欢跟你说话

俗话说:"酒逢知己千杯少,话不投机半句多。"这句话告诉我们,如何去博得顾客的欢心,语言的选择可说是至关重要,缺之不可。

1. 边考虑对方的立场,边选择你所要讲的话

语言可以沟通人们之间的想法,也能伤害对方的自尊心,说话的一方往往觉得无所谓,但是,往往因自己用词不当刺伤了对方的自尊心,进而使双方关系恶化。这样的情况在我们日常生活中经常发生。

说话的一方虽无恶意,但对方却有受侮辱、被讽刺和被取笑的感觉,这主要是因为说话的一方在说话时欠考虑,没有注意到措辞,这些对于推销人员来说尤其重要。当与对方谈话之前,一定要自始至终做好应对的准备:"我要怎么说才能不伤害对方的自尊心呢?"

例如:你到一家商店访问,当时这家商店没有顾客上门,在这种情况下如果开玩笑说:"哎呀!怎么安静得好像是要倒闭似的。"(鸦雀无声)或是:"这里闹过鬼了吧!怎么一个活人也看不见?"虽说是开玩笑,但对方听起来就会很不舒服,言下之意是你要他的店早点关门,那人家怎么会喜欢你呢?

这时候,您最好说:"难得有空呀!我看下午顾客就会很多吧,到时候有您忙的!"(如果是上午去)然后一边说一边看看对方的反应。

不仅对客户、对顾客、对不熟悉的人要如此,即使对朋友说话也要注意,譬如觉得对方脸色不好就说:"怎么看起来像个死人!"

如果对方身体没有毛病,精神也很好,一听这话就会感到不舒服,尽管是关心他并出于善意,但效果却恰恰相反,对方心里也许会琢磨:"这家伙真不是东西,想盼我早死啊!"

在这种场合你可以先说:"你好吗?近来身体怎么样?"

对方如果不回答说"很好,托您的福",而是说"最近身体不大舒服"时,你可以说:"要好好保重……"

这才是会体谅人的说法。所以必须学会考虑对方的处境,不要有站在自己的立场上信口开河的坏习惯。

2. 不要伤害对方的自尊心

顾客当中什么人都有,有的很任性,有的性子急,有的爱发脾气,有的说话带口头禅。作为一名推销人员,要和各种各样的人打交道,如果老是用自己固定的那种调子谈话,就无法和所有的人谈得来,弄不好,还会遭到对方的"白眼",有时还没进入商谈阶段就已被对方拒绝了。

面对上述情况,要不断地检查自己的言辞并及时地作出决定;在冷场前就迅速地转换话题,以便使会谈顺利地进行下去。在聊天时,有时因讲了些有趣的话而使对方捧腹大笑,可是一旦进入商业谈判则往往会急转直下,双方也会激烈地争论起来。因此不管在什么场合都不能自己失言或失态。如果失去控制或出语伤人,把对方给惹恼了,对方就会从此拒绝跟你往来。

为此,优秀的推销员在和客户商谈时,一定会绞尽脑汁地选择用语。不过讲话时过于恭敬或乱用警语也不行,要用通俗易懂、诚实且令人感到亲切的语言,只有这样才能取得成功。这些看上去好像很难，其实只要有心，谁都能做到，只要多练习就能够具有和任何顾客都能打交道的能力。

3. 说话要通俗易懂

有的推销员喜欢说一些难懂的话，用一些偏僻、文绉绉的字眼，显得自己多有学问似的；有人出口成"脏"，并已成为习惯，不但不以为耻还自鸣得意；也有人故意使用一些对方听不懂的成语典故，还误认为对方会觉得自己说话简洁、口齿清晰、很有学问。

例如，对顾客说："雨后万物更新，令人心旷神怡。"尽管本人挖空心思，咬文嚼字，但对方却不知"心旷神怡"是怎么解释，还是"雨过天晴，空气清爽，真痛快啊！"较好，既亲切又易懂。

如果对方个性很强，对一些难懂的话他又能立刻明白，那么他可能会感兴趣，觉得"这小子可真行"。

如果对方不明白你说的是什么意思，他一定会反感地说："你到底说些什么?乱七八糟的！"

有人尤其是一些大公司的推销人员喜欢在会话中用一些不常用的外来语（主要是英语），虽说言语丰富是一个优点，但是，如果对方听不懂，就会感到不知所措和难为情。因此，有乱用外来语怪癖的人必须适可而止。有一些不正常的话，估计对方可能听不懂但又不能不说时，该怎么办呢?那就尽量不要伤害对方的自尊心，用较温和的方式表达。

有的人吹毛求疵、故弄玄虚、说话带刺，这很令人讨厌，推销人员应引以为戒。

在与顾客谈话的过程中，除非是难懂的专有名词，一般来说应尽可能使用忠实本意且通俗易懂的语言，只有这样，才能使对方感到亲切。

永远不要和顾客争吵

营销员永远不要显得比顾客高明，即使是顾客错了，也不要与其争吵。因为，争辩不是销售的目的。

欧哈瑞现在是纽约某汽车公司的明星营销员。他怎么成功的？以下是他的说法："如果我现在走进顾客的办公室，而对方说：'什么？怀德卡车？不好！你送我我都不要，我要的是何赛的卡车。'我会说：'老兄，

何赛的货色的确不错。买它们的卡车绝对错不了。何赛的车是优良公司的产品,营销员也相当优秀。'

"这样他就无话可说了,没有争论的余地。如果他说何赛的车子最好,我说不错,他只有住口。他总不能在我同意他的看法后,还说一下午的何赛的车子最好吧。接着我们不再谈何赛,我就开始介绍怀德的优点。

"而当年若是听到他那种话,我早就气得不行了。我会开始挑何赛的错;我越批评别的车子不好,对方就越说它好;越是辩论,对方就越喜欢我的竞争对手的产品。

"现在回忆起来,真不知道过去是怎么干销售工作的。花了不少时间在争辩,却没有取得有效的成果。"

一句销售行话是:"占争论的便宜越多,吃销售的亏越大。"销售不是向客户辩论、说赢客户。客户要是说不过你,他可以不买你的东西来"赢"你啊。不能语气生硬地对客户说"你错了"或"连这你也不懂"。这些说法明显地抬高了自己,贬低了客户,会挫伤客户的自尊心,这样即使你的说法是正确的,客户也不会买你的账。

永远不要和客户争辩。因为那样的话,客户会产生抵触情绪。客户不是我们的敌人,而是未来的合作伙伴,销售的目的是为了达到双赢,而不是要辩得对方理屈词穷。

用倾听打开你的销售之门

杰尔·厄卡夫是美国自然食品公司的推销冠军。这天,他像往常一样将芦荟精的功能、效用告诉给女主人,但女主人并没有表示出多大的兴趣。

厄卡夫立刻闭上嘴巴,并细心观察。突然,他看到女主人家的阳台上摆着一盆美丽的盆栽,便说:"好漂亮的盆栽啊!平常真是难得一见。"

"没错,这是一种很罕见的品种,叫嘉德里亚,属于兰花的一种。它真的很美,美在它那种优雅的风情。"女主人听到厄卡夫对自己盆栽的赞美,便来了兴致,说道:"这个宝贝很昂贵的,一盆就要800美金。"

"什么?800美金?我的天哪!每天是不是都要给它浇水呢?"

"是的。每天都要很细心地养育它……"

于是,女主人开始向厄卡夫讲授所有与兰花有关的学问,而厄卡夫也聚精会神地听着。

最后，女主人说："就算我的先生也不会听我唠唠叨叨讲这么多，而你却愿意听我说了这么久，甚至还能够理解我的这番话，真是太谢谢你了。希望改天你再来听我谈兰花，好吗？"随后，她爽快地从厄卡夫手中接过了芦荟精。

客户在和营销员交谈时，都希望营销员能够耐心地听自己倾诉。一个不懂得倾听，而是滔滔不绝、夸夸其谈的营销员不仅无法得知有关客户的各种信息，还会引起客户的反感，导致推销最终失败。无论怎样，要想成为一名成功的营销员就应当谨记，在客户兴高采烈地谈论的时候，最好做一名忠实的听众。当你这么做的时候，你会发现客户已大大提升了对你的认同度。

一般情况下，只要有一个谈话的机会，大多数人都不太愿意听别人说话，而是喜欢让别人听自己说话。还有一种常见的现象是，大多数人喜欢谈和自己有关的事，而不是和对方有关的事情。

可是在推销过程中，绝大多数的时间是营销员在说，客户只有很少量的说话时间。因此，这样的营销员总是业绩平平。而那些经验丰富的营销员，通过实践总结出了一条规律：如果你想提高业绩，就要将听和说的比例调整为7∶3，即70%的时间让客户说，你倾听；30%的时间让你用来发问、赞美和鼓励客户说。

当你聚精会神地听客户谈论的时候，客户会有一种被尊重的感觉，从而能够拉近你们之间的距离。在销售中，听比说更重要。

让客户自己说服自己购买

我们在接触客户的时候常发现客户在忙着其他的事情。在这个时候，如果我们不能在最短的时间内，用最有效的方法来突破这些抗拒，让他们将所有的注意力转移到我们身上，那我们所做的任何事情都是无效的。

美国有一个销售安全玻璃的销售员，他的业绩一直都保持北美整个区域的第一名。在一次顶尖销售员的颁奖大会上，主持人说："你有什么独特的方法来让业绩保持顶尖呢？"

他说："每当我去拜访一个客户的时候，我的皮箱里面总是放了许多截成15公分见方的安全玻璃。我随身也带着一个铁锤子。每当我到客户那里后我会问他：'你相信不相信安全玻璃？'当客户说不相信的时候，我就把玻璃放在他们面前，拿锤子往桌上一敲。每每这时候，许多客户都会因此而吓一跳，同时他们会发现玻璃真的没有碎裂开来。然后客户就会说：'天啊，真不敢相信。'这时候我问他们：'您想买多少？'直接进行缔结成交的步骤，而整个过程花费的时间还不到1分钟。"

他讲完这个故事不久，几乎所有销售安全玻璃公司的销售员出去拜访客户的时候，都会随身携带安全玻璃样品以及一个小锤子。

但经过一段时间后，他们发现这个销售员的业绩仍然保持第一名，他们觉得很奇怪。在另一个颁奖大会上，主持人又问他："我们现在已经做了同你一样的事情了，那么为什么你的业绩仍然能保持第一呢？"

他笑一笑说："我的秘诀很简单，我早就知道当我上次说完这个点子之后，你们会很快地模仿，所以自那次以后我到客户那里，唯一做的事情是我把玻璃放在他们的桌上，问他们：'您相信安全玻璃吗？'当他们说不相信的时候，我把玻璃放到他们的面前，把锤子交给他们，让他们自己来砸这块玻璃。"

这确实又是另外一种销售境界——与其销售员来证明产品是最好的，不如让客户自己说服自己购买。

将客户的兴趣转化为购买欲望

欲望是人们满足需要的愿望，是一种积极的、能转化为动机和行为的情感和心理定式。激发客户的购买欲望是指销售员通过销售活动，在激起客户对某产品（或销售员所在的公司）的兴趣后，努力使客户的心理产生不平衡，产生对感兴趣的产品持积极肯定的心理定式与强烈拥有的愿望，从而导致购买行为。

一般客户产生兴趣后，兴趣就会很快转化为购买欲望，这是因为：

首先，产品的功能能满足客户的需要。这是客户产生购买欲望的根本。

其次，销售员能满足客户对购买方式的选择。客户在对产品感兴趣的同时，会对购买方式产生选择的需要，如购买的安全感、方便与否、售后服务是否良好、方便等，销售员在这方面是有优势的，销售员在宣传时如能恰到好处地指出来，客户就会很快产生购买行为。

再次，销售员能满足客户购买的情感需要。购买欲望大多来自情感，而不是理智，或者说在购买行为中，总是情感的选择大于理智的选择。美国有一个推销保险的大师，曾一年推销10亿美元的人寿保险。他认为推销98％是人情，是销售员对人情的理解，2％才是销售员对产品知识的理解。销售员常常创造出许多有感情色彩的销售环境，将有利于客户产生购买欲望。

最后，销售员充分说理，并提供大量信息。这些都可以使客户不断强化与维持购买欲望。情感只是一个心理过程，随着时间的推移，会过去和消失，只有信息与道理才能加深理解，并使已形成的购买欲望向行为转化，而不是相反。

当然，销售员的优势只是向客户提供了转化兴趣为欲望的可能，真正的转化还需要销售员的努力，下面介绍几种方法：

方法一：在客户产生兴趣后要及时检验其对销售员及产品的认识程度，如询问是否有不明白、不理解的地方，是否需进一步示范及说明的地方。如果有，要及时解释、示范与说明。

方法二：了解到客户尚有担忧与疑虑后，要进行反复的解释。

方法三：强化情感。如发现客户对销售员、对销售员所在的公司及销售的产品仍有不信任与疑虑之处，则更要继续做好以诚待人、以情感人、以理服人、以利动人的工作，努力改变客户的态度，要始终坚信"精诚所至，金石为开"。

方法四：多方诱导。客户在形成购买行为前总是会多方权衡利弊得失的，如果我们能有针对性地进行多方诱导，让客户意识到拥有产品的多方利益时，客户就会产生强烈的购买欲望。

在诱导时要注意，既不要讲"过去"，也不要谈"现在"，而要大说特说"将来"。只有美好的"将来"才是激起客户购买欲望的主要原因。

使用语言技巧处理客户异议

根据不同客户的反馈意见，营销员应选择相应的处理方式，并加以解释和说明。这种回答和解释的过程实质上就是说服的过程。在这个过程中，营销员绝对不能把反馈意见变为对销售有影响的负面效应，失掉销售时机。

1. Yes—But法

以"Yes"的回答来接受客户的意见，接着用"But"的方式来陈述反对的意见。例如，"您刚才说睫毛膏用上去比较干，是的，如果您每次使用之前来回拉动几下，就可以让膏体充分附着在杆上，那样就不会感到干了"、"我理解您的感受，不过……"

2. 先发制人法

当客户可能要提出某些反对意见时，最好的办法就是自己先把它们指出来，然后采取自问自答的方式，主动消除对方的异议。这样不仅能避免客户反对意见的产生，而且推销员坦率地指出商品存在的某些不足还能给客户一种诚实、可靠的印象，从而赢得客户的信任。但是，推销员千万不要给自己留下绊脚石，要记住：在主动提出商品不足之处的同时，也要给客户一个合理、圆满的解释。

例如，"您现在可能在考虑压力是否过大了，不过您不必担心，这个安全阀的作用正是防止压力过大的。"

3. 询问法

从客户的反对意见中找出让对方误解的地方，再以询问的方式来征询意见。

例如，一位客户正在观看一把塑料把柄的锯，问道："为什么这把锯的把柄要用塑料的面而不用金属的呢？看起来像是为了降低成本。"

推销员："我明白您说的意思，但是，改用塑料柄绝不是为了降低成本。您看，这种塑料是很坚硬的，和金属一样安全可靠。您使用的时候是喜欢又笨重、价格又贵的产品呢？还是喜欢既轻便、价格又便宜的呢？"

4. 引用比喻法

这是指通过介绍事实或引用比喻以及使用展示等（如赠阅宣传资料、商品演示）手法，用较生动的方式消除客户的疑虑。

例如，针对客户的疑惑："一张好好的脸抹那么多层化妆品，那还不抹坏了呀！"推销员可以这样回答："您看藏在很多层衣服里面的皮肤，因为衣服阻隔了大部分的阳光照射和空气中的粉尘、污垢，不容易受到伤害，所以就细嫩。但是面部皮肤就不一样了，它会经常受到阳光的暴晒导致黑斑的产生，皮脂腺分泌出的油脂沾上空气中的粉尘和污垢之后，就很容易阻塞毛孔，使皮肤产生黑黄色素、面疱、粉刺和过敏等问题。所以我们应该给面部皮肤穿上相对较厚的'衣服'。"

促使客户作出最后的购买决定

在现实中，我们发现有很多胆怯的销售员，在接近客户、说服客户的流程中都做得很好，可就是成交不了。原因是什么呢？因为在于他不敢催促客户，或者说，不懂得采用帮客户下定最后购买决心的成交技巧。

那么,在客户将要决定购买之际,推销员如何去促使他们作出最后的购买决定呢?是单刀直入,直接催促他掏钱吗?当然不是,这需要一些相对委婉的方法。下面是一些常见的行之有效的方法:

1. 征询意见法

有些时候我们并不能肯定是否该向客户征求订单了,而且也不敢肯定是否正确地捕捉到了客户的购买信号。在这些情况下,最好能够使用征求意见的方法,你可以这样问:

"陈先生,买了这本书对你的工作是很有帮助的,不是吗?"

"在你看来这些书会对你的公司有好处吗?"

"如果买了这些书,一定对你的孩子学习有很大帮助吧?"

这种方式能让你去探测一下"水的深浅",并且可以在一个没有压力的环境下,征求客户的订单。当然,如果你能得到一个肯定的答复,那你也就可以填写订单了,你再也不必重新啰唆怎样成交了。像其他任何领域内的销售一样,你说得越多,越可能有失去订单的风险。

2. 从较小的问题着手法

从较小的问题着手来结束谈判是指请你的客户做出一个较小的决定,而不是一下子就要做出什么重要的决定,比如让他们回答"你准备订货吗?"之类的问题。一般来说,这些试探或许会有助于推销。你所提的问题应该是:

"您看哪一种比较好?"

"您看是你带走,还是我们给您送到您的住处?"

"我帮您拿到柜台去好吗?"

"如果您买了的话……"

"让我们把货送到您家?并且……"

3. 选择法

用以下的提问方法给你的客户以选择的余地——其中无论哪一个选择都表明他们同意购买你的产品或服务。你可以让他进行一步小的选择:"要这一种还是要那一种?"或者:

"您决定要哪一种产品?"

"是付现金还是刷卡?"

4. 敦促法

你可以暗示商品非常畅销,如果客户不及时购买的话,将会失之交臂。例如:

"朱先生,这种产品的销售情况非常好,如果你不马上要的话,我就不能保证在您需要的时候一定有货。"

同时把订货单递过去。如他对商品确实有兴趣,就会填上一些栏目,那么推销也就成功了。

5. 悬念法

如果条件许可,又确实是这样的,你可以向对方表明现在购买的好处:

"这个月可能要涨价。"

"这种型号的只有一件了。"

"唐先生,价格随时都会上涨,如果您现在行动的话,我将保证这批订货仍按目前的价格来收费。"

与客户沟通的最后阶段,也正是帮助客户下最后决心的时候。营销员要抓住时机,乘胜追击,催促客户下定决心,为交易画上句号。

超值金版—家庭珍藏经典畅销书系

《每天学点领导学大全集》
29.00元　16开

《每天学点社交学大全集》
29.00元　16开

《每天学点金融学大全集》
29.00元　16开

《培养了不起的男孩大全集》
29.00元　16开

《培养了不起的女孩大全集》
29.00元　16开

超值金版—家庭珍藏经典畅销书系

《世界名人演讲大全集》
29.00元　16开

《影响你一生的清华演讲大全集》
29.00元　16开

《影响你一生的北大演讲大全集》
29.00元　16开

《思考致富：拿破仑·希尔
写给男人的365堂成功课》
29.00元　16开

《平衡生活：戴尔·卡耐基
写给女人的365堂养心课》
29.00元　16开